普通高校“十二五”规划教材

U0795846

现代职业教育师资师范技能训练教程

孟庆国　孙　爽　主编

北京航空航天大学出版社

内容简介

本书参照《高等师范学校学生的教师职业技能训练大纲（试行）》编写。从宏观上将现代职业教育教师的师范技能分为传递信息能力、教育教学能力、人际交往与班主任工作能力和教育科学研究能力，并关注现代职业教育教师的师德修养、知识构成和心理调节。以综合技能素养为目标，注重显性知识与隐性知识的结合，从传统的重理论知识传授转向注重外显的实践能力训练与内隐的心智技能训练有机结合的职业技能素养形成，建构具有职业教育教师特色的师范技能训练课程体系和教学理论。从微观上对各个训练环节都提供了实践性、操作性较强的训练指导方法和考核用表。

本书体现现代职业教育的教育思想和课程体系对教师师范技能的新要求，密切联系职业教育实际，培养学生将来从事职业教育教学的实际技能。

本书可作为职业技术师范院校本、专科生教材，也可作为在职教师继续教育的读本，还可以作为报考教师资格证书人员的参考书。

图书在版编目(CIP)数据

现代职业教育师资师范技能训练教程 / 孟庆国，孙爽主编. -- 北京 ：北京航空航天大学出版社，2011.8

ISBN 978-7-5124-0552-3

Ⅰ. ①现… Ⅱ. ①孟…②孙… Ⅲ. ①职业教育—师资培训—师范大学—教材 Ⅳ. ①G715

中国版本图书馆 CIP 数据核字(2011)第 156558 号

现代职业教育师资师范技能训练教程

孟庆国　孙　爽　主编

责任编辑　贾　涌　王　超

*

北京航空航天大学出版社出版发行

北京市海淀区学院路 37 号(邮编 100191)　http://www.buaapress.com.cn

发行部电话：(010)82317024　传真：(010)82328026

读者信箱：emsbook@gmail.com　邮购电话：(010)82316936

涿州市新华印刷有限公司印装　各地书店经销

*

开本：787 mm×1 092 mm　1/16　印张：20　字数：512 千字

2011 年 8 月第 1 版　2011 年 8 月第 1 次印刷　印数：5 000 册

ISBN 978-7-5124-0552-3　定价：34.00 元

若本书有倒页、脱页、缺页等印装质量问题，请与本社发行部联系调换。联系电话：(010)82317024

前　言

职业教育较之普通教育有其自身的特点，职业教育师范院校是培养职教师资的摇篮，师范生必须掌握未来从事职业教育教学工作所应具备的职业技能。教师师范技能的优劣将影响学生的学习效率和未来的发展，影响人才培养的质量，最终影响到国家教育方针的顺利实施和素质教育目标的实现。

教师师范技能是教师专业发展的重要内容，教师师范技能训练课程是师范院校的核心文化素质课程。教师师范技能训练是一门实践性很强的课程，目前可用的教材多是针对普通高等师范学校的，专门针对职业教育教师的师范技能训练教材尚处于探讨、摸索的阶段。本教材在汲取其他教材编写经验的基础上，结合作者多年教育教学实践经验和职业教育教学的特点，进行了有益的改革和尝试，突出了职业教育教师专业性和实践性强的教学特点，并使训练具有系统性、实效性和可操作性。

本书参照《高等师范学校学生的教师职业技能训练大纲(试行)》编写。从宏观上将现代职业教育教师的师范技能分为传递信息能力、教育教学能力、人际交往与班主任工作能力、教育科学研究能力，并关注现代职业教育教师的师德修养、知识构成和心理调节。以综合技能素养为目标，关注显性课程与隐性课程的结合，从传统的重理论知识传授转向注重外显的实践能力训练与内隐的心智技能训练有机结合的职业技能素养形成，建构具有职业教育教师特色的师范技能训练课程体系和教学理论，从微观上对各个训练环节都提供了实践性、操作性较强的训练指导方法和考核用表。

本书由天津职业技术师范大学孟庆国、孙爽主持编写，李国琴、王爱武、李辉为副主编。参加编写的人员如下：第 1 章由王爱武、李伟华编写；第 2 章由张宇、孟庆国编写；第 3 章由李国琴、郭培培、朱娜、刘富凯、罗陆锋编写；第 4 章由周述齐、李辉、李丽编写；第 5 章由孙爽、刘瑛编写；第 6 章由顾红欣、王爱武、李国琴、李伟华编写；第 7 章由赵建斌、石河子大学毕爱红、天津第一轻工业学校张金彩编写。

本书体现现代职业教育的教育思想和课程体系对教师师范技能的新要求，密切联系职业教育实际，培养学生将来从事职业教育教学的实际技能，可作为职业技术师范院校本、专科生教材，也可作为在职教师继续教育的读本，还可以作为报考教师资格证书人员的参考书。

本书在编写过程中参考了大量资料和多位专家学者相关的研究成果，在此向有关的专家学者表示真诚的谢意和崇高的敬意！

由于作者水平有限，对于书中出现的错误，敬请读者批评指正。

作　者

2011 年 5 月

本书配有教学课件，授课教师可免费索取，请发送邮件到 bhkejian@126.com 或者致电(010)82317027 申请索取，非常感谢您对北航出版社图书的关注与支持！

与本书配套的教学资源见 www.zynlb.com。

目　录

第1章　现代职业教育教师的师德修养

高尚的道德情操一直是教师师德的根本标志，也是教师整体素质的核心部分。教师作为教书育人的主体，肩负着培养社会主义事业接班人的神圣职责。社会主义事业的成败，民族的兴亡，祖国的前途和命运，在很大程度上取决于全民科学文化知识、素质的提高和人才的培养。教师的素质和水平，不仅直接影响到教育事业的成败，还影响到全民族的科学文化和道德水平。每个教师不但要有渊博的科学文化知识，懂得教育的规律，而且要有较高的道德修养。教师要不断提高道德认识，培养自己高尚的道德情操和道德品质，才能完成时代赋予的历史使命。

教师的事业是提高人的素质，使人完善，使人类进步的崇高事业。教师要教育人、改造人、完善人，首先要不断完善自我，加强自身的道德修养，塑造自己的完善人格。卢梭曾说过："在敢于担当培养一个人的任务以前，自己就必须要造就一个人，自己就必须是一个值得推崇的模范。"努力培养和提高教师个人的道德修养，是教师从事教书育人这一崇高职业所必须具备的基本素质。因此，职业院校教师的培养必须把加强师德建设放在核心地位。

1.1　师德内涵及特点

1.1.1　师德内涵

师德，即教师的职业道德。在中华民族几千年的教育实践中，形成了优良的师德，如"当师之务，在于胜理，在于行义"；"为人师表，教学相长"；"师者传道、授业、解惑也"。师德古来有之，且不同的时代对师德有不同的要求。今天的师德是对过去师德的继承和发展，师德的内涵不是一成不变的，而是发展变化着的，是与时俱进的，它一方面是经过长期的积淀被提炼出来的，另一方面必然要反映出各个不同时代的特征。教师职业道德是教师在职业生活中，调解和处理与他人、与社会、与集体、与职业工作关系所遵守的基本行为规范和行为准则，以及在此基础上所表现出来的观念意识和行为品质。

当今时代的鲜明特征是构建社会主义和谐社会。今天的教师，不但应有科学的人生观、世界观、价值观，为社会主义的教育事业无私奉献的敬业精神，良好的职业道德和健康的心理素质，还要努力拥有新时代所推崇的新思想、新观念及具有时代特征的先进的道德意识。作为新时代的教师，必须深刻理解师德的内涵，加强师德修养，无愧于"人类灵魂工程师"的称号。

科学发展观是师德建设的指导思想，为我们进一步加强师德建设、全面贯彻党的教育方针指明了方向。提高当代青少年的科学文化素质势必要求一支素质好、品行端、水平高的教师队伍，这也是师德建设代表生产力发展要求的具体体现。教师在教育过程中，既是科学文化知识的传授者、思想品德的培养者、学生心理的保健者、处理人际关系的艺术师，又是以自己良好的道德品质和高尚的道德情操以身立教来提高学生的思想道德水平和科学文化素质、不断培养"四有"新人过程的感召者。学校是为社会输送人才的基地，能否向社会输送优秀的人才，关系到能否实现广大人民群众的根本利益。而代表广大人民群众的根本利益是师德建设的出发点和归宿点的具体体现。

1.1.2 师德特点

教师职业道德是社会多种职业道德形态的一种，具有职业道德的一般特点，诸如鲜明的行业性、较强的适用性、形式上的多样性、内容上的稳定性等。但是，教师行业的特殊性决定教师职业道德不同于其他职业道德的独特性。

1. 教师职业道德要求比其他职业道德更高更全面

教师在向学生传授文化知识的同时，还要对其进行思想品德教育，培养他们树立正确的人生观、世界观、价值观。教师不仅要用自己的丰富的学识去教人，更要用高尚的品德去感染人，从而使学生不仅拥有健全的理性，还要拥有高尚的灵魂。意大利作家亚米契斯在其名著《爱的教育》中甚至把教师称为“未来国民精神上的父亲”。所以，作为人类灵魂的工程师，古今中外，任何一个国家或任何组织，对教师的道德要求总是远高于当时社会道德水准。

2. 教师职业道德影响比其他职业道德更具自觉性

一切类型的道德实践都强调主体的自觉，职业道德也不例外。但教师职业在这方面更为突出。教师以个体脑力劳动作为主要的劳动方式，也就是说，他们的工作常常处于无人监督的状态。如教师是否认真备课、是否认真批改作业、是否耐心教育学生等，这些都是难以监督的，主要靠教师自觉自律。教师对学生的教育和影响并不局限于课堂、教室，而是非常广泛的，教师要求学生做到的，其本人必须先做到。这种灵活性要求教师在遵守职业道德方面要有更强的自觉性。

3. 教师职业道德行为比其他职业道德更具典范性

教师所面对的对象可塑性和模仿性较强，其世界观、人生观仍没有完全形成。教师在他们心中占有特殊地位。尤其是低年级的学生更为突出，他们常常会不自觉地效仿教师的言论行为、为人处世的态度，乃至性格、气质。教师的行为习惯都在潜移默化中感染并影响学生。教育劳动对象的这一特点，内在决定了教师职业道德具有鲜明的典范性。要完成肩负的历史使命，每一位教师都必须努力在学生以及社会面前建立更高的道德威望和良好的道德形象，成为全社会的道德楷模和典范。

1.1.3 职业院校师德的内涵要求

1. 要有更高的品德要求

与普通学校的教师相比，职业院校教师的物质收入相对较低，承担科研项目不多，获得政府基金资助很少，教学任务繁重，出国访问进一步深造的机会也不多等。所有这些因素导致职业院校部分教师师德下滑，表现在敬业精神不高，使命意识不强，工作积极性下降等方面。此外，很多学校引进了大批有企业经验的教师，他们的企业实践经历、工作阅历对培养学生的实践能力、职业素质很有帮助，但校企文化及角色要求的异同，又要求必须对他们进行严格的职业规范约束和职业道德培训。这些教师往往年龄偏大，职称较高，对他们进行严格的理论培训和师德教育的难度较大。而职业院校学生和普通学校的学生相比，入学成绩较低，平时素质表现上也不尽一致，这些学生整体上在自我约束能力、成才意识等方面要与普通高等学校学生存在一定的差距。职业院校学生的思想政治教育和日常管理更为艰巨，这需要每位教师树立起全员育人意识，担起更大的育人责任，在对学生的教育管理的过程中，身教重于言传，因而，职业院校教师的师德要求要比普通学校更严格。

2. 要有崇高的奉献精神

职业教育的职业性、实践性等特点，要求职业院校除了要让学生具备较强的专业实践能力外，更要让学生具备良好的职业道德和职业心理素质。而要想培养学生敬业奉献、吃苦耐劳、团结协作等好的品格和精神，教师首先要具备这些品质和精神，当好学生的榜样。教师的工作从本质上说是一种利他的工作，他们不可能获得直接的财富从而改变自己的物质生活，因此教师要有一种奉献精神。要正确认识和对待社会上的某些利益关系，要注意把对物质追求的动力升华为一种社会责任感和社会成就感。坚决反对把师生关系视为金钱关系。满腔热忱地爱护学生、关心学生、敬岗爱业，从而升华为崇高的师德。要把个人主义、利己主义的意识转化成为个人对职业的奉献精神，把社会利益与个人利益相结合，充分认识只有社会整体利益发展，个人利益才能充分发展。当意识升华为奉献精神时，便会自觉地通过自己的辛苦劳动，促进人类社会文明进步，教书育人、培养英才，在社会主义教育事业中作出崇高而神圣的贡献。

3. 要有创新的教学理念

教师有了创新的教学理念，才能勇于在教学中探索新的教学模式。按照传统的师德观念，教师只要将教科书上的理论讲解好，学生明白，就是负责任的好老师。但是在今天，学科发展迅速，知识更新快，“研究性”教学理念被提了出来，要求教师树立“授课而非授书”的思想。教师还要严谨治学。讲课是科学、是艺术，也是创造性劳动，更是教师自我价值实现的体现。要讲好课，必须精心组织教学，备课是教学组织过程中最重要环节。建立良好的课堂教学秩序是教师严谨治学的重要方面，敢于管理课堂纪律，是教师对学生的一种爱护，是基本的师德。创新能力也好，严谨治学也好，都体现了当前教师的基本素质，也充分体现在新时期教师学术水平上。很难想像一个学术水平不高的教师，能具有创新教学的理念，能够展现严谨治学的精神。

4. 要有较高的技术水平

作为新时期的教师，一是要有科学的施教知识，深入学习教育学、心理学、教学方法等教学知识，把教学理念的最新研究成果引入教学过程，使教育教学的科学性和艺术性高度完整地统一起来；二是熟练掌握现代教育技术的操作和应用，能够利用现代教育技术恰当有效地选择教学方法和方式，直观形象地展示教学内容，使教学知识传授与创新思维结合起来，培养学生的创新精神和创新能力；三是有创新的精神，积极开展教育和教学科研，探索新的教育教学模式，在耕耘中拓宽视野，在执教中提炼师艺，升华师技。

职业院校呼唤“双师型”教师，这是新时期各级各类学校教育改革发展的必然要求，也是新时期师德建设的必然要求。教师要顺应时代的要求，把学术水平的提高作为个人师德修养的重要任务来完成，否则，师德建设也就成了一句空话。要成为合格的职业院校的人民教师，适应21世纪教育发展的要求，必须具备以上素质，并不断加强教师职业道德修养，从而形成良好的教师职业道德品质。

总之，新时代的职业教师必须从品德、学术、技能、奉献精神等方面加强师德修养，只有这样，才能适应时代的需要，担当起教书育人的重任。

1.2 职业教育教师道德的原则与规范

教师道德的基本原则和规范，是教师道德行为的准则，它在教师道德规范体系中占有重要的地位。教师道德要发挥作用，就必须通过一系列的原则、规范指导广大教师的职业行为，调整教师实践中的各种关系，进行教师道德评价。因此，认真研究、学习、践行教师道德的基本原则和规范，是对合格职业教师的起码要求。

1.2.1 师德原则

任何一种道德，在调整人与人之间的关系时，都有一个指导思想和根本原则，即道德的基本原则，教师道德也不例外。从我国的社会性质看，教育是为人民服务，是为社会主义建设事业培养合格人才的，因此，热爱与忠诚于人民的教育事业，是社会主义教师道德的基本原则。

1. 教书育人的原则

教书与育人有机结合，是教师的基本职责和任务。这个任务，不仅是现代教育必须强调的，而且也是传统教育一贯主张的。《礼记》指出："师也者，教之以事而喻诸德也。"韩愈在《师说》中也说："师者，所以传道、受(授)业、解惑也。"总之，以教传道，以道致德，以德立人。传授知识与培养品德只有有机地结合为一体，才能完成教师应尽的职责。教师必须处理好教书与育人的关系，树立全面育人的观念，并为此而加强自身修养，提高自身素质，精通业务，灵活施教，以实现培养一代新人、提高国民素质的目的。

2. 乐教勤业的原则

乐教勤业是教师对待自己从事的职业必须遵循的基本道德要求。乐教，就是乐于从事教育事业，以从教为乐，乐此不疲。如孔子执教四十多年，始终诲人不倦，即使困于陈蔡，仍然弦歌不辍。孟子也把"得天下英才而教育之"，视为"人生三乐"之一。乐教必须以正确的教育观为前提，以对学生的厚爱为基础。孔子说："爱之，能勿劳乎？忠焉，能勿诲乎？"因为热爱教育事业、热爱学生，而不辞劳苦、不惮烦难，这就是乐教勤业的不竭动力。孔子说自己"其为人也，发愤忘食，乐以忘忧，不知老之将至"，就是乐教勤业的生动写照。勤业，不仅指勤于教人，而且更要勤于自教，不断钻研教学，不断提高自己的业务能力、教学水平。如孔子，就是把"学而不厌"跟"诲人不倦"连在一起说的。因为"学，然后知不足；教，然后知困：故曰教学相长也。"(《礼记》)真正的乐于教人，总是和自觉的勤学连在一起的。这不仅是职业的需要，也是道德(敬业精神)的表现。

3. 以身作则的原则

指教师以自身高尚的人格形象，为学生树立良好的学习榜样。正如叶圣陶先生所说："教育工作者的全部工作任务是为人师表。"人格示范是教师职业道德的基本特征之一。孔子说：

“其身正，不令而行；其身不正，虽令不从。”教师职业道德要求每一个教育工作者必须养成良好的品德、完善的人格，具备“温、良、恭、俭、让”的道德风范，具有“恭、宽、信、敏、惠”的“仁人”气度，为学生成长做人提供理想的人格示范标准。这是从“应该怎么样做”的角度说的。如果从“不应该怎么样做”的角度说，则所有不良的行为习惯，包括不良的道德习惯、生活习惯、学习习惯等，凡是不希望学生养成的，教师就不应该在学生面前表现出来。如庸俗浅薄、不敬师长、不守公德、言行不一、虚伪浮躁、不修边幅、不讲信用、挥霍浪费、贪图安逸、怕苦怕累、爱慕虚荣、轻学厌学等，乃至随地吐痰、乱扔垃圾、高声喧哗、乱叫绰号、胡吹乱侃、挖苦揭短、玩世不恭等“不拘小节”的行为，教师都不应该有。以身作则，作的是正则。如果教师对自己的言行不加检点约束，给学生以不良影响，从职业的角度看，将会误人子弟，是极不道德的。

1.2.2　职业院校师德规范

规范，一般地说，是标准的意思。荀子就称规范为：绳（直不直的标准）；衡（重量的标准）；规（圆的标准）；矩（方的标准）。当然，规范还有准则的意思。社会生活中有各种各样的规范，如政治规范、经济规范、法律规范等。教师道德规范是职业道德规范的一种，它是调整教师职业生活中各种利益关系的准则，是判断教师善恶行为的准绳。2000 年教育部制定《中等职业学校教师职业道德规范》文件，对职业院校教师道德规范进行明确的规定。

1. 坚持正确方向

学习宣传马列主义、毛泽东思想、邓小平理论和“三个代表”重要思想，拥护党的路线、方针、政策，自觉遵守《教育法》、《教师法》、《职业教育法》等法律法规。全面贯彻党和国家的教育方针，积极实施素质教育，促进学生在德、智、体、美等方面全面主动地发展。要维护四项基本原则，遵守国家的法律法规，不得有违背四项基本原则和国家法律法规的言行。要宣传普及科学知识，不宣扬封建迷信和歪理学说，不参与邪教活动。

2. 热爱职业教育

忠诚于职业教育事业，爱岗敬业，教书育人。树立正确教育思想，全面履行教师职责。自觉遵守学校规章制度，认真完成教育教学任务，积极参与教育教学改革。勇于开拓，不断创新是教师爱岗敬业、尽职尽责精神的具体行为表现，同时也是教师热爱科学、追求真理的内在品质在教学过程中的反映。要认清形势，提高教改的自觉性，在教学实践中，敢于改革，敢于开拓创新，并敢于结合自身教育工作，努力实践。要敢于把教学改革取得的成果贯穿到自己的工作中去。忠诚于人民的教育事业，志存高远，勤恳敬业，甘为人梯，乐于奉献。对工作高度负责，认真备课上课，认真批改作业，认真辅导学生。不得敷衍塞责。

3. 关心爱护学生

热爱全体学生，尊重学生人格，公正对待学生，维护学生合法权益与身心健康。深入了解学生，严格要求学生，实行因材施教，实现教学相长。

热爱学生，是由教师使命决定的，是调节教师与学生关系（教育活动中主要关系）的道德规范，是教师职业特有的一种崇高道德感情，通过教育学生、培养学生，体现出教师对社会的责任，对祖国的忠诚，对民族的深厚感情。热爱学生、教书育人是中华民族优良的教师道德传统，也是教育好学生的前提与基础，是教师教育学生的"催化剂"，是开启学生心扉的一把钥匙，是取得良好教育效果的力量。同时，热爱学生是培养学生社会感情的重要因素。学生从老师对自己的信任、关心、教诲中体会到人与人之间的社会感情，从而激发学生对他人的社会感情。要关心了解学生，做他们的知心朋友，掌握他们的思想脉搏，熟悉他们的心理特点，尊重和信任学生，要允许学生思想有反复，用平等的态度、科学的方法去教育学生。如《学记》中说"君子知学之难易，而知其美恶，然后能博喻，然后能为师"；唐代柳宗元也提出"顺木之天，以致其性"的施教主张。

要严格要求学生。严格要求学生是学生成才的重要条件，教师对学生的爱，要体现于从严要求之中，要不断鼓励和鞭策学生追求进步，勇于攀登。要关心学生群体。古人认为教师不应"见权亲势及有富厚者，不论其材，不察其行，驱而教之，阿而陷之，若恐弗及"，对才学出众者不可"从而抑之，难而悬之，妒而恶之"。因而教师应关心自己教育的所有对象，爱满天下，有教无类，不能偏爱。

4. 刻苦钻研业务

树立优良学风，坚持终身学习。不断更新知识结构，努力增强实践能力。勇于开拓、不断创新是教师爱岗敬业、尽职尽责精神的具体行为表现，同时也是教师热爱真理、追求科学的内在品质在教学过程中的反映。教师本人的业务能力和教学水平是传授知识、搞好教育工作、不断提高教育质量的基础。个人是否为了教好学生而努力提高水平、钻研业务，是教师师德的重要方面。教师要努力学习自己的专业知识，刻苦钻研，使自己精于业务，胜任教学，完成教学任务。

在教育教学过程中，教师的开拓创新精神不仅有利于教师养成科学的治学和育人精神，提升教师教书育人的品位，更重要的是有利于引导学生科学地学习，引导学生攀登科学知识高峰，从而不断提高教育教学质量。在教学实践中，敢于改革，敢于开拓创新，结合自身积极开展教育教学研究，努力改进教育教学方法，不断提高教育教学水平。

教师要做好教书育人工作，首先必须具备较渊博的理论知识。同时，教师工作具有持续性、连贯性，学生知识能力的增长，学生思想发展都是循序渐进、日积月累的过程。所以教师要长期钻研教材，备好课，力争精益求精。要注意学习和掌握多方面的学科知识，面对众多学生旺盛的求知欲，如果教师本人孤陋寡闻，是适应不了教学要求的。教师还必须掌握正确的教学理论和教育技巧，并善于运用现代化的教学手段。

5. 善于团结协作

尊重同志，胸襟开阔，相互学习，相互帮助，正确处理竞争与合作的关系。维护集体荣誉，创建文明校风，优化育人环境。现代教育是一个涉及多种因素、结构复杂的开放系统。教师在教育活动中，必然要遇到众多的社会关系。教师以其高尚的教师道德处理好自己与集体、与家长、与其他各方面的人际关系，形成教育的合力，既有利于教育任务的完成，又有利于教师形成良好的心态，减轻压力。因此，如何协调处理好各方面的关系，做到团结协作，尊重他人，是搞好教育工作的必要条件，也是影响学生品德修养的重要因素。

教师劳动是个体性的，但教育工作是社会性的，教育成果是集体性的。教育学生不是哪个人能完成的，而是众多学校、单位、教师和群体等众多因素教育影响的结果。教师如能在工作中与其他人团结协作，必将形成一支强大的教育力量，从而使学生在潜移默化中获得终生难忘的教益。同时，教师的劳动是个体劳动和集体劳动的统一，学生的成才，需要教师集体的共同劳动，需要各科教师、各管理服务部门员工的通力合作，教师只有团结协作，尊重他人，把自己作为教育集体的一员，才能发展自己在教书育人过程中的作用，才能完成党和国家交给自己的重任。全体教师应在正确教育思想的统一指导下，处理好个人与集体、自己与他人的关系。在教学过程中还应有教学相长师生同学的良好关系。在信息时代，教师只有"学而时习之"，"学无常师"，既善于学习书本知识，又善于向学生学习，才能拥有丰富的知识和良好的修养，才可以为他人之师。

6. 自觉为人师表

注重言表风范，加强人格修养，维护教师形象，坚持以身作则。廉洁从教，作风正派，严于律己，乐于奉献。"教师的人格力量是学生成长的重要精神源泉"。为人师表，以身作则是对教师的一种起码要求，是教师应有的"德行"，是教师职业实践中的重要内容，也是我国传统的教师道德规范的重要特征。它是由教师的社会责任和教育劳动的特殊性决定的。

青少年模仿性强，尤其是职业技术类学生具有"向师性"，总是把教师作为自己的楷模。因此，一方面，教师与学生朝夕相处，他的言行会对学生产生耳濡目染、潜移默化的作用。所以教师凡要求学生做到的自己应先做到，学生不能做的事情，自己绝对不做。因此"其身正，不令而行；其身不正，虽令不从"，"不能正其身，如正人何?"另一方面，教师要为人师表，在教育活动中，做到举止端正庄重，说话文雅和气，待人谦虚有礼，行为文明大方，给学生以亲切的感觉。这样才能有力地教育说服学生，感染熏陶学生，否则不仅丧失威信，对学生也会产生不良的影响，大大削弱教育的效果。

1.3　现代职业教育教师道德的基本内容

职业院校教师道德的内容主要包括教师职业理想、教师职业态度、教师职业人格、教师职业责任、教师职业纪律、教师职业作风等因素，这些因素从不同方面反映出教师职业道德的特定本质和规律，同时又互相配合，构成一个严谨的教师职业道德结构模式。

1.3.1　教师职业理想

所谓职业理想，就是指人们对于未来工作类别的选择以及在工作上达到何种成就的向往和追求。职业理想是职业道德的重要组成部分，有了崇高的职业理想才能产生模范遵守职业道德的行为。职业理想也是社会理想在职业选择和实践中的具体体现，在人们的社会生活中占有重要位置，对一个人未来的发展前途有着重要影响。教师职业理想是教师选择并愿为之努力践行的追求。

职业理想与职业选择紧密联系在一起，要实现职业理想，就必须正确对待职业选择问题。革命导师马克思在对待职业选择的问题上，为我们树立了光辉榜样。1835 年，17 岁的马克思就曾经谴责过那种只为个人私利选择职业的做法，并提出了自己选择职业的标准。他在中学毕业论文《青年在选择职业时的考虑》一文中写道："在选择职业时，我们应遵循的主要指针是人类的幸福和我们自身的完美"，"人类天性本来就是这样的：人们只有为同时代的人的完美、为他们的幸福而工作，才能使自己达到完美"，"我们选择了最能为人类福利而劳动的职业，那么，重担就不能把我们压倒。因为这是为大家而献身，那时我们所感到的就不是可怜的、有限的、自私的乐趣。我们的幸福将属于千百万人，我们的事业将默默地，但是永恒发挥作用地存在下去，而面对我们的骨灰，高尚的人们挥洒下热泪。”马克思的一生，就是为人类幸福而奋斗的一生。教师职业也是“最能为人类福利而劳动的职业”，因而是高尚的职业。人民教师肩负着崇高的历史使命，在人类社会发展和青少年的成才中，起着巨大的作用，选择教师职业是非常光荣的。当前，在教师职业的选择问题上，主要应处理好以下几个问题：

一是要把个人志愿与社会需要结合起来。我们不否认个人志愿在职业选择中的重要作用，只是强调要把个人志愿与社会需要结合起来，统一起来。如果二者发生矛盾，应以社会需要为重，因为社会需要是社会发展的客观要求，反映着整个社会的愿望，如果个人志愿不与社会需要结合，那么在事业上也就不可能有所建树。

二是正确处理教师职业选择与教育才能的关系。教育是一门科学，是一门艺术，不是随便什么人想当教师就能当的，正像有人所说：“我愿意当教师，可惜不是那块料。”这就是说，要当教师，必须具备一定的教育才能。

三是要正确对待教师的社会地位和待遇。教师的社会地位和待遇问题直接关系到人们对教师职业的选择，具有导向作用。应当说，新中国成立后，人民教师的地位发生了很大的变化，特别是教师的政治地位不断提高，社会上尊师重教的风气越来越好，教师的生活也有了很大的改善。

四是要正确看待教师的苦与乐。教师工作的辛苦是人所共知的，教师每天要备课、讲课、辅导、批改作业、找学生谈心，还要抽时间搞科学研究，从早到晚，忙忙碌碌。教师劳动既是体力劳动，又是脑力劳动，是脑力、体力的双支出。但是，有些人只看到了老师辛苦的一面，在选择教师职业时，他们望而却步了。其实，教师职业有的不只是辛苦，更充满快乐和幸福。一个献身于教育事业的人，能得到其他职业无法享受的人生的欢愉。例如，当教师看到自己亲手培养起来的学生成为国家栋梁之材时，会感到无比的幸福与自豪；当教师与学生之间建立了美好、深厚的情谊时，教师的内心就充满了欢乐。“桃李不言，下自成蹊”，教师以自己的言传身教感召着自己身边的学生；桃李满天下，是每位教师最感欣慰的。总之，教师的工作平凡中带着伟大，辛苦中带着欢乐。只要我们全面、高瞻远瞩地看待教师这个职业，每个有志青年都会作出正确的选择。

忠于人民教育事业，努力做一名优秀教师，是社会主义市场经济条件下教师的崇高职业理想，它体现了教师职业道德的本质。要实现这个理想，必须做到以下几点：

第一，热爱教育事业。忠于人民教育事业，首先要热爱教育事业，不热爱教育事业，就谈不上忠于教育事业。对教育的热爱，主要来自于教师对教育在中华民族振兴道路上地位与作用的认识。只有把教育与国家的兴亡、民族的振兴、现代化建设的成败联系起来，才算是对教育事业有了深刻的认识。有了深刻的认识，还要把这种认识转化到日常的行动中，这样才能产生对教育事业的真爱。

第二，热爱学生。忠于人民的教育事业与热爱学生是一致的。学生是祖国的未来，教育的主体，只有把学生培养好，振兴中华才不会成为一句空话。要培养好学生，就离不开对学生真挚的爱。爱可以激发学生的学习热情，使学生树立远大目标。要热爱学生，首先要关心和爱护他们，其次要循循善诱，最后要和学生平等相处，不凌驾于他们之上。只有这样，学生才能尊敬教师，才能成为德、智、体、美全面发展的社会主义新人。

第三，献身教育事业。忠于人民的教育事业，就要有献身教育的精神。教师被誉为“蜡烛”，点燃了自己，照亮了别人，这是教师献身精神的真实写照。要识大体，顾大局，不为权力、地位、名誉、金钱和其他物质利益所动摇，要“俯首甘为孺子牛”。

第四，不断提高自身素质。努力做一名优秀教师，关键在于要有较高的素质。俗话说，打铁先要自身硬。教师，作为传道、授业、解惑的人类灵魂工程师，必须具备扎实的政治素质、业务素质、品德素质、心理素质和能力素质。现代社会竞争日趋激烈，知识更新节奏加快，要跟上时代步伐，教师必须不断充实完善自己。现在世界各国都在倡导“终身教育”，所谓“活到老，学到老”，“学海无涯”，作为传播知识的教师，要想教好学生，不断提高自身素质显得尤为关键。

1.3.2　教师职业态度

所谓职业态度，是指人们对自身职业劳动的看法和采取的行为。教师的职业态度，则是指教师对自身职业劳动的看法和采取的行为，简而言之，就是指教育劳动态度或教师劳动态度。教师职业道德是在教育劳动中逐渐形成的，而教师职业道德一旦形成，又必然反作用于教育劳动态度。教师正确的劳动态度是教师职业道德的反映，教师职业道德又能够不断端正教师劳动态度。其主要表现为爱岗敬业。

教师爱岗敬业可以归纳为三个层面上的内容：

1. 情感上——爱校爱教爱生

对自己从事的职业，有一种情感上的接纳，甚至“迷恋”；对从事职业活动的场所有一种剪不断的“情结”。能把自己的情感世界与教育的兴衰、学校的兴衰联系在一起，为教育之忧而忧，为教育之乐而乐。

以校为家，把学生当儿女、兄弟姐妹。这种情感是爱岗敬业最根本的动力源泉。这种情感是内在的，也是持久的，不会因教师职业待遇的高低或条件的优劣而轻易波动。教师只有热爱自己所从事的职业，才能敬重自己的事业，并为之而自豪；热爱自己的本职工作，才可能以恭敬之心履行自己的职责，才能对学生、对事业严肃认真、专心致志、兢兢业业、恪尽职守。

2. 理念上——教书育人

教师对职业的爱心要在懂教育规律、思想方法科学和头脑清醒的前提下实现，否则这种爱就会盲目和没有方向。

教师爱岗敬业要体现在既要培养学生具有符合社会要求、适应时代发展的综合素质，又要开发学生潜能，使每个学生的个性得到发展。

教师爱岗敬业不仅仅表现在关注学生的学习，千方百计提高学生的学习成绩上，更要体现在注意培养学生具有良好的思想品德上，体现在教学活动的教育性上，体现在关心学生的内心世界上。

教师爱岗敬业不仅要教会学生做事，还要教会学生做人，要培养学生形成做事、做人应具备的良好品德。

3. 态度上——认真负责

教师对工作、对学生的态度是教师爱岗敬业的直接体现。中国古代著名思想家朱熹强调

“敬业者，专心致志以事其业也”。教师工作的对象是人不是物，容不得半点疏忽。教育的影响触及心灵，容不得丝毫大意。教育过程中的任何轻率、差错和随意性都会给学生造成不良影响，因此教师的职业态度除“认真”二字，别无选择。

具体讲：教师在工作上要认真落实教学常规，绝不敷衍了事；在行动上，科学规范、遵规守纪、严于律己，为人师表；在学生面前，教师没有个人行为，教师的言行举止在学生的视野之中，教师应随时注意完善自己的职业形象。

爱岗敬业，一般分为乐业、敬业、勤业、精业等不同状态。

乐业，是建立在对自己所从事的教师职业的积极态度、浓厚兴趣和深深热爱的情感基础上的。乐业的教师对教育工作、对学生由衷地喜爱，不计较待遇多少、地位高低，工作再苦再累是享受。他们为学生的每一点进步而兴奋，这属于情感型的爱岗者。

敬业，是教师在对其职业的理智思考基础上形成的积极态度。敬业型的教师出于对教师职业的性质、社会意义以及个人发展意义的认识，树立起自己的世界观、人生观、价值观，以认真、一丝不苟、作风严谨作为自己的工作准则，这属于理智型的爱岗者。

勤业，体现了教师对工作的根本态度和履职程度，勤业的教师总是踏踏实实、勤勤恳恳、埋头苦干，尽职尽责地做好本职工作。属于态度型的爱岗者。

精业，有扎实的教学教育基本功，并不断钻研，具有创造精神和创造能力。属于创造型爱岗者。

1.3.3 教师职业人格

在教育工作中，一切都应当建筑在教师人格的基础上。人格通常有三种含义：在伦理学上，指每个人特有的道德品质和行为的总体。如康德指出：“人格是每一个人的那种品质，这种品质使他有价值。”在心理学上，指人的性格、气质、能力等特征的总和。在法律上，指作为权利和义务主体的资格。教师道德教育中的教师职业人格，主要指第一种。

所谓教师职业人格，是指教师作为教育职业活动的主体，在其职业劳动过程中形成稳定的道德意识和个体内在的行为倾向性。教师职业人格由教师的职业道德品质和道德行为的总体构成，有两个明显的特征：一是教师的道德品质，它是教师职业人格的内部心理；二是教师的道德行为，它是教师职业人格的外部行为特征。在这两个特征中，教师的道德品质是内在的，起着主导作用，教师的道德行为则受制于道德品质，是师德品质的外在表现。

教师对学生的爱，简称为“师爱”。师德是教师素质的灵魂，师爱是师德的灵魂，因此师爱是教师魂中之魂。教师应该把整个心灵献给学生，而且要坚持一视同仁，将神圣的师爱均匀地洒向每个学生。享受教师的爱，是每个学生的需要，也是每个学生的权利，这是他们得以健康成长的阳光、空气和水。

爱每一个学生就要了解每一个学生。了解他们的爱好、才能，了解他们的个性特点，了解他们的精神世界。只有了解每个学生的特点，才能引导他们成为有个性、有志向、有智慧的完整人。苏霍姆林斯基说得好，不了解学生，不了解他的智力发展，他的思想、兴趣、爱好、才能、禀赋、倾向，就谈不上教育。了解学生是爱学生的具体表现。

教师对学生的爱不是一种纯粹的情感过程，也不是一种纯粹的认识过程，有些人把它定义为一种情理相融的心理过程，一种严慈相济的心理特征。教师爱学生是人类心灵一种完美与理想的象征。

情感是师爱的前提。从早到晚教师与学生同活动，上课眼睛注视着他们的眼睛，不时地沟通交流。教师为学生能按自己的要求完成任务而感到喜悦。这些天然的、纯真的情感是教师爱学生的基础。

理性是师爱的方向。没有爱就没有教育。但教师只有"爱的情感"和"奉献"还远远不够，师爱还要求教师尊重学生、了解学生、理解学生、引导学生。这才是师爱的正确方向。

情感与理性的融合是师爱实现共同教育功能的保证。即情理相融，严慈相济。

师爱是双向交流，动情效应。爱生是教师与学生心理和谐共振的过程。学生得到教师的爱，也会激发出对教师的爱，反馈回去，形成爱的双向交流。这种动情效应会产生良好的结果。首先，学生会表现出自觉尊重教师的行动，十分愿意接近教师，希望与教师合作，这就是所谓的亲其师；随之而来的就是"信其道"，教师的教育影响很容易被学生同化，教师的要求学生心甘情愿地接受，教育的目标也正是在这种双向交流的过程中得以实现。爱心的双向交流更重要的效应还在于它能使教师人格得到升华，激发出巨大的能量和潜能使人变得伟大、完美。

奉献之心，不忘使命。爱就意味着奉献。教师的爱更是一种只讲付出，不计报酬，只讲学生，不求回报的充满奉献的爱。

教师以自身高尚的人格去影响、教育学生的过程，是其他方式所无法代替的，其作用之巨大是难以估量的。首先，教师职业这种以人格感化人格的特点，促使教师自身人格的提高。其次，教师以人格感化学生，促使教师威信的确立。再次，教师的人格感化有利于对学生教育的实施。教师的人格精神，可以不需教师的一句话，而使学生受到感染，产生影响。正所谓是"此时无声胜有声"，而且这种影响往往是久远的。

对学生的热爱、理解和尊重是教育成功必不可少的条件，但不是教育的最终目的。对学生的爱最终还要体现在对学生的未来负责，对民族的未来负责。也就是：爱心是教育成功必不可少的条件，最终还要体现在为社会培养出人才。

1.3.4　教师职业责任

所谓教师职业责任，就是教师必须承担的职责和任务。在社会主义条件下，人民教师的职责，是培养社会主义现代化事业的建设者和接班人。

1. 对教育事业负责

忠诚于人民教育事业是教师的基本教育准则。如前所述，教师的劳动特点是长期复杂的，它不是单凭经济手段、行政命令及立法措施所能调整的。教师为认识自己的劳动对象并能掌握和改变他们，所需付出的社会必要劳动是无法估量的，其工作量往往超过社会规定的时间和空间，甚至有时还要超越他们自身的负荷，倾注了全部精力和心血，而所得的劳动报酬却往往和他们的劳动支出不相适应。因此，教师只有具备高尚的革命理想和献身精神，充分认识自身工作的重要意义，才能树立从事教育事业的光荣感和责任感，以自己的知识和修养去点燃学生智慧的火花。

2. 对学生负责

热爱学生是教师职业道德的核心，也是教师忠于人民教育事业的具体表现。热爱学生与否是对教师道德评价的重要标志，不热爱学生的教师决不是好教师。

在社会主义条件下，教师热爱学生，是基于学生是革命的后代，他们的成长，直接关系着民族的素质和祖国的未来。正因为如此，教师热爱学生应该表现为对学生的全面关心，在教育、教学过程中把自己的全部情感倾注到每个学生的身上，对他们做到既严格要求，又尊重信任。不侮辱学生人格，不讽刺、挖苦学生，教师要热爱每一个具有不同性格的学生，使他们发展各自正当的兴趣、爱好和特长。不以成绩作为衡量学生好坏的唯一标准。教师对学生要做到严慈相济、情理结合，在教师的正确引导下，在各自原有基础上提高。

3. 对学生家长负责

学生家长把自己的孩子托付给学校和老师，是出于对学校和老师的信任，希望教师能把他们培育成才，因此，教师也要对家长负责。当然，教育下一代是全社会的共同任务，作为学生家长也不能例外。这样就需要教师主动自觉地与学生家长保持密切的联系，经常通过各种形式向家长汇报学生在校表现，针对学生的问题与家长磋商，齐心协力把学生培养好。

4. 对教师集体负责

一所学校要取得教育的成功，首先靠的是团结一致的教师集体，学生的塑造也靠教师集体的劳动智慧。教师集体是一个由共同的教育任务组成的复杂整体，要使这一集体能够作为一个统一整体有效地进行工作，所有成员力量的协调一致非常必要。集体中的每个成员不仅要对自己的本分工作负责，同时，彼此之间还要对整个“事业”负责。如教师所教的每门学科都是形成学生完美的个性不可缺少的有机组成部分，各科教师就不能采取贬低其他学科的方式来提高本学科的威信。每个教师劳动的显著特点之一是教学活动往往面对学生单独进行，这就容易造成一种假象，似乎工作的成绩仅仅取决于教师个人的努力。可是这种个别性劳动的形式更需要教师确立正确的职业道德观点，这样才能正确处理好教师之间以及个人与集体之间的关系，做到彼此尊重、相互支持、心理相容、通力协作。

5. 对教师自己负责

教师的劳动始终具有示范性，在教育、教学活动中，教师不仅以自己的知识、技能去影响学生，他的品德修养、道德情操、作风仪表、治学精神以至劳动态度都起着耳濡目染、潜移默化的作用，这种表率作用是任何其他教育都无法代替的。正如俄国教育家乌申斯基说：“固然许多事有赖于学校的一般规章，但是重要的东西永远取决于跟学生面对面交往的教师个性，教师的个性对年轻人的心灵影响所形成的那种教育力量，是靠教科书宣讲、靠道德说教、靠制度奖惩都无法取代的。”可见教师自身的修养和业务能力的提高特别重要。以身作则、为人师表、严于律己是对教师的基本要求，教师应该在自己的一切行为举止中，以身作则地成为学生的表率，成为具有高尚的共产主义品德、坚定的共产主义信念、广泛的文化修养和渊博的知识的楷模，只有这样才能说服学生。这就是我们常说的“身教重于言教”。教师只有不断提高自己的职业道德和职业素养才能做好教育工作。

1.3.5 教师职业纪律

教师应模范遵守教师职业纪律。教师职业纪律就是教师在从事教育劳动过程中应遵守的规章、条例、守则等。教师职业纪律是维持教育活动正常进行的保证，是教师必须遵守而不能违反的。

教师要为人师表，就要模范地遵守职业纪律，这样才能为学生做出表率。正人先正己，己不正，焉能正人？教师要做到模范遵守职业纪律主要应做到以下几点：

1. 要有教师意识并不断强化这种意识

有教师意识，就是说要时时刻刻想到自己是一名教师，自己的一言一行都要给学生做出好的榜样，每当自己出现某种想法或要采取某种行动时，都要考虑到是否符合自己的身份，是否符合教师纪律的要求，是否会给学生带来消极影响。一般来说，教师意识越强，就越能严格地遵守教师纪律；如果教师意识淡漠，就会纪律松弛，甚至违反纪律，受到惩罚。所以强化教师意识是非常重要的。

2. 认真学习教师职业纪律的有关规定

关于教师职业纪律的规定是比较多的，如上课有上课的纪律，请假有请假的规定，对待学生有对待学生的要求。教师，特别是刚刚走上讲台的新教师，对教师职业纪律的有关章程、条例、守则等要认真地学习、深刻地领会。学习、明确和掌握教师职业纪律，是模范执行纪律的前提。

3. 在教育劳动中恪守教师职业纪律

学习教师职业纪律，是为了在教育实践中按照纪律要求去做，而不能把它束之高阁，更不能嘴上一套，行动上另搞一套。职业纪律只有得到全面的贯彻执行，教育工作才能顺利进行。

4. 从一点一滴做起

由于教师处于为人师表的地位，所以，对教师来说任何一条纪律都是重要的，必须严格遵守。当然，如教师确有特殊情况，向学生解释清楚，学生会谅解的，但如果是教师自己放松要求，随意迟到，那么，他就会在学生面前失去威信，学生还会尊重他吗？所以，教师要模范遵守职业纪律，就要从一点一滴做起，切勿因恶小而为之。

5. 虚心接受批评，勇于自我批评，善于改正错误

教师出现了违纪行为，领导或同事提出批评，教师应虚心接受，并坚决改正，绝不能拒绝或反唇相讥。虚心接受别人的批评，坚决改正错误行为不仅是教师应采取的正确态度，也是教师应具有的道德品质。勇于自我批评是教师自我教育的一个重要手段，也是教师提高自我修养的一个重要方法，如果教师能够做到这一点，就表明这个教师具有一定的思想觉悟和较高的修养，说明他对教师职业纪律的认识是深刻的。

6. 要有坚强的意志和持之以恒的决心

模范遵守教师职业纪律，需要教师有坚强的意志和毅力。例如，有的教师家住在离学校很远的地方，为了早上准时上第一节课，他们每天很早就起床，无论是刮风、下雨，还是下雪，也无论公共汽车是如何拥挤，他们从不迟到。如果没有坚强的意志和毅力是不可能做到的。持之以恒，就要长期坚持，遵守不能只坚持一阵子，要坚持一辈子。

1.3.6 教师职业作风

所谓职业作风，就是人们在一定的职业活动中表现出来的一贯的态度和行为。职业作风是职业道德的重要内容。职业作风是一种巨大的无形的精神力量，对职业劳动者的行为影响很大。一个具有优良作风的职业集体，能够感召人们去战胜困难，取得胜利。从一定意义上讲，作风都包含着道德的内容，职业作风是人们在长期职业实践中自觉地培养起来的，职业作风的好坏，取决于人们的思想和目标。

教师职业作风，就是教师在自身职业活动中表现出来的一贯的态度和行为。教师应该树立的优良职业作风主要体现以下几点：

1. 实事求是，坚持真理

实事求是，一切从实际出发，是我们党的优良传统与作风，也是教师职业作风之一。人民教师首先要做到尊重事实，注重调查研究。尊重事实，就是充分认识客观事物，从这种客观存在出发，使教育工作有的放矢。要做到这一点，首先必须要求教师学会调查研究的本领，深入实际搞好调查研究，认清事物的本来面貌。要深入到学生中去，全面了解情况，有针对性地搞好教育与教学工作。其次，要求教师讲真话，办实事。做到襟怀坦荡，言行一致，表里如一，不讲假话、空话和套话。关心学生疾苦，热心为学生服务，帮助他们解决实际问题。再次，要求教师要公道正派，富有进取精神。古今中外，凡成大业者，对社会有贡献的人，无一不是公道正派、脚踏实地、富有进取精神的人。

2. 工作积极，认真负责

工作积极，认真负责是教师的工作作风。人民教师肩负着为社会主义现代化建设事业培养合格接班人的重任，没有工作积极、认真负责的作风是不行的。教师要具有工作积极、认真负责的作风，一方面，要不断提高对教育工作重要意义的认识，另一方面，还要在教育实践中不断磨练自己的意志，加强职业道德修养。在业务上要精益求精，在思想上要不断进步，把全心全意培养社会主义建设人才作为自己的奋斗目标。此外，教师还要能够经受住顺境与逆境的考验，无论何时何地，都应工作积极、认真负责。

3. 忠诚坦白，平等待人

忠诚坦白，是指教师为人要忠实、诚恳，敢于讲真话，不隐瞒自己的观点。平等待人，是指教师在与人交往中要以平等的态度对待每一个人，不居高临下，也不能“势利眼”，要一视同仁。特别对学生，既不要以教育者自居，高高在上，也不要因为学生的出身不同、能力不同、性格不同、兴趣爱好不同而另眼相看。它既不符合教师职业道德，也有损于教师的形象和威信。

4. 发扬民主，团结互助

发扬民主就是要求教师要有民主的作风。教师若没有正确的民主意识和良好的民主作风，就难以开展有效的教育、教学活动。因此，教师一定要尊重学生、信任学生、理解学生。在工作中善于发扬民主，经常与学生谈心交流，虚心听取学生意见，吸收他们参加学校民主管理，真正把他们看作是学校民主建设的主体，与其建立良好的关系。团结互助，一方面是教师与教师之间要团结友爱、和睦相处，在思想上、工作上和生活上互相关心、互相帮助；另一方面，是指教师与学生之间的团结与互助。

1.4　现代职业教育教师师德建设途径和方法

1.4.1　职业院校师德建设现状

通过对多所职业院校师德建设情况调研，我们感到，尽管各个学校在师德建设方面做了许多工作，也取得了一定的效果，但相对于职业教育蓬勃发展的大好形势，职业院校师德建设仍然存在着诸多不适应与缺失，突出表现在以下几个方面：

1. 重业务培训，轻理论学习

为适应培养高技能型人才的需要，职业院校的教师重视自身专业知识、专业技能的更新与提高，各校“双师型”教师比例大幅提升。许多学校提出了“一个教师上两门课、一门课有两个教师”。这确实是加强高职师资队伍建设的重要举措。但从另一方面看，教师队伍中普遍存在参加政治理论学习热情不高的现象。一是不愿参加政治学习，每逢政治学习、理论辅导都要找各种借口不愿参加；二是以业务学习代替政治学习，一些学校的政治学习变成了“工作部署会”，政治学习安排形同虚设，教师的思想素质和政治素质亟待提高。

2. 市场经济观念普遍加强，敬业精神有所弱化

随着市场经济的不断发展，教师的价值取向趋于多元化，“经济头脑”日益显现。从调研情况看，尽管南北方学校教师的表现不同，但是结果却是“殊途同归”。在南方较发达省份，职业院校教师的追求悄然发生了变化，由原来追求福利待遇逐步转向追求自我价值的实现；而北方职业院校的许多教师，尤其是欠发达省份的教师，眼光还是盯在个人收入和福利待遇上。由此导致一些教师以自我为中心，工作得过且过，缺乏积极进取的精神，爱岗敬业精神缺失。

3. 教育理念初步转变，但育人思想仍需深化

调查表明，目前职业院校教师的教育理念、人才观、质量观、教学观进一步清晰，反映在工作中，就是能遵循职业教育规律指导课程设计、选择教学方法、组织课堂教学和专业技能培训，但是在如何培养人、育好人的问题上探索、实践不够。部分教师还认为学生德育工作是辅导员、德育教师的事情，自己完成教书任务就行了，导致学生在课堂上迟到、早退、睡觉、开小差也不管，甚至学生在课堂上发生纠纷也不进行调解，从主观上割裂思想素质教育和专业素质教育的关系，将教师“传道、授业、解惑”的神圣职责抛于脑后。

4. 师德建设体系不完善，缺乏长效机制

从普遍情况看，目前职业院校的师德建设随意性强，实施的是松散管理，在组织管理、宣传教育、制度建设、方法手段、考核奖惩等环节上存在缺失。衔接不够，整合不足，形不成合力，因而往往出现“头痛医头、脚疼医脚”的现象，不能从整体和全局上把握师德建设，达不到预期效果。师德建设体系需要进一步完善，长效机制建设需要进一步推进。

1.4.2 培养师德的途径

师德是学校的立足之本，是一个学校的灵魂，是教师在从事教育教学工作中逐步形成的道德观念、道德情操、道德行为和道德意志，是教师应该具有的优秀的人品、过硬的素质、磊落的言行、坚定的信念、一贯的践行、执着的引领等品行。那么如何塑造高尚师德，提高师德修养呢？

教师职业道德建设主要通过健全制度和教师自我修养两个途径实现。一方面，健全的制度能为内在修养的提高提供制度上的保证，使教师的道德意识和道德自觉的养成得到制度力量的支撑；另一方面，内在修养的提高能够为外在制度的健全提供内在动力。因此，要从健全外在体制和提升内在修养两个方面来探求建设途径，完善教师职业道德建设的科学体系。

1. 健全外在体制

(1) 健全师德建设的领导体制

做好新时期职业院校教师师德建设工作，关键在领导，核心在领导。领导重视师德建设的程度决定着职业院校师德建设工作到位的程度。职业院校领导要切实把师德建设工作摆上重要议事日程，加强领导，统一规划。要成立专门的师德建设领导小组具体负责学校师德建设的规划和组织协调实施。领导小组要研究制定教师职业道德建设总体规划、年度目标，明确当年师德建设的主题、主要内容、主要措施等。确定年度目标的目的，是让学校职能部门和教师清楚了解学校在师德建设方面的年度任务和具体要求，并根据学校目标指导教师及时确定个人目标。在制定目标和分解目标的过程中，要广泛听取教师的意见。教师的参与度越高，自觉参与目标实施的能动性就越大，这样就越容易形成齐抓共管、协调配合的管理服务体系，为教师道德建设提供可靠的组织体系。学校各级党政组织要加强组织协调，切实使师德建设各项制度落到实处。

(2) 建立科学的评价体制

市场经济体制的建立和发展，学校发展过程中日趋明显的商业化倾向，教育产业化的提出，价值观多元化的出现，都对教师职业道德建设产生较大的冲击，而学校科学的评价机制则具有导向作用。教师的道德素质状况可能会受外界的影响，也会因为自身的工作、学习、生活等状况的变化而发生较大的变化。对一个教师在某一阶段工作作出及时、科学、合理的评价，能够比较客观地衡量教师实际业务水平与合格教师或优秀教师应达到的业务水平之间存在多大的差距，发现教师身上的长处以及存在的问题，激发教师的工作热情，促使教师在以后的工作中不断发扬自己的长处和优点，努力克服自己的缺点，努力缩小与优秀者之间存在的差距，积极改进教育教学的方法，全面提高教育质量。此外，还能让教师有一个回顾与总结的机会，及时对以往的教育教学工作进行反思与评判，使以后的工作能有一个新的方向。

目前大多数学校在考核、评估、职称评聘等方面对教师职业道德都有要求，但大都流于形式。当前学校开展教师职业道德评价，首先要制定一个评价标准，以制度来管人，而不是人管人。学校教师职业道德评价不能出现多元化标准，只有坚持用一般与特殊相结合的原则来评价教师职业道德，才既有利于教师整体职业道德水准的提高，又有利于教师个体的充分发展。其次在评价方式上，应该强调教师对自己教学行为的分析与反思，建立以教师自评为主，校长、教师、学生和家长共同参与的评价制度，使教师从多渠道获得信息，不断提高自己的道德水平。最后是评价结果的反馈与落实。要把评价结果不公开地告知被评价者本人，与其任职的基本条件挂钩，并作为对教师进行表彰、职称评定、职务聘任以及安排教育教学工作的重要依据，这样就能引导教师的职业道德行为，促使教师职业道德建设。因此，教师职业道德评价对教师职业道德修养的提高起着极为重要的指挥棒和调节器作用，建立积极科学的教师职业道德评价机制十分必要。

(3) 建立有效的激励机制

市场经济条件下，公民的道德建设不仅要有健全的法律法规和各地区、各部门、各行业的规章制度，更要通过制度的执行来调整人们的行为习惯。如果善行得不到相应的激励，就不会有人继续做善事。美国心理学家马斯洛提出需求层次理论，把人的需求由较低层次到较高层次依次分成生理需求、安全需求、社交需求、尊重需求和自我实现需求五类。马斯洛需求层次理论告诉我们，凡生活在社会上的每个人，都有争取达到目标并能得到他人尊重的强烈愿望。一个人的行为，会受到外界推动力或吸引力的影响，这种吸引力或推动力，通过个体自身的消化和吸收，产生出一种主动力，主动力越大，行为也就越积极。因此，要善于给予教师种种精神上和物质上的表彰与奖励，鼓励教师发奋工作的激情，鼓励教师不断提高自身的道德水平。

(4) 建立校园精神文化建设机制

教师的发展取决于所处的校园环境和社会环境。现在的学校不再是相对封闭的象牙塔了，而是一个开放程度很高的系统，因此社会大环境对学校小环境会产生巨大的影响。虽然学校不能改造社会大环境，但学校可以能动地改造自身所处的小环境，可以进行自身的校园精神文化建设，从而为教师职业道德建设提供良好的外部环境。校园精神文化建设的关键是学校领导要有以师为本的管理理念，营造团结和谐的人际氛围。以师为本，就是学校在管理过程中要通过尊重教师、关心教师、激励教师、改善教师人际关系等方法，充分发挥教师的积极性和创造性，从而提高教育教学质量和学校绩效。学校与企业不同，但有一点是相同的，学校管理的核心也是人。教师是一个个活生生的人，他们有思想，有感情，有独立的人格，有种种需要，渴望自身价值的实现等，这些正是作为生命体的人的主要特性。学校领导要加强与教师的情感交流，通过多种渠道和各种形式，主动听取他们的意见、建议和要求，与他们交心、交朋友，为他们排忧解难。另外学校要加大校务公开力度，提高学校政务运行透明度，规范教代会制度，提高教师参与度，让广大教师真正成为学校的主人。进行民主管理，在领导干部和教职工之间形成尊重、理解、沟通、信任的人文精神，在教职工之间形成团结、合作的群体关系，让教职工在充满人情味的校园文化中生活和工作。

2. 提升内在修养

教师道德修养不仅是一个外在约束问题，而且也是自我的认知问题。要使教师道德原则和规范成为教师行为的准则，必须依靠自身长期不懈的努力，自觉地进行修养和锻炼。

(1) 在学习中提高教师道德理论修养

要加强马克思主义伦理学的学习。马克思主义伦理学是研究道德的起源及其发展规律的科学，学习它可以帮助教师更深刻地理解师德要求和客观依据，加深对师德修养意义的认识，掌握师德修养的规律，深刻认识师德要求的必然性、合理性，从而提高师德修养的自觉性。此外，注重学习古今中外一些优良的师德传统，掌握教师职业道德的原则、规范、要求。学习马克思主义伦理学知识，要注重运用观念和方法指导自己的师德修养，丰富和发展师德知识，不断提高师德水平。

要加强教师道德理论的学习。职业院校教师要认真学习《教育法》、《中等职业学校教师职业道德规范》等理论。教师道德理论是教师提高职业道德修养的指导思想，掌握了它才能辨别善恶、是非，才能在自己思想领域里战胜那些错误的、落后的道德观念。一名教师只有在道德修养中以教师道德的先进典型作为自己思想行为的楷模，鼓励自己，在思想意识中凝聚着教师道德原则和规范，常以崇高的道德品质作为自己行为的目标，才能使自己的道德修养不会迷失方向，才能使自己成为一名有较高教师道德修养的人民教师。

注重集体学习同个人学习相结合。集体学习是一种有组织、有计划的师德理论教育方式，可以系统地学习师德理论和法律法规；可以集思广益，将理论学习向深度和广度拓展；可以解决一些个体难以解决的共性问题。但是集体学习也受诸如时间、地点、次数等条件限制。个体学习是一种可以自我调控的学习方式，具有较强的灵活性和机动性，可以在较大的宽度上广泛涉猎，在时间上比较宽裕，但是受个人水平、自控能力等的影响，有时达不到预期目的。要注重集体学习和个人学习的结合。

要学习先进教师的优秀道德品质。因为先进教师是存在于社会之中、生活在教师队伍里的活生生的人，他们能够以直观形式启发、教育和感染教师，进而影响教师的思想和行为，监督和促使教师以先进人物为榜样，取长补短，提高道德修养水平。学习先进教师的优秀品质，主要有两个途径：一是多读教育界名人的传记和模范教师的先进事迹。这些名人身上都具有优秀的道德品质，体现着高尚的道德情操，多接触他们，以便受到感染和鼓舞，使自己的行为趋于道德原则和规范的要求。二是学习身边的模范教师，他们生活在自己身边，看得见、摸得着，影响更直接、更深刻、更快捷。

（2）在实践中提升师德修养

参加社会实践，在实践中进行教师道德修养，是提高教师修养的根本办法。在教师提高道德修养的过程中，从教师道德认识、道德情感、道德意志、道德信念到教师的道德行为和习惯，自始至终都是在社会实践中和教育教学中完成的。教师只有在教育教学实践中，在处理师生之间、教师之间、教师与家长及教师与社会其他成员之间的关系中，才能认识自己的行为是与非，才能辨别善与恶习，才能培养自己良好的教师道德品质。如果只是“闭门思过”、“坐而论道”，脱离实践去修养，那么教师道德修养就要成为一句空话。

第一，在教育实践中提高修养。教师的教育实践活动是教师每天都在进行的最基本的实践活动，因而也是最方便、最能体现自身职业特点、最具有针对性的道德实践活动。例如，教师在教育实践活动中能否做到为人师表，能否关怀学生，能否处理好师生关系、同事关系等，都可以在教育实践中进行。只有通过教育实践，教师才能将所学的理论知识应用于自己的实践，也只有在教育实践活动中，才能发现个人师德品质中的不足，并努力克服改正，使自己更加完善。

第二，在教学实践中提高修养。有效教学是教师的主要职业道德表现之一，如果教师不能进行有效教学，不能满足学生的求知欲望，则势将受到学生及家长的鄙弃，受到领导的责备，师德将无从谈起，所以，提高教师的业务能力是提高师德修养的有效手段。这就要求教师要提高教学能力，更新教学观念。

第三，在生活实践中提高修养。社会生活实践比教育教学实践有着更为广阔的空间，一名教师在多种因素的制约下，可能会在教育实践中表现得师德高尚、为人楷模，但在社会生活实践中，尤其是课堂之外的生活实践中，能否自觉践行道德规范，更能反映其修养的水平。只有通过在丰富多彩的社会生活实践中养成、检验、提升道德，才能提高师德水平，完善师德形象。教师不仅要成为师德的实践者，而且要成为精神文明的化身，在传播精神文明过程中，不断提高自身修养。

第四，开展有教育意义的道德实践活动。教育实践活动是自身的职业活动，社会生活实践在某种程度上具有随意性、广泛性。而有目的、有计划、有针对性地开展道德实践活动，往往对加强师德修养、提高师德水平具有重要的意义。如开展师德评比、优秀教师报告会、教师礼仪培训、义务捐助等活动。

师德修养是一个复杂而长期的过程，教师只有把学习和实践结合起来，才能更好地履行师德规范要求，实现教育劳动价值，才能更好地提升自身的师德水平。

教师道德修养是教师职业道德要求的一项根本内容，教师应该通过上述途径和方法，积极提高自身的师德修养，成为领导赏识、同事称赞、学生喜爱、家长信赖、社会认可的优秀教师，从而推动学校师德师风建设，推动"人本和谐教育"建设。

1.4.3　教师职业道德修养的主要方法

道德修养的方法有很多，在历史上有各式各样的方法。在社会主义条件下，人民教师职业道德修养方法因人而异，中国儒家所提出的"内省"、"自讼"、"格物"、"致知"、"诚意"、"正心"、"省察克治"、"穷理居敬"、"躬行践履"等尽管带有唯心论或经验论色彩，但对于当前的教师职业道德修养仍有其借鉴意义。教师在职业心理成长、知识理论学习和教育教学实践中，可以着重采用以下方法提高自身的职业道德修养。

1. 榜样学习法

教师在进行职业道德修养的过程中，要注意把理论学习与对榜样的学习结合起来，并将榜样的力量运用于教育教学实践之中。古今中外进步的教育家和优秀教师(如徐特立、陶行知、任小艾、魏书生等)，已经通过自己的教育与道德实践，为人类造就了教师美德，为所有教师留下了不少值得效仿的师德风范。他们有热爱祖国、热爱人民、热爱教育事业的高尚情感，有热爱学生、严谨治学、诲人不倦的可贵品质，有无私无畏、勇于创造的革命精神，他们的先进思想应当为我们指引修养的方向，模范事迹更应当成为所有教师学习的榜样。主动了解他们的先进事迹，学习他们的优秀品质，有助于升华自己的教师道德境界。

但是，对于榜样的学习绝不可只盯着过去，在当代、在我们的身边同样有很多平凡而伟大的教师，在他们身上蕴藏着美好的思想情操和高尚的职业道德品质，因此，也应当成为人们学习的楷模。教师要学会见贤思齐，善于通过与其他教师的交流，发现他们遵守师德的长处，虚心向他们学习，即便是他们行为中很小的闪光点，也会有助于自己作善的积累，从而积小善为大德。另外，在同时代教师中寻求榜样学习，还会增强教师职业道德的现实和时代特色。

2. 自我省察法

在教师职业道德的相关论著中，这种方法也被称为"内省法"、"自我解剖法"、"自我批评法"等。尽管不同的语汇之间有着细微的差异，但其总的精神是一致的。自我省察法要求教师不断地对自己的职业行为(甚至日常生活)进行自觉的检查、反省和剖析,对不良思想倾向做坚决的自我批评,严格约束自己的行为,杜绝不良行为的发生。

自我省察法要求每个教师坚持做到以下几点:

第一,学会正确认识自己。中国古语有言:知人者智,自知者明。一个人要想具有自知之明,充分认识到自己的缺点、错误和优势、成绩,仅有态度是不够的,还需要采取正确的方法。教师应当选择合理的参考系,采取人际比较、听取意见等方法,从客观条件、主观努力程度、现实水平等多个方面全面地评价自己,才能达到真正的“自知”。

第二,要有承认自己的错误、不足的勇气。人们在实践中出现错误、不足往往是难免的,但对待错误、不足的反应会有两种:有的人勇于承认并加以改正,有的人则寻找借口避免苛责。后一种态度固然可以暂时保全自己,却因丧失改正的机会而不足取。只有勇于承认错误并迅速改正,才是唯一正确的态度。

第三,要有闻过则喜的精神。听取他人对自己的评价,是自我解剖、自我批评的一个重要环节。学生、其他教师都会对自己提出事关教师职业道德的各种意见和建议,教师要以虚心诚恳的态度,慎重、冷静地思考别人的意见,做到有则改之,无则加勉。

第四,要有创造精神。教育要进步,要发展。新的教育思想、新教学大纲、新教材、新教法以及学生的不断发展,都要求教师创造性地进行教育教学工作,可以说,离开了“创造”,教师就无法工作,“创造”是整个教育教学工作的核心。教师也只有在这种不断创新的工作需要中,才能产生自我完善的迫切动机。当然,要创造性地工作,就必须多学习、多实践、多总结,把别人的经验或理论引进来,结合自己的实际,创造性地实践运用,并在此基础上不断总结,以形成新的经验和理论。在这个过程中,要重视相互交流,取长补短。这样,就能逐步提高和完善自身的素质。

第五,要树立终身教育观念。研究表明,一个教师在教学的头五、六年内,随着教学经验的积累,教学效果显著上升,可是当习惯于已有教学程序,进步的速度就会减慢,呈逐步下降趋势。如不进修,即使再教 20 年,也不会有多大进步,甚至出现衰退现象。因此,加强在职进修,提高思想政治素质、师德修养,不断更新知识,丰富教育理论,提高教育教学能力是教师自我完善的客观需要。教师要以活到老,学到老的精神,积极参加继续教育,像列宁所说的那样:学习、学习、再学习。

3. 自我激励法

教师职业道德修养的过程是一个教师内心激烈的思想斗争过程,思想斗争的维持需要教师的意志、信念,更需要从多方面得到激励,以使这种思想斗争坚持不懈,保持教师职业道德修养的长效性。这种激励既包括单位的表彰奖励、他人赞扬等外在方式,也包括作为一种特殊修养方法的自我激励。在一定意义上,自我激励是教师提高自身师德修养水平的最积极的方法。

教师在职业道德修养过程中可以采取的自我激励主要包括以下具体形式:

第一,目标激励。奋斗目标不仅仅意味着一个人追求的总体方向,它还作为一种重要的精神动力而存在。一般来说,高目标往往更能激发人的潜能,目标越高,内驱动力就越大,在实践中就越可能有高付出,达到的修养境界也会更高。但需要注意的是,高目标并不意味着确定目标可以不切实际,高不可攀的目标不仅无法产生激励作用,还会让人产生不应有的挫折感,因此,确立目标时必须考虑实现目标的现实可能性。

第二，对比激励。对比，是人们认识和分析事物时普遍采用的一种方法。在修养的过程中，人们可以通过对比，在差异中获得行为动力。前文所说的“见贤思齐”实际上就是在对比中获得动力的例证。教师完全可以通过对比发现优点并予发扬以扩大优势，发现不足并予补正以赶超他人，从而实现职业道德修养上的“比、学、赶、帮、超”。在与他人进行对比时，还需要注意，应当怀有积极的心态，既不过于求全责备、苛责自己，让自己丧失信心和意志，也不对他人心怀轻蔑、嫉妒，无法摆正自己的位置，使自己丧失方向和动力。

第三，成效激励。任何一个教师，只要坚持职业道德修养，必会有所收获。这些收获可以给教师带来心理上的充实、欣慰和满足感，也会成为其进一步提高修养的动力。为此，教师应当不断地对自己的修养过程进行总结，体察到自己每一点细微的进步，并在学生身上、教学过程中、科研成果中找到这种进步的具体反映，从而在成就感中强化职业道德行为的良性取向，并努力使之成为职业行为习惯。

第四，反思激励。教师在自我修养中往往会因遇到困难和阻力而遭受挫折或失败。这时，教师应采取的不是颓丧、消沉、悲观、失望的消极态度，而应通过认真总结，吸取教训来激励、鼓舞士气，这就是反思激励。

4. 防微杜渐法

防微杜渐法，强调的是教师应当时刻注意教育生活中细节问题的谨慎处理，通过细节养成良好的职业行为习惯，逐步提升教师的道德境界。具体地说，每个教师都应当做到：

第一，慎独。“慎独”，既是一种崇高的道德境界，又是一种道德修养的重要方法。进行教师职业道德修养，也要“慎独”。教育劳动是教师个人劳动和集体劳动的有机结合。每个教师在教育职业活动中既具有重大的职责与义务，又拥有独立而自由地选择教育行为方式的权利。在许多情况下，教师的职业活动是单个进行的，他的许多教育行为具有“隐蔽”的特点。教师能否“慎独”，即在无人监督的情况下，处处按照社会主义教师道德的要求行事，直接关系到学生的德、智、体全面发展。离开了“慎独”，也就无所谓真正的道德修养。首先，要教师注意把师德规范内化为教师的内心信念，化作行为的品质，并且以此来支配教师的行动，即使在独处和无人监督之时，也依然按照师德规范行事。其次，要在“隐”和“微”处着手，狠下功夫。别人看不见、听不到的地方，是我们锻炼自己师德品格的重要场所，是自我道德修养的“根据地”。只有在别人看不见、听不到的地方自觉进行修养，才能成为品行高尚的人。俗话说：“积小善而成大德”，“千里之堤，溃于蚁穴”。优秀的师德品行，常常是从小事上开始培养起来的。“细微之处见精神”。教师要注意从细微小事上锻炼自己廉洁的师德，建设人民教师的“人格防线”。最后，要重视在无人监督时，自觉履行师德规范，养成良好的师德行为习惯。有了这种习惯，就无需外来的制度和强制的压力来推动师德行为。而这一点对教师来说极为重要，因为教师的劳动特点富有极强的自主性和独立性，没有“慎独”的修养，就很难做好教育工作。

第二，慎微。要求教师在其教育教学实践中，要时时谨小慎微，不能眼高手低，只关注大事不注意小节。三国时期刘备在其遗诏中曾告诫其子：“勿以恶小而为之，勿以善小而不为。”一种错误的言行，在轻微时或处于萌芽状态时较易纠正，但也正是因为轻微、细小，容易被人所忽视，最终会积重难返，以致“千里之堤，毁于蚁穴”。在善行方面也是如此，“君子不以小善不足为而舍之，小善积而为大善”，事情再琐碎 ，只要对人有益，都值得去做，善事也应从一点一滴的小事做起，循序渐进，只有这样，才能真正赢得学生的赞颂、事业的成功，同时修养出高尚的道德境界。

第三，慎始。“慎始而敬终，终以不困”，语出《左传》，意思是谨慎地开始，不怠慢地终结，就不会有窘迫之患。更何况“慎终如始，犹恐渐衰，始尚不慎，终将安保?”也就是说，自始至终都很谨慎，尚且害怕会渐渐松懈；如果开始时就不谨慎，还怎么能保证有好的结局呢？将“慎始”作为一种修养方法，意在强调每个教师都应当认真地对待生活中的每个“第一次”，谨防第一次错误言行的发生。因为一旦放松了警惕，没有把好第一道关，就可能会在错误的道路上越走越远。

教师是人类文化的积极传播者，对人类社会的延续和发展贡献巨大。教师的道德修养问题是提高知识分子政治思想素质的大事，教师的一言一行和一举一动直接影响学生的行为和态度，必须在工作中通过多种途径和方法加强当代高校教师的职业道德修养。所有教师都应当认识到，教师职业道德修养是一项艰巨的任务，必然要经历一个长期而艰苦的过程，在这个过程中，教师需要多目标并重，多方法并用，同时做到持之以恒，终生不辍，才能保证使自己成为一名具有良好职业道德修养的合格教育者。我们应对师德建设作出长期规划，并从现在做起，从每个人做起，使师德建设一环紧扣一环地深入下去，扎扎实实地做好这项工作，将教师这个神圣职业的光辉发扬下去，为培育先进人才贡献自己的力量。

第2章 现代职业教育教师的知识构成

教育是在一定的社会背景下发生的促使个体的社会化和社会的个性化的实践活动。广义上讲，凡是能够增进人们的知识和技能、影响人们的思想和品德的活动，都是教育。本书中所指的教育，主要是指狭义的教育，也就是学校教育，其涵义是教育者根据一定的要求，有目的、有计划、有组织地对受教育者的身心施加影响，把他们培养成为社会所需要的人的活动。

职业教育是指使受教育者获得某种职业或生产劳动所需要的职业知识、技能和职业道德的教育。进行职业指导，是职业教育与其他教育在教学内容上的主要区别，也是职业教育的本质特征。职业教育的目的是培养应用人才和具有一定文化水平和专业知识与技能的劳动者，侧重于实践技能和实际工作能力的培养。

2.1 教师的职业特点

从教育的定义可以看出，教育者在教育活动中起着主导作用。而在学校教育中，教育者所指的就是广大教师。因而，教师的数量和质量是决定教育效果的关键因素。教师被要求以自己的专业知识担当教学、科学研究和社会服务等社会职能，教师的工作有其独特的针对对象、工作内容和工作方式。从职业对象来说，教师职业的对象是正在成长中的儿童青少年。社会职业中没有任何职业的对象能像教师职业的这种对象有如此的复杂性。教师职业对象是人的成长，是体力和脑力的发展，是知识的获取、智慧的增长和品德的养成。这个过程中每个人是不一样的。教师要把每一个学生培养成才，如果不研究学生成长的规律，不懂得教育的规律，不掌握正确的教育方法，是很难做到的。从职业的内容和任务来讲，教师的工作不仅要教书，而且要育人。教育的内容很丰富，任务很复杂。教师需要有专业知识，而且要有把知识传授给学生，培养学生具备崇高的思想品德的专业能力。教师的工作方式也与其他社会职业不同，要用自己的知识、智慧、人格魅力在和学生的共同活动中去影响学生。教师对学生来说是知识的传播者、智慧的启迪者和情操的陶冶者。因此，教师的职业具有以下一些特点：

1. 很强的专业性

教师职业的专业性表现在教师有能力把自己所掌握的知识转化为学生易于理解的形式，也就是说教师的专业知识和技能要特别重视理解和推理、转化和反思的功能与作用，具有复杂脑力劳动的特点。

2. 极大的创造性、灵活性和自主性

教师不可能用一种模式去塑造所有的学生，也不可能用一个标准去要求他们。教师应具有教育的机敏性，灵活运用各种教学方法达到教育目的。

3. 鲜明的示范性和权威性

教师职业示范性特点是指教师的学识、思想、情感、性格、意志、言行等，都对学生产生影响

并受到学生严格监督的特性。而教师权威性是指教师凭借国家、社会赋予的教育权利和个人因素而产生的能够被学生自觉接受的、影响和改变学生心理、行为的一种支配力量。由此可见，教师的示范性和权威性从本质上讲是一致的。

这种示范性和权威性体现在以下几方面：一是教师通过钻研，把教材中的知识、技能、思想情感以及世界观等融会贯通，转化为自己的东西，并在了解学生的基础上进行教学方法的加工，然后通过形象生动富有情意的言传身教，使学生全面接受；二是教师主体的人格是教育手段的重要组成部分，通过主体人格陶冶学生的思想情感，培养意志力，形成良好的行为习惯；三是教师只有依靠自身的力量，用智慧来吸引学生，用高尚的情操来感化学生，身体力行地做学生的榜样，才能使自己的教育教学具有强大的吸引力和说服力；四是操作技能的示范性，其过程就是教师亲手演示并指导学生的过程，每一个环节、每一个动作，都离不开教师的示范与讲解。

教师的示范性和权威性不仅来自于社会制度，还来自于个人因素，包括教师个人的学识、专长和教师的人格魅力、爱心、同情心等。换言之，教师的智慧、人格等内在因素是教师权威的重要基础。知识的更新、教育理念的更新、心理学的发展都会对教师的示范性与权威性产生影响。教师应是教学的设计者、反思者、指导者和研究者，从而激励学生思考与创新，培养新型人才。

4. 长期性和长效性

教师教育的效果有些是立竿见影的，而大多不是立即起作用，需要在长期的工作中来慢慢体现。教育还有长效性，有时老师一句不经意的话会影响学生一辈子。

5. 重要的实践性

作为职业教育教师，除了以上教师行业的共同特点外，还具有典型的实践性。职业教育的教师除了要具备普通教师必备的基本素质外，根据其培养目标的特殊性要求，还要具备实践教学能力素质、操作演示能力素质、职业教育研究能力素质、就业指导能力素质以及组织协调和人际沟通能力素质等。

对具体的教学活动过程而言，教师要对教学目标、教学内容、教学对象进行分析，以制定适当的教学计划和教学策略；设计合适的教学方法，选用合适的教学媒体进行教学；教师要考虑教材和教学进度的处理以及各知识点教学方法的处理、重点难点的处理、多媒体设计等。在教学过程中，教师要对整体教学过程如一学期和具体的教学过程如一节课、一个具体教学活动单元进行组织与有效地控制。同时教师还要对学生学习状况不断进行评价并根据教学效果进行教学调整，要经常和其他教师进行教学交流以互相促进，以利于教学互动形成一个良性的循环。同时，教师还要对学生进行引导和管理。教学活动的复杂性对教师的综合教育教学能力也有极高的要求，因此教师应具备什么样的知识结构是一个值得关注的问题。

2.2 现代职业教育对教师知识结构的要求

2.2.1 知识结构的定义

所谓知识结构，就是指各类知识在个人头脑中的内化状况，它包括各种知识之间的比例、联系和相互作用。教师的专业知识既具有普遍性,更有着鲜明的个体性特征。教师在从事教育活动过程中所使用的知识不是一种纯粹理性、自然科学式的知识,而是一种充满着个性特征和个人智慧的个人知识。纯粹的理论知识是透过现象看本质的知识,是外在的、抽象的、绝对的,不能完全有效地指导复杂的实践活动。而教育恰恰是一种特殊的实践活动,涉及很多因素,具有高度的情境性,因此教师在使用这些知识的时候必须根据具体情况,结合个人的个性、经验、价值观等因素加以理解、选择和使用,在自己的经验之上、纯粹理论知识之下建构合理的个人知识结构。

2.2.2　现代职业教育对教师知识结构的要求

职业教育是我国教育事业的重要组成部分,是工业化、社会化和现代化的重要支柱。由于职业教育独特的办学定位和培养目标,使其具有双重属性:首先是有其他类型教育都具有的一般属性,是培养人的社会活动;同时又有其他类型教育所不具有的特殊属性。它是直接为地方经济和社会发展,包括行业建设服务的;它是直接为人的就业服务的;它与市场特别是劳动力市场的联系最直接、最密切。这些特殊的属性,就决定了职业教育具有其他类型教育的不可替代性。

职业教育的这种双重属性也直接决定了作为一名合格的职业教育教师,其知识结构既具有教师知识的一般性,又有其特殊性。对一名职业教育教师的考量,除了一般教师应具备的条件和质素以外,更侧重于教师对学生实践技能、岗位能力的培养是否完善和恰当。同时,由于职业教育的快速发展,对整个职业教育的环境、教学理念、教学方法乃至教师,都提出了更高的要求。职业教育不仅要关注学生对程序性知识的掌握和应用,以形成熟练的操作技能,还要让学生透过操作技能了解其基本的技术原理及其操作技能所内隐的发现问题、分析问题和解决问题的思想和方法,使学生成为一名富有理念、富有智慧的职业技术学习者,并以此为基础,促进学生思维方面的能力发展,形成对其他方面的智慧迁移。

同时,职业院校的课程设置已向综合化方向发展,各门课程本身不但有理论和实践两方面高度融合的要求,同时课程之间也充满了交叉。这种变化要求教师必须具备宽厚广博的科学文化知识和文理渗透、理工结合、理论与实践相通的知识结构。这样,才能为专业理论知识的讲授打牢根基,使教学内容达到相当的深度和广度,并融会贯通,从而启发学生思考,培养学生创新精神与能力,把学生引向未来的人生之路。

从教师自身专业发展而言,其知识结构也只有达到了广博、厚实、成熟的境地,才能形成自己的教学风格,达到较高的教学境界;才能将教学与科研良好的结合,从而选择自己研究的领域和方向。这样才能从长远上推动职业教育不断发展。因此,优化职业教育教师的知识结构对发展职业教育,培养社会所需的实践性人才具有极为重要的意义。

2.3　教师知识结构的构成

从教师知识结构的功能出发,将教师的知识结构分为四个方面:通识性知识、本体性知识、条件性知识和实践性知识。

2.3.1 通识性知识

1. 通识性知识的定义

教师的通识性知识是指教师所拥有的有利于开展有效的教育教学工作的普通文化知识。职业教育归根结底也是培养“人”的活动，同样要坚持素质教育。因此，一个优秀的现代职业教师应该是一个知识渊博的“教育者”，而不是一个狭隘的“专业主义者”。

掌握通识性知识是教育方针和教育目标的要求。表达的是一种“全人”的教育理想，即无论哪种学校，都有着培养适应现代社会需要的具有健全人格的合格公民的教育目的。因此，对于教师而言，一个人在成为优秀的教师之前，必须首先是一个生理与心理、智力与情感等方面全面协调发展的人。这是从事教师工作的一个基本条件。

通识性知识有助于更好地贯彻我国的教育方针。它从德、智、体、美诸方面联系的角度思考教育方针的实施。在教育活动中更多地体现为追求知识的内在价值的特点。

掌握通识性知识对于学生的全面发展有重要的背景性作用。学生的全面发展在很大程度上取决于教师具有广泛而深刻的文化背景知识。在学校里，知识渊博的教师往往赢得学生的信赖和爱戴，因为教师丰富的文化知识，不仅能扩展学生的精神世界，而且能激发他们的求知欲。现代职业教师应具有深厚的社会科学和人文科学知识，这样才能站得高、看得远，才能对学生产生更广泛的影响。

同时，通识性知识也是教师教学和自身发展的需要。一个教师如果见识狭窄，就很难应付教师工作中各种复杂的挑战。教师的通识性知识能够帮助自己更好地运用教育科学知识，融会贯通地理解所教学科的知识，以促进实践性知识的形成；可以拓宽教师的视野，打开教学中的思路，更加游刃有余地控制教学活动的整个过程；只有具备了丰富的通用知识，才能在学科教学中引导学生触类旁通，使课程丰富起来。同时，可以作为学习更高层次的专门课程和知识的基础。有助于教师教学、科研工作的全面开展。

2. 现代职业教师通识性知识构成

通识性知识涉及范围宽广全面，是一种有关于人类兴趣的所有学科的准确的、一般性的知识，是对自由与人文的继承，是关于人的生活的各个领域的知识和技能的知识，是非专业性的、非职业性的、非功利性的、不直接为职业作准备的知识。具体说，教师的通识性知识包括：基本哲学理论知识，包括辩证唯物主义和历史唯物主义的知识；历史、文化（包括语文）和艺术类、美学的知识；自然科学，包括现代学科的一般原理和现代技术的本质内涵；社会科学的理论与观点，例如法律的知识、民主的思想、经济学的观点和社会学的方法。

2.3.2 本体性知识

1. 本体性知识的定义

本体性知识是教师所具有的特定学科知识，是教学活动的基础。教学的最后绩效是用学生掌握的本体性知识的质量来衡量的。在信息与知识剧增的知识经济时代，职业院校教师主要通过系统的专业和技能的传授与训练，达到培养生产、管理、服务一线应用型人才的目的。

职业院校教师在专业知识方面的要求起点更高、更系统，系统与精深的专业知识是现代职业院校教师知识结构中的主干部分。

2. 本体性知识的构成

(1) 最基本的学科知识和方法论知识

教师应对学科的基础知识有广泛而准确的理解，熟练掌握本学科的基本概念，精通所教专业的基础理论、基本技能，娴熟地运用学科的探究方法分析处理问题以及用学科特有的词汇和符号语言系统进行交流。

了解学科基础知识背后所蕴涵的思想与方法，并且有一定的深度和广度。

了解学科的知识背景，掌握学科的进展。教师对于学科前沿内容的掌握虽然可以不够详尽，但是应该知道那些前沿内容出现的理由、给本学科的发展带来的变化及前沿内容的创造性所在。教师需要了解本学科的发展历史和趋势，了解推动其发展的动因，了解本学科对社会、人类发展的价值以及在人类生活实践中的多种表现形态。

(2) 与本学科相关的知识

教师要基本了解与所教学科相关的知识点及其性质和逻辑关系。例如，有关学科的知识背景、实验知识、观察知识以及科学方法论方面的知识。包括写作、软件、外语、计算机等工具性知识。教师要能够把学科知识变成自己的一种学科和学术上的造诣，能够清楚表达出来。

(3) 课程的知识

课程的知识，指对全部课程计划的理解，以及与之相关的课程背景、课程理论、课程改革与发展、课程开发、课程编制、课程实施、课程管理、课程评价等。

2.3.3 条件性知识

1. 条件性知识的定义

条件性知识，指为教师有效地进行教学和教学改革提供理论指导和实践方法的知识。教师的条件性知识由帮助教师认识教育对象、教育教学活动和开展教育研究的专门知识构成，主要是指教育学和心理学知识。该类知识作为教师知识结构中最普遍存在的基本要素之一，是一种原则性的知识，在教学活动中的体现往往与相关的知识有着密切的联系，而且与个人的信念和实践经验相关联。

具备条件性知识给教师的教育教学活动提供了理论上的保障，有助于教师认清各种复杂的教育教学现象，不断增强工作的自觉性，有利于帮助教师对本体性知识进行思考和重组，以使学科知识顺利转化为学生易于理解、接受的知识，从而更加自如地进行创造性教育教学活动。

2. 条件性知识的构成

(1) 教育学基本理论

教育理论知识是一种原理性知识，具有较强的指导意义。有利于教师树立先进的教育观念，正确地选择教育教学的内容和方法，高效地实现知识的传递和能力的培养，促进教师和学生的共同发展。

教育理论知识包括教育哲学知识和心理学知识。教育哲学知识提供教育思想、教育理想、教育批判思维、教育价值、教育假说等，解决为什么教育的问题，它是教师专业化发展和完善的思想源泉。提供教师自我反思精神的理论武器和批判力量。

心理学知识提供教育实现的可能性，教育如何能适应和促进人的发展的科学依据。教育工作是一项复杂而又细致的培养人的工作，要切实有效而又迅速地实现教育目的，使学生在德、智、体几方面都得到发展，成为符合社会要求的人，需要借助于教育心理学的指导，以深入发现和掌握学生的生理、心理的变化和发展的规律；并为明确某一教育阶段的培养目标，选取教育内容和方法，提供心理学的依据。一个教师只有拥有充足的心理学知识，才能根据教育对象的心理发展要求去确定哪些知识和方法是切实有效的，是适应学生发展的。

(2) 职业教育理论

职业院校教师的教育教学能力的形成及发展除需要一定的教育理论，还应具备职业教育理论和职业指导方法的知识。

职业教育理论知识包括两个方面：

① 要具备职业教育学和专业教材教法等基本知识。这些知识可以帮助他们了解职业教育的特点和社会功能，深刻认识高职院校的性质、任务和培养目标；帮助他们树立正确的职业教育观，掌握职业教育的基本规律和教学的原则与方法，制订优化的教育教学方案，进行课程开发和教育教学研究工作。

② 具备职业教育心理学知识。其主要包括影响职业技术理论知识学习和操作技能训练及职业能力培养的心理因素及调控方法；职业院校学生的个性倾向与教育；职业道德的心理分析；学生的职业环境与职业心理等。

(3) 教学法知识

教师不仅要掌握所教学科的系统知识，而且还要具备把这些学科知识传授给学生的方法性知识。教学法知识是指超越具体学科的教学管理和组织的一般原则与策略，也即教与学活动的共同信念、实践方法与科目知识、学校知识结合在一起所形成的综合理解。教学法知识包括教学理论与策略、教学模式、教学测量与评价、教学技术、教学的伦理与道德、学生心理辅导的理论与技术、班级组织与管理、教育研究方法等。针对具体教学活动而言，包括教学管理、知识学习的一般原则与策略、教学大纲、进度表、测验方式及演讲方式、讨论方式、评估学生成果的方法等具体内容。学科教学知识实际上就是把“教学内容”和“教学方法”糅合在一起，变成一种理解，使其具有“可教性”，知道在某种特定主题、问题或议题上，如何针对学生不同的兴趣与能力，把教师的学科知识进行组织、表达和调整，从而进行教学，也即把需要传授的专业知识教育学化和心理学化。

(4) 职业教育研究的知识

职业教育的人才培养规格、培养模式、专业设置、课程体系、实践教学、考试方法等一系列涉及高等职业教育改革发展的问题，在认识和实践中均尚未成熟，还存在较大的研究空间，这些问题不解决，职业教育无法形成自己的特色。因此职业教师在进行教育教学活动的同时，应具有进行职业教育研究的知识，以利于职业教育的发展。另一方面，学习型社会的建立和知识经济的到来，促使职业教育的教育观、人才观、学习观等发生崭新的变化，职业教育如果不及时适应这种变化，就培养不出社会经济发展所需要的人才。同时，职业教育具有鲜明的职业定向性，对社会经济发展甚为敏感。随着社会经济的发展，职业岗位的新旧更迭和流动变化很大，作为职业教育的教师，必须能敏感地把握这种职业岗位的需求变化和技术内涵，确立与职业需求对接的办学方向，调整和改进培养目标、教学内容、教学方法，进行专业开发和改造。

2.3.4　实践性知识

1. 实践性知识的定义

职业教育的本质特征是实践性。这种特征对职业教育教师实践性知识的建构提出了更高的要求。教师的本体性知识和条件性知识的简单叠加并不能形成教师的专业化素质，它们必须通过教师实践的整合，才能内化为教师自己的专业素质。教师的实践知识，是指教师在特定情景中知道应当做什么和知道如何去做的知识形态。具体来说，指教师个人依凭其生活经验、人生哲学以及人生信念，高度综合并内化学科知识、教育心理知识而运用于具体的教学实践情境中的知识形态。教师实践知识是教师的教育教学经验，是教师在各种教育教学行动中形成的各种能力的综合，是教师在教学实践中形成的理性思考的外显。

实践性知识支配着教师的日常教育教学行为，影响教师对理论性知识的学习和运用，是教师从事教育教学工作不可或缺的重要保障，为教师专业发展提供建设性工具。教师实践性知识大都与一定的学科相联系并且具有动态发展性。

教师的实践知识更具体地说是教师教学经验的积累。教师的教学具有明显的情景性，只有针对学生的特点和当时的情景有分寸地进行工作，才能表现出教师的教育教学机智来。而且，实践知识受一个人经历的影响，这些经历包括个人的打算与目的以及人生经验的累积效应。所以这种知识的表达包含着丰富的细节，并以个体化的语言存在。

2. 实践性知识的构成

(1) 专业教学知识

专业教学知识，是指对某一专业领域的主题和问题进行怎样的组织及教学的理解。它是教师个人独一无二的教学经验，是专业学科内容和教育学的特殊整合，是教师自己对专业理解的特定形式。作为知识的一种形式，它由事实、概念、技巧、过程、信念和态度组成，是多种知识基础的融合。

(2) 实践教学知识

职业教育是与产业社会联系最为直接的教育类型。实践教学是职业教育的重要环节，在教学中处于重要的地位。职业教育的这种特殊性质，要求职业教育的教师必须具备较强的实践教学知识和能力，能够将专业知识和专业技能精准地传授给学生，并引发学生思考；要了解岗位规范、技术要求、设备性能；能够指导学生实习、实践。教师具有把计划、方案付诸行动，把图纸、设计变成实物的能力。应熟悉相关职业领域内的生产一线或工作现场，掌握相关职业领域内的成熟技术和管理规范，有丰富的实践经验和处理现场复杂问题的能力，并具备相关的操作技能。能够理论联系实际，即便是理论课，也具有强烈的应用色彩，具有较强的技术开发和技术创新能力。具备良好的行业、职业修养，能将行业职业知识、能力和态度融合于教育教学过程中。

(3) 操作知识

操作知识是履行生产岗位职责的实践知识，是任职顶岗所必需的实用性职业技能、专业技术和技术应用能力，包括熟悉技术的内容要求和操作流程，掌握职业技术规范、熟练运用职业岗位主要工具的能力，以及基本的实验能力、设计能力等。具备操作能力是对职业院校教师的基本要求，是高职院校教师区别于普通教育教师的根本特征。职业教育的一个重要特点，是培养学生的动手操作能力，并达到一定的专业水平。动作技能的形成，首先要使学生在头脑中形成有关动作的印象，以对所学动作进行定向。教师对动作方式进行示范、讲解，培养学生观察的能力，使学生掌握动作的原理、原则、法则等一般性操作知识，是动作认知和定向的重要条件。这是一个动手动脑的教育教学过程，仅凭口授、板书和课堂教学是无法完成的，很多教学环节要在实习间或工作现场进行。由此，职业教育的教师不仅需要具有本专业扎实的理论知识和丰富的教学经验，而且必须具有较强的从事本专业实际工作的能力，有较为丰富的实践经验。

(4) 就业指导知识

职业教育培养的学生在毕业后将直接走向工作岗位。毕业生就业情况的好坏，也是衡量办学成效的重要指标之一。因此职业教育的教师不仅要传授给学生从事某一职业所需要的专业知识和技能，还要指导学生就业。这要求职业教育要加强学生创业能力的培养，要着眼于学生的终生职业生涯，提高他们的就业能力，使培养的学生不仅能发现、获得和适应岗位，还要能为自己创造岗位。学生的职业意识、就业意识、创业意识，要从学生进校开始就着力培养，并贯穿在教学的全过程中。因此，教师必须具备就业指导知识。

2.4 教师的其他隐性知识

教师的隐性知识，是非常个性化的，难以形成统一的格式，也难以和他人交流和共享的知识。主观的见解、直觉、预感等都属于隐性知识范畴，隐藏于个人的行为、经验、理想、价值观和情感之中。这些隐性知识依附于教学行为和日常经验之中，需要通过教师的教学反思，将它们由隐性状态变为显性状态，进而对其中的问题和不足进行思考、澄清和修正，并通过教学实践行动，将品质得到改善的知识重新内化为隐性知识，在这样的循环中提升教师专业水平。

1. 教师自身知识

教师对自身的了解是教学中一个非常重要的知识基础，它包括自我身心调节的知识以及心理和美育方面的知识等。教学是一种富有个性化的智力劳动，自我在教学中是一个关键因素，它要求要把个人大量的时间、精力和个性因素投入其中，而且在评价和反省中发挥重要的作用。

教师自身知识包括教师的教育信念、自我概念、自我评估、自我教学效能感、对自我调节的认识、对学生的期望以及教学的目的等知识。

2. 学生的知识

学生的知识，是关于教师所教授的具体学习者的特定知识，包括学生的经验知识和学生的认知知识。具体来说，包括学生的兴趣、身心发展的特征、认知及思考方式、技能水平、师生关系类型等。有关学生的知识涉及到生理学、心理学、社会学、教育学、文化人类学等多种学科知识的融合，和教师的通识性知识、条件性知识密不可分，也在一定程度上取决于教师与学生实际接触的深度和广度。

3. 情境性知识

教师是在一个复杂的环境系统中来实施其专业工作的，这种环境系统包括校内的学校组织文化与人际关系、校外的社会情境与文化以及家庭的情境与文化。教师要想充分发挥自己专业的效能，必须对这一大环境系统有充分的了解，并能摆正它们之间的位置，处理好与它们之间的关系。因此，情境性知识是最广泛意义上的知识，它包括与学习有关的所有环境，如学校、课堂以及较广泛的社区和社会教育环境，涉及所在地区的社会经济水平、学校的类型和规模、班级的大小、教师对其教学的反馈和学校的期望与态度等。

2.5　现代职业教师知识构成各要素的相互关系

教育是一个复杂性的社会活动，其运行规律和活动方式不是用信息传递就可以简单概括的，因此教师的知识结构也必然呈现一种整合的态势，它们相互交叉、相互影响，而不是简单的叠加。它们在教师教育教学活动中所起的作用不同，每一种知识又都是不可或缺的。

教师的知识结构，从知识层面讲是为了解决具体教学活动中的几个问题，即为什么教、教怎样的人、教什么、怎样教这四个问题。为什么教是教学的目的，教什么样的人是教学的对象，教什么是教学的内容，而怎样教是教学的方法。这几个问题实际上构成了教师专业知识体系的基础，它们彼此之间存在着一定的融合和相互作用。

1. 从知识的分类来分析

通识性知识的范围基本上与广义的知识内涵相近；条件性知识则是以教育类知识为基本内核；本体性知识主要是涵盖学科和专业知识；实践性知识则包含学科技能及以此衍生出的科学素养等要素。

2. 从教育的过程来分析

教师是以通识性知识为教育基础，以条件性知识为手段和基本原则，最大限度地发挥本体性知识的教育功能，促进学生和自身实践性知识的升华，完成职业教育的智能再生产过程。

3. 从知识结构各要素的相互作用来分析

本体性知识是教学活动的实体部分；教师的条件性知识对本体性知识的传授起到理论支撑作用；教师的实践性知识对本体性知识的传递起到实践性指导作用。

通识性知识是教师在长期的学习、教学、研究的过程中形成的，它为教学、研究提供了必要的知识储备，教师可以随时从其中汲取信息丰富的条件性知识和本体性知识，促进知识的实践化。

条件性知识是保障及优化教学的原则和方法论的知识，同时也为解决教育、教学中出现的问题提供方向。另外，条件性知识可以为教师提供从背景知识吸收本体性知识的评价标准，提高背景知识向中心知识转化的速率，扩充获取的媒介与途径。也就是说，教师通过条件性知识判断什么样的知识可以作为课堂教学内容，如何更好地讲授这些知识，从而不断丰富教师的本体性知识，保证职业教育的前沿性。

本体性知识是教育、教学的主要内容，是获得实践性知识的理论依据，是通识性知识、条件性知识实现知识再生产过程的根本渠道。本体性知识的教学为条件性知识的实践提供途径，背景知识为本体性知识发展提供保证。

实践性知识是对所有知识的效验与转化，也是实现智能的传递与再生产，并将产生的新知识补充入其他三个层面的过程。现代职业教育教师的知识实践是一个重要使命，也是职业教育发展的根本动力。实践层的知识帮助教师深化教学效果，优化教学过程。

教师的知识结构有无限的开放性，随着具体情况的改变而不断地被修正和完善。教师专业知识的生成实际是一个个体通过实践活动，不断超越自我的可持续性的、发展的过程。教师知识结构不同要素的各自丰富为其整体性的丰富和整合提供了依据和动力。

同时，教师在对学生的指导和教育中应用和优化自己的条件性知识，不断丰富和拓展自己的本体性知识，其本身就是知识加工和有机化的过程。所以，优质地完成教育教学任务是促进教师知识结构有机化的根本途径。

第3章　现代职业教育教师的传递信息能力

3.1　普通话与口语表达能力

3.1.1　普通话与推普工作

1. 普通话概述

普通话，即现代标准汉语，又称国语、华语，指通行于中国大陆和香港、澳门、台湾、海外华人的共通语文，为现代汉语共通的交际口语与书面语。普通话基于现代北方汉语的语法和北京话语音，并作为官方、教学、媒体等标准语，是中华人民共和国通用语言，也是联合国使用的工作语言之一。

普通话是以北京语音为标准音，以北方话为基础方言，以典范的现代白话文著作为语法规范的现代汉民族共同语。这个定义从语音、词汇、语法三个方面明确规定了普通话的标准。其中，“普通话”三字的涵义是“普遍”和“共通”的意思。

“以北京语音为标准音”，指的是以北京话的语音系统为标准，并不是把北京话一切读法全部照搬，普通话并不等于北京话。

就词汇标准来看，普通话“以北京话为基础方言”，指的是以广大北京话地区普遍通行的说法为准，同时也要从其他方言吸取所需要的词语。普通话所选择的词汇，一般都是流行较广而且早就用于书面上的词语。近年来，国家语委正在组织人力编写《现代汉语规范词典》，将对普通话词汇进一步作出规范。

普通话的语法标准是“以典范的现代白话文著作为语法规范”，这个标准包括四个方面意思：“典范”就是排除不典范的现代白话文著作作为语法规范；“白话文”就是排除文言文；“现代白话文”就是排除“五四”以前的早期白话文；“著作”就是指普通话的书面形式，它建立在口语基础上，但又不等于一般的口语，而是经过加工、提炼的语言。

2. 普通话的推普工作

我国幅员辽阔，人口众多，不同省区有各自的方言，由于各个方言在语音、词汇和语法方面都存在着不同程度的差异，使得各方言区的人在交际上不易沟通。《中华人民共和国宪法》第19条规定：“国家推广全国通用的普通话”。使用国家通用的语言文字，是每个公民应当履行的义务，也是公民具有国家意识、主权意识、法制意识、文明意识、现代意识的具体体现。实践证明，大力推广、积极普及全国通用的普通话，有利于克服语言隔阂，促进社会交往，对社会主义经济、政治、文化建设具有重要意义。

随着改革开放和社会主义市场经济的发展，社会对普通话的需求日益迫切，推广普及普通话，营造良好的语言环境，有利于促进人员交流、商品流通和建立统一的市场。

我国是一个多民族、多语言、多方言的国家，推广普及普通话有利于增进各民族各地区的交流，维护国家统一，增强中华民族凝聚力。

语言文字是文化的重要载体。语言文字能力是文化素质的基本内容，推广普及普通话是各级各类学校素质教育的重要内容。推广普及普通话有利于贯彻教育面向现代化、面向世界、面向未来的战略方针，有利于弘扬祖国优秀传统文化和爱国主义精神，加强社会主义精神文明建设。

推广普通话也是师范教育的重要组成部分。《国家通用语言文字法》第十九条第二款规定：以普通话作为工作语言的播音员、节目主持人和影视话剧演员、教师、国家机关工作人员的普通话水平，应当分别达到国家规定的等级标准；对尚未达到国家规定的普通话等级标准的，分别情况进行培训。师范院校的培养目标是未来承担基础课与专业课教学的教师。一个合格的教师不仅要有国家规定的学科专业知识，而且还要具备必备的教师职业技能，而首要的就是会说标准或比较标准的普通话。在师范院校，普通话训练应该是师范院校学生的必修课。国家规定，师范院校在校大学生必须经过普通话水平测试，达到相应的等级才能毕业。因此每一个师范院校的学生都必须刻苦学习，掌握好说普通话的技能。

3. 如何学好普通话

学好普通话并不是一朝一夕的事情，需要牢固掌握普通话语音知识，同时要有持之以恒的毅力，多听多练，最终才能学好普通话。

(1) 牢固掌握普通话语音知识

我国有7大方言体系，每一种体系都有独特的发音特点，这就造成了人与人交流的障碍。因此学习普通话，要先掌握普通话的发音特点，并与自己方言的发音进行比对，找出不同的地方，有针对性地练习。普通话语音知识包括声母、韵母、声调等，牢固掌握这些基本知识，是学习普通话的基础。

(2) 多听多练，持之以恒

学习普通话首先要有持之以恒的决心，学习者受到多年方言听说习惯的影响，并不能很容易地就改正过来，需要经过长时间有意识的练习，才能达到一定的效果。

其次学习普通话要有意识地创造良好的语言环境，多听多练。任何语言的学习都离不开语言环境，它直接影响和制约着语言的学习效果和应用。

总之，学好普通话是一个长期、艰苦的活动，只有全身心地学习，做到“耳、口、心并用”才能取得更好的效果。

3.1.2 声母、韵母、声调和语流音变

国家规定一个合格的教师除了具有专业的知识和职业技能外还要具有标准的普通话表达能力，因为普通话是教师的职业语言，是教师从事教学、教育等工作的用语。教师只有掌握了标准普通话，才能更好地给学生传播知识，试想如果教师讲着一口方言，将会在很大程度上提高学生理解的难度。

学好普通话，应遵循语言学习的规律及科学的步骤与方法，从音节入手进行正音。众所周知，汉语的音节是由声母、韵母和声调所构成，因此，在进行普通话的学习与训练中，我们将声母、韵母、声调分解开来分别进行学习及辨正。最终掌握整个音节的正确发音。同时，在单个

音节发音标准的基础上，掌握语流音变的现象，从而最终能够掌握一口流利、纯正、规范的普通话，实现教师“传道、授业、解惑”的责任。

要学好普通话，首先要了解普通话的语音系统。这样才有利于理解其语音特点，更好地学习普通话。

1. 语音基本知识

(1) 音　节

音节是语音的基本单位，是一次发出的、自然感到的最小语音片段。一般来说，一个汉字就是一个音节。例如：今天是端午节，这句话是由6个音节构成的。

(2) 音　素

音素是构成音节的最小语音单位。我(wǒ)是由 w 和 ǒ 两个音素构成的。音节最少由一个音素构成，最多由4个音素构成。如：啊(ā)、齐(qí)、知(zhī)和便(biàn)。

(3) 元音、辅音

元音和辅音是针对音素而言的，是音素按照性质的不同所进行的划分。

元音音素发音时气流不受任何阻碍，声带震动，声音清晰响亮。如：a、o、e 等。

辅音音素发音时气流通过口腔或鼻腔，并受到某部分的阻碍，发音时多数不震动声带。辅音又根据声带是否震动分为清辅音和浊辅音，普通话中一共有22个辅音音素。

(4) 声母、韵母、声调

音节包括声母、韵母和声调三个部分。声母是指音节开头的辅音。韵母是指声母后面的部分，音调是音节的音高变化。

2. 声　母

(1) 声母的定义

汉语在传统上把音节开头的辅音叫声母。如学(xué)的“x”就是声母。声母的作用是与其余的音(即韵母)拼合成为一个音节。

声母多由辅音构成，普通话的22个辅音中，有21个可以作为声母，它们分别是 b、p、m、f、d、t、n、l、g、k、h、j、q、x、zh、ch、sh、r、z、c、s。一般情况下，声母发音较轻、较短，不能单独成为音节。

普通话里还有些音节的开头是没有辅音声母的，只有元音韵母，如“a”、“o”、“e”等，这类不用辅音充当声母的音节，被称之为零声母音节。如：“哎”、“啊”、“安”、“嗯”、“尔”、“奥”等都是零声母音节字。零声母也是一种声母。

普通话辅音声母的主要特征是发音时气流在发音器官内受到一定的阻碍。由于受到阻碍的部位和消除阻碍的方式不同，就产生了不同类型的声母。

(2) 声母的分类

不同的声母是由发音部位和发音方法的不同造成的。发音部位就是声母发音时发音器官形成阻碍的部位，发音方法是指发音器官怎样形成阻碍和怎样克服阻碍。

① 按发音部位分类

双唇音：由上下唇形成阻碍而发出的音，声母中 b、p、m 为双唇音。

唇齿音：由上齿和下唇形成阻碍而发出的音，声母中只有 f 为唇齿音。

舌尖前音：由舌尖抵住上齿背形成阻碍而发出的音，声母中 z、c、s 为舌尖前音。

舌尖中音：舌尖和上齿龈接触形成阻碍而发出的音，声母中 d、t、n、l 为舌尖中音。

舌尖后音：舌尖和硬腭前部接触或接近形成阻碍而发出的音，声母中 zh、ch、sh、r 为舌尖后音。

舌面音：由舌面和硬腭前部形成阻碍而发出的音，声母中 j、q、x 为舌面音。

舌根音：由舌面后部舌根和软腭形成阻碍而发出的音，声母中 g、k、h 为舌根音。

发声示意图如图 3.1 所示。

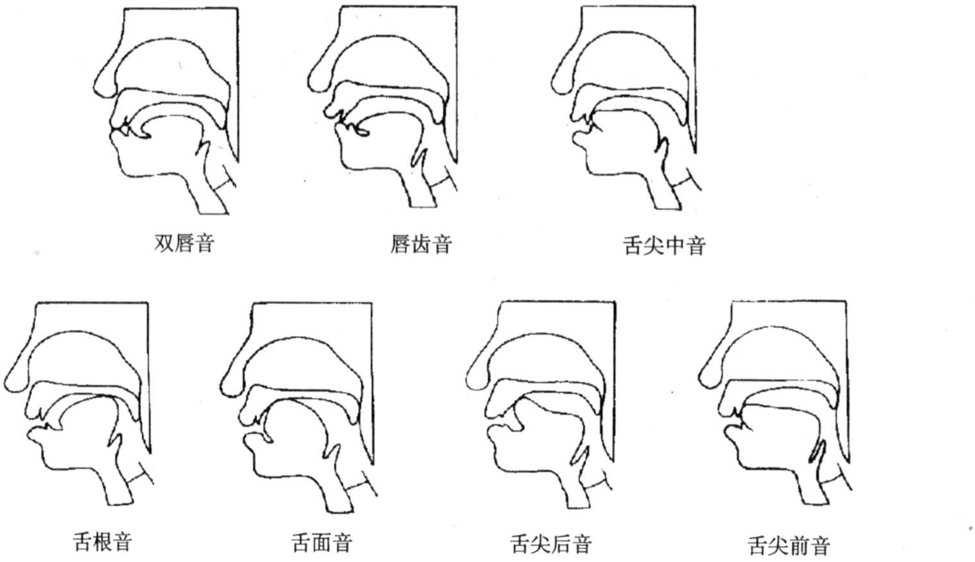

图 3.1　发声示意图

② 按发音方法分类

发音方法指发音时气流在喉头、口腔和鼻腔内受到节制的情况，可从三个方面来区分。

第一，根据阻碍方式分类。

塞音：发音时形成阻碍的两个部位完全闭合，使气流受阻，解除阻时突然放开，气流爆发成音。声母中 b、p、d、t、g、k 为塞音。

擦音：发音时形成阻碍的两个部位靠近，留下一个狭缝。气流从狭缝中挤出，摩擦成音。声母中 f、s、sh、r、x、h 为擦音。

塞擦音：发音时形成阻碍的两个部位开始完全闭合，气流把闭合部位冲开一条窄缝，从窄缝中挤出，摩擦成声，先破裂后摩擦，结合成一个音。声母中 z、c、zh、ch、j、q 为塞擦音。

鼻音：发音时软腭下垂，鼻腔通路打开，口腔发音部位完全闭塞，气流从鼻腔通过，形成鼻音。声母中 m、n 为鼻音。

边音：发音时舌尖和上齿龈接触，舌头两边留有空隙，气流从舌头两边通过，形成边音，声母中只有 l 为边音。

第二，根据声带颤动分类。

浊辅音：发音时声带颤动的是浊辅音。共有 m、n、l、r 4 个浊音。

清辅音：发音时声带不颤动的是清辅音。共有 b、p、f、d、t、g、k、h、j、q、x、zh、ch、sh、z、c、s 17 个清音。

我们在辨别清辅音和浊辅音时，可以将手放在声带处，通过感受发音时是否有震动来判断。

第三，根据气流强弱分类。

送气音：发音时呼出的气流较强的是送气音。声母中 p、t、k、q、ch、c 为送气音。

不送气音：发音时呼出的气流较弱的是不送气音。声母中 b、d、g、j、zh、z 为不送气音。

(3) 声母的发声

把以上所讲的发音部位和发音方法结合起来，就能明白声母的发音。下面分别介绍 21 个声母的发音。

b：双唇不送气清塞音，发音时双唇闭合，同时软腭上升，关闭鼻腔通路；气流到达双唇后蓄气，凭借积蓄在口腔中的气流突然打开双唇而发声。

如：白、搬、编、别。

p：双唇送气清塞音，发音时成阻和持续阶段与 b 相同；不同的是除阻时，声门（声带开合处）开启，从肺部呼出一股较强气流成声。

如：爬、瓶、飘、贫。

m：双唇浊鼻音，发音时双唇闭合，软腭下垂，打开鼻腔通路；通过声带振动，气流同时到达口腔和鼻腔，在口腔的双唇处受到阻碍，气流从鼻腔透出而发声。

如：目、卖、没、名。

f：唇齿清擦音，发音时下唇向上门齿靠拢，形成间隙；软腭上升，关闭鼻腔通路；声带不振动，使气流从齿唇形成的间隙摩擦通过而发声。

如：饭、法、服、愤。

d：舌尖中不送气清塞音，发音时舌尖抵住上齿龈，形成阻塞；软腭上升，关闭鼻腔通路；气流到达口腔后蓄气，突然解除阻塞而发声。

如：搭、弹、得、灯。

t：舌尖中送气清塞音，发音时成阻、持阻阶段与 d 相同；不同的是除阻阶段声门开启，从肺部呼出一股较强的气流成声。

如：他、太、套、体。

n：舌尖中浊鼻音，发音时舌尖抵住上齿龈，形成阻塞；软腭下垂，打开鼻腔通路，声带振动气流同时到达口腔和鼻腔，在口腔受到阻碍，气流从鼻腔透出而发声。

如：拿、您、捏、奶。

l：舌尖中浊边音，发音时舌尖抵住上齿龈的后部，阻塞气流从口腔中路通过；软腭上升，关闭鼻腔通路，声带振动；气流到达口腔后从舌尖跟两颊内侧形成的空隙通过而发声。

如：老、脸、两、龙。

z：舌尖前不送气清塞擦音，发音时舌尖抵住上门齿背形成阻塞，在阻塞的部位后积蓄气流；同时软腭上升，关闭鼻腔通路；突然解除阻塞时，形成阻塞的部位之间保持适度的间隙，使气流从间隙透出而发声。

如：杂、赞、早、憎。

c：舌尖前送气清塞擦音，发音时成阻阶段与 z 相同；不同的是在突然解除阻塞时，声门开启从肺部呼出一股较强的气流成声。

如：才、藏、册、岑。

s：舌尖前清擦音，舌尖接近上门齿背，形成间隙；同时软腭上升，关闭鼻腔通路；使气流从间隙摩擦通过而发声。

如：撒、赛、森、骚。

zh：舌尖后不送气清塞擦音，舌头前部上举，抵住硬腭前端；同时软腭上升，关闭鼻腔通路；在形成阻塞的部位后积蓄气流，突然解除阻塞时，在形成闭塞的原部位之间保持适度的间隙，使气流从间隙透出而发声。

如：猪、这、找、周。

ch：舌尖后送气清塞擦音，发音时成阻阶段与 zh 相同；不同的是在突然解除阻塞时，声门开启，从肺部呼出一股较强的气流而发声。

如：查、产、长、吃。

sh：舌尖后清擦音，舌头前部上举，接近硬腭前端，形成适度的间隙；同时软腭上升，关闭鼻腔通路；使气流从间隙摩擦通过而发声。

如：少、神、杀、设。

r：舌尖后浊擦音，发音部位与 sh 相同；不同的是声带振动，摩擦轻微。

如：染、色、肉、瑞。

j：舌面不送气清塞擦音，发音时舌尖抵住下门齿背，使舌面前部贴紧硬腭；软腭上升，关闭鼻腔通路；在阻塞的部位后积蓄气流，突然解除阻塞时，在形成闭塞的原部位之间保持适度的间隙，使气流从间隙透出而发声。

如：及、降、叫、觉。

q：舌面送气清塞擦音，发音时成阻阶段与 j 相同；不同的是当舌面前部与硬腭前部分离开形成适度间隙的时候，声门开启，从肺部呼出一股较强的气流而发声。

如：恰、切、穷、去。

x：舌面清擦音，舌尖抵住下齿背，使舌面前接近硬腭前部，形成适度的间隙，气流从空隙通过而发声。

如：需、下、歇、选。

g：舌根不送气清塞音，发音时舌面后部隆起抵住硬腭和软腭交界处，形成阻塞；软腭上升，关闭鼻腔通路；气流在形成阻塞的部位后积蓄，突然解除阻塞而发声。

如：噶、改、贵、滚。

k：舌根送气清塞音，发音时成阻、持阻阶段与 g 相同；不同的是除阻阶段声门开启，从肺部呼出一股较强的气流而发声。

如：卡、抠、亏、跨。

h：舌根清擦音，舌面后部隆起接近硬腭和软腭交界处，形成间隙；软腭上升，关闭鼻腔通路；使气流从形成的间隙摩擦通过而发声。

如：喝、恨、红、慧。

(4) 声母的辨别纠正

我国的方言根据发音的不同可以分为 7 大体系，每一方言的语音都有自己的特点，给各地方人的交流带来了很大的不便。目前，在声母的发音上，方言与普通话的声母相比主要存在6个方面的问题：一是舌尖中鼻音n和边音l；二是舌尖前音z、c、s和舌尖后音zh、ch、sh；三是唇齿音f和舌根音h；四是舌尖后音r与边音l；五是舌面音j、q、x与舌根音g、k、h；六是舌面音j、q、x与舌尖后音zh、ch、sh。学习普通话的人要特别注意这6个方面的问题，特别是方言区的人。

① 区分n和l

n为舌尖中浊鼻音，发音时舌尖翘起，顶住上齿龈，同时小舌下垂，气流通过鼻腔流出。

l为舌尖中浊边音，发音时舌尖翘起，顶住上齿龈，同时小舌抬起，堵住通往鼻腔的通道，气流经过舌头的两边流出。

n、l容易混淆的情况主要分布于湘、赣、闽方言的一部分地区以及西南、江淮等地区，例如：老(lǎo)—脑(nǎo)、类(lèi)—内(nèi)。

② 区分z、c、s和zh、ch、sh

z为舌尖前不送气清塞擦音，c为舌尖前送气清塞擦音，s为舌尖前清擦音，发音时舌尖顶住上齿背。

zh为舌尖后不送气清塞擦音，ch为舌尖后送气清塞擦音，发音时舌尖翘起，顶住硬腭的前部，然后再放开，气流慢慢摩擦而出。sh为舌尖后清擦音，发音时舌尖翘起，靠近硬腭，气流摩擦而出。

它们的主要区别为z、c、s发音时不卷舌，而zh、ch、sh发音时卷舌，也就是常说的平舌音和卷舌音。

例如：子(zǐ)—指(zhǐ)、次(cì)—赤(chì)、思(sī)—师(shī)。z、c、s与zh、ch、sh容易混淆的情况，主要分布在东北方言、西北方言的太原等地，江淮方言和西南方言的大部分地区。

③ 区分f和h

f是唇齿清擦音，而h是舌根清擦音，二者同为擦音，但发音部位不同。

f发音时是下唇向上门齿靠拢，形成间隙，而h发音时是舌面后部隆起接近硬腭和软腭交界处。f与h混淆的情况主要出现于西南方言、赣方言等地区。

④ 区分r和l

r为舌尖后音，发音时舌尖接近上齿龈后部，留一条窄缝，气流从窄缝中摩擦而出。l为舌尖边音，发音时舌尖抵住上齿龈的后部，气流到达口腔后从舌尖跟两颊内侧形成的空隙通过而发声。

r与l容易混淆是因为它们是声母中仅有的发音时气流从口腔出来的两个浊音。有些地方发音中没有r，就用l来代替，吴方言中就有此情况。实际发音时要注意：首先r与l的发音部位不同，其次它们的发音方法也有区别。

⑤ 区分j、q、x与g、k、h

普通话舌面前音很大一部分是舌面后音受舌面前高元音i、u的影响，经过腭化作用产生的，例如江淮和吴方言至今还没完成这一转化。因此，有许多人将j、q、x读成g、k、h，如：上海人将“鞋子(xiézi)”读成“háizi”。

⑥ 区分j、q、x与zh、sh、ch

前面讲过，江淮一代容易将zh、ch、sh读出z、c、s，这是因为卷舌音和平舌音混淆不清。但是也有一些地方将zh、ch、sh读成舌面音j、q、x。如江苏的东台、南通、镇江等地方言，就有把一部分 zh、sh、ch 声母读成 j、q、x 的情况。

从发音来看，j、q、x 是舌面音，发音时舌尖抵住下门齿背，以使舌面前部贴紧或靠近硬腭前部。而 zh、ch、sh 是舌尖后音，发音时，舌尖上举，接触或靠近硬腭。由此可见，两组的主要不同是发音部位及发音舌形不同造成的。

(5) 声母发声训练

① 读音练习

b

白—bái	八—bā	般—bān	包—bāo
笨—bèn	鼻—bí	遍—biàn	病—bìng
壁报—bìbào	包办—bāobàn	版本—bǎnběn	冰雹—bīngbáo

p

帕—pà	排—pái	喷—pēn	碰—pèng
片—piàn	撇—piē	飘—piāo	破—pò
品牌—pǐnpaí	琵琶—pípá	偏胖—piānpàng	飘泊—piāobó

m

马—mǎ	卖—mài	面——miàn	民—mín
名—míng	摸—mō	牟—móu	母—mǔ
明明—míngmíng	面膜—miànmó	满目—mǎnmù	牧民—mùmín

f

发—fā	凡—fán	方—fāng	飞—fēi
分—fēn	风—fēng	佛—fó	夫—fū
分法—fēnfǎ	反复—fǎnfù	霏凡—fēifán	芬芳—fēnfāng

d

大—dà	带—dài	单—dān	当—dāng
刀—dāo	得—dé	灯—dēng	地—dì
导电—dǎodiàn	调动—diàodòng	得道—dédào	胆大—dǎndà

t

他—tā	台—tái	滩—tān	汤—tāng
涛—tāo	特—tè	疼—téng	踢—tī
陶土—táotǔ	逃脱—táotuō	头疼—tóuténg	谈吐—tántǔ

n

那—nà	奶—nǎi	难—nán	囊—náng
孬—nāo	内—nèi	嫩—nèn	能—néng
奶奶—nǎinai	泥泞—nínìng	恼怒—nǎonù	南宁—nánníng

l

拉—lā	来—lái	兰—lán	狼—láng

劳—láo	累—lèi	乐—lè	愣—lèng
另类—lìnglèi	力量—lìliàng	理论—lǐlùn	浏览—liúlǎn

g

噶—gá	该—gāi	干—gān	刚—gāng
高—gāo	哥—gē	跟—gēn	更—gēng
广告—guǎnggào	过高—guògāo	改革—gǎigé	公告—gōnggào

k

咖—kā	开—kāi	刊—kān	康—kāng
考—kǎo	颗—kē	坑—kēng	空—kōng
慷慨—kāngkǎi	开口—kāikǒu	苛刻—kēkè	开阔—kāikuò

h

哈—hā	咳—hāi	憨—hān	行—háng
豪—háo	和—hé	痕—hén	横—héng
好坏—hǎohuài	很好—hěnhǎo	后悔—hòuhuǐ	混合—hùnhé

j

机—jī	家—jiā	尖—jiān	江—jiāng
交—jiāo	节—jié	今—jīn	京—jīng
积极—jījí	接近—jiējìn	见解—jiànjiě	讲究—jiǎngjiū

q

七—qī	掐—qiā	千—qiān	枪—qiāng
敲—qiāo	茄—qié	亲—qīn	轻—qīng
亲戚—qīnqī	全球—quánqiú	请求—qǐngqiú	齐全—qíquán

x

西—xī	瞎—xiā	先—xiān	香—xiāng
肖—xiāo	鞋—xié	新—xīn	星—xīng
学习—xuéxí	信息—xìnxī	现象—xiànxiàng	细小—xìxiǎo

zh

渣—zhā	摘—zhāi	粘—zhān	长—zhǎng
着—zháo	哲—zhé	真—zhēn	争—zhēng
真正—zhēnzhèng	主张—zhǔzhāng	注重—zhùzhòng	政治—zhèngzhì

ch

插—chā	拆—chāi	搀—chān	厂—chǎng
潮—cháo	车—chē	抻—chēn	称—chēng
长城—chángchéng	唇齿—chúnchǐ	出差—chūchāi	长春—chángchūn

sh

杀—shā	筛—shāi	山—shān	赏—shǎng

勺—sháo	奢—shē	深—shēn	声—shēng
事实—shìshí	树上—shùshàng	省事—shěngshì	瞬时—shùnshí

r

日—rì	容—róng	然—rán	嚷—rǎng
饶—ráo	热—rè	人—rén	扔—rēng
融入—róngrù	仍然—rēngrán	容忍—róngrěn	软弱—ruǎnruò

z

咂—zā	栽—zāi	咱—zán	脏—zāng
凿—záo	责—zé	怎—zěn	曾—zēng
自足—zìzú	脏字—zāngzì	再作—zàizuò	总在—zǒngzài

c

擦—cā	猜—cāi	餐—cān	仓—cāng
槽—cáo	测—cè	参—cēn	噌—cēng
璀璨—cuǐcàn	层次—céngcì	匆促—cōngcù	草丛—cǎocóng

s

撒—sā	腮—sāi	三—sān	丧—sāng
骚—sāo	色—sè	森—sēn	僧—sēng
思索—sīsuō	瑟缩—sèsuō	诉讼—sùsòng	搜索—sōusuǒ

② 辨音练习

n—l

那 nà—辣 là	拟 nǐ—里 lǐ	耐 nài—赖 lài	脑 nǎo—老 lǎo
难 nán—蓝 lán	囊 náng—郎 láng	念 niàn—练 liàn	农 nóng—龙 lóng

z—zh

自 zì—至 zhì	杂 zá—眨 zhǎ	赞 zàn—站 zhàn	造 zào—照 zhào
走 zǒu—轴 zhóu	最 zuì—坠 zhuì	总 zǒng—中 zhōng	钻 zuān—赚 zhuàn
追踪—zhuīzōng	总之—zǒngzhī	诅咒—zǔzhòu	自主—zìzhǔ
抓走—zhuāzǒu	转载—zhuǎnzǎi	骤增—zhòuzēng	追踪—zhuīzōng

c—ch

词 cí—吃 chī	粗 cū—出 chū	凑 còu—臭 chòu	错 cuò—龊 chuò
催 cuī—吹 chuī	聪 cōng—冲 chōng	窜 cuàn—串 chuàn	村 cūn—春 chūn
此处—cǐchù	翠城—cuìchéng	凑成—còuchéng	痤疮—cuóchuāng
筹措—chóucuò	纯粹—chúncuì	炒菜—chǎocài	长策—chángcè

s—sh

死 sǐ—使 shǐ	素 sù—树 shù	仨 sā—傻 shǎ	三 sān—山 shān
嫂 sǎo—少 shǎo	桑 sāng—商 shāng	笋 sǔn—吮 shǔn	森 sēn—身 shēn
扫射—sǎoshè	塞上—sàishàng	损失—sǔnshī	丧事—sāngshì
十四—shísì	深思—shēnsī	山色—shānsè	寿司—shòusī

f 与 h

服 fú—呼 hū	发 fā—哈 hā	饭 fàn—汗 hàn	房 fáng—行 háng
非 fēi—黑 hēi	份 fèn—恨 hèn	否 fǒu—吼 hǒu	封 fēng—哼 hēng

③ 绕口令练习

b—p

巴老爷芭蕉树

巴老爷有八十八棵芭蕉树来了八十八个把式要在巴老爷八十八棵芭蕉树下住。巴老爷拔了八十八棵芭蕉树，不让八十八个把式在八十八棵芭蕉树下住，八十八个把式烧了八十八棵芭蕉树，巴老爷在八十八棵树边哭。

n—l

老六放牛

柳林镇有个六号楼，刘老六住在六号楼。有一天，来了牛老六，牵了六只猴；来了侯老六，拉了六头牛；来了仇老六，提了六篓油；来了尤老六，背了六匹绸。牛老六、侯老六、仇老六、尤老六，住上刘老六的六号楼，半夜里，牛抵猴，猴斗牛，撞倒了仇老六的油，油坏了尤老六的绸。牛老六帮仇老六收起油，侯老六帮尤老六洗掉绸上油，拴好牛，看好猴，一同上楼去喝酒。

d—t—l

颠倒歌

太阳从西往东落，听我唱个颠倒歌；
天上打雷没有响，地下石头滚上坡；
江里骆驼会下蛋，山里鲤鱼搭成窝；
腊月苦热直流汗，六月暴冷打哆嗦；
姐在房中手梳头，门外口袋把驴驮。

b—dt

白石塔

白石塔，白石搭，白石搭白塔，
白塔白石搭，搭好白石塔，白塔白又大。

g—k—h

老爷堂上一面鼓

老爷堂上一面鼓，鼓上一只皮老虎，皮老虎抓破了鼓，就拿块破布往上补，只见过破布补破裤，哪见过破布补破鼓。

s—sh

石小四和史肖石

石小四，史肖石，一同来到阅览室。石小四年十四，史肖石年四十。年十四的石小四爱看诗词，年四十的史肖石爱看报纸。年四十的史肖石发现了好诗词，忙递给年十四的石小四，年十四的石小四见了好报纸，忙递给年四十的史肖石。

z—zh

隔着窗户撕字纸，一次撕下横字纸，一次撕下竖字纸，是字纸撕字纸，不是字纸，不要胡乱撕一地纸。

3. 韵　母

(1) 韵母的定义

韵母是汉语音节中除去开头部分的声母之外的其他所有的音。如小(xiǎo)的“iao”就是韵母。韵母的作用是和声母拼合,成为一个音节。

韵母主要由元音构成,但也有少数韵母是由元音和辅音复合而成的,普通话中共有 39 个韵母。

(2) 韵母的分类

① 普通话韵母共有 39 个,按照其内部结构成分的特点,可以分为单韵母、复韵母和鼻韵母三类。

单韵母是由一个元音构成的韵母,又叫“单元音韵母”。普通话单韵母共计 10 个,分别为 a、o、e、ê、i、u、ü、- i[前]、- i[后]、er,这 10 个单韵母又可分为舌面单韵母、舌尖单韵母和卷舌单韵母三类。

舌面单韵母,发音时舌面起调节气流作用的元音,包括 a、o、e、u、ê、i、u、ü。发舌面音时,主要由舌面起调节气流的作用。舌面可以抬高,也可以放低;舌面可随舌头前移由舌面前部起作用,也可后移由舌面后部起作用。

舌尖单韵母,发音时舌尖起作用。普通话中有两个舌尖元音充当的韵母,即:- i[前],- i[后]。

卷舌单韵母,发音时舌尖同时上卷的,普通话中只有一个卷舌单韵母 er。

复韵母是由复合元音(两个或三个元音)构成的韵母,又叫“复元音韵母”。普通话中复韵母共有 13 个,分别为 ai、ei、ao、ou、ia、ie、ua、uo、üe、iao、iou、uai、uei,这 13 个复韵母又可分为二合元音韵母和三合元音韵母两类。

二合元音韵母。由两个元音构成的韵母叫做二合元音韵母。二合元音韵母又分为前响二合元音和后响二合元音。前响二合元音的前一个元音开口度比较大、比较响亮,而后一个元音开口度比较小、发音不响亮。普通话中的前响二合元音韵母有 ai、ei、ao、ou。后响二合元音的前一个元音开口度比较小、发音不响亮,而后一个元音开口度比较大、比较响亮。普通话中的后响二合元音韵母有 ia、ie、ua、uo、üe。

三合元音韵母。由三个元音构成的韵母叫做三合元音韵母。一般三合元音韵母,中间的元音比较响亮、开口度比较大,又称为中响复元音韵母。三合复元音韵母分成韵头、韵腹、韵尾。例如:iao 韵母中,i 是韵头,a 是韵腹,o 是韵尾。韵母中发音最清晰响亮的部分是韵腹,其前是韵头,其后是韵尾。普通话中的三合元音韵母有:iao、iou、uai、uei。

鼻韵母是由一个或者两个元音带鼻辅音韵尾 n 或 ng 构成的,又叫“带鼻音韵母”。鼻韵母共有 16 个,分别为:an、ian、uan、üan、en、in、uen、ün、ang、iang、uang、eng、ing、ueng、ong、iong。根据所带鼻辅音的不同分为前鼻音韵母(元音带舌尖鼻音 n)和后鼻音韵母(元音带舌根鼻音 ng)两类。

前鼻音韵母:普通话中的前鼻音韵母有 8 个,分别是 an、ian、uan、üan、en、un、in、ün。

后鼻音韵母:普通话中的后鼻音韵母也有 8 个,分别是 ang、iang、uang、eng、ing、ueng、

ong、iong。

② 按照位置靠前的一个元音发音的不同口形，普通话的韵母又可以分为开口呼、齐齿呼、合口呼、撮口呼四类，习惯上称之为“四呼”。

开口呼。开口呼是指音节中没有韵头，韵腹又不是 i、u、ü 的韵母。普通话中开口呼韵母共有 15 个，分别是-i[前]、-i[后]、a、o、e、e、er、ei、ai、ao、ou、an、en、ang、eng。

齐齿呼。齐齿呼是指韵头或者韵腹是 i 的韵母，如“下”(xià)、“棋”(qí)两音节中的 ia 和 i。普通话中齐齿呼韵母共有 9 个，分别是 i、ia、ie、iao、iou、ian、in、iang、ing。

合口呼。合口呼是指韵头或韵腹是 u 的韵母，如“观”(guān)、“虎”(hǔ)两音节中的 uan 和 u。普通话合口呼韵母共有 10 个，分别是 u、ua、uo、uai、uei、uan、uen、uang、ueng、ong。

撮口呼。撮口呼是指韵头或韵腹是 ü 的韵母。普通话中撮口呼韵母共有 5 个，分别是 u、ue、uan、un、iong。

(3) 韵母的发声

① 单韵母

元音的发音取决于舌位的高低、舌位的前后以及嘴唇的圆与不圆。由于舌位高低的不同，可将元音分为高元音、半高元音、半低元音和低圆音；由于舌位前后的不同，又可将元音分为前元音、央元音及后元音；由于嘴唇圆度的不同，又可分为圆唇元音和不圆唇元音。单韵母的发音特点是在整个发音过程中，舌位唇形始终保持不变，声音单一。

a：舌面、央、低、不圆唇元音。

发音时，颧肌上提，下巴放松，口腔适度张开。

例如：打他、爸妈、邋遢、怕啥、发达、喇叭。

o：舌面、后、半高、圆唇元音。

发音时，双唇圆拢，不要向前突出；口型固定不能活动，避免发成 uo 音。

例如：薄膜、泼墨、磨破、勃勃、伯伯。

e：舌面、后、半高、不圆唇元音。

发音时，双唇自然平展，嘴角适度向两侧平拉，舌根部避免发生摩擦。

例如：哥哥、合格、特色、可乐、隔阂、车辙。

i：舌面、前、高、不圆唇元音。

发音时，双唇平展，嘴角不要横拉，口腔适度张开，双唇避免产生摩擦。

例如：异议、激励、悉尼、披靡、契机、逼你、妻子。

ü：舌面、前、高、圆唇元音。

发音时，两嘴角撮合，但口形不要外撅；口腔适度张开，双唇避免发生摩擦。

例如：序曲、须臾、区域、旅居、雨具、女婿、絮语、聚居。

u：舌面、后、高、圆唇元音。

发音时，双唇圆拢，但口形不要外撅；口腔适度张开，双唇避免发生摩擦。

例如：祝福、朴素、速度、疏忽、服务、初步、鼓舞、图书。

ê：舌面、前、半低、不圆唇元音。

发音时，口腔自然张开，嘴角略向两边平展；口型固定不动，避免发成 ai 音。

-i[前]：舌尖、前、高、不圆唇元音。

发音时，舌尖与上齿背不要发生摩擦，嘴角不要外扩幅度太大。-i[前]只能出现在声母

z、c、s 后面。

例如：字词、此次、私自、次子、自此。

-i[后]：舌尖、后、高、不圆唇元音。

发音时，舌尖与硬腭前部不发生摩擦；嘴角适度张开。练习时可用读声母 sh 的方法进行，把“师”字的读音拉长，取后半部分读音。-i[后]只能出现在声母 zh、ch、sh、r 后面。

例如：实施、誓师、咫尺、知识、时事、支持、制止、日食。

er：卷舌、央、中、不圆唇元音。

发音时，口腔开合要适度，不宜太小，以免发生摩擦。

例如：二十、耳朵、贰臣、儿子。

汉语拼音记录这个单韵母时用了两个字母，其中的“r”在这里不代表音素，只是表示卷舌动作的符号。er 可以自成音节，但不能直接与声母拼合，多数情况下它不自成音节，而是作为后缀和前面一个音节合在一起构成带卷舌韵母 r 的音节。

② 复韵母

复韵母的发音特点是：

首先，从前一个元音快速向后一个元音过渡时，口腔、舌位、唇形都是渐变的，中间虽有过渡音，但气流不能中断，发出的语音浑然一体。

其次，复韵母的几个元音中，发音时最为清晰、响亮的一个是主要元音，其他发音轻、短、模糊的均为次要元音。

前响二合元音韵母发音时，呈前重后轻、前长后短、前紧后松状态。后响二合元音韵母发音时，呈前轻后重、前短后长状态。中响复元音韵母发音时，中间的元音发音较长较响，前面和后面的两个元音则发音较短较弱。

③ 鼻韵母

鼻韵母的发音，是由元音的发音状态向鼻辅音的发音状态逐渐过渡而形成的。在进行发声训练时需要注意两点：一是由元音过渡到鼻辅音是逐渐滑动的，鼻音色彩渐次增加；二是鼻辅音韵尾的阻塞部位要等到发音完毕后才能解除阻塞，否则将发成鼻化元音。

前鼻韵母发音时，先发元音，然后舌尖向上齿龈移动，并抵住它，软腭随着下降，鼻音色彩逐渐加重。舌尖抵住上齿龈后即刻停声，不要拖长发声。

后鼻韵母发音时，先发元音，接着舌根向软腭移动。最后抵住软腭，发舌根鼻音“ng”。有韵头的鼻韵母，韵头发音要轻短。

(4) 韵母的辨别纠正

① 区分 n 与 ng

韵尾 n 与 ng 不分，比较多的分布于吴方言、西南官话、西北方言等地，有 n 混入 ng 的，也有 ng 混入 n 的。首先要能发准 n 和 ng，并能在听音时区分开，再逐渐掌握哪些字读 n，哪些字读 ng。

② 区分 i 与 ü

i 与 ü 的混淆，一种是 i 混入 ü，一种是 ü 混入 i，前者如山东青岛话，后者如昆明、湖南、广西等地的一些方言。i 和 ü 的区别在于不圆唇和圆唇，在保持舌位不变的前提下，把嘴唇展开发 i，而把嘴唇园起来则发 ü。重点要记住哪些字读 i 韵头，哪些字读 ü 韵头。

③ 区分 o 与 e

o 与 e 不分，有 o 读成 e 的，如新疆、东北等地的方言；有 e 读成 o 的，如西南某些方言。二者同为舌面后半高元音，其区别在于圆唇与不圆唇。先通过训练熟练掌握二者的发音，然后再找出哪些字读 e，哪些字读 o。

根据普通话声韵拼合规律，o 只同唇音 b、p、m、f 相拼，而 e 则同 b、p、m、f 以外的声母相拼（m 同 e 相拼只有很少的例子），只要把唇音声母后读成圆唇的元音，而其他声母后读成不圆唇的元音就可以了，这样就能把二者区别开来。

(5) 韵母发生练习

① 单韵母

a

发—fā	妈—mā	踏—tà	爬—pá
砝码—fǎmǎ	邋遢—lātā	大雨—dàyǔ	打车—dǎchē

o

佛—fó	破—pò	我—wǒ	哦—ó
泼墨—pōmò	魔法—mófǎ	破庙—pòmiào	伯伯—bóbo

e

喝—hē	课—kè	歌—gē	特—tè
合格—hégé	可塑—kēsù	歌声—gēshēng	舌头—shētóu

i

词—cí	洗—xǐ	里—lǐ	泥—ní
此次—cǐcì	犀利—xīlì	油腻—yóunì	你们—nǐmen

u

粗—cū	呼—hū	怒—nù	路—lù
吐露—tǔlù	粗鲁—cūlǔ	坟墓—fénmù	库房—kùfáng

ü

语—yǔ	吕—lǚ	女—nǚ	区—qū
趋于—qūyú	语句—yǔjù	毛驴—máolǘ	绿化—lǜhuà

er

二—èr	儿—ér	尔—ěr	
耳光—ěrguāng	然而—ránér	右耳—yòuěr	耳目—ěrmù

-i[前]

此—cǐ	字—zì	思—sī	溪—xī
慈禧—cíxǐ	子弟—zǐdì	洗衣—xǐyī	资产—zīchǎn

-i[后]

事—shì	只—zhǐ	吃—chī	
事实—shìshí	支持—zhīchí	赤字—chìzì	优质—yōuzhì

② 复韵母

ai

白—bái	牌—pái	改—gǎi	还—hái
白菜—báicài	排骨—páigǔ	曲牌—qǔpái	概括—gàikuò

ei

被—bèi	得—děi	配—pèi	黑—hēi
配备—pèibèi	后备—hòubèi	内弟—nèidì	泪水—lèishuǐ

ao

好—hǎo	脑—nǎo	要—yào	跑—pǎo
吵闹—chǎonào	高超—gāochāo	围绕—wéirào	礼帽—lǐmào

ou

有—yǒu	后—hòu	够—gòu	投—tóu
走漏—zǒulòu	售后—shòuhòu	剖开—pōukāi	口号—kǒuhào

ia

家—jiā	恰—qià	下—xià	嫁—jià
下嫁—xiàjià	恰巧—qiàqiǎo	廉价—liánjià	井下—jǐngxià

ie

接—jiē	写—xiě	切—qiē	捏—niē
歇歇—xiēxie	铁屑—tiěxiè	结合—jiéhé	写字—xiězì

ua

花—huā	瓜—guā	跨—kuà	抓—zhuā
耍滑—shuǎhuá	挂花—guàhuā	刷洗—shuāxǐ	跨越—kuàyuè

uo

或—huò	过—guò	扩—kuò	浊—zhuó
火锅—huǒguō	过火—guòhuǒ	骆驼—luòtuó	脱落—tuōluò

üe

学—xué	越—yuè	觉—jué	略—lüè
雀跃—quèyuè	决绝—juéjué	洞穴—dòngxué	喜悦—xǐyuè

iao

小—xiǎo	鸟—niǎo	飘—piāo	了—liǎo
飘渺—piāomiǎo	巧妙—qiǎomiào	掉头—diàotóu	渺茫—miǎománg

iu

修—xiū	牛—niú	缪—miù	丢—diū
优秀—yoūxiù	谬论—miùlùn	留恋—liúliàn	酒水—jiǔshuǐ

uai

坏—huài	帅—shuài	踹—chuài	拽—zhuài
怀揣—huáichuāi	怀念—huáiniàn	快递—kuàidì	怪癖—guàipì

ui

水—shuǐ	对—duì	贵—guì	亏—kuī
回归—huíguī	岁月—suìyuè	催促—cuīcù	惭愧—cánkuì

③ 鼻韵母

an

般—bān	潘—pān	汗—hàn	难—nàn
翻版—fānbǎn	攀谈—pāntán	寒冷—hánlěng	懒惰—lǎnduò

en

笨—bèn	喷—pēn	很—hěn	嫩—nèn
深沉—shēnchén	人参—rénshēn	奔驰—bēnchí	嫩草—nèncǎo

in

斌—bīn	品—pǐn	您—nín	音—yīn
秦晋—qínjìn	饮品—yǐnpǐn	拼命—pīnmìng	淋漓—línlí

ian

变—biàn	片—piàn	面—miàn	练—liàn
片面—piànmiàn	浅显—qiǎnxiǎn	偏僻—piānpì	甘甜—gāntián

uan

换—huàn	暖—nuǎn	川—chuān	涮—shuàn
传唤—chuánhuàn	乱窜—luàncuàn	段落—duànluò	编纂—biānzuǎn

un

混—hún	寻—xún	准—zhǔn	顿—dùn
混沌—hùndùn	春笋—chūnsǔn	屯积—túnjī	嘴唇—zuǐchún

üan

圆—yuán	捐—juān		
眷恋—juànliàn	绚烂　xuànlàn	证券—zhèngquàn	玄妙—xuánmiào

ün

均—jūn	晕—yūn	训—xùn	俊—jùn
均匀—jūnyún	军训—jūnxùn	骏马—jùnmǎ	云雾—yúnwù

ang

行—háng	庞—páng	网—wǎng	郎—láng
堂上—tángshàng	浪荡—làngdàng	磅礴—pángbó	老庞—lǎopáng

eng

衡—héng	愣—lèng	彭—péng	腾—téng
征程—zhēngchéng	风声—fēngshēng	能耐—néngnài	眉峰—méifēng

ing

领—lǐng	平—píng	凝—níng	冰—bīng

宁静—níngjìng	倾听—qīngtīng	命中—mìngzhòng	高兴—gāoxìng

iang

娘—niáng	两—liǎng	像—xiàng	将—jiāng
想象—xiǎngxiàng	踉跄—liàngqiàng	奖励—jiǎnglì	原谅—yuánliàng

uang

框—kuàng	窗—chuāng	广—guǎng	黄—huáng
狂妄—kuángwàng	状况—zhuàngkuàng	庄稼—zhuāngjiā	广告—guǎnggào

eng

翁—wēng

渔翁—yúwēng

ong

哄—hǒng	隆—lóng	弄—nòng	宫—gōng
轰动—hōngdòng	浓重—nóngzhòng	工会—gōnghuì	起哄—qǐhòng

iong

熊—xióng	炯—jiǒng	琼—qióng	
汹涌—xiōngyǒng	穷凶—qióngxiōng	勇气—yǒngqì	英雄—yīngxióng

④ 绕口令练习

ao—iao—iou

铜勺舀热油，铁勺舀凉油；铜勺舀了热油舀凉油，铁勺舀了凉油舀热油。

ao—iao—ou—iou

咱村有六十六条沟，沟沟都是大丰收。东山果园像彩楼，西山棉田似锦绣，北山有条红旗渠，滚滚清泉绕山走。过去瞅见这六十六条沟，心里就难受；今天瞅见这六十六条彩楼、锦绣、万宝沟，瞅也瞅不够！

an—ang—uan

城隍庙里俩判官，左边是潘判官，右边是庞判官。不是潘判官管庞判官，而是庞判官管潘判官。

ang—iang

辛厂长，申厂长，同乡不同行。辛厂长声声讲生产，申厂长常常闹思想。辛厂长一心只想革新厂，申厂长满口只讲加薪饷。

en—eng—ing—ong

东洞庭，西洞庭，洞庭山上一根藤，青青藤条挂金铃。风起藤动金铃响，风定藤定铃不鸣。

en—eng

老彭拿着一个盆，跨过老陈住的棚；盆碰棚，棚碰盆，棚倒盆碎棚压盆。

in—ing

小青和小琴，小琴手很勤，小青人很精，手勤人精，琴勤青精，你学小琴还是小青？

an—ian—ang

扁担长，板凳宽，扁担没有板凳宽，板凳没有扁担长。扁担绑在板凳上，板凳不让扁担绑在板凳上，扁担偏要绑在板凳上。

4. 声　调

声调，是指一个音节高低升降的变化。高低升降的变化主要取决于音高，而音高的变化又是由发音时声带的松紧所决定的。在发音过程中，声带可以自始至终保持一样的松紧度，也可以先松后紧，或先紧后松，也可以松紧相间，这样造成的种种不同的音高变化，就构成各种不同的声调。

(1) 声调的定义

声调是发音过程中具有区别功能的音高变化。声调是汉语音节结构中不可缺少的一部分。例如：一(yī)、姨(yí)、椅(yǐ)、益(yì)，四个字，声母和韵母完全相同，但意义不同，如果没有声调的变化将无法进行区别。

(2) 调值和调类

① 调　值

调值是指音节的高低、升降、曲直、长短的变化形式，也就是声调的实际读法。

调值的音高是相对的，高低升降的变化是连续的，在读音过程中没有停顿，不是跳跃式的移动。

在普通话中，通常采用“五度标记法”对调值进行标记。具体做法是：画一条竖线，将其等分为四段，在由低向高五个等分的位置上，分别标出从 1～5 的度数代表声音的高低。然后在竖线的左边用横线或斜线标出调值升降起止的度数。

普通话有四种基本的调值，分别为高平调、高升调、降升调、全降调。如果用“五度标记法”进行标记，可表示为：

高平调：55　医生

高声调：35　楼房

降升调：214　旅馆

全降调：51　浴血奋战

② 调　类

调类即声调的种类。普通话音节有四种基本调值，也就相应地归纳出四个调类。按照传统习惯将其称为阴平、阳平、上声、去声。

阴平，又称第一声，调值是高平调。声音高而平直，声调符号标记为 55，没有显著的升降变化。例如：“一、声、音、呼、喝、肝”等字的声调。

阳平，又称第二声，调值是高升调，声音由中音升到高音，声调符号标记为 35。例如：“游、人、民、姨、蓝、白、云”等字的声调。

上声，又称第三声，调值是降升调，声音由半低音降到低音，再升到半高音，声调符号标记为 214。例如：“郝、宝、跑、铆、脑、搞”等字的声调。

去声，又称第四声，调值是全降调，声音由高音降到低音，声调符号标记为 51。例如：“泡、报、冒、闹、药、去、告”等字的声调。

5. 语流音变

语流是指在说话过程中形成的连串的音节。语流音变则指在特定的语音环境中形成的语流，由于前后音节的相互影响、相互制约，有的音节在读音上发生变化，这种现象就称之为音变现象，简称音变。普通话的语流音变主要有轻声、儿化、变调及变读四种类型。

(1) 轻　声

① 轻声的定义

在语流中，有的音节在一定条件下失去原有的声调，变成又轻又短的调子，这就是轻声。轻声是临时变化的结果。

② 轻声的作用

轻声可以区别词义。如：瞎子—虾子、笼头—龙头、东西—东西。

轻声可以区别词性。如：买卖(名词，指生意)—买卖(动词)；花费(名词，指花的钱)—花费(动词)。

③ 轻声的读音规律

语气助词“啊、吗、呢、吧”等。

例如：是吗　他呢　看啊　走吧

助词“着、了、过、的、地、得、们”等。

例如：看过　忙着　来了　我的　勇敢地　朋友们

名词、代词后面表示方位的词，如“上、下、里、外”。

例如：墙上　河里　地下

动词、形容词后的趋向动词“来、去、过去、过来、起来”等，一般轻。

叠音词和动词重叠形式的第二个字，一般也读轻声。

例如：说说　想想　弟弟　奶奶　谈谈　跳跳

名词、代词的后缀“子、头、们”，都轻读。

例如：桌子　椅子　木头　石头

部分嵌入的词缀，都轻读。

例如：黑不溜秋　傻了巴几　糊里糊涂

某些常用的双音节词的第二个音节习惯上读轻声。

例如：明白　暖和　萝卜　玻璃　葡萄　知道　事情　衣服

(2) 儿　化

① 儿化的定义

在普通话里，单韵母 er 是不能与声母相拼的，但它常常跟在一个字音韵母的后面，影响这个韵母，使这个韵母变成一种具有特殊音色的卷舌韵母，这种现象，就叫“儿化”。例如：门儿 ménr、盖儿 gàir、宝贝儿 bǎobèir 等带有“儿”的词，在发音时“儿”不单独成为一个音节，而使“儿”前面音节的韵母带上卷舌色彩。

拼写时只在前面音节的末尾加“r”，如“鸟儿”—niaor，这个“r”不表示音素，只表示卷舌动作，或者说表示儿化韵。儿化的音节是两个汉字表示的一个音节，这是一种特殊现象，一般是一个汉字一个音节。

② 儿化的作用

儿化在普通话的发音中经常存在，它起到了润泽语言的作用，使人们的语言更加富有情感，总体来说普通话中的儿化具有区别词义、词性和表达感情色彩的作用。

区别词性，如“盖—盖儿”，前者为动词，指由上而下遮掩的一个动作；后者为名词，指器物上部具有遮蔽作用的东西。

区别词义，如“末—末儿”，前者表示最后的意思，后者表示细碎或呈粉状的东西，如药末儿。

可以表示细、小、轻、微等性质，如小鱼儿、门缝儿等。

可以表示喜爱的感情色彩，如脸蛋儿。

③ 儿化的发音

韵母为 a、o、e、u 的音节，儿化后主要元音基本不变，后面直接加上表示卷舌动作的“r”，如：号码儿 hàomǎr，山坡儿 shānpōr，饭盒儿 fànhér，水珠儿 shuǐzhūr。

韵母 ia、ua、ao、ou、uo 和 iao、iou 等，儿化后主要元音或韵尾基本不变，直接加“r”，如：一下儿 yīxiàr，鲜花儿 xiānhuār，手稿儿 shǒugǎor，封口儿 fēngkǒur。

韵母 i、ü 儿化后在原韵母之后加上 er，i、ü 仍保留，如：

小米儿 xiǎomǐr　　读作 xiǎomiěr

有趣儿 yǒuqùr　　读作 yǒuquèr

韵母-i[前]、-i[后]儿化后失去原韵母，加 er，如：

戏词儿 xìcír　　读作 xìcer

果汁儿 guǒzhīr　　读作 guǒzher

以 i 或 n 为韵尾的韵母，儿化后丢掉韵尾，主要元音后面加 r，如：

一块儿 yīkuàir　　读作 yīkuàr

树根儿 shùgēnr　　读作 shùgēr

饭馆儿 fànguǎnr　　读作 fànguǎr

以 ng 为韵尾的韵母，儿化后丢掉韵尾 ng，主要元音鼻化，同时在鼻化元音后加上 r，如：

瓜瓤儿 guārángr　　读作 guārár

板凳儿 bǎndèngr　　读作 bǎndèr

韵母 in、ün 儿化后，丢掉韵尾 n，主要元音保留，后面加上 er；韵母 ing 儿化后，丢掉韵尾 ng，主要元音保留，后面加上鼻化的 er，如：

手印儿 shǒuyìnr　　读作 shǒuyier

花裙儿 huāqúnr　　读作 huāquer

花瓶儿 huāpíngr　　读作 huāpier

(3) 变　调

变调是音变的一种形式，主要是在读音过程中，音节的声调发生一定的变化。如前面介绍的轻声就是变调的一种。此外，除了轻声，在普通话中还包括上声变调、去声变调和“一”、“不”变调等几种形式。

① 上声变调

在说话过程中，如果上声音节连读，则会发生声调的变化。当音节连读时，各个调类的调值均会出现不同程度的变化，但上声音节调类变化最为明显。

当上声音节和不同调值的音节结合时将产生不同的变调，大致分为以下几种情况。

上声音节+非上声音节。上声音节在非上声音节前变为半上声（即上声音节的前半），调值从2度降到1度不再升高，由214变成211，为降调。

上声音节+上声音节。两个上声音节连读时，前一个上声音节的调值变得与阳平近似，即35调。

三个上声音节连读时，根据三个音节彼此之间的紧密程度，有两种语音变调情况：一是如果前边两个上声音节关系比较密切，则都变得近似阳平；二是如果后边两个上声音节关系比较密切，则前一个音节变为半上，中间一个音节变得近似阳平。

四个或四个以上上声音节连读时，可将两个或三个音节分为一组，然后按两上相连或三上相连的变调规律变调。

上声音节若出现在句子末尾，多数情况下，因受语调下降的影响而读为半上声，在陈述句、祈使句、感叹句中一般都是这样。

② 去声变调

两个去声音节连读，前一个去声音节变为半去声，即降得没有本调那么低，调值由全降调51变为高降调53。例如："世界"、"现在"、"照相"、"上课"、"注意"等词语中的"世"、"现"、"照"、"上"、"注"等字。

③ "一"、"不"的变调

"一"字的原调为阴平，"不"字的原调为去声。而在日常生活中，这两个字的调值经常会因为各种情况而发生变化。

当"一"单独使用或使用在句尾时，调值不变。例如："第一"、"三七二十一"等。

"一"在去声音节之前调值变为阳平。例如："一对"、"一次"等词中的"一"的调值由原来的"55"变为了"35"。

"一"在非去声（阴平、阳平、上声）音节前调值变为去声。例如："一年"、"一会"等。

当"一"在相同词语之间时，读轻声。例如："读一读"、"看一看"、"摸一摸"等。

当"不"单独使用，或在非去声（阴平、阳平、上声）音节之前及在句尾使用时，调值不变。例如："不管"、"不值"、"不多"等。

"不"在去声音节之前调值变为阳平。例如："不去"、"不变"、"不见"等。

当"不"在词语中间使用时，"不"应读轻声。例如："去不去"、"回不去"、"差不多"等。

(4) "啊"的变读

"啊"字是经常出现在普通话中的语气词，由于受到前面音节音素的影响，经常会发生语音的变化。

① 前面音素为i、ü、a、o、e、ê（带个^）时，"啊"读成"ya"，也可写成"呀"；

② 前面音素为u（包括ao、iao）时，"啊"读成"wa"，也可写成"哇"；

③ 前面音素为n时，"啊"读成na，也可写成"哪"；

④ 前面音素为ng时，"啊"读成nga，仍写成"啊"；

⑤ 前面音素为-i[前]时，"啊"读成za，仍写成"啊"；

⑥ 前面音素为-i[后]时，"啊"读成ra，仍写成"啊"。

3.1.3 普通话的运用

上一节我们介绍了声母、韵母、声调等基础语音知识，这些都是学好普通话的最基本要素。学习这些基础知识并不是仅仅为了单独念好每一个字，而是要对它们进行综合的运用。

普通话在日常生活中的应用非常广泛，对于教师来说，在教学过程中运用最多的就是说话、朗读、演讲等几种方式，同时这几种方式也是练习普通话的训练方法。

1. 说　话

说话是人们日常生活中最常用最基本的表达方式之一，人们借助“说话”传递情感、交流思想。说话不像朗读、演讲，是一种更口语化的形式，与书面语有着不同的语言结构和语法现象。它会随着说话者、说话对象以及环境的不同而有很大的区别。

说话是在没有任何文字支撑的情况下，将内部的思想情感转化为外部语言的一种形式，它最能体现一个人的普通话水平，是对普通话运用的综合考查。同时，一个人说话能力的高低与其文化素养、思维能力及心理素质等都有着密切的联系。

(1) 说话的定义

广义讲说话是指一切口语表达行为。而狭义的说话指两个或两个以上的人参与的多向性的语言交流活动。说话是人们日常交往中最直接、最简便、最广泛的交际形式。不论是生活、学习还是工作，都离不开说话。说话的随意性比较强，话题也比较灵活，因此说话人要边听、边想、边说。

国家大力推广普通话，教师更应该在教学中使用普通话，使之成为教学用语、工作用语和日常交际用语，师范类院校更应如此。因为教师的主要职责是教书、育人，而这个过程主要靠说话来进行表达，只有掌握了标准的普通话，才能更好地、恰当地“传道、授业、解惑”。

(2) 说话的特点

① 话题灵活、随意性强

有时候说话是一种闲聊，而很多时候说话是具有目的性的。比如销售人员在推销产品时、医生在给病人看病时、领导在给员工开会时，都具有一定的目的性，要根据场合、目的、听者的心理，选择恰当的语言表达。比如，教师在课堂上，首先要根据教学计划安排授课内容，然后要考虑学生的特点，选择恰当的语言与方式进行讲解。一样儿话百样儿说，效果截然不同，也就是为什么同样的内容有些老师的课栩栩如生，而有些老师的课却枯燥乏味，很难吸引学生。

② 表情自然、落落大方

现代社会交往中，人的气质风度越来越显出它的价值。在交际对话时，特别是和陌生人初次交往，不要过于拘谨，要表情自然，不卑不亢，落落大方，谈笑得体。这些非语言因素的气质、风度，其作用是说话语言所代替不了的。(要变成自己的语言)同时要注意礼貌用语，虽然行业不同，但是礼貌用语的准则却是相同的。

(3) 说话的要求

① 语音标准

语音标准是普通话运用的基本原则，也是说话的基本要求，是指说话者说话时正确把握声母、韵母的发音，娴熟地运用轻声、儿化等基本技能，以其在表达中体现出普通话的美感。

② 语调自然、流畅

说话不同于演讲、朗诵等表达方式，口语特点更加明显，因此说话时语调要自然，不能带有朗诵等腔调，否则会让人觉得很不舒服，缺乏亲和性。同时在将内部思想转化为外部语言的过程中要流畅，不能断断续续的，否则会影响说话的效果。

③ 语法规范、用词得当

说话者要想在表达的过程中符合普通话的语法规则，就要认真掌握现代汉语的语法规范。同时要注意方言语法与现代汉语的区别，虽然它们在很大程度上保持着一致，但是还是有微小的差别。同时要使用现代汉语的基本词汇，避免在表达中出现方言的词汇。

④ 内容合理、符合逻辑

说话的内容要与主题有紧密的联系，思路要清晰，内容要饱满，符合语言逻辑。讲述的内容要完整，有头有尾，便于听者理解。

(4) 说话的种类

① 自由说话

自由说话是一种最常见的说话形式，日常生活中随处可见人们在自由说话，它没有特定的环境、时间、题目的限制，是一种简便、直接、灵活的语言交流方式。例如：早晨起来遇见邻居，我们会礼貌性地说一声："早上好。"这就是自由说话。它具有话题灵活、表达句型简便等特点。

② 命题说话

命题说话是有限制的说话，不会像自由说话那样具有灵活的话题，它是事先给出说话者一个特定的话题，让说话者根据该话题发表自己的看法与意见。由此我们可以看出它与自由说话的不同，首先命题说话有一个明确的话题，其次在说话的过程中都要围绕特定话题进行，另外由于是说话者的单向行为，所以表达的观点看法主观性更强些。

③ 即兴说话

即兴顾名思义是一种临时的行为，是在特定场合或主题的诱发下，临时构思，进行说话的行为。因此它具有即兴发挥的特点，而且由于是即兴的不可能像命题说话那么充分，所以一般都比较简短。

2. 朗　读

(1) 朗读的定义

朗读不同于说话，是一种赋予情感的表达方式。是用清晰响亮的声音把文字材料中的字词和情感完整而又连贯地表现出来。

朗读是一门语言艺术，优秀的朗读可以使人们在理解内容主题的同时得到美的艺术享受，陶冶情操。著名的台湾诗人余光中有一首诗《乡愁》，如果单从文字的角度去体味很难将作者的思想感情理解完整，但是在朗读者的口中，我们却能感受到思乡的情感是那么的浓烈与真挚。这就是朗读的作用与魅力，朗读借助于有声语言增加了文字的感染力，使读者能深入地体会文字的内涵。朗读还能使人获得精神享受。

对于教师而言，朗读是教学中不可缺少的重要环节，尤其是语文教学。教师声情并茂的朗读能够让学生更深刻地体会到文章的内涵。因此掌握朗读技巧，能提高教学效果。

(2) 朗读的要求

① 语音标准

朗读是一门学问，朗读能够给人以美感，让人陶醉其中，但并不是所有的人的朗读都能引起听者的共鸣。好的朗读效果要以普通话标准的语音为基础，在忠于原文的基础上，正确把握声母、韵母的发音，正确使用声调、轻声、音变、儿化等技巧。这样才能使大众接受起来更加容易，同时感受到朗读的艺术美感。

② 正确理解作品内涵

好的朗读要想引发听者共鸣，除了具备标准的语音外，朗读者还要正确把握作品内涵，否则很难准确地将作品内涵传递给听者。因此，朗读者在朗读之前要深入地理解、细致地感受作品，就如余光中的《乡愁》，朗读者若不能很好地把握时代背景，很难读出有感情的语句。

③ 流畅、自然

朗读的过程中要保持自然、流畅的状态，不能断断续续、结结巴巴，这样不仅表达不清，更无法引发读者的共鸣。因此，朗读者要想达到流畅、自然，就要熟悉作品、反复朗读，使作品的内容熟记于心。

(3) 朗读的技巧

朗读是一门语言艺术，如前所述，朗读能够陶冶情操，给人以崇高的精神享受，然而要想取得良好的朗读效果，除了要具有标准的语音、对作品的正确把握外，还需要朗读者掌握停顿、重音、语速、句调等相应的技巧。

① 停　顿

停顿指语句或词语之间声音上的间歇，是朗读的技巧之一。停顿的不同会引发结构和意义的改变，因此恰当的停顿是正确表达的基础。

朗读者在朗读的过程中融入停顿，一方面是由人的生理需求决定的，另一方面是为了更加充分地表达情感，帮助听者理解作品，加深印象。停顿分为生理停顿、语法停顿和强调停顿。

生理停顿是朗诵者根据气息需要，在不影响语义完整的地方作一个短暂的停歇。生理停顿不能妨碍语意表达，不能割裂语法结构。

语法停顿是反映一句话里面的语法关系的，在书面语言里就反映为标点。一般来说，语法停顿时间的长短同标点有一定关系。最简单的例子，句号后的停顿比逗号要长。

强调停顿既不是因为生理需求也不是因为语法关系，而是为了突出某一事物或强调某种感情。强调停顿没有一定之规，与作品的特点及朗读者的理解有关。

② 重　音

重音是指朗读、说话时句子里需要重读的词语。重音一般分为语法重音和强调重音两种。

根据语法结构的特点，而把句子的某些部分重读的，叫语法重音。一般语法重音的位置比较固定，语法重音的强度并不十分强，只是同语句的其他部分相比较，读得比较重一些。例如，一般句子中的谓语部分常常要重读。

强调重音指的是为了表示某种特殊的感情和强调某种特殊意义而故意说得重一些的音，目的在于引起听者注意。强调重音没有固定的规律，与说话环境、内容及所要表达的感情有关。例如：我去看过世博会。如果"我"字重读，那么朗读者要突出的是"谁"；如果"世博会"三字重读，说明要强调的是"哪里"。由此，同一句话，强调重音不同，表达的意思的重点也是不同的。

③ 语　速

语速是指说话或朗读时每个音节的长短及音节之间连接的紧松。朗读作品时，出现时而急促时而舒缓的节奏，这就是语速的把握不同所致。语速是由说话人的感情决定的，朗诵的速度则与文章的思想内容相联系。

④ 语　调

语调，是指语句的高低升降。语调根据表示的语气和感情态度的不同，可分为四种：升调、降调、平调、曲调。

升调（↑），前低后高，语势上升。例如："难道你不想去么？"这是一个反问句，语调为前低后高。一般升调用来表示疑问、反问、惊异等语气。

降调（↓），前高后低，语势渐降。例如："这里真美啊！"降调一般用于陈述句、感叹句、祈使句。

平调，语势平稳舒缓，没有明显的升降变化，例如："我吃饭了。"用于不带特殊感情的陈述和说明，还可表示庄严、悲痛、冷淡等感情。

曲调。全句语调弯曲，或先升后降，或先降后升，常用来表示讽刺、厌恶、反语等语气。

以上是朗读的基本技巧，正确地运用停顿、重音、语速及语调，才能使作品富于感情，打动聆听者，产生共鸣。

3. 演　讲

(1) 演讲的定义

演讲又叫讲演或演说，是指在公众场所，以有声语言为主要手段，以体态语言为辅助手段，针对某个具体问题，鲜明、完整地发表自己的见解和主张，阐明事理或抒发情感，进行宣传鼓动的一种语言交际活动。

演讲的地点虽然比较随意，例如专门的会场或课堂上，但都属于公共场合。比如美国的总统大选，竞争者要在不同的州、区针对民众关心的内容进行演讲；另外还有我们从小学到大学举办的各种学生演讲活动。

演讲的种类很多，根据内容的不同，可分为政治性演讲、学术性演讲、教育演讲、礼仪演讲等；根据表达形式的不同，可分为陈述性演讲、辩论型演讲、鼓动型演讲等；根据表现风格的不同，又可以分为慷慨激昂型、情感深沉型、哲理严谨型、明快活泼型四种类型的演讲。

(2) 演讲的要求

① 主题明确、观点鲜明、论证严谨、论据充实

演讲首先要有明确的主题，所有演讲内容都是围绕这个主题展开。在明确主题的基础上，演讲者的论点要新颖、深刻，不能"老生常谈"。同时以真实、充分的论据为支撑，这样才会保证演讲的内容饱满而不空泛，具有一定的说服感召力。

② 感情真挚、态势得体自然

演讲是一种公众行为，是面向一定群体的公开讲话，只有感情真挚，才能唤起听者内心的共鸣。演讲的过程感情流露要自然、恰当，不能给人矫揉造作的感觉，这样会让听者感觉不真实，更谈不上打动听众了。

另外，演讲者的态势语言要合适，正确优美的态势语言不仅可以辅助口语充分表达意思，还可以给听者一个深刻的印象；否则，会引发听者的反感。在演讲中要恰当、适时地运用眼睛、肢体等辅助态势语言。

③ 语音标准、语言简炼、声音明亮

语音标准是演讲的基本要求。演讲的目的是要感召听者，使听者信服演讲者的某些观点、见解，因此标准的语音是正确传达主题思想的基础。如果演讲中掺杂了一定的方言，势必会给听者带来理解的障碍。声音响亮，也是保证每一个听者能清楚听到演讲者的语言的基本条件。

同时，演讲的语言要言简意赅，不能反复重复，这样会让听者失去耐心。

3.1.4 一般口语表达

1. 口 语

语言是人类社会的主要交际工具，同时也是人类区别于其他动物的最根本特征。人们借助语言记载历史、传递信息、表达情感。语言是人类社会生存与发展的基础。

(1) 口语的定义

语言是一种综合性的符号系统，人们借助语言传递信息的主要形式为口头语言和书面语言：口头语言又称“口语”，它是以语音为载体诉诸听觉并借助各种辅助手段来表达意思的有声语言；书面语言是相对口语而言的，是以文字为载体的一种交流方式，主要借助于视觉器官。

日常生活中人们更多地采用口语进行交流。人们可以一天不写字，但是却很难一天不说话，不论是教师上课、学生回答问题，还是医生看病等都离不开口语。口语不仅是人类赖以生存的重要条件，也是社会发展进步的重要条件。

(2) 口语的特点

① 具有悠久的历史

作为知识信息载体，口语是书面语产生和存在的基础。众所周之，先有语言后有文字，在文字出现前的很长一段时间里，人们靠口语记载事情。由此可见，口语具有悠久的历史，从人类诞生至今，有几十万年的历史。

② 有声语言

口语的物质基础是声音。声波作用于人的听觉器官，看不见、摸不着、稍纵即逝。有人比喻语音是“过时不候的流动列车”。口语表达的基本特征，就是以语音为信息载体、以声传意、连续吐发。

③ 即时性

书面语表达，思维在先，表达在后，可以先想再写，想好再写；口语表达，必须现想现说，想到就说。口语表达是将思维加工成果立即转化为有声语言的过程。这种转化过程，几乎是同步的。

④ 多变性

口语表达的主体(说者)和对象(听者)处于同一时间空间环境。口语表达既要受到现场环境各种因素的影响，又要受听者反馈信息的制约。整个口语表达过程，实际上是说者和听者双向交流、复杂多变、相互影响的过程。这就要求表达者必须具有能够适应语境变化的较好的心理素质和较强的临场应变能力。

⑤ 情景性

口语不像书面语那么正式，所以在表达过程中随意性比较强，要根据实际情况和说话对象灵活地把握说话方式与措辞。同时，口语在表达的过程中还可以借助于多种辅助的手段，比如表情、手势等态势语，以传达复杂微妙的思想感情。

⑥ 表达手段的综合性

口语表达是靠有声语言和态势语言的合力来完成的。一方面要靠一定语句的语音语调叙事说理，这是口语表达的主要手段；另一方面还要靠态势语言的眼神、手势、身姿辅助口语表情达意。态势语言对口语有重要的补充、强化和渲染作用。

2. 口语表达

(1) 口语表达

口语表达是一种复杂的社会现象，它是人们在社会交往中运用口语的一种综合性的社会实践活动。通常情况下，口语表达包含五个构成要素：

① 主体，主要指口语的表达者；

② 对象，主要指听者或听众；

③ 手段，主要指主体在表达信息、情感过程中所使用的口语及态势语等；

④ 语境，主要指表达的时间、场合；

⑤ 内容，主要指所传递的思想、情感与信息。

在这五个要素中，最关键的要素是“主体”，也就是我们所说的“表达者”。而“手段”和“内容”是依附于主体的，主体的特点决定了其表达的手段和说话的内容。同样的信息，不同的主体在表达时，采用的手段也可能不同。“对象”和“语境”也要靠“主体”把握调节。

(2) 口语表达的要求

口语表达是是一种社会实践活动，是人们日常生活中必不可少的交际方式。口语表达的最终目的就是让对象通过主体在辅助手段的帮助下以语音传递的方式清楚、准确地表达自己的思想、情感。因此并不是说随意的表达就可以，要想达到好的交流目的，要注意以下两点：

① 准确、规范、清晰、易懂

日常生活中人们经常利用口语进行信息传递，为了能让信息接受者在第一时间准确地把握说话人的中心思想，最基本的要求就是要准确明白。因此，说话者要尽量做到以标准的语音，自然适宜的辅助手段，恰当的词语准确地表达中心思想。

发音标准是达到“准确”的基础。日常生活中经常会遇到一些人，由于地方口音的原因，使交流存在一定的困难。例如：听不懂、延长了交谈时间等。因此，我国大力推广普通话，统一语音、语调，就是为了避免各地区的方言导致交流的困难。

同时我们在借助口语进行信息传递的过程中，思想要明确，也就是要“言之有物、言之有据、言之有理”。这样才能抓住重点，听者也能很快理解所传递的信息。这就好比写作文，要有一个明确的主题思想，同时也要有充足的论据去支撑主题思想，有理有据，方为好文章。

② 巧妙感人、具有艺术感染力

在准确明白的基础上，要想使口语表达更具感召力和艺术感，需要表达者不断提高自身的口语表达能力，能恰到好处地将表达内容与表达形式结合起来。俗话说“一句话，百样说”，同样的话不同的人表达出来给人的感觉却是不一样的，有的很舒服，有的让人感觉很别扭，这就是语言表达的魅力。

首先，要注意表达的节奏。朗诵时我们都知道要注意节奏，其实在平时的口语表达中节奏也起了很大作用。语音轻重高低的变化，语调的长短都能使口语的表达增色不少。表达者能根据内容和语境选择适当的表达手段，在给人信服感的同时，给人以美的享受。

其次，要以理服人。这种表达，不仅善于叙事，更善于说理。表达者思想深刻，善于用事实、知识的力量和逻辑的雄辩征服听众。

再次，要灵活应变。前面我们也曾经提到过，相对于书面语口语更加灵活，书面语可以先想后说而口语一般都是边想边说。因此，对于表达者提出了更高的要求，要求表达者才思敏捷、反应迅速，能迅速捕捉信息、组织语句。

3. 口语表达的基础训练

(1) 发声技能

发声是口语训练的基础，只有掌握了科学、系统的发声技能，才能使嗓音响亮、圆润、清晰、持久。

发声包括呼吸、共鸣、吐字归音三个环节。

(2) 听辨能力

说与听是口语交际中两种互为联系的基本形式。听辨能力是指通过听觉器官接受言语信息，继而通过思维活动加以辨解、理解、吸收的能力。这是一个相辅相成的过程，说话者与接受者要在说与听中快速地反应，抓住主旨，迅速回应。

要想提高听辨能力要从听辨的注意力、理解力、记忆力三个方面进行训练。

(3) 态势语

态势语是指能在一定程度上表达思想感情的表情、动作和姿态。又称作体态语或形体语。

人们在进行口语交流的过程中，会经常使用到态势语，比如一个手势、一个拥抱、一个眼神等，都属于态势语。它是口语表达的重要辅助手段。态势语是以视觉元素代替有声语言的一种表达形式。在口语表达的过程中，要恰当地运用动作、表情和姿态，从而使口语表达更加准确、生动和形象。

3.1.5 教师口语

传授文化知识离不开语言，教师的语言直接影响学生智力和非智力因素的培养与发展，语言是教师职业劳动的重要手段，也是教师职业的重要特点。教师只有具有良好的语言表达能力，才能收到较好的教育教学效果。语言是教师对学生输出信息、开发智力最直接的工具和方式，教师在课堂教学中通过语言传递知识信息，使学生学到知识并转化为智力和能力。语言表达实质上就是传递、输送语言信息，教师语言水平的高低直接关系到教学的成效，教师教学语言的特征及其艺术性，对教学效果起着重要的作用。

语言是人类特有的交流信号系统，是人类用来表达意识和情感及交流思想的工具。教师教学和学生学习，是通过语言交流来完成的。教学是一门艺术，而语言表达是完成这门艺术的重要手段。较强的语言表达能力既需要敏捷的思维，又需要丰富的语言储备和广博的社会经验。教师自觉或不自觉地在教学中运用着不同的语言表达技能和方法，教学语言表达技能对提升教学艺术水平、提高教学质量有着重要意义。教学语言表达技巧是针对教学对象，为了教学目标的完成而运用的。教学目标是教学的方向，偏离了教学目标，教学语言技巧也就失去了意义。教学语言表达技巧必须以科学性为支撑，确保传递信息的正确性和遵循认知的规律。

语言表达能力是教师从事教学工作最重要的能力之一，很大程度上决定着教学的质量。语言作为一种意识信号，对人的生理和心理都有刺激作用。教师语言的对象是学生，当学生接收到教师的语言信息后，会产生生理和心理的反应。教师在教学中的语言魅力是个人魅力的表现，教师应当在教学过程中讲究语言表达艺术，形成具有个人魅力的语言表达风格。

教师口语就是运用标准普通话实施教学和教育活动的职业用语，是指教师在从事教育教学活动的过程中所使用的专业口头用语。它是教师进行教育教学的最基本、最重要的语言手段，是教师的劳动工具。教师在教学与教育活动中，以自己的综合素质与综合能力为基础，用带有书面色彩和即兴色彩的口头言语，面对学生进行语音准确、语词规范、语句流畅、语义精彩的语言表达，让学生在循循善诱、娓娓道来的言语表述中获取知识，懂得道理，掌握技能。

教师口语是面向教育对象，为达到相应的教育和教学目的所实施的适应性极强的言语表达，具有不同于一般口语的独特的职业特点和要求。教师口语具有针对性、规范性、科学性、教育性、简洁性、启发性、可接受性、灵活性等特点。

针对性是指在教育和教学过程中必须针对特定对象而发，必须以对象的实际情况为依据有针对性和有目的性地进行。既要看到个性的东西，又不能忽略共同的问题。

规范性是指教师口语必须符合语音、词汇、语法、语义、修辞等的规范与标准。声音宏亮、吐字清楚、抑扬顿挫、语调自然、语言流畅，这也是教师职业口语的规范内容，必须让学生听清、听懂。

科学性是指教学和教育本身就是科学，一是要以科学的规律指导教学和教育，二是讲述的内容一定要科学，所运用的语言一定要准确，语句合乎逻辑，不能出现语法上的错误。例如："只要同学们稍微深思一下，就会明白它的含义。"这句话中的"稍微"和"深思"是矛盾的，应将"深思"改为"想"。这两个方面构成了教师职业口语的科学性。教师职业口语如果失去了科学性就失去了根本。教学就是传授科学文化知识，教学绝不允许出现知识性的错误。

教师的课堂教学语言一定要准确，讲课时恰当地运用比喻，有利于学生对知识、概念的理解。比喻时一定要具有科学性，如将数控机床的控制系统(装置)比喻为机床操作者的大脑，伺服系统比喻成机床操作者的肌肉、骨骼。这样就能比较形象地将数控机床与普通机床进行对比，使学生在初学数控机床时，对其控制系统(装置)、伺服系统产生较为形象的认识。

学科性是指教师在课堂上传授学科专业知识，必须使用该学科的专业术语，一般不能用生活用语来代替。术语是某一学科的专门用语，术语能够准确、简明地描述某一专业概念。术语在使用时一定要是已经给学生讲过的、且学生已经掌握的知识，不然学生会凭着自己的认识去理解术语，很容易产生偏差或错误。有时为了使讲解生动有趣，教师也可采用比较生动通俗的语言来解释某一术语，加深学生对它的理解。

教育性是指教师口语是由学校工作的总目标和教师的职责决定的，教师的工作就是教书育人，因而教师口语所具有的教育性显而易见，教育性渗透于教育口语的方方面面。

教师应具有高尚的道德品质，为人师表。教师不能把自己的一些不良思想、消极的语言和行为带到课堂上夸夸其谈，大谈社会的阴暗面；另外教师的语言表达要符合辩证的思想，防止绝对化。

一节课时间有限，为了在有限的时间内将更多的知识传授给学生，语言的表达必须要简明扼要，因此教师口语具有简洁性。授课是讲和解的结合，有讲、有解才能引导学生集中精力跟随教师的思维进入知识的海洋，获取知识。教师授课时切忌照本宣科，不能有背诵教案、书本的痕迹，更不要废话连篇、言不及义、啰哩啰嗦地重复一个内容。

启发性是指教师的语言对学生能起到调动自觉性和积极性的作用。启发性教学语言能激发学生的学习兴趣、热情和求知欲，启发学生的联想、想象、分析、对比、归纳、、演绎，启发学生的情感和审美情趣。

可接受性，首先要注意语言的外部形式，即音调的高低、吐字的清晰程度、节奏的快慢、语气的轻重。既不要用激昂慷慨的言词去讲授那些本来平淡无奇的事实，也不要用平淡的语言无表情地去讲授重大而有趣的问题。教师要了解学生的语言，会运用学生的语言去描述问题。枯燥的地方可以告诉学生，并将其重要性给学生讲清楚，以引起学生的重视，否则学生会对枯燥的内容不予以重视，影响后面的学习。

教学语言的趣味性和形象性是使学生对学习产生兴趣、增强学习主动性的第一关。教学语言趣味横生，也是教学的关键。教学语言富有趣味性，并不是无目的地逗学生们笑一笑，乐一乐。而是通过趣味性语言引导他们在对学习产生兴趣的基础上，动脑筋向学业的深度、广度探讨。如果脱离教材内容玩弄辞藻，那是华而不实的坏作风。要使教学语言具有一定的趣味性，方法是多种多样的，如与教学内容有关的历史人物、历史事件，简单的典故，风趣幽默的拟人化，比喻等，都可使教学语言妙趣横生。为此，教师不但要博览群书，具有丰富的理论基础知识，还要不耻下问，多了解一些生产实践和生活知识。对于文艺、体育等也要有所涉及。只有不断学习、思索、积累，才会胸有成竹，在教学中才会思路纵横伸展、左右逢源，才会使教学语言形象、生动，比喻贴切，起到化“难”为“易”的作用。

灵活性是指在教育教学的实施过程中，由于具体的环境、内容、对象的不同，教师口语也要相应选择不同的语气、态势、修辞方式，并恰当处理各种情况下的突发事件。

教师口语按在教育教学环节中不同的运用场合和功能作用，主要分为教学口语和教育口语两种类型。

1. 教学口语

(1) 教学口语定义

教学口语是教师在课堂上使用的对学生进行学科专业知识教学的工作用语。它是教师在课堂上根据教学任务，针对特定的学习对象，使用规定的教材，按照一定的方法，在有限的时间内，为达到某种预期的效果而使用的语言。

教学口语“服从和服务于教学”，是教师在长期的教学实践中形成的一种遵循教学规律、符合教学需要、适应教学对象、具有审美价值、带有教师个性特色的口语，可以说是经过转化的书面语和经过优化的口头语的结合。由于教学口语的面向对象是学生，因而可以充分发挥口语在表达上的优势，运用各种语言因素和“态势语”来加强表现力，具有一般口语的通俗性和生动性；同时，由于受教学内容和教学任务的约束，教师的教案、讲稿都经过了精心推敲，因而教学口语吸取了书面语言准确、精炼、严密的特点，将书面语转化为口头语，比一般口语更加精炼、规范和严谨。

教学口语是教师面向学生传授知识、培养能力的最重要手段，是教师从事教学活动必须掌握的基本功，是教师和学生之间沟通的桥梁。教师教学语言艺术的高低，将直接影响教学质量的优劣。

(2) 教学口语的基本形式

按其在教学过程中的不同教学阶段和不同表达作用，教学口语可分为导入语、讲授语、提问语、结束语、应变语等几种。

① 导入语

导入语又称导语、开讲语，是某篇、章、节内容正式讲授之前，教师为引入新课，根据一定的教学目的、教学内容、课程特点和教学对象而精心设计的与本讲内容有逻辑联系的教学语言，即“开场白”。

有效的导入新课，是任何课堂教学中的重要环节。巧妙的导入语可如同桥梁，承上启下，将旧知识与新课程紧密联系；也可激发学生的求知欲和兴趣，同时集中学生注意力，引导学生的思维方向，使学生的思维在教师开场白中迅速定位，进入预定的教学轨道，为整堂课的顺利进行打好基础。

每堂课的导入语都要根据具体的教学科学和教学内容进行精心揣摩和苦心营造，而不同的学科、教育对象、教学内容决定不可能有一个固定的模式，但对于导入语的基本要求是一致的。因此要做到以下几点：

一是紧紧围绕新课的教学内容，从授课内容和教学对象的实际出发，寻找适当的导入点。

二是力求精炼，忌拖沓冗长。导入语是要引出新课，本身并非教授的重点内容，因而一定要力求简明扼要，不宜占用太多的时间。

三是力求巧妙，忌刻板。巧妙的导入语可激发学生对新课程、新知识的求知欲。相反，平淡刻板的导入语不能引发学生对本堂课内容的学习兴趣，而不能达到更好的学习效果。

教学没有固定的形式，因而一节课如何开头也没有固定的方法。由于教学对象、教学内容的不同，导入语的方式也多种多样，关键在于教师的精心设计和灵活运用。常见的导入语有以下几种：

温故知新式。这种方法是教师在讲授新课前，用以往学过的旧知识或上节课学过的内容作为支撑点，引导学生提出新问题，进而导入新课。这种导入方式过渡自然，唤起学生的记忆，既巩固了旧知识，又通过对已熟悉知识的深入挖掘和关联引起了学生对新知识的浓厚兴趣，让学生达到“温故而知新”。

开宗明义式。这种方式指根据教材或教学内容的标题，从释题入手导入新课，或直接从教学内容的某个重要定理、概念的解说入手导入新课。这种导入语开门见山，直接将学生引入正题，清楚明了。

悬念式。指根据教学内容，通过提出问题和矛盾，造成悬念，诱导学生积极思考，引起学生试图解决问题的欲望，从而引入新课的导入语。这类导入语可突出教学内容的重点难点，培养学生严谨、周密的思维习惯，利用学生的好奇心，使学生产生强烈的探求欲望，自然而然地将注意力集中到新课中。

故事式。这种导入语是用通俗易懂、幽默风趣的语言，将要授课内容的有关问题与学生较感兴趣的故事关联，给课堂创造一种轻松活泼的气氛，从而吸引学生的注意力，以激发学生的学习积极性。这种故事式导入语为学生们喜闻乐见，运用恰当，其效果屡试不爽。

② 讲授语

讲授语又称阐述语，是教师系统连贯地向学生讲授教材、传授知识和技能的教学语言方式。它是课堂教学中最基本、最常用的语言表达形式，是教学语言的主体。教学的基本内容主要是通过教师的讲授传输给学生，使学生在最短的时间内掌握尽可能多的知识和技能。要将一种全新的知识传授给学生，把学生不明白的问题解释清楚，讲授语的水平起决定作用，直接关系到教学质量的高低。

讲授语是课堂教学中使用频率最高的一种教学语言，在课堂教学中所占比重较大，因而教师如何运用讲授语，提高课堂教学效果，是一个值得研究的问题。总的来说，成功的讲授语应能努力做到以下几点。

第一要通俗简炼、深浅适度。教师运用讲授语的首要目标是把科学知识准确、清晰地呈现给学生，使学生获取新知识。对于教学内容中的陌生概念、定理等，学生在初次接触时往往不易把握，因而教师必须针对新知识要点进行精心设计——化难为易，化深为浅，化抽象为具体，做到通俗易懂，深入浅出，从而实现以讲导学、以讲促学，使学生在有限的课堂时间内更牢固地掌握所学知识。

第二要重点突出、目标明确。重点突出是每堂课讲授中必须把握的一个要点，这样才能使学生更快把握学习方向，找到学习重点难点。

第三要连贯周密、脉络清晰。针对教学内容，教师应将一堂课的知识合理组织，力求逻辑严密，有系统性，脉络清晰，符合学生的思维方式，始终调动和调整学生的注意力，使之紧紧围绕教师的讲课思路。

第四力求生动、引人入胜。讲授不同于简单的知识灌输，是在教师对教学内容充分理解的前提下，糅合着教师的见解和感情的语言表达。因而教师应能根据教学的具体内容，在讲授语言上力求生动形象，灵活自如，让学生感受到这种带着感情的讲授，感受到教师的鲜明态度和观点，从而引起学生的共鸣，使学生受到启迪，更加深刻地掌握学习的相关内容。切忌口头禅、半截话或毫无意义的多次重复。

讲授语按照讲授方式的不同可划分为概述式、描述式、解析式、论证式、评述式等。

概述式又称作总括式，即用简炼概括的语言把教材中的内容集中起来介绍，便于学生整体把握教学内容。通常，开讲时的总提，讲完一个问题后的小结，或者断课时的总括，常采用概述式的讲授语。这些概述，使得教学重点更为突出，有利于学生消化和巩固所学知识。

描述式是通过生动形象的语言，将教学的内容、有关事物或道理传达给学生的讲授方式，在语文课中使用尤为广泛。描述式语言能使学生具体、直观地感受到教学内容，产生身临其境、如见其人、如闻其声的真实感受，给学生留下深刻的印象。

解析式是指通过诠释分析，揭示教材中词句、概念、定义、定理、公式、法则等的讲授形式，在各个课程教学中普遍使用。因为这些内容对学生而言往往是比较陌生而深奥的，所以要求解析的语言通俗、易懂、简单、准确，便于学生理解接受。

论证式是指通过正确的论据、科学的推理来证明论题或论点的讲授方式，可采用归纳论证或演绎论证。论证过程要求有严密的条理性和逻辑性，常使用“因为”、“由于”、“根据”及其与对应的“因此”、“所以”、“那么”等关联词，以验证某论点或定理的真实性、正确性。

评述式是指教师运用夹叙夹议的方法揭示教材内涵，加深学生理解的讲授形式。这种形式把叙述和议论有机结合起来，述中有议，议中有述，相辅相成，相得益彰，常在语文讲读课中使用。

讲授的方法也多种多样，较为常见的有直述法、举例法、比较法、联系法、借助法等。

直述法是指用平实的语言把教学内容直截了当地陈说出来。这种方法使用简单，学生可以直接迅速地感知教学内容。这是最基本也是最常用的讲授方法，一般针对讲授浅显的、学生易接受的知识。

举例法是指通过讲述实例来说明某个概念、定理或者规则的含义的方法。这种方法以学生常见的具体事物为例说明抽象的含义，使学生易于理解消化。

比较法是指把两个或者几个事物、概念、词语等进行比较，分辨其异同点的方法。通过比较法，可以使学生更加深入、清楚地认识和理解认知对象深层次的含义和特点，更加清晰地区别相近概念，帮助学生理解和掌握。

联系法是指将新知识与旧知识、书本知识与生活经验之间进行联系，以加深对所学知识的理解的方法。运用联系法可以帮助学生用熟悉的已有知识去探求和学习新知识，加深对新知识的理解。

借助法是指借助实物或教具等的操作演示，讲授教学内容的方法。借助法具有直观形象的效果，可以使学生很快接受和掌握所学知识。

③ 提问语

提问，是指教师根据教学要求和学生的实际提出问题，促使学生思考钻研以加深理解的教学语言形式，是教学中普遍使用且非常有效的一种形式。

美国心理学家布鲁纳指出："教学过程是一种提出问题和解决问题的持续不断的活动。"可见，提出问题在教学过程中的地位很重要。高质量的提问语可集中学生注意力，活跃课堂气氛，诱发学生思考，培养学生的创造性思维；同时可以使得教师在提问中了解学生对知识的理解程度，从而调整接下来的课堂讲授。

好的提问语一般要求做到以下几点：

第一要有明确的目的性，针对性强。课堂提问要有明确的目的：为什么要提出这个问题，通过这个提问要解决什么问题，达到什么目的。要紧扣授课中心，为完成教学任务服务。教师要在课前精心做好提问语的设计，要能问到关键处，问到点子上，少而精。

第二要做到难易适度。课堂设计的提问语要有一定的深度和难度，设法给出一个看似简单而又不是很容易理解、有难度而又可以逾越的问题，这样才能引起大多数学生的关注，有兴趣去探求问题的答案，从而加深对知识的理解。

第三要具有启发性，达到启发思维的目的。能够启发思维是好的提问的标准之一。简单化、机械化的提问不仅不能引起学生的思考，反而会使学生厌答，觉得没劲，从而失去探求新知识的兴趣。

从不同的角度，可对提问语进行不同的分类。按照问题回答的方式，可将提问语分为判断式提问、选择式提问、论证式提问、递进式提问等几种类型。

判断式提问要求学生对教师所提出的问题作出是非判断，常用"是不是"、"对不对"等语气形式来表述。这类提问在课堂上经常使用，着重培养学生经过分析、综合形成正确判断的能力，但要注意避免简单化和机械化的问句。

选择式提问要求学生对所提出问题的答案进行选择或比较。选择式提问缩小了问答的范围，使得答话不会偏离中心，且对要辨析的难点更加明确，有利于培养学生的思考能力和辨析能力。在讲授容易混淆的知识时，多采用此类提问语。

论证式提问要求学生对所提出的问题作出论证，常采用"为什么"的语言方式来表述。论证式提问的问题应进行精心选择，使其富有思考价值。论证式提问着重培养学生科学分析论证问题的能力。

递进式提问，又称为层次式提问，通常是将几个连贯性的问题由易到难依次提出，前一个问题是后一个问题的基础，后一个问题是前一个问题的深化，层层递进，逐步深化，将学生的思维一步一步引向求知的新天地。这类提问语问问相连，逐步引导，在问和答的过程中使学生逐步消化所学知识，有利于培养学生思维的条理性和逻辑性。

④ 总结语

总结语是在一堂课即将结束时，教师对教学内容中的知识和技能所设计的带有归纳、总结性质的话语。巧妙的总结语不仅能帮助学生整理概括，更加清楚、系统地理清思路，及时巩固所学知识，而且可以启发学生思维，激励学生将知识拓展延伸到课堂之外，因而教师必须高度重视总结语的设计。

好的总结语应能起到画龙点睛的作用，有经验的教师，能随下课铃声给学生留下回味无穷、印象深刻的小结语，这就是一种教学艺术。总结语要进行精心设计，总的来说，应做到以下几点：

一是简洁明了。总结语要对一节课的教学内容进行系统扼要的概括和小结，在表达上一定要要点分明，简单清晰，帮助学生整理思路，加深对重点内容的理解和掌握，切忌拖沓啰嗦。

二是深浅适度。总结语要能帮助学生理解、巩固和记忆所学重点知识，因此在设计上一定要有一定的深度，符合学生的特点和水平，注意不要将总结语变成上课提纲的复述。

总结语大致可分为以下几种：

总结式，又称概括归纳式，是教师在本节课的最后对授课的主要内容、重点难点进行简单的概括总结，提纲挈领，有利于学生对授课内容的系统理解，加深印象和记忆。

练习式是指在教学结束时，教师根据教学内容精心安排布置一定数量的练习或习题。这种方式把总结语要涉及的内容，变成练习形式，强调了学生应掌握的知识，巩固学习效果，体现了教师的指导性和学生的实践性。

悬念式指在上下两节课内容有密切联系且上节课即将结束时，巧妙地设置悬念，引导学生在课下进行思考和讨论。使用悬念式，在学生获得对新知识满足的同时，又能唤起其深入探讨的兴趣，从而迫切期待下节课的授课。

延伸式是指在教学任务基本完成后，教师根据授课内容和学生的基础，将课堂学习的内容延伸到课外，把书本上的理论知识拓展到社会实践生活中，引导学生向课外扩展，扩大学生的知识面。

自然式是随着下课铃声的响起，教师所讲一堂课的最后一个问题的最后一句话落地，这就是自然式结束语。运用这种结束语要求教师对所讲述内容非常娴熟，精于设计课堂教学每个环节的内容和结构，并且能相当准确地把握授课的进程和时间。自然式结束语看上去顺理成章、自然而然，实际上往往要求很高的教学艺术技巧，往往只有那些高水平的教师才能驾驭这种结束语。

设计总结语的方法很多，需要每一位教师认真探索，不断总结经验。不管运用哪种总结语，都要自然流畅、干净利落，忌拖拉；要余味无穷、含义深刻，忌平淡；要不拘一格、勇于创新，忌草率。做到“运用之妙，存乎一心”，达到完满的艺术境界，应是努力的方向。

⑤ 过渡语

过渡语是指在教学中从一个环节到另一个环节，由一个问题到另一个问题之间的课堂衔接语、转换语。

巧妙的过渡语可以起到上下贯通、逻辑深化的作用，可提高课堂教学质量，强化课堂教学效果。一般来讲，可按下列原则设计过渡语。

首先要自然。过渡语主要是对不同环节、不同知识点之间的衔接与转换，将学生的思维从一个环节引导到另一个环节，因而一定要精心设计，不能感觉突兀，要顺畅而自然，把新旧知识联系在一起，将各知识系统连贯地串接在一起，使学生自然而然地接受新知识。

其次要精炼。过渡语在整节课的授课过程中，仅仅是在转换知识要点时进行的适当的过渡，使得课堂的各个环节紧紧连接，只起辅助、引导的作用，因而不能占用很长时间，那么教师在设计时要注意用词一定要简炼，不啰嗦，并且要精确恰当，顺畅地实现知识的衔接。

过渡语的类型可以分为承上启下式、归纳过渡式、比较式、悬念式等。

承上启下式指承接上文，直接过渡到下面要讲授的内容。这种过渡语的特点是简短，内容鲜明，给人以明确的提示。

归纳过渡式指将前面所讲述的内容进行归纳总结，以引导下面重点要讲述的内容和问题，从而使得教学目的更加明确。这种过渡语通常起到纲举目张的作用，自然而然地将课堂教学带到下一个环节中。

比较式指授课内容的各个知识点或者概念之间通过比较异同点的方式，将前后知识紧密联系起来，以加深理解和记忆。

悬念式是利用前面讲述的内容推导出一种结果，将这种结果与常理或者常见现象联系起来，分析这种结果的正确或合理性，从而制造一种悬念，巧妙地引出下面要讲授的环节。这种过渡语的设计要求教师精心安排问题，以引起学生的深入思考，使学生在悬念中探求新知。

2. 教育口语

(1) 教育口语的定义

教育口语是教师依据培养目标，对学生进行思想品德教育过程中所运用的语言。我国教师法规定：教师是履行教育教学职责的专业人员，承担教书育人、培养社会主义事业建设者和接班人、提高民族素质的使命。由此可见，教书和育人是教师的基本职责，因此教育口语同教学口语一样，是教师必备的基本用语，是完成教育任务不可缺少的工具。

教师在对学生的思想道德情操、行为规范等方面进行教育时，要注意语言的艺术性，使学生乐于接受，具有一定的感染力，从而取得较好的教育效果。

教育口语的主要目的是“育人”。其应用的范围非常广泛，无论是针对集体的教育还是针对个人的谈话，无论是表扬还是批评，教师都要以“育人”为主要目的，根据场合的不同，选择恰当的语言表达方式，对学生进行教育，从而提高学生的认识，培养他们良好的品德。教师的言行对学生的成长影响极大，准确、生动的教育口语会对学生产生积极正面的影响，否则适得其反。

(2) 教育口语的特点

① 针对性

教育口语运用的对象是学生，教师在对学生进行思想教育的过程中会遇到各种各样的问题与情况，因此要针对不同的情况、不同的个体运用不同的教育语言，以达到良好的教育效果。现在的学生个性鲜明，他们独立、有主见，追求与众不同，同时又具有较强的自尊心，因此就增加了教师教育工作的难度。教师一方面要具有较强的理论知识，同时又要善于应用理论知识，能够很好地将理论知识赋予实践中，让学生在潜移默化中受到熏陶与教育。

② 诱导性

教师在对学生进行思想教育时，结合不同的情况、针对不同的学生进行开导和指引，使其能够通过自己的思考，提高对事物的理解和认识。

在教育的过程中，教师应该由浅到深、循循善诱，诱导学生自己分析问题解决问题。在帮助学生解决问题的同时，使学生掌握解决问题的方法。

教师运用教育口语时，还应当尊重学生，注意学生的自尊心，以正面引导为主，以达到良好的教育效果。

③ 说理性

说理，即用摆事实讲道理的方法说明是非曲直，辨明长短得失。这是向学生进行思想教育最基本的方法，也是教育口语最主要的特点。俗话说“以理服人”，只有用道理说服学生，才能让学生心服、口服。在对学生进行思想道德或其他教育时，要以事实为依据，抓住核心问题，以理服人，不能夸大事实，用空洞的理论教育人。同时，要根据不同情况，采取不同的说理方式，使学生能够更好地信服，真正起到教育的作用与目的。

④ 感染性

俗话说“感人心者，莫先乎情”，教师进行思想教育时，同样需要以情感人。以情感人，才能引发学生思想上的共鸣。

教师在运用口语过程中，首先要充满爱心，对学生晓之以理、动之以情，这样语言才能具有感染性。同时要了解学生的心理，从学生的角度出发，才能抓住学生的想法，从而达到教育的目的。

(3) 教育口语的基本形式

① 说服语

说服语是指教师在教育活动中，通过讲述生动的事例及充分的理由，使学生信服或接受正确意见的言语。

在对学生进行说服教育的过程中，要针对学生的特点选择恰当的方法，从学生的角度考虑问题，这样才能有效地对学生说服教育，使学生认识到自己的问题，接受老师的建议。在说服教育中，要注意以下几点：

第一要以理服人，说服就是要学生“信服”，而不是在老师的威严下“屈服”。说服过程中要注意语言的运用，不能用过于犀利的言语，否则会伤害到学生的自尊心。老师看似无意的一句话，有可能会影响学生的一生。在说服之前，首先要找出问题所在，这样才能把充足的证据和理由摆放在学生面前。通过分析让学生意识到自己的错误，做到口服、心服。

第二要有针对性。说服教育不是一把抓，要针对学生群体、个体的不同，选择不同的方式、方法与语言。现在的学生差异很大，个性很强，尤其是 80 后、90 后。在说服教育时，要充分考虑到这些群体的特点，同时又要结合每个个体的特点。例如，有些学生个性外向、开朗，有些学生内向、不爱交流，这时候使用的方法和语言就要有些区别。

另外，还要注意事件的针对性，不要因为当前发生的事情而把以前发生的一些不好的事情都扯出来，要就事论事。

第三要有足够的耐心。耐心是说服教育中非常重要的一点。学生毕竟还是孩子，缺乏一定的控制力。教师要怀有一颗爱心，去关心、爱护学生。说服过程中，要有充足的耐心，给学生充足的时间去认识错误、改正错误。切忌急躁，否则会适得其反。教育的过程中教师不能居高临下，要以换位思考的方式多从学生的角度去考虑问题，让学生真正体会到教师的关爱与苦心。

② 激励语

激励语是指学生遇到困难、挫折、缺乏信心等情况下，教师通过言语激起学生的奋发向上的一种教育口语。

学生在学习的过程中会遇到很多问题，比如考试成绩不理想、与同学相处不融洽等，都会导致学生缺乏信心、有挫败感。由于学生的心智还不是很成熟，在很多情况下很难把控自己的情感，所以教师适时的激励语，在很大程度上能够帮助学生重树信心，激发积极向上的尽头，从而为实现奋斗目标而努力。

运用激励语的过程中首先要符合实际。激励是鼓励学生的一种行为，教师在鼓励学生努力的同时，要注意鼓励的方向是否符合学生的实际情况，不要让学生产生目标过高而无希望的感觉。比如，有些比较优秀的学生积极努力一些，以现有的基础考上重点大学没问题，而有些同学通过努力也只能考上一般本科，这时候，在鼓励差些的同学时就要注意不要给他们设定太高的目标，要从学生的实际情况出发。

其次具有鼓动性。教师对学生的激励话语，要做到饱含激情，充满朝气，富有活力，具有鼓动性。

③ 表扬语

表扬语是教师在教育活动中对学生良好的思想、行为、成绩以及某种进步给予表彰或肯定性评价的用语，是教育口语中不可缺少的重要组成部分。教育心理研究表明，学生都希望得到教师的表扬与鼓励。

学生在学习过程中会表现出良好的行为，这个时候需要教师借助一定的语言适时给予学生一定的肯定，增强学生信心，促使学生不断进取。

正确适时恰当的表扬，能使学生具有一定的满足感和成功感，促使学生产生一种持久的积极上进的力量，并对教师产生亲近感。但是运用得不好，不仅起不到应有的作用，还可能产生负面影响。因此，运用表扬语时，要把握一定的尺度和标准，注意以下几点：

首先要公平合理。教师在对学生进行表扬时，要做到公平、合理、一碗水端平。优秀的学生要表扬，差的学生也要表扬，表扬是面对全体学生的一种行为，不能凭借个人印象的好坏作出评价。尤其是对平时表现不好的学生，不能以偏概全，他们也有表现良好的时候，而这种适时的表扬会激励他们朝好的方向发展。

其次要区别对待。表扬的方式与语言要因人而异，因为每个学生的人生观、价值观是不一样的，不能单纯采用一种方式表扬。根据学生的不同特点，选择不同的表扬方式，比如口头表扬、书面表扬或当面表扬等。因人而异，才能收到良好的效果。

再次要把握分寸。表扬要以事实为依据，不能夸大其词，要讲究分寸，恰如其分。夸大的表扬会使学生产生自满的情绪，不利于学生的健康成长；吝啬的表扬也会挫伤学生的积极性。有些时候由于平时印象的影响，容易对优秀的学生产生夸大的表扬，而对差生产生吝啬的表扬。这些都不应该发生。

最后要富于感情。教师在表扬学生的过程中应该充满赞扬和喜悦的心情，所用的语言要具有一定的感染力，这样才能更好地激发学生的积极性。如果语言过于平淡，缺乏感情色彩，那么表扬对学生的促进动力也会有所减少。

④ 批评语

批评语是教师在教育过程中对学生的缺点、错误等不良行为进行否定性评价的言语。批评同表扬一样，也是教育口语必不可少的重要组成部分。

学生在学习过程中难免会出现一定的错误，这时教师要运用一定的语言指出学生的错误，并给予指导，使学生能够意识到自己的错误，并及时改正。

运用批评语时，首先要以事实为依据。批评同其他教育用语一样，要在了解情况的基础上作出恰当的评价。但是批评又不像其他教育用语，是更加敏感的一种方式，所以使用时要慎重。在批评学生之前，一定要查清楚事情的始末，不要冤枉学生，否则不仅起不到教育作用，还会对学生造成较大伤害。在查清事实的基础上批评学生，才能让学生认识到自己的错误，逐渐改正。

其次要区别对待。对学生进行批评教育时要根据学生的年龄、性格特点的区别，以及所犯错误的性质、程度等，采取不同的批评方式。做到轻重得当，区别对待。有些学生是初犯，而且并没有带来严重后果，这时就应该采取相对温和的方式进行教育，以达到改正和帮助的目的；有些学生屡教不改，则可采取相对严厉的方式批评教育。批评的方式有很多种，在批评方式上要恰当选择，注意方式技巧。

最后要真情关爱。教师批评学生是对当时某一行为或做法进行教育，并不是对其的全面否定。在教育的过程中，要让学生知道教师是在帮助其改正错误，而不是故意批评他。要像表扬一样，充满关爱之情。

3.1.6 教师态势语

态势语是通过体态、手势、眼神等方式来传播达意的一种言语辅助形式，是附属于语言的“无声语言”，是口语交际的重要辅助手段。

态势语在人类发展的历史长河中是最古老的交际形式，始终是语言交际的有机组成部分，并且促进了语言的发展。态势语是伴随着言语的，更多的时候是辅助言语，共同完成表情达意、言志传神的任务。而态势语在教师口语的运用中，得到了充分的体现。态势语运用得自然、得体，可以使教师在授课过程中的口语表达更准确、更形象，加深学生印象，使授课效果大大提高。

态势语大致可以分为整体态势语，如坐、行、站的姿态，服饰等；局部态势语，如表情语、手势语、目光语等多种形式。

1. 整体姿态语

(1) 身姿语

身姿通常可分为坐姿、立姿、正姿、侧姿等。“站如松，坐如钟”，在今天也同样适用。在课堂上，教师的身姿反映了教师的精神面貌和情绪状态，授课过程中，学生的状态往往受到教师整体状态的影响。

教师进入课堂，行姿要稳健而轻松，站姿要端庄而自然，身姿不要太呆板，也不能过于松懈懒散。在整个授课过程中，切忌整堂课或长时间地将双手支撑在讲桌上；不要总是站在一个位置不动，也不能总是频繁地来回走动，应根据实际教学环节的需要在讲台与多媒体设备间转换慢行。

(2) 服饰语

教师的服饰是体现教师风度与气质的重要组成部分，教师服饰要整洁高雅、美丽大方、协调自然，不要过艳、过奇、过俏，要体现教师的职业特点，要与教师的沉稳性格、文化修养、为人师表的风范相吻合。

2. 局部态势语

(1) 表情语

表情能细微地表现人的心理状态，面部肌肉、口形、眼神相互配合可以构成喜悦与忧伤、热情与冷淡、紧张与轻松、气愤与平静等各种反映不同心理的面部表情。教师在授课过程中，可根据不同的授课内容自然地配以富于变化的表情，以使学生留下深刻的印象，加深记忆。

(2) 手势语

手势语是态势语中最典型的一种。教师在授课过程中往往离不开手势语辅助言语表达。

手势表示的含义非常丰富，不同的手势配合授课内容可表达不同的意义。如可采用形象的手势比画出物体的形状、大小等几何特征；利用向前向后、向左向右等手指或手掌方向表示授课内容的方位关系；利用形象的手势还可大致描绘出物体的动作过程，利于学生理解；有时不同的手势还可表达不同的情意，如握拳上举表示信心和力量，斜下指表示鄙视等；还有一种仅表达节奏的手势，这种手势只表语言的节奏，没有什么具体意义，教学中运用较普遍。在授课中，配合授课的具体内容适当地使用节奏手势可以防止姿势呆板、表情僵化。手势语有时单独表示意义，但在教学中一般是和口语相配合，要注意不能形式化、单一化。

(3) 目光语

目光可以透情、透意、透神。在课堂上，教师可以有效地利用目光语表达对学生的课堂纪律约束以及对学生的关爱之心。在授课中，教师不能将目光投射在教室的墙上、房顶等角落，更不能总将目光转向窗外，这样学生会觉得教师心不在焉。应将目光有所变化地正视学生，创造出融洽的教学氛围，在师生的相互注视中感受学生对授课知识的理解和接受程度，以便灵活调整授课进度，更合理地安排各个教学环节的授课时间。

3.2 规范汉字的书写与书面表达能力

3.2.1 规范汉字的书写与正确使用汉字

1. 汉字的特点

汉字是记录汉语语言的符号系统。它是世界上最古老的文字之一，至今已有 6 000 年的历史，是我国目前通行的文字。

世界上绝大多数的文字都是表音文字，代表有声语言，如英文、法文等。表音文字用字母拼写字词，笔画简单，形态变化不大，这也是它们没有形成独立的书法艺术的主要原因。

汉字却有其独特的一面，汉字有着“字形藏理，字音通意”的表意性，是典型的表意文字，即文字与语音不发生直接联系，每一个字只表示一个音节，不能明确表示读音，却能表示一个意思。汉字最早起源于图画，形体由写实的象形图画演变成由笔画组成的符号，并具有了象征意义。汉字以“表形”为特质，其千姿百态的构造本身就有着对称均衡、分布结构等美的要求。

2. 汉字规范标准的意义

汉字跟其他任何文字一样，具有很强的社会性，是传播文明、传递信息的工具。汉字在一定的时期必须有一定的规范，否则在使用中就会造成混乱，所以国家有关法令明确要求和规定了汉字要规范化，用字书写必须规范、符合标准。汉字规范标准的意义有以下几个方面：

(1) 是社会交际的需要

文字的基本功能是记录语言的书写符号，是传递信息、表达思想的交流工具，供全社会使用，因此必须有一个共同遵守的标准。汉字规范化是提高文字的社会交际作用、推进社会发展和进步的有效手段。用字规范，可以使信息传播不会产生人为的障碍，可以加强交流，提高工作效率，加快社会生活的节奏；用字混乱，必然削弱文字的基本功能，妨碍工作及社会的正常发展。

(2) 是落实《国家通用语言文字法》的重要保障

《国家通用语言文字法》将语言文字规范化、标准化工作纳入法制轨道。实施《国家通用语言文字法》，加强国民的语言文字规范意识，提高社会的语言文字规范水平和人们的语言文字应用能力，需要有一整套科学、适用的语言文字的规范标准。

(3) 是信息化发展的迫切要求

文字作为信息的主要载体，其规范化、标准化的程度，直接关系到国家的信息化水平，进而影响到我国在国际上的竞争力。规范汉字标准，既是汉字自身发展的需要，也是社会发展和信息化发展的必然要求。

3. 规范汉字的含义和用字方法

所谓规范汉字，就是符合国家颁布的规范标准的汉字，包括经过整理简化并由国务院或国家有关主管部门以字表等形式正式公布的汉字和未经整理简化的传承字。2000 年 10 月 31 日颁布的《中华人民共和国国家通用语言文字法》指出“国家通用语言文字是普通话和规范汉字”，同时规定“国家推广普通话，推行规范汉字”。

我们所说的规范汉字，主要指现代通用于我国大陆一般交际场合的汉字。“现代通用”、“我国大陆”和“一般交际场合”三个要素非常重要，其以“通用”为标尺给出了国别(地区)、时代、领域、场合等限制，契合当代汉字通行和应用的客观现实。

规范汉字是客观存在的，不同时代有不同的规范。如秦统一六国后，实行“书同文”，基本消除了战国时期各地文字异形的现象，小篆就是当时的规范汉字。旧中国长期以繁体字为正体，以繁体字为代表的正体字也就成了当时的规范汉字。新中国成立以后，国家投入很大力量进行汉字的整理和简化工作，淘汰了一部分异体字，同时把群众长期以来在社会实践中创造的手头字、俗字加以整理，确定其正体字的地位，形成现行的规范汉字。

规范汉字包括经过整理简化的字和未整理简化的传承字。经过整理简化的字是指国家正式发布的《简化字总表》、《第一批异体字整理表》、《现代汉语常用字表》所收的字。在以上字表收字的范围内，三个字表的规定就是规范汉字的标准。未整理简化的传承字是指以上字表未收的社会公认的汉字。应当以国家审定的《新华字典》、《现代汉语词典》、《中华大字典》为标准。凡不属国家公布和审定的字，都不是规范字，包括一切错别字、已经公布废除的异体字、繁体字、旧印刷字、《第二次汉字简化方案(草案)》中的简体字和自造简体字。

目前，社会上语言文字的规范意识比较淡薄，滥用繁体字、乱用不规范简化字的现象相当严重。针对这一情况，教师在用字规范方面，更要尽职尽责。为此，师范院校的学生必须确立规范用字的意识，加强正确书写规范汉字的训练，尤其是要掌握和正确规范地书写《现代汉语常用字表》(该表于 1988 年 3 月由国家语委和新闻出版总署联合发布，共收字 7 000 个)中收录的 3 500 个常用汉字。

在这里我们也强调，要注意处理好练字与用字的关系。在工作和生活当中的书写用字必须规范，符合上述规范汉字的标准；而练字常以古代碑帖作为范本，其中有不少繁体字和异体字，我们也可跟着学习临摹。但是练字写繁体和异体字的目的是学习用笔方法，写好基本笔画，掌握结构要领和方法，便于美观地书写汉字。所以，练字时写繁体字和异体字与用字规范化并不矛盾。至于书法作品，纯属艺术创作，用字不受通行的规范化的约束，写简化字还是写繁体字，书写者可自由选择。现将经常出错的字总结如表 3.1 所列。

表 3.1　容易写错的字一览表

序　号	错　例	正确用字	序　号	错　例	正确用字
1	安祥	详	2	表帅	率
3	峻工	竣	4	格守	恪
5	脏款	赃	6	九洲	州
7	坐阵	镇	8	寒喧	暄
9	萤光	荧	10	雾淞	凇
11	凭添	平	12	装祯	帧
13	弦律	旋	14	座落	坐
15	冒然	贸	16	钉书机	订
17	名信片	明	18	一滩血	摊
19	笑咪咪	眯	20	鼎立相助	力
21	磬竹难书	罄	22	蛛丝蚂迹	马
23	声名雀起	鹊	24	渊远流长	源
25	常年累月	长	26	公诸于众	之
27	谈笑风声	生	28	人情事故	世
29	有持无恐	恃	30	额首称庆	手
31	旁证博引	征	32	饮鸠止渴	鸩

续表 3.1

序号	错例	正确用字	序号	错例	正确用字
33	绿草如荫	茵	34	真知卓见	灼
35	灸手可热	炙	36	宁缺勿滥	毋
37	重迭	叠	38	蜇伏	蛰
39	防碍	妨	40	幅射	辐
41	泻气	泄	42	编篡	纂
43	急燥	躁	44	气慨	概
45	元霄	宵	46	夜霄	宵
47	发韧	轫	48	痉孪	挛
49	趟水	蹚	50	了望	瞭
51	罗唆	啰	52	大姆指	拇
53	老俩口	两	54	三步曲	部
55	入场卷	券	56	沤心沥血	呕
57	一如继往	既	58	鬼鬼崇崇	祟
59	金榜提名	题	60	走头无路	投
61	趋之若骛	鹜	62	终身事业	生
63	终生受益	身	64	明火执杖	仗
65	不能自己	已	66	姿意妄为	恣
67	相辅相承	成	68	身体姿式	势
69	挑肥捡瘦	拣	70	甘败下风	拜
71	维妙维肖	惟	72	一杯黄土	抔
73	粗旷	犷	74	针贬	砭
75	缘份	分	76	凑和	合
77	脉博	搏	78	就序	绪
79	既使	即	80	追朔	溯
81	九宵	霄	82	渲泄	宣
83	膺品	赝	84	迁徒	徙
85	沉缅	湎	86	精减	简
87	装璜	潢	88	振撼	震
89	爱滋病	艾	90	挖墙角	脚
91	泊来品	舶	92	烩炙人口	脍
93	默守成规	墨	94	不径而走	胫
95	萎糜不振	靡	96	娇揉造作	矫
97	一愁莫展	筹	98	竭泽而鱼	渔

续表 3.1

序　号	错　例	正确用字	序　号	错　例	正确用字
99	滥芋充数	竽	100	世外桃园	源
101	死皮癞脸	赖	102	金壁辉煌	碧
103	老声常谈	生	104	弹精竭虑	殚
105	张惶失措	皇	106	出奇不意	其
107	开天劈地	辟	108	尾大不调	掉
109	蜂涌	拥	110	复盖	覆
111	当作	做	112	松驰	弛
113	家俱	具	114	苍桑	沧
115	迷团	谜	116	精萃	粹
117	偶而	尔	118	善长	擅
119	雏型	形	120	殒石	陨
121	颂读	诵	122	修茸	葺
123	渡假村	度	124	哈蜜瓜	密
125	精兵减政	简	126	不落巢臼	窠
127	黄梁美梦	粱	128	一诺千斤	金
129	再接再励	厉	130	悬梁刺骨	股
131	一股作气	鼓	132	草管人命	菅
133	穿流不息	川	134	言简意骇	赅
135	指手划脚	画	136	迫不急待	及
137	按步就班	部	138	一幅对联	副
139	美仑美奂	轮	140	天翻地复	覆
141	洁白无暇	瑕	142	食不裹腹	果
143	山青水秀	清	144	拾人牙惠	慧
145	不记其数	计	146	既往不究	咎

4. 教师书写基本功的要求

教师肩负着教书育人、培养祖国新一代建设者与接班人的重任，在汉字规范化方面，不但自身要率先垂范，而且要认真教育学生读写规范汉字，这既是国家法令的要求，也是教师职业道德的要求。是否能写规范工整和比较美观的汉字，直接关系到教育教学的效果和教师的威信，也会对学生产生积极或消极的影响。教师在书写讲课板书和批改作业时，如果用字不规范，就会误人子弟。使青少年掌握汉字书写技能，不仅是一种知识技能的教育，也是德育、美育的一项内容，而它又是一项繁难的教育教学工作。只有全体教师率先垂范、齐抓共管，才能达到国家和社会的要求。至少在课堂板书、批改作业和指导课外活动时，不能对学生的书写产生不良影响。所以，书写基本功是一个合格教师必备的重要职业技能。教师书写基本功的要求有以下几个方面：

(1) 书写要正确规范

所谓规范书写，就是要按照标准的笔形、笔顺和字形去书写"规范汉字"。即除笔画要按要求注意正确规范外，在笔画的组合关系、字型结构和笔顺三个方面，也应做到正确规范。不可变动笔画的相离、相接、相交的组合关系和位置；不可随意变动部件的位置和比例；不要违背笔顺规则，随意颠倒笔画的先后顺序。写行书时，笔画可作适当的简化和连接，笔画的组合形式也可作适当调整，但必须符合社会公认的规范，不可随意乱写。

(2) 书写要清楚易看

在写钢笔字、粉笔字或必须写毛笔字时，要求每个字的一笔一画，都清清楚楚。如果写的字别人不认识，思想和信息就难以通过书写来交流。写字，笔形使人一看就认识，不能叫人一个字一个字地去"猜"。

(3) 书写要匀称有力

书写匀称整齐是从字的书写格式方面来要求的。匀称指字的结构布局匀称，符合结构规律。有力首先指笔画有力，其次指每个字的笔画之间，部件之间配搭适当，显得紧凑有力。

(4) 书写要熟练美观

这是进一步的要求，应该在达到了上述要求的前提下，进一步把字写得流利、迅速，以提高书写的效率。对常用字要大都写得熟练，不要有生有熟，夹杂其间，使人看了感到别扭。但"熟练"不是单求快，而是在"好"的基础上的快。美观指每个字以至全篇写得好看，给人以清晰感、愉悦感，力求达到形式美的要求。

3.2.2　汉字书写基本知识

1. 学习书法的意义

文字是信息的载体形式，我国几千年来的文化史，是与文字的发展史分不开的。从象形文字创造的那一天起，书法就被誉为无言的诗、无形的舞、无图的画、无声的乐，其"意美以感心，音美以感耳，形美以感目"，有着极强的实用价值和审美价值。直到今天，它依然以造型艺术的形式向前发展着。

一般所说的书法是一种用毛笔书写的艺术形式，而硬笔书法是一种用硬笔书写的艺术形式。后者是前者的继承和发展，它们都是通过作者的创作意图和艺术手法表现出来的。书就是写，法就是指用笔、结构、间架、行款等法则。遵循这些法则写成的书品，才叫书法，或称"法书"。它与一般的习字稍有不同，也可以说习字是书法的初级阶段，书法是习字的高级阶段。

学习书法，不仅可以提高自身综合素质和多方面的能力，还有广泛的实用价值：书写规范是实现文字社会交际功能的起码条件；书写美观是增强文字社会交际效果的重要保证；学习书法还可以培养耐性、磨砺性格、调节生活、怡养性情、增进健康。书法作为一门传统艺术继承和弘扬了中华民族的传统文化，具有极高的艺术价值和美学价值。从临摹到创作，有利于提高书写者的观察力、模仿力、领悟力和创造力等，在不断的学习和创作中，还可以使自身的审美情趣、鉴赏能力得到提高。

师范院校培养的是人民教师，作为教师，除具有广博的专业知识和传授知识的能力外，还应该具备汉字的书写能力，字写得规范、工整、美观，能给学生树立学习的榜样，会对学生产生潜移默化的影响。对于师范生来说，今天的学生，就是明天的教师，练就一手好字，是当教师不可缺少的最基本的职业技能，也是提高民族素质的一项基础工程。汉字书法一直是师范技能的重要内容，各级教育主管部门历来十分重视。国家教委在1994年颁发的《高等师范学校学生的教师职业技能训练大纲(试行)》对书写规范汉字的目的和内容作了明确要求。

2. 硬笔书法的书写工具

硬笔是相对于毛笔而言的。硬笔书法在我国有悠久的历史。殷商时代的甲骨文就是原始的硬笔杰作，它是用刀笔刻的字。不过，在漫长的历史过程中，这种硬笔很快被毛笔所代替，没能成为最普遍的、大众的书写工具。硬笔书法常用书写工具包括硬笔、墨水和纸等。

(1) 硬　笔

硬笔主要包括钢笔、圆珠笔(中性笔)、铅笔和粉笔。对师范生而言，则又以钢笔和粉笔为主。这里先介绍钢笔、圆珠笔(中性笔)和铅笔。

① 钢　笔

相传钢笔是1809年美国人沃特曼发明的，19世纪初从西方传入我国，因其价格昂贵，长时间没有普及。直到1928年，我国第一家自来水笔厂在上海成立，国产钢笔批量生产，才使得钢笔逐步平民化。现在，钢笔已成为人们日常生活中使用最为广泛的书写工具，钢笔书法也已经成为与毛笔书法并驾齐驱的两大派系之一。钢笔书法的艺术效果虽然不像毛笔书法那样丰富，但远远胜过铅笔、圆珠笔等其他硬笔。因其笔尖富有弹性，写出的笔画同样有粗细、轻重之分，同样能给人以美感。

钢笔由笔尖、笔胆、笔帽等部件组成。钢笔的笔尖最影响书写，按笔尖的制作材料不同，钢笔分为金笔(笔尖点白金者)、铱金笔(笔尖点铱金者)和普通钢笔(笔尖什么也不点)。金笔的特点是有较好的弹性和较强的耐腐蚀性，书写时手感舒服，笔锋有力。铱金笔的弹性和耐腐蚀性次于金笔，书写流畅圆滑、手感舒服。

选择钢笔的标准除了外形美观、笔尖的粗细符合自己的习惯之外，主要是检查笔尖是否圆滑。可在纸上试写阿拉伯数字“8”，若笔尖不涩纸，阻力小，书写流畅，就是圆滑。

使用钢笔时应保持其良好的性能，延长使用寿命，要注意以下几点：

新买来的钢笔要先用温水刷洗一下，以去掉笔尖上的油脂。并且平时要经常吸挤温水，以清洗笔胆、笔舌和笔尖，防止墨水沉淀造成堵塞。

要用笔尖的正面书写，不要用反面或侧面写。用笔尖的反面和侧面写字，部件出水不畅，笔迹纤细，而且容易刮纸，还容易损坏笔尖。

平时书写用力要适当，不可过分重按使笔尖失去弹性而变形。还要注意避免在粗糙的硬物上书写，以免损坏笔尖。

墨水要纯，要固定颜色和牌号，以免不同颜色和牌号墨水混用产生沉淀，使出水不畅。如果要换颜色或牌号，那么首先一定要用温水把笔清洗干净。

停写不用时要马上套上笔帽。笔尖长时间暴露在空气中容易引起出水不畅，而且笔杆是圆柱形的，不套笔帽放在桌上容易滚落从而损坏笔尖。钢笔长期不用，要清洗后甩干水，存放于阴凉干燥处。

② 圆珠笔(中性笔)

圆珠笔的笔尖处有一颗微小的金属圆珠，书写时油墨从圆珠边上渗出而留下墨迹。使用圆珠笔时，切勿把笔尖随意拔出或把笔尖的圆珠弄掉。

圆珠笔有自蓄墨水、书写流畅的优点，又兼有钢笔携带方便的长处，既可用于一般的书写，又可用于复写纸的复写，而且价格十分便宜，因此日常书写使用较为广泛，但其不足是没有弹性。

③ 铅　笔

铅笔是靠笔芯的石墨在纸上摩擦而留下墨迹的，其最大的优点是写出的字可以用橡皮擦掉。所以画家、绘图工作者和初学写字的儿童使用较多。因为铅笔字能够涂改，所以不能用铅笔书写重要的材料或文件。

(2) 墨　水

常用的钢笔墨水有红、纯蓝、蓝黑和黑等几种颜色。

红墨水鲜艳醒目，一般用来批阅文件、批改作业或标注重点，不适宜写信，更不适宜钢笔书法的使用。

纯蓝墨水虽然不显眼，但颜色似乎嫌淡且易褪色，也不宜于练字。蓝黑墨水，因成分原因，接触空气后即由蓝变黑，颜色比较深沉庄重，最适宜于写钢笔字。

黑墨水中最醒目的是碳素墨水，很有光泽，写在白纸上，黑白分明，反差大，效果极好。它可以使好的字更添神采，差的字弊病显露，便于从中找出不足。钢笔书法用碳素黑墨水更是锦上添花。

使用墨水要注意保持清洁。墨水瓶要盖好盖儿，防止灰尘进入影响书写。

绝对不能用墨汁代替墨水使用。因为墨汁中含有胶质，如被吸入钢笔笔胆，很快会使笔尖的出水槽堵塞，从而无法书写。

(3) 纸

钢笔书法用纸一般以不洇不滑、略有涩感的为好。太薄、质地较松的纸容易划破，还会出现洇化现象；纸张太厚、太光滑，书写时笔尖易打滑，不便表现笔锋。因此，书写钢笔字一般以 70 克或 80 克书写纸、绘图纸、复印纸等为佳，可根据自己的条件选择使用。

铜板纸一类的光滑的纸张适宜圆珠笔书写。

3. 执笔方法与写字姿势

初学写字的人，必须掌握正确的执笔运腕的方法，养成用正确的姿势书写的良好习惯。

(1) 正确的执笔方法

硬笔执笔同样要求“指实掌虚”、“浅而坚”，硬笔书写正确的执笔方法如图 3.2 所示。大拇指、食指分别从左侧与右上按住笔杆，中指从下面将笔杆向上托起，无名指垫在中指下，小指又垫在无名指下，小指直接贴在桌面上，与无名指一起，起着支撑和协调各指运动的作用。虎口张开，笔杆上部斜搭在虎口上。执笔的高低、笔杆与纸面的夹角，则可随字的大小适当调整：字小，执低些，笔杆与纸面的夹角大些；字大，执高些，笔杆与纸面的夹角小些。一般以中指前端距笔尖一寸为宜，笔杆与纸面之夹角在 45°～75°之间比较合适。

(2) 写钢笔字的正确姿势

书写姿势分为坐式和立式两种，写钢笔字一般用坐式，应注意以下几个配合：

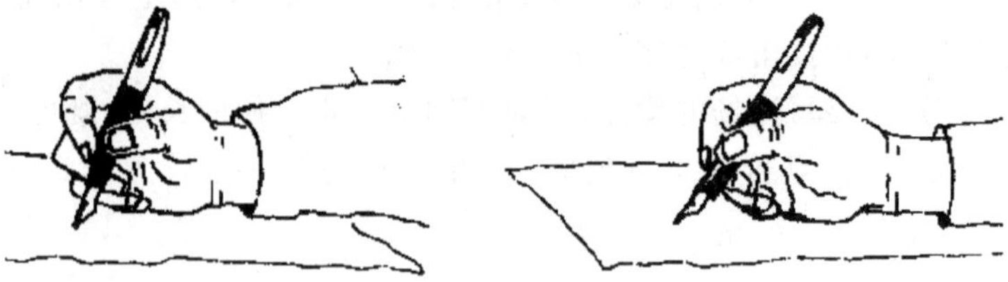

图 3.2　执笔方法

① 位置与光线的配合，以光线从左侧入为最佳。

② 身体与桌椅的配合。桌椅的高低一定要适合身体的高矮，一般要求坐下时，能够脚踏实地，桌面齐胸。

③ 身体各部分的配合。要领是：头正、身直、胸舒、臂张、足安。

总之，坐式写字切忌头偏、身歪、胸贴桌沿、驼背拱腰、手脚不平衡、两脚后缩或一前一后等毛病。

4. 常用汉字的笔画、结构、书写笔顺和笔势

(1) 汉字的笔画

汉字是由笔画组成的，笔画是构成汉字的最小单位。每写一个汉字，除一、乙两字外，笔头在纸上要起落若干次。每一次起笔到落笔所写的点和线，无论长短和曲直，统称一画或一笔。汉字共有 28 种笔画，其名称是按照运笔过程和基本形态命名的，如表 3.2 所列。

表 3.2　汉字笔画名称表

笔　画	名　称	例　字	笔　画	名　称	例　字
一	横	十	㇙	竖　提	民
丨	竖	中	㇖	横　钩	农
丿	撇	八	㇕	横　折	口
㇏	捺	人	㇆	横折钩	月
㇀	提	虫	㇇	横　撇	水
丶	点	六	㇜	撇　折	去
亅	竖　钩	小	㇛	撇　点	好
㇁	弯　钩	子	㇈	横折弯钩	九
㇂	斜　钩	我	㇗	竖　折	山
㇃	卧　钩	心	㇉	竖折折钩	马
㇄	竖　钩	四	㇋	横折折撇	建
㇟	竖弯钩	儿	㇌	横撇弯钩	那
㇊	横折提	话	㇡	横折折折钩	奶
㇍	横折弯	船	㇞	竖折撇	专

(2) 汉字笔画的组合关系

汉字笔画的组合有相离、相连、相交三种。如撇和捺，相离则构成“八”，相接则构成“人、入”两个字。辨认和书写汉字时，必须注意区分笔画的组合关系。如田、由、甲、申，四个字都是五画，由两横、两竖一折构成，字形差别仅在于中间竖笔与上下笔画的组合关系不同。再如己、已、巳三个字更加相似，对竖弯钩与其他笔画组合关系细加分析才能辨别。

汉字中，利用相离组合关系构成的字有二、三、八、川、小、心等；利用相交组合关系构成的字有十、丈、力、七、九等。相接组合关系分为两种情况：一种是一个笔画的笔首或笔尾与另一个笔画的身段相接，如人、入、刀、丁、上、正、乍、巳、卫、久等；另一种是一个笔画的笔首或笔尾与另一个笔画的笔首或笔尾相接，如厂、了、几、己、口、弓等。大量汉字的笔画间并非只有一种组合关系，而是包含两种类型或三种组合关系。

(3) 汉字的结构

汉字的结构是指汉字构成成分组合的方式。汉字分独体字和合体字两类。独体字是由基本笔画搭配而成，其本身往往就是偏旁部首。分析独体字结构的组合方式要看笔画的具体笔形(包括长短、走向)的数目、位置及其相互间的组合关系。

合体字是由偏旁部首和一个或几个结构单位组合起来的字，其中偏旁部首本身也是一个结构单位。按其结构单位的多少及所在位置的不同，合体字大致可分为上下结构、上中下结构、左右结构、左中右结构以及包围和品字结构等六种。分析合体字的结构，就要根据这六种结构形式，每个字各个结构单位之间要按比例进行组织，如笔画多些就占地大，笔画少些就占地小，笔画相近就占地均衡。

(4) 汉字的笔顺

汉字笔画的书写顺序叫做笔顺，它是人们长期书写实践的归纳和总结。正确的笔顺合乎人的生理特点和思维习惯，写起来顺手贯气，利于点画之间的呼应联络，使书写规范、美观，并能提高书写的速度。一般的笔顺规则归纳为七条，如表 3.3 所列。

表 3.3　一般的笔顺规则

规　则	例　字	笔　顺	类　推
先上后下	三	二　三	主昌崇
先左后右	休	亻　木	决好顺
先横后竖	十	一　十	干丰井
先撇后捺	八	丿　人	八大夫
先外后内	风	几　风	问句起
先里头后封口	日	冂　日	因回国
先中间后两边	小	亅　小	水业承

此外还有几条补充规则：

① 点在左上先写点。例如为、斗、问。

② 点在右上或里头后写点。例如成、我、叉、丹。

③ 上右和上左或左上右包围结构先外后内。例如习、厅、房、同、周、间。

④ 左下或左下右包围结构先内后外。例如远、建、画、幽、凶。

⑤ 上左下包围结构先上后里再左下。例如区、医、匪。

在行书中，有时为了快写而改变了楷书的笔顺。主要体现在横和竖（撇）的关系上，楷书中要求先横后竖（撇），而行书有时却要先竖（撇）后横。例如：有、手、成等。

(5) 汉字书写的笔势往来

所谓笔势往来是指先后书写的笔画之间所存在的呼应关系。汉字的笔画之间应有上承下接、相互呼应的关系，否则就容易结构松散。比如“大”字的一横、一撇、一捺，三笔看似是分开写的，其实在第一笔横画的收笔与第二笔撇画的起笔之间，以及第二笔撇画的收笔与第三笔捺画的起笔之间，都有一种气势上的连贯。再比如行书“海”字，笔画与笔画之间有明显的呼应承接关系甚至“牵丝”的存在。

笔势往来在纸上留下的微细线条，称为“牵丝”。牵丝在楷书里是虚的，看不见；在行书里则是有虚有实，虚实参见。但即使是“实连”，也应当有“牵丝”的特点，就是要比笔画稍轻，不可与笔画相混同。

5. 硬笔书法的学习方法

唐代的大书法家、书法理论家孙过庭在他的不朽之作《书谱》中把学书过程分为了三个阶段：“初学分布，但求平正；既知平正，务追险绝；既能险绝，复归平正。”古往今来的书法实践证明，这的确是一条真理，是常说的“先走进去再走出来”，由生到熟再到生的过程，是一切书法爱好者达到成功境地的必经之路。师范生练习硬笔书法主要是为了教学，应注意以下几点：

(1) 了解汉字的形成与发展历史，掌握汉字的结构和组合规律

从结构练起，是学习硬笔书法的正确途径。所谓字的结构包括：字的笔画、偏旁、部首、字的字形结构、字的构成结构以及字的笔顺规则。

(2) 临摹是最好的方法

学习书法必须从临摹开始，临摹是学习书法的必由之路，这是古今经验之谈。临与摹不是同一概念，是有区别的。摹是指用薄纸蒙在帖上写；临是指把帖放在一旁，通常在左侧或斜置前方，边看边写。古人说：“临书易进，摹书易忘，经意与不经意也。”这里所说的“经意”就是用心。摹帖往往于照葫芦画瓢，不怎么“经意”，就能把架子演出来，这对于初学者来说，以之练练手和笔也是需要的，但不是学书的根本方法，最好的办法是临。

(3) 多练是写好字的关键

具体地说，一要持之以恒天天写，每天写几十分钟甚至一两小时。这样不断地坚持下去，必有成效。二要少而精，每天反复写几个字，集中兵力打歼灭战。这样印象深，学得会，容易掌握，贪多反而不易消化。三要循序渐进，由简单到复杂，从慢到快，稳步前进，欲速则不达，功到自然成。

要写好字，关键还在于平日的练习，要在平日的练写实践中去体会揣摩，同时也可多读帖、临帖，多吸取前人的经验。对选用练字用格上，要适合碑帖特点和自己的习惯，一般习字格有：田字格、九宫格、回宫格、米字格、台字格和金字架格。现行的则多为“多功能田字格”（如图 3.3所示），由于它能变换成田字格、米字格、金字架格等各种常用的字格，从而能迅速、准确地找准比例，帮助练字者合理布局。

3.2.3 汉字的起源和发展

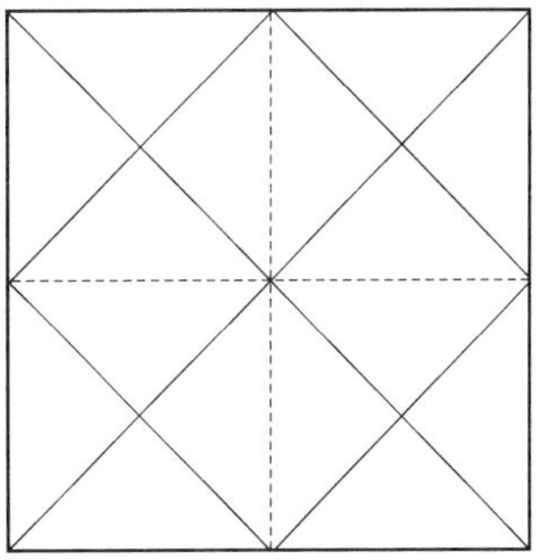

图 3.3　多功能田字格

汉字遵循着自己的发展规律，至今已经过六千多年的历程。关于汉字的起源，曾经有过各种各样的传说，如《易·系辞上》中有"河出图，洛出书"的记载。流传最广的传说要数仓颉造字说，这种传说源于战国，流行于汉代。在《河图玉版》中有"仓颉为帝，南巡猎，发阳虚之山，临于无扈洛汭之水，灵龟负书，丹甲青文，以授之"的记载。人们只能把这种神话传说看作是先民们对文字的产生所作出的一种虚幻解释。

文字是人民群众长期社会实践的产物，是人民群众智慧的结晶；文字是全社会的共同发明，人民群众是文字的真正创造者。语言是人类最重要的交际工具。人们利用它来进行交际、交流，以达到相互了解、共同协调、组织社会生产的目的。语言受到时间和空间的限制，不能长时间地保存信息、远距离地传递信息。以语言为传递信息的方式，远远不能满足人们生产和生活的需要。为了克服语言在时间和空间上的种种限制，文字作为一种记录语言的辅助工具，便应运而生。可以说，文字是社会发展到一定阶段的必然产物，是社会需要的必然产物。

文字是从图画发展来的，这已经为世人所公认。它由图画演变为图画文字，使图形和语言中的词结合起来，形成一个完整的书写符号体系，历时几千年。自甲骨文、金文、石鼓文、秦篆、隶书、草书、行书，以至于楷书，汉字字体日臻完善；其后，又沿着字体虽同、而风格不同的书体艺术风格、流派发展起来。虽然有些字体已不通行，但在艺术上，却仍有相当强的生命力，千姿百态，宝光璀璨，构成了一条上下三千年历史的长廊。这是中华民族珍贵的文化遗产。

1. 先秦时期的书法

(1) 殷商时期的甲骨文

甲骨文是商代的文字，又称卜文、贞卜文、卜辞。现在能够见到的成批的资料，是商代的甲骨文。是用铜刀刻在龟甲兽骨上，个别是用笔写的。甲骨文所记录的内容，大都是商代王室占卜祭祀等活动的文字，也有一些是贵族的记事。

最早发现的甲骨文是在殷商的废墟（今河南安阳小屯村）中，所以又叫殷文、殷墟文字、殷墟书契。从 1899 年甲骨文被发现以来，陆续发掘、收集了十五、六万片甲骨，整理出 4 672 个单字。经过专家们的考证，已认出 1 000 多字，尚未释出的 3 000 多字基本是人名、地名和族名的专用字。

甲骨文使用的工具是刀，承载体是龟甲兽骨。由于刀有锐钝之分，骨有疏硬之别，所以刻写出来的线条就有粗有细，锋芒较明显。刻写时运刀不便，刻写出来的线条多为直线，曲线之处也只好弯中有折、棱角清楚；在线条交叉处，多有削落粗重的痕迹。这些都显出甲骨文瘦硬刚劲的独特风格。

从整体而言，甲骨文的字形大小参差不齐，大的一寸见方，小的如米粒一般；字形有繁有简，有正有反，异体字多，富于变化。结构趋于对称均衡之势。章法上有左行右行，纵写成行，横写有列与无列并存；行款错落有致，严整端庄，又因骨片大小形状各异，显出古朴浪漫的情致。殷商甲骨如图 3.4 所示。

(2) 西周时期的金文

金文是刻或铸在钟、鼎、货币、兵器等青铜器皿上的铭文，又叫钟鼎文、青铜文、吉金文字。因为铭文有凹凸之别，一般把凹下去的阴文称作“款”，把凸出来的阳文称为“识”，所以金文又叫“钟鼎款识”。

金文起于殷商，盛于周代。商代的青铜器出土不多，铭文字数也较少，有的仅几个字，最多也不超过50字。大量出土的是西周的青铜器。这个时期的青铜器字数多，铭文长，其文字内容主要是记载分封、赏赐、征伐、祭祀等活动。

从字体上看，金文跟甲骨文很相近，是甲骨文的直接继承者。金文是先用毛笔写在毛坯上，然后进行刻铸的。其笔画有粗有细，有方有圆，有的锋芒外露，有的含蓄圆润。比起甲骨文来，笔法就显得丰富多变一些。

西周初期的金文字形有甲骨文的象形因素，笔画首尾尖细，有重按的肥笔；字形大小长短宽窄不一，行款不很严格，大多行列不整齐。这时期的铭文具有代表性的首推清道光年间在岐山出土的《大盂鼎铭》，如图3.5所示。

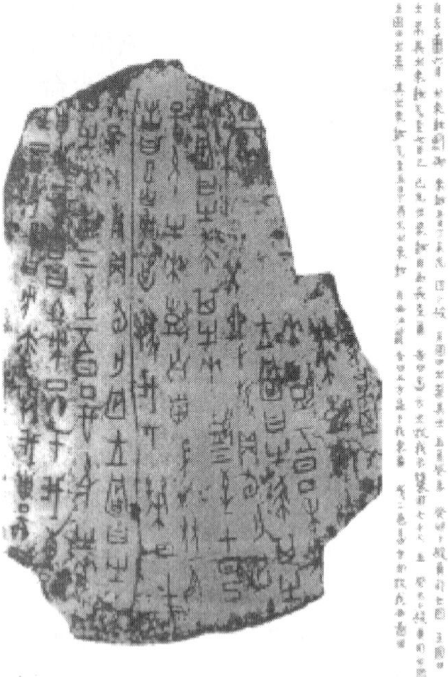

图3.4　殷商甲骨

图3.5　周《大盂鼎铭》

在西周的中后期，金文用笔圆浑、流畅，结构紧凑、趋于平正，行列基本整齐。西周晚期的金文，基本上是用粗细匀净的线条代替了方形圆形的肥笔，字形大小整齐匀称。结构有的端庄质朴，有的奇逸飞动，风格有的整饬秀润，有的雄浑豪放。著名的作品有《散氏盘铭》(如图3.6所示)、《毛公鼎》等。

(3) 春秋战国时期秦国的石鼓文

《石鼓文》是春秋战国时期秦国的文字。它是刻在十块大小不等、高度和直径约二尺的圆形石头上的文字。石鼓文主要记载了秦国君王狩猎游乐的事情，以四言诗的韵文形式刻于石鼓上。从现有的资料看，它是我国最早的刻石，可以称作“石刻之祖”。

石鼓文处于承前启后的时期，集成秦国书风，为小篆先声。其书法字体多取长方形，体势整肃，端庄凝重，笔力稳健，充满古朴雄浑之美，如图 3.7 所示。

图 3.6　《散氏盘铭》

图 3.7　《石鼓文》

石鼓文的发现，无论其文字、诗歌，还是书法，都受到历代学者的推崇。唐代大书法家张怀瓘在《书断》中评论说：“体象卓然，殊今异古。落落珠玉，飘飘缨组。仓颉之嗣，小篆之祖。以名称书，遗迹石鼓。”

2. 秦代书法

春秋战国时期，各国文字存在着很大差异性，直接影响了汉字的发展和政令的通行下达。秦始皇统一六国后，为了巩固其统治，在文字方面进行了改革。

(1) 秦代的标准字体——篆书，也称小篆

秦统一初期，著名书法家李斯在金文和石鼓文的基础上，整理出秦代的通用标准字体——小篆，如图 3.8 所示。小篆是汉民族第一次统一的汉字字体，主要用于官府发布命令和正式文件，也常用来刻碑记事。当时，以小篆作为学童的识字课本颁发全国，推广应用。这种字体是用圆转而匀称的粗细相同的线条进行组合的，不论线条多少，都必须组织在一个略带椭圆的长方形内，结构统一定型。

李斯为小篆的规范化作出了很大的贡献，他的书法水平很高。张怀瓘在《书断》中评价李斯小篆说："画如铁石，字若飞动"，《唐人书评》说："斯书骨气丰匀，方圆妙绝"。

(2) 秦代的应用字体——秦隶

在后来的使用中，由于小篆书写不便，篆法苛刻，为了达到书写方便出现了隶书。秦朝时的隶书，是将小篆的曲线条变为直线条、圆转笔画变为方折笔画、纵势字形变为横势字形，被称之为秦隶或古隶。秦隶是秦代小篆的草写体，是流行于民间和一般的书吏们中间的手写体、快写体。秦隶是一种半篆半隶的书体，它是由篆书变为隶书的一种过渡字体，所以兼融篆隶之美。

图 3.8 秦 小篆

3. 汉代书法

在书法史上，汉代是一个极为重要的时代，那时汉字形体达到了定型。汉隶定型的过程称为"隶变"，是字体上的一次飞跃，是汉字发展史上的巨大变革。

隶书在秦朝之后继续发展，逐渐成熟，由西汉至东汉，日臻完美，在东汉登峰造极。我们一般讲的隶书，指的就是东汉时期成熟了的典型的隶书字。隶书的用笔特点是，横平竖直，起笔、收笔与转折处方圆并用，笔画有轻重提顿变化，主笔横画相接画收笔处重顿后向右上挑成，形成了隶书"蚕头燕尾"这一典型的笔画形态。隶书的字形趋扁，一反篆书的纵向舒展，变为纵向收敛、横向舒展。结构或正或欹，既平正又生动。

隶书的出现是文字史上的一次大变革。隶书改圆匀的曲线条为平直的直线笔画，改线条勾勒为笔画组合，脱离象形性质，变为纯粹符号。钱泳在《书学》中说得更为具体形象："隶书生于篆书，而实是篆之不肖子。何也？篆书一画、一钩、一点皆有义理，所谓指事、象形、谐声、会意、转注、假借是也，故谓六书。隶既变圆为方，改弦易辙，全讳父法，是六书之道由隶而绝。"隶书完全没有了篆书中尚存的象形性和图画意味，笔画和字形符号化了。史书上习惯把隶以前的文字称为古文字，把隶以后的文字称作今文字。隶书是古今文字的分水岭。同时，隶书奠定了楷书的基础，是汉字史上的一块伟大的里程碑。

汉代隶书佳作如林，文字流派纷呈，风格各异，千姿百态，各有千秋。按其笔画形式，可以分为以下几种：

(1) 方圆并用，笔势曲直作品为数最多，如《礼器碑》。笔画瘦劲而轻重变化，有弹性、有韵律，流丽而持重，属瘦筋书，结构疏中见密，斜中见正，气韵俊逸。《礼器碑》如图 3.9 所示。

(2) 取圆笔曲势的作品，如《石门颂》。摩崖石刻用笔有如锥画沙之劲挺含蓄，奔放不拘，没有一笔作死硬的直笔，结构形宽而气紧，映照抱合，劲挺有姿；有纵合而行列不拘，纵横自如。《石门颂》如图 3.10 所示。

图 3.9　《礼器碑》

图 3.10　《石门颂》

(3) 取方笔直势的作品，如《张迁碑》。笔画坚实，笔画间距紧凑而不局促；结体取横势，纯用方笔，四周平满，规矩朴茂，已具魏代楷书意味。《张迁碑》如图 3.11 所示。

在汉代，由于有了隶书的快写与简化的趋势，先后出现了草书、楷书、行书等各种书体。从《居延汉简》及大量简牍的书法看，章草在西汉已成熟，而今草也从隶书草化中孕育而出，至于成熟当在章草之后。行书和楷书也在隶书的简化中萌芽，并且与章草、今草的出现相互影响。

总的来说，汉字的演变历史可分为古文字和今文字两个时代。古文字时代包括甲骨文、大篆和小篆，从古文字向今文字过渡的分水岭是秦代隶书。今文字时代包括隶书和楷书以及经过简化了的现代汉字。图 3.12 所示为汉字的演变示例。

4. 魏晋南北朝时期的书法

自曹魏立国至隋代统一，历时近四百年，这是个战乱频繁、动荡不安的时代。但在书法方面，却出现了意料之外的发展。由隶书衍生出来的楷、行、草书，通过钟繇、王羲之等众多书法家的努力实践，臻于成熟，并推向艺术的高峰，成为垂范后世的典型，形成我国书法史上的高潮。从此，书法艺术大大增强了创作的自觉性，成为最能体现民族特色的艺术形式。

这个时期是我国书体演变乃至整个书法发展的转变期。从此，篆、隶退到次要地位，富于变化的楷、行、草书成为主要字体。

钟繇的楷书真迹已不可见，传世的墨迹及刻本都为后世所临摹，但基本保存了其楷书的风貌。后人对他的楷书评价甚高，梁武帝《古今书人优劣评》云："繇书如云鹄游天，群鸿戏海，行间茂密，实亦难过。"西晋书法虽不如魏时繁盛，但秉承汉魏流风，擅长书法的人亦多，特别是在行、草方面成就较高，为王羲之的行、草书奠定了基础。

图 3.11 《张迁碑》

图 3.12 汉字演变示例

5. 隋唐五代时期的书法

隋唐五代历时将近四百年，我国书法又得到进一步的发展，形成书法史上的第二次高潮。特别由魏晋时期臻于成熟的楷、行、草书，经过唐人的开拓创新，达到了新的艺术高峰。

隋朝开始科举制度，书法成为学馆的日课。隋朝虽历时短暂，但在书法上，融合南北书风，为唐代书法的全面繁荣奠定了基础，具有承上启下的作用。

唐代是历史上国家强盛、经济文化繁荣的时代，书法也得到高度重视，专门设培养书法人才的“书学”，把书法作为选举人才的重要条件，这一时期书法走向成熟，到了鼎盛阶段。唐代书法大致可以分为初、中、晚三个时期。初唐追慕晋韵，书贵瘦硬，“初唐四家”欧、虞、褚、薛，各有特色，皆具有大家风范。欧阳询等极重法度，把楷书的法度推到了极顶的地步。中期是唐代书法发展的高峰，篆、隶、楷、行、草诸体得到全面发展，名手云涌，大家迭出。其中以颜真卿最为杰出，开创书法史上又一大流派，与“二王”并行后世，影响深远。晚期柳公权矫正中唐肥厚之弊，转尚清劲书风。柳公权以楷书见长，融古今诸家笔法，自出新意，使楷书成为理想的书法范本。同时，王羲之的行书得以推崇，张旭、怀素等的草书也得到了人们的赞赏，一直影响至今。

6. 宋元时期的书法

宋代在政治上是个软弱的时代，已经失去了汉唐那种宏大强盛的气势，但在文化艺术领域，却是一个全面发展的时代，其成就足以和汉唐并驾齐驱。

在书法方面，宋代未出现多如晋唐的大家，总的成就不如晋唐。但宋代不仅拥有足以与晋唐名家相抗衡的苏、黄、米、蔡“宋四家”，而且上承晋唐，开创“尚意”一派书风，使书法艺术进入了意法交融的新境界，在书法史上起着承上启下的作用。

元代书法虽有发展但缺少创新，没有自己的时代风格。这个时期影响最大的书法家是赵孟頫，与欧、颜、柳并称“楷书四家”。

7. 明清时期的书法

明清两代历时共五百余年。书法高峰已过，书家们或在续承传统中求发展，或于变革传统中求创新，有探索、有创造、有成功、有失败，在“尚态”的共同特征下，明清书坛呈现一派百花竞艳的繁荣景象。明清书坛有以下几个特点：

(1) 帖学、碑学兴替消长，帖学盛极而定，碑学兴起；

(2) 篆、隶的复兴与行、草的新发展；

(3) 书家众多，流派纷呈，风格繁杂各异，未能形成作为时代特征的主流风格；

(4) 书法与诗、文、画、印的进一步结合，使书法作品成为表现民族文化特征的、完备的艺术形式。其中，帖学与碑学的相互消长尤为明清书坛的重要内容。

3.2.4　钢笔行书

行书是介于楷书与草书之间的一种书体。它既有楷书的体势，又有草书的笔意。行书同时具有楷书的工整、规范、易认和草书的用笔流畅、书写便捷的优点，因而成为人们学习和工作中最实用的书体。在教师的日常生活和工作中比如备课、板书、批改作业等方面可派上用场。故本书从实用出发，重点介绍钢笔行书。

1. 行书概述

行书是楷书、草书出现之后派生出来的书体分支，它伴随着楷书、草书的发展而发展。行书又称“行押书”，据传为东汉末刘德升所创，三国魏初的钟繇和胡昭二人的行书都是师法刘德升。行书从一出现，就表现了旺盛的生命力，涌现出了王羲之、颜真卿、米芾等一大批书法家，并留下了大量宝贵的书法艺术作品。王羲之和颜真卿作品分别如图 3.13 和图 3.14 所示。

王羲之在楷书和草书方面都有非凡的成就，但对后世影响最为深远、奠定他“书圣”地位的是他的行书。王羲之的行书行笔轻重徐疾，不激不厉。用笔准确细腻，若断还连、结字似奇反正，倍短合度，正所谓“增之一分则嫌长，减之一分则嫌短”。这种妍美流便的风貌完全符合魏晋人在形式上追求完美的要求，也是潇洒超迈的魏晋风度的典型反映。王羲之的行书在后世备受推崇，尤其到了唐代，因皇帝嗜王书，其地位高到了无以复加的地步。唐太宗曾亲自为《晋书》撰写了《王羲之传》。

与草书比较，行书虽也有牵丝映带，但不像草书那样连绵，几个字笔势牵连不断。从字型上来看，草书字是一种特殊的符号系统，偏旁可以相互假借，不同的偏旁有的写法没有区别。

大多数草书字与楷书字相去甚远。而行书字形以楷书为依据，在流动变化中依然可以看到楷书的影子。与楷书比较，行书虽然也比较好认，但笔画有减省，有牵连，有替代，也不像楷书那样平直，它比楷书要流畅活泼。所以唐人张怀瓘讲行书"非草非真，离方遁圆，在乎季孟"。但是应该纠正一个错误观念，即认为只要把楷书写快一些，把字写潦草一些就是行书了。其实，行书有其自身的规律，写行书必须讲究法度。

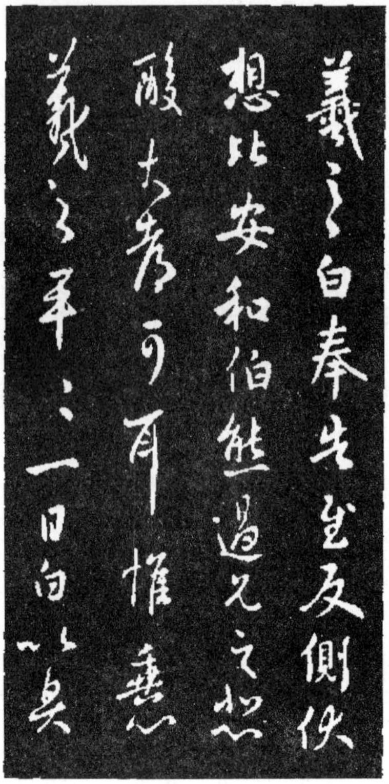

图 3.13　东晋　王羲之　奉告帖

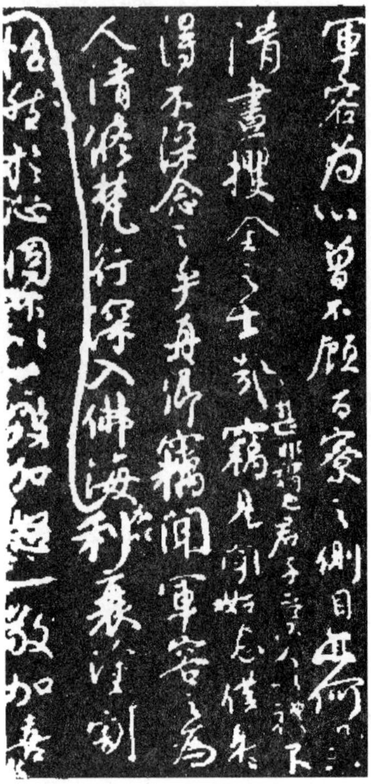

图 3.14　唐　颜真卿　争座位帖(局部)

行书可分为两种：写得比较规整，楷法多于草法，字势近于楷书的叫"行楷"，如王羲之的《兰亭序》，苏东坡的《赤壁赋》；反之写得比较放纵，草法多于楷法，字势近于草书的叫"行草"，如颜真卿的《祭侄稿》。

2. 行书的特征

同楷书相比，行书在笔画形态、用笔方法、部首写法及结构上都有其自身特点。这些特点主要是由于行书较之楷书行笔速度加快表现出来的，学习行书就要抓住"行"这个特点，行笔如行云流水，流畅而不刻板。总的来说，行书的特征主要有以几个方面：

(1) 减省点画

为了书写简便，行书对楷书的某些部位作了简化，或减省点画，或并合线条。

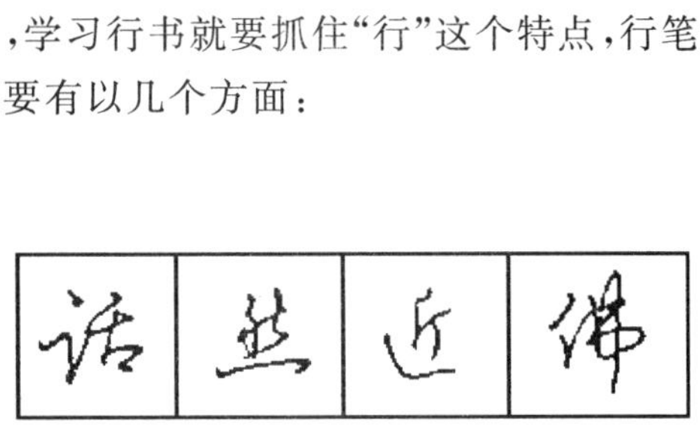

减省点画，在字的部首偏旁方面用得最多。如"话"字的"言"字旁，由原楷书繁写的七画简化

为两画；“然”字的四点水，由四点变为一横，省去了三画；“近”字的游水，由一点三弯折一平捺，简化为一竖折，也省掉若干弯曲波捺；“佛”字右半边原是弯形的“弓”字，现用横折弯勾代替，一下子省去了两弯。

(2) 笔势流动

行书笔势的流动提高了书写速度，主要体现在增加勾挑与牵丝和改变书写笔顺。

① 增加勾挑与牵丝。写楷书是一笔一画地写，要求点画分明，写行书则可点画连起来，在点画之间增加勾挑与牵丝。

勾挑是在没有勾挑的点画上，顺序写出短勾，如“古”字的横画，“好”字的撇画；牵丝是在前后不相连的点画之间顺势用细细的牵丝相连，如“丝”中间的点画，“心”字的中右两点。

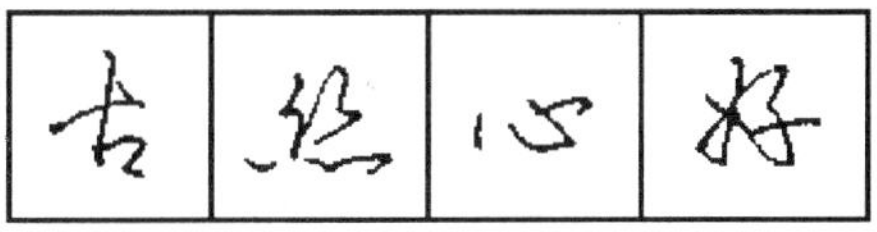

行书的点画间有了勾挑与牵丝，便显得笔势流动，意态活泼，但勾挑与牵丝要适当、适量，才显得用笔干净，造型美观。

② 改变书写笔顺。行书的笔顺大部分遵循楷书的笔顺规则，但为了连写方便，有些就改变了常规的笔画顺序，一般是借用草书的笔顺。

如“秋有戎半”四字，每组中前为楷书笔顺，后为草书笔顺。在写行书时，改变书写笔顺一定要因地制宜，因势利导，而且合乎草书的规范。

(3) 用笔灵活

行书用笔比楷书灵活，同样的点画有时可以这样写，有时也可以那样写，不太受约束。

如“戈”字横画写好后，既可以直接从右侧翻笔上去写戈勾，也可以从右侧上去绕个小圈再写戈勾；“也”字的浮鹅勾，由上翻笔向下也行，由下直接写下也行；“木”字旁的“木”，一般是写好横竖画后，笔势从左边写撇挑，但如果从右边翻笔写撇挑也有道理；至于提手旁的一挑，如果依照楷书写法，由上回锋写一挑固然好，用牵丝把竖勾与斜挑连起来写则更佳。

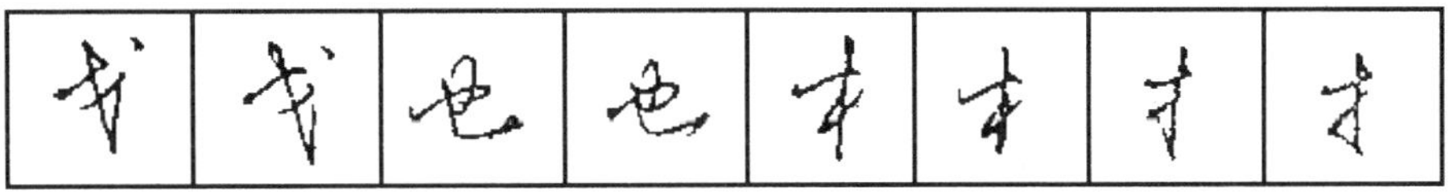

(4) 体态多变

行书是介乎楷书与草书之间的一种字体，其活动范围广，表现力丰富，往往一个字有几种写法，体态多变，丰富多姿。

如“是”字的四个字尾，“花”字的四个字头，写得有收有放，有工整有写意，同中有异，多样而统一，饶有趣味。

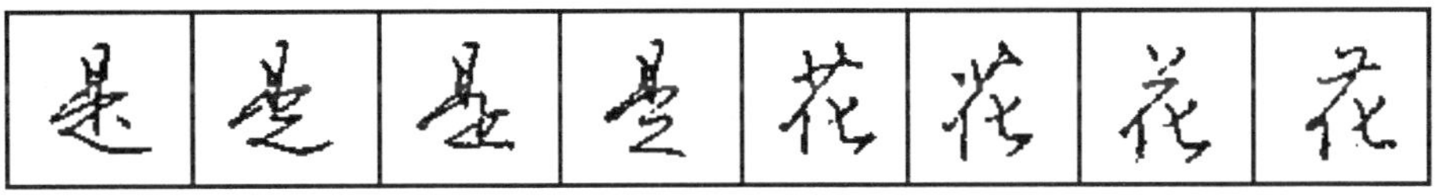

体态多变是行书的长处，也是行书结体的基本要求，若在同一幅作品里将相同的笔画或字写得一模一样，乃犯大忌。被誉为"天下第一行书"的王羲之《兰亭序》，全文 324 字，其中"之"字近 20 个，但变化自然，无一雷同。

值得注意的是在把握行书体态多变的这一特点时，须注意适度，不能盲目地追求"多变"。因为字的体态变化，除了在于体现单个字的变化之美外，还在于字与字的意连关系，要使它能为整幅作品的"章法美"服务。让人感到其形体变化是"势"之所致，是"篇"之所需，是自然和谐的。

3. 钢笔行书的用笔

用笔，确切一点说就是用锋，是完成字的点画时笔锋起止行走的规律。钢笔行书的用笔与毛笔行书的用笔相同，只是书写更加便捷，其特点是：起笔如楷，运笔如草，点画应接，笔断气连，主笔沉着，连笔轻细。

（1）落笔、行笔、收笔

钢笔行书的每一笔点画，在书写中都有落笔、行笔、收笔三个过程。所谓落笔，就是开始书写点画时的起笔；所谓行笔，就是书写点画的中间运笔；所谓收笔，就是书写点画结束时的用笔。

如横画，左为落笔，中为行笔，右为收笔。如竖画，上为落笔，中为行笔，下为收笔。如撇和捺，头为落笔，中为行笔，尾为收笔。落笔有轻有重，行笔有快有慢，收笔有回有露。

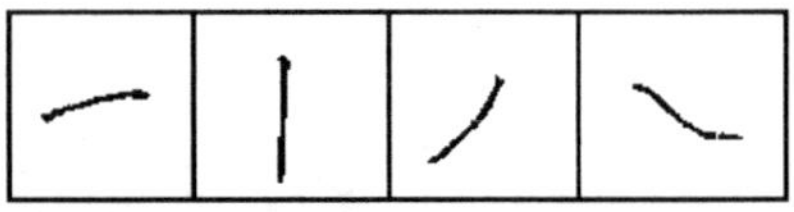

（2）提笔、按笔

按笔和提笔是书写硬笔字最基本的用笔方法。钢笔行书的用笔也讲究提按，如无提按，点画就没有粗细变化和轻重的节奏。所谓提笔，就是笔从纸面提起；所谓按笔，就是笔在纸上按下。提笔要轻，笔迹要细；按笔要重，笔迹要粗。

如"长"字的短撇和"领"字的斜撇，右上粗，左下细，都是先按后提；如"拉"字的平挑和"钢"字的斜挑，左下粗，右上细，也是先按后提。提笔与按笔，在用笔上总是结合着使用的。主要笔画为实笔，实笔为按笔；牵丝为附笔，附笔为提笔。折笔需按，圆笔需提。

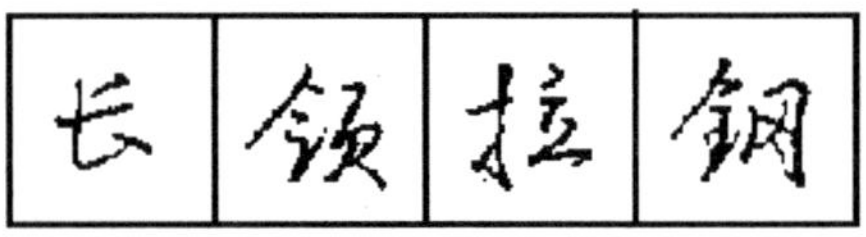

（3）翻笔、折笔

翻笔一般向上取逆势，如"古"字的启上横，"几"字的浮鹅勾，都是用翻笔写成；折笔一般向下或向右取顺势，如"口"字的横竖折，"山"字竖横折，都是用折笔写成。不论翻笔还是折笔，都要求用笔慢而有力。

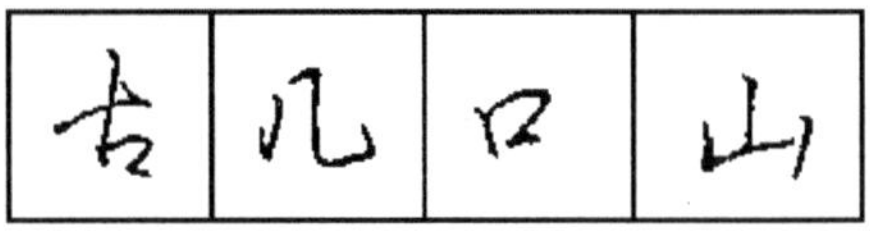

（4）掠笔、附钩

掠笔，也称牵丝或游丝，是点画之间的连写，书写时将笔轻提，一带而过。如"乎"字的平两

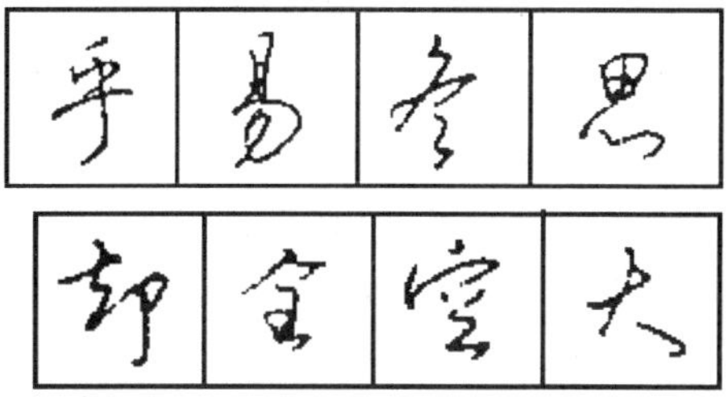

点，“易”字的两撇，“冬”字的下两点，“思”字的心字点。掠笔的作用是牵引笔画，加强笔画间外在的呼应关系。写出来的字意态活泼，带有动态。

附钩，看上去与钩画没什么区别，但附钩并不是钩，而是在书写时顺势带出的钩，意在增加笔画的力感，强调首尾呼应。附钩可以由下而上，如“却”字的竖钩；也可以由上而下，如“空”字的横钩。凡钩出处，必须先顿笔一下，然后提笔勾出。

(5) 回锋、露锋

钢笔的用笔不像毛笔那样要强调回锋，但有的点画如不回锋，也写不好，这时还要回锋。回锋一般是指在原笔迹上来回，如“之”字的平捺，“走”字的反捺的起笔部分。露锋是锋尖落笔或出锋收笔，使锋尖露出，锋尖落笔如“之”字的侧点，“井”字的上横；出锋收笔如“井”字的右竖，“天”字的撇捺。出锋是锋芒毕露，显得很有精神。露锋时落笔要轻，收笔要快。

4. 钢笔行书的笔画

汉字历史悠久，数量庞大。汉代《说文解字》收 9 543 字。清代《康熙字典》收 47 035 字。新出版的《新部首大字典》收字 51 000 多个。但是，汉字数量虽多，若将每个字加以分解，最基本的笔画不过八种，即：点、横、竖、撇、捺、钩、挑、折。

要学书法，就得掌握这八种笔画的写法。犹如学好汉语拼音的 26 个字母，就能拼出汉字的各个读音。学书法，就得掌握基本笔画的书写艺术，然后才可能较好地塑造出每个汉字的形体来，这是基本功。

(1) 点

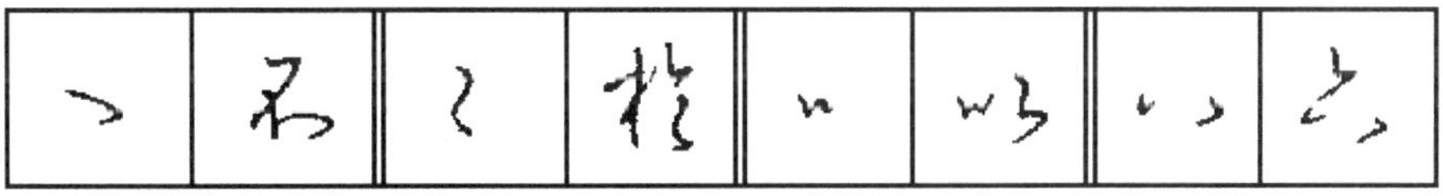

① 带勾点。是由点带出勾挑，目的是牵引下一字，如“不”字。写法是先顺势写长点，用笔要由轻而重，由左而右，勾时再用力顿一下，然后迅速向左下勾出。带钩点要有一定的弯势，不能生硬僵直；线条要遒劲流利，不能软弱迟疑。

② 带下点。是指上下两点一笔带下，如“於”字。写法是落笔写上点，用力顿一下，再提笔写下点，最后再用力顿一下，迅速勾出。上点略侧，下点稍平；上下点之间，用一细细的牵丝相连，使上下连贯、粗细分明，有形态、有动势。

③ 带右点。是由左点带出右点，如“以”字。写法是用笔轻落重按先写左点，然后提笔写右点，略顿一下用力向右上趯出，趯钩要短小。写带右点时左点要大右点要小，如两点差不多大，就缺少变化。

④ 合二点。是指左右两点相呼相应，如“六”字。写法是轻落重按写左点，然后用力向右上勾出，再顺着勾势写右点，最后用力向左下撇出。合二点虽然中间没有牵丝相连，但要一气

呵成；左点与右点之间应左高右低，遥相呼应。

（2）横

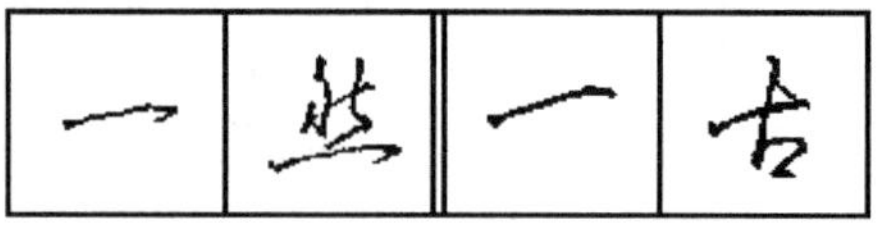

① 下勾横。是指横画下面带勾，如“然”字。“然”字下面本来是四点，现改写为一横画，是采用了草书写法。写法是落笔略顿，再向右写横，至末端用力折笔向左下勾出。

② 上挑横。是指横画上面带挑，如“古”字。写法是在写好一横后，再用力一顿翻笔上挑而出。上挑横与下勾横不同之处是末端收笔的方向不一样，前者上挑，后者下勾；上挑是为了顺势写上画，下勾是为了开启下笔。

（3）竖

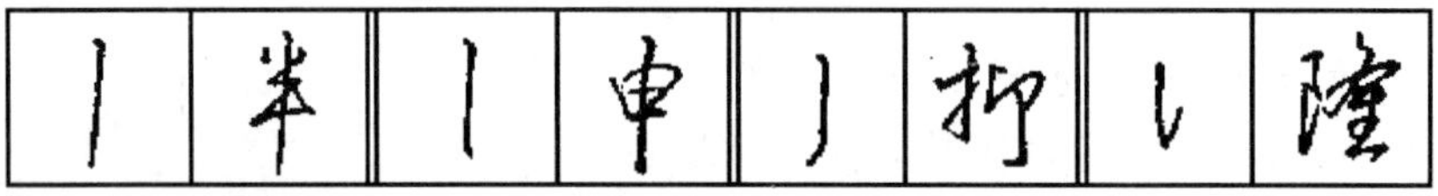

① 悬针竖。是指竖画下面尖尖的如针倒悬，如“半”字。写法是落笔略顿，接着由上而下、由重而轻写竖画。悬针竖要如针垂直端悬，不能东斜西倒。

② 垂露竖。是指竖画下面不尖如露水倒垂，如“申”字。写法是落笔略顿，接着由上而下写竖画，至末端再略顿一下，回锋收笔。垂露竖的两端用笔重而中间用笔轻，两端书写速度慢而中间书写速度快，竖中带挺呈曲势，如人挺立，显得精神饱满。

③ 曲勾竖。是指竖画下端带曲勾，如“抑”字。写法是写好一竖后，末端收笔时顺势向左下迅速勾出。曲勾竖的竖中略带曲势，并非一味地端直。

④ 仰勾竖。是指竖画下端带仰勾，如“隆”字。写法是落笔写竖画，至末端再用力向右上勾出。仰勾竖与曲勾竖的差别是前者仰勾向上、由左而右，后者曲勾向下、由右而左；前者是承上笔，后者是启下画。

（4）撇

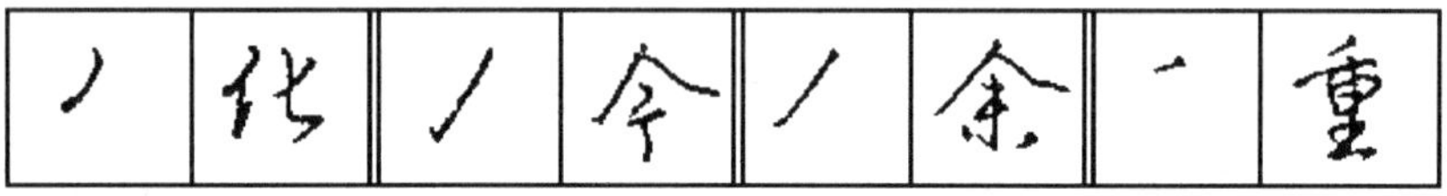

① 回锋撇。是指撇画下端回锋向上，如“化”字。写法是落笔稍重，随着向左下写撇，至撇尾再回锋向上收笔。因为撇尾回锋收笔，并非出锋收笔，所以撇尾不尖而圆。

② 挑脚撇。是指撇画下端挑脚向上，如“今”字。写法与回锋撇同，只是收笔时挑脚而出呈钩状。一般说，回锋撇往往是撇后写竖，笔势角度小，挑脚撇往往是撇后写捺，笔势角度大。

③ 斜撇。斜撇是楷书写法，撇端尖尖的，如“余”字。写法是落笔稍重，然后逐渐提笔向左下撇出，撇时要轻灵不要迟疑，而且力要送到撇尖。

④ 平撇。平撇在字头，短小而平，如“重”字。写法是落笔重，略顿，随后提笔迅速撇出。平撇的形态有点像鸟啄，短小尖锐。

（5）捺

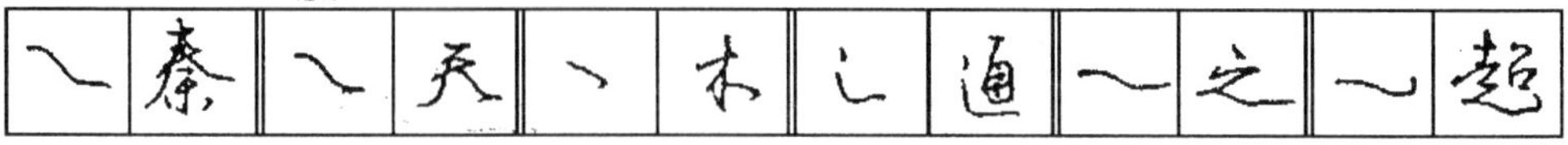

① 斜捺。是指捺画斜而长，如“秦”字。斜捺在汉字中往往与斜撇相配，如同人的左右手。写法是顺着撇势轻落笔，略横行，接着转笔向右下方写。捺时要稍用力，随即向右平捺出。斜捺的形态是一波三折，故又称“波画”。

② 回锋捺。是指斜捺的捺脚收笔处不是出锋而是回锋，如“天”字。写法与斜捺同，只是最后回锋收笔，露出下尖钩，目的是为了书写下一字。

③ 反捺。是从斜捺、回锋捺变化而来，如“木”字。写法是轻落笔，触纸后徐徐用力向右下行笔，然后用力向左下勾出。

④ 圆曲捺。是指游水捺的三弯处圆曲如环，如“通”字。写法是先落笔写一点，接着顺势写一竖，再提笔向右拐弯，然后回锋或藏锋收笔。写圆曲捺要注意两点，一是拐弯要圆曲不能生硬，二是捺尾要圆浑不能尖利。

⑤ 平捺。在字的下面起托的作用，因比字头或字中的斜捺角度较小波画较平而名之，如“之”字。写法是回锋落笔，略横，随着向右下用笔，然后用力平平捺出。平捺与斜捺一样，形态是一波三折，有一种流动的势态。

⑥ 挑勾捺。是指平捺的捺脚上挑，如“超”字。写法是写好平捺后，捺脚不平出，而是顺势上挑成钩状，目的是为了便于写“走”部里面的“召”。挑勾捺其实是在平捺快写后顺着笔势自然形成的一种写法，不可勉强为之。

(6) 挑

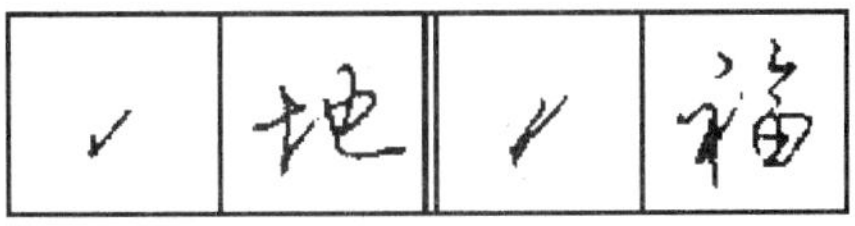

① 短挑。是挑画的一种，线条短小，如“地”字。短挑在行书中是承着其他点画书写而出，短小精锐，恰似一把短剑。写法是落笔后略顿，随即逐渐提笔用力挑出。

② 撇折挑。是指撇和挑连写，如“福”字。写法是先写一撇，然后折笔用力向右上迅速挑出，撇折挑要注意折处，书写时点画务必交待清楚，不能含含糊糊，拖泥带水。

(7) 勾

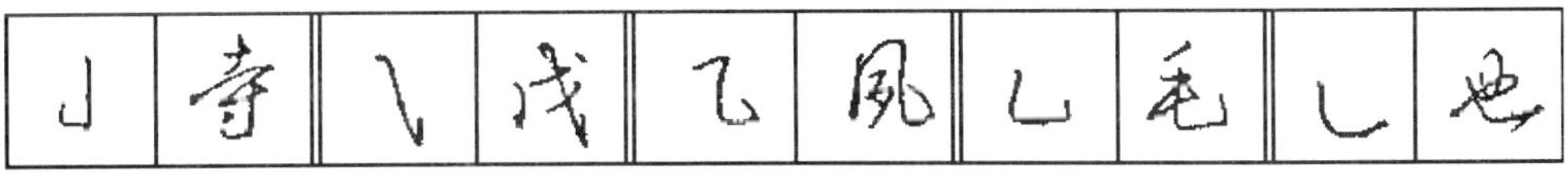

① 蟹爪勾。是指竖勾屈曲似蟹爪，如“寺”字。写法是先写竖画，然后转笔向左行笔，再翻笔向上勾出。蟹爪勾是竖勾的变化写法，形态优美、线条雄健、气势酣畅。

② 戈勾。即戈字勾，如“戊”字。写法是侧锋落笔，然后纵笔而下，勾时用力翻笔向上勾出。“戈”画平中带弧有韧劲，刚中含柔见纵势。

③ 背抛勾。是指从背面反抛勾出，如“夙”字。写法是顺势写上横画，拐弯时折笔而下，然后宛转提笔写下弯画，再翻笔向左上勾出。背抛勾转弯抹角处不能生硬有棱角，勾尖要向内，对着字心首画。

④ 浮鹅勾。因形同白鹅浮绿水而名，如“毛”字。写法是落笔稍重，接着用笔向下写直画，随即提笔拐弯写横，最后翻笔向上勾出。浮鹅勾要鹅头高昂，鹅身平正，方正中呈圆势，态度雍容大方，气宇轩昂不凡。

⑤ 回锋勾。如同回锋捺是斜捺的快写形式一样，回锋勾是浮鹅勾的快写形式，如“也”字。

写法是顺势写竖横圆曲折，然后翻笔由上绕一小圈向下勾出。回锋勾与浮鹅勾的不同处除了勾的形式和方向不一样外，是回锋勾的竖横向内圆曲而浮鹅勾的竖横向外开拓。向内圆曲的比较宛转流利，向外开拓的比较雄健挺拔。

(8) 折

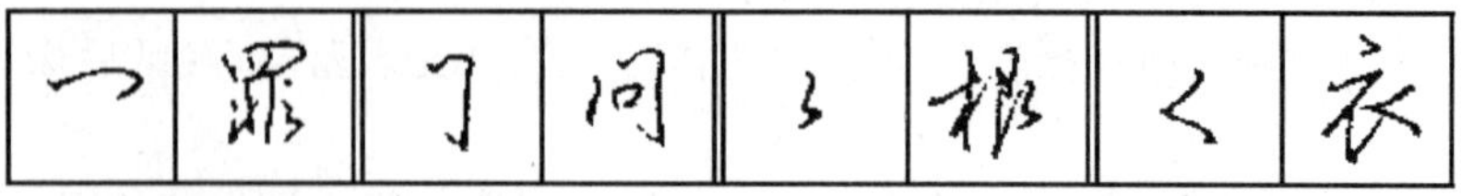

① 横勾折。是指横画加折勾，如“罪”字。写法是落笔先写横画，折时稍用力向左下方勾出。横勾折不仅要横与勾的笔画分明，而且转折要自然有力。

② 竖勾折。是指竖画加折勾，如“问”字。写法是先写竖画，要心胸挺起，折时不妨笔略提起，再顿下去，然后迅速向左上勾出。

③ 曲折。在行书中用得很多，凡是撇捺连续快写都成曲折，如“根”字。写法是落笔写撇画，接着向右折笔，再随即向下勾。曲折形似闪电，富于动态。

④ 撇捺折。是撇捺的连写，但书写较工整，如“衣”字。写法是落笔稍重，再逐渐提笔写撇，然后回锋向右下方写反捺，即成。撇捺折在撇捺的交接处要连写，要有折的风味。

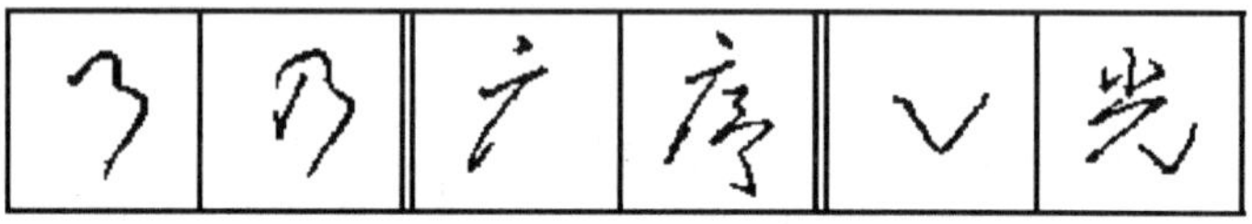

⑤ 三弯折。是指三弯折曲折成三弯，如“乃”字。写法是先落笔写横，再折笔写弯，接着顺势向下弯出。三弯折要折而有韧劲，弯曲自然舒展。

⑥ 内勾折。是由横撇折的外勾变为内勾，如“序”字。写法是写好横画后，接着翻笔写撇，撇要成内包势，随即趁势向右上勾出。

⑦ 鹅勾折。是浮鹅勾的快速简便写法，如“光”字。写法是依势落笔写短斜竖，随即折笔向右上勾出。鹅勾折的折处要圆润遒丽，用笔要流畅明净。

5. 钢笔行书的偏旁部首

汉字的偏旁部首是汉字的重要组成部分，写好偏旁部首才能写好汉字。当然，偏旁部首的练习必须要和字的整体同时练习，这是因为同一种偏旁部首在不同的字中有着不同的处理方法。钢笔行书的偏旁部首来自楷书，但书写更为简便。表 3.4 列出常用偏旁部首行书范例。

与楷书相比较，行书偏旁部首的写法有着明显的差异，有以下几个方面的写法特点：

(1) 连　笔

行书的偏旁部首大多采用连笔的写法。例如“扌”、“土”、“王”、“宀”、“阝”、“纟”、“牛”、“口”、“石”等偏旁。

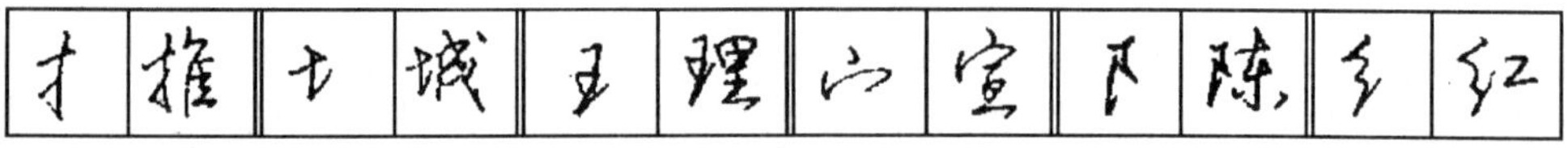

值得注意的是，这种连笔应自然，不能僵硬勉强。它应是行书笔速加快后自然形成的笔势，而且其中依然存在着一些细微的提按动作，并具有很强的节奏感，在练习时要仔细加以

体会。

表 3.4　常用偏旁部首行书范例

(2) 减　省

行书的简捷快首先表现在偏旁部首的简化上，如“氵”、“丬”、“木”、“女”、“虫”、“止”、“辶”、“衤”等偏旁。

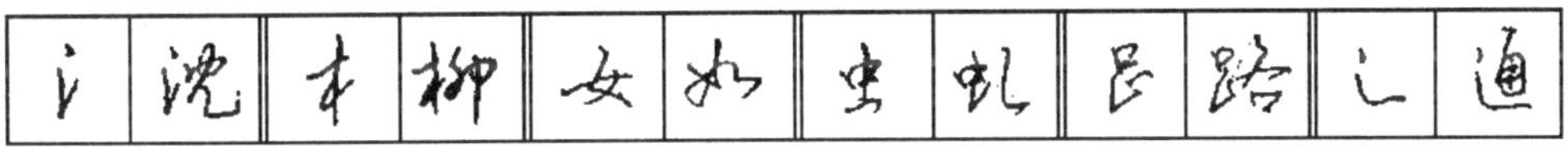

这里有的已经溶进了草书的笔法。行书部首笔画的减省有一定的规律性：有的是相等笔画的合并；有的是省去次要笔画；有的是长期的书写实践的一种约定俗成。总之，在行书书写过程中不能随心所欲地胡乱改变部首的写法，否则写出的字就不规范了。

(3) 顾　盼

顾盼是部首笔画之间的一种意连或相互呼应映带的关系。如“亻”、“彳”、“刂”、“忄”、“门”、“艹”、“心”等偏旁部首。它们经常采用回锋翻笔的方法，使笔画之间相互盼顾、映带，而字的飞动飘逸感就产生了。

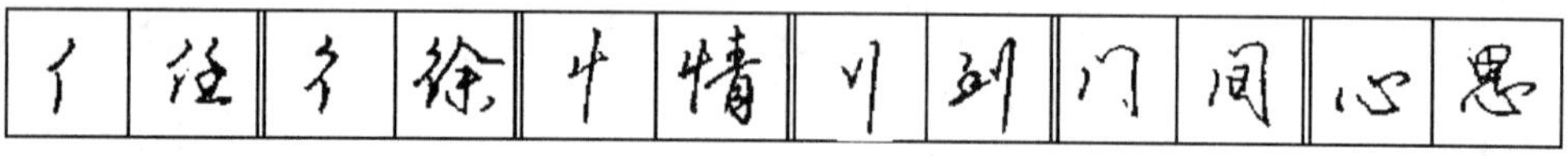

(4) 变　化

行书的特点是体态富于变化，而整个字形的变化是与部首的变化分不开的。要写出千姿百态的行书字，就必须从写好多变的部首开始。如部首“火”、“衤”、“辶”、“艹”、“雨”、“心”、“灬”等均有多种写法。值得注意的是，部首的变化也应与整字的其他部分配合协调。

6. 钢笔行书的结体与章法

(1) 钢笔行书的结体

书法是一种线条的造型艺术，必须按照美的规律——比例、平稳、均衡、对称、呼应、变化等来造型，这就是汉字的结体。对于硬笔书法来说，讲究结体尤为重要和关键，这是硬笔书法自身的特点决定的。钢笔书法由于受到书写工具的限制，在运笔的方法上和书写出的笔画形态上均缺少毛笔那种丰富的变化，写出的字线条较细，字体较小。不像毛笔书法那样强调“疏可走马，密不通风”的虚实对比，所以它更讲究点画结构的匀称。

楷书的结体虽也讲变化，但基本是静态的，有较大的稳定性；而行书的结体却自由得多，其变化也复杂得多。这就好比一个人站在那儿，其形体是否美，一看其四肢是否匀称，五官是否端正，便能作出准确的判断；但当这个人一旦活动起来，再判断其举止是否美，就要复杂得多。行书号称“千姿百态”，就其结体而言，却应一姿一态均不失其美。这就需要遵循一定的基本原则：平衡。

行书的“平衡”不能简单地等同于楷书的“重心平稳”。它讲求的是运动中的平衡和富有变化的平衡。要使行书的结体富于动感和变化之美，就必须牢牢地把握平衡的法则。而且只有灵活巧妙地运用这一法则，才能写出新颖、生动、具有美感的行书。了解并学会行书结体的一些具体方法，可以进一步帮助我们掌握和运用平衡的原则。

① 主次分明

在汉字的结体中，各个笔画或部分所承担的作用是有主次之分的。

就独体字而言，一般总有一个主要笔画承负起字体构形的作用，而其余笔画则处在相对次要的位置或只起辅助的作用。在考虑这些字的结体时，就必须尽可能突出主要笔画。独体字中，有些字的主笔画特别明显，如“上”字，主笔画是下面的横，如把竖当成主笔画，则字长而难看。有主笔画的，一定要把主笔画写得通脱，占据较大的空间，当仁不让，若主笔画不能淋漓显现，则字失势。有些字主笔画不大明显，如“天”字，这就在于作者怎样创意，或突出横，或突出撇，或突出捺。有主笔画字方有特色，没有主笔，笔笔差不多，字便失之平淡。

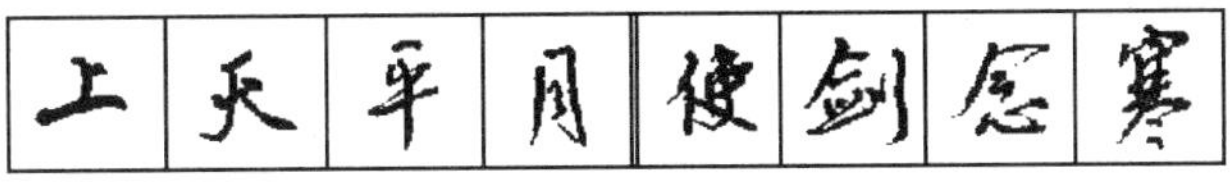

而就合体字来说，一般也有主要部分和相对次要的部分之别，在书写时也应突出主要部分。一般有天覆地载功能的部首为主体，其他为副；少笔画的偏旁部首为副，其他部分为主；多笔画的偏旁部首为主，其他部分为副。在并列结构的字中，有的左右两部分笔画差不多，也要分出主次，一般左副右主，左边结构部分有横势、纵势之分，以取纵势者为主。上下结构的字中，主要根据字的结构特点，强调一部分，形成宽窄对比，突出外形上的凸凹，强调的部分即为主体。上下笔画有横势、纵势之分，以取横势者为主。字在主副的有机搭配中，方能给人以厚重与轻灵的对照感。每部分都“平分秋色”甚至“喧宾夺主”，字便无特色，不能激起观者的视觉美感。

② 疏密相间

字的笔画的组合应有疏有密：笔画之间靠得近为密，笔画之间离得远为疏。清代书法家邓石如说：“字画疏处可以走马，密处不使透风。”疏可以使字显得空灵、洒脱，密又能显示字的繁茂、劲健。笔画间的组合均有疏有密，而不取平均分布状，意在营造观者的视觉反差，通过反差表现字的创意新颖。

“中”字，中竖不从“口”的中心处通过而偏靠右边，造成左空右紧之势，别有意趣。“傍”字有意在“亻”旁与“旁”部之间留出空白，但不感结体松散，也不失整字的平衡。“家”字有意在“宀”与“豕”之间留下空白，给人一种空灵、疏密之感。“羲”字左边笔画很多而右边笔画过少，于是因势利导，将左笔画写得细密紧凑，而将右边笔画写得舒展洒脱，使字既显得繁盛丰茂，又不失劲健潇洒。此外，像“清”、“皆”、“遣”、“璧”等字，均能比较合理地处理笔画间的疏密关系。

③ 参差错落

所谓参差错落，是指字的笔画之间或部分之间应有高低不齐、长短不同等变化。行书与楷书不同，笔画与笔画、偏旁与部首之间不能头尾平齐、平直相似，而应错落有致。明代书画家董其昌说：“王大令之书，从无见左边右边并头者”。可见书家对参差变化的重视。

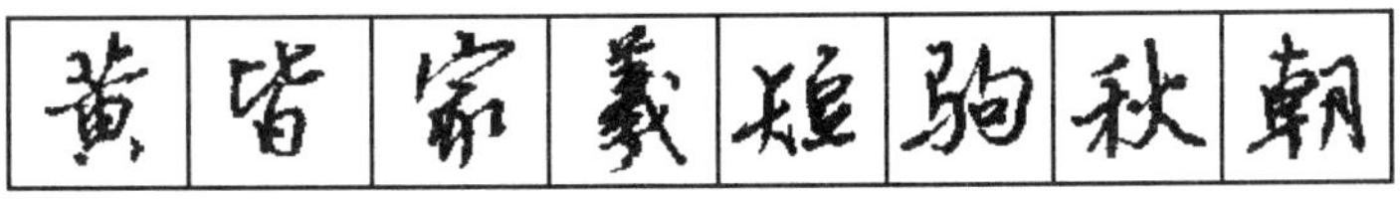

“黄”字属上下（或上中下）结构的字，这类字不能写成上下一般粗，有的须上宽下窄（或上放下收），有的须上窄下宽（或上收下放），有的又须上下略宽而中部略窄。

对于像“短”、“驹”、“秋”、“朝”等左右结构的字，不宜写成左右一般高（或长短一样），这里一般有以下几种情况和处理方法：左偏旁长的，右偏旁宜写得宽且短；左偏旁短的，左右偏旁上部基本平齐；左右偏旁长短差不多，应略有参差(或左高右低，或左低右高)。

对于左中右结构的字，也同样应注意参差错落，值得注意的是，上述情况和处理方法并不是绝对的，不能教条化。

④ 向背兼施

所谓“向”，是指字的笔画或部首之间有一种相互靠拢对接的内聚趋势。所谓“背”，正相反，是指笔画或部分之间呈现一种背离关系。合理地处理向背关系，可以使字体既显得严谨又显得洒脱。

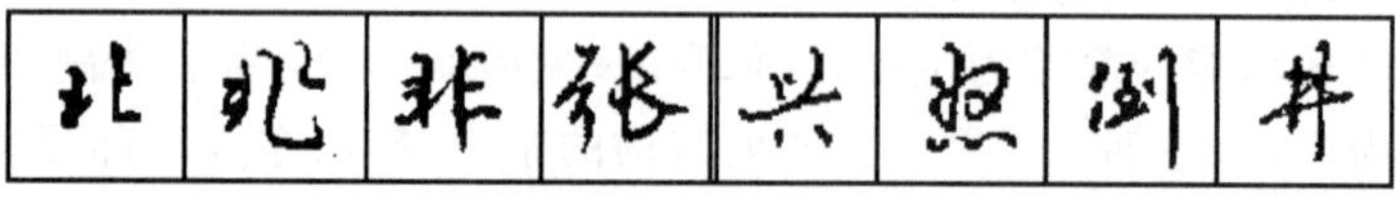

有些汉字主要呈相背关系，如“北”、“兆”、“非”、“张”、“礼”、“仆”等，在处理它们的结体时，一定要利用点画间呼应或连笔造成的副线来强化它们的内聚力，这样才能避免形体的松散，做到“背中有向”、“背不脱离”、脉络贯通。如“北”字三短横的写法、“兆”字的点画处理等。

另外有些汉字主要呈相向关系，原本就有较强的内聚力，对这些字又须注意不要让其过于紧缩或拘谨，要强化它们的开放性或幅射力。例如“兴”、“怒”、“倒”、“井”、“益”、“残”、“数”等字。“兴”字的上半部是相向的，其下部的两点就应处理成相背之势；“怒”字上半部笔画紧凑并相向，下半部四点就应写得疏放；“倒”字中宫紧，右边的“刂”可写成向下的“拖笔”，字就显得洒脱。此外像“井”字，则更应注意向背兼施：两横画可以处理成相向关系，两竖画写成相背之势，字就显得生动有趣了。

⑤ 收放自然

收与放是既对立又统一的矛盾的两个方面：收，使字结构紧密、富于凝聚力；放，可使字态舒展大方并富有活力，二者相辅相成，不可偏废。明代书画家董其昌在《画禅室随笔》中说：“作者最忌位置等匀，且如一字中须有收有放，有精神相挽处”。例如“意”字，笔画多呈收势、结构很紧，因此在写“立”的末笔横画时，就应收笔将其写得舒展一些。否则字就显得瘦长而且拘谨。又如“佛”字的末笔和“博”字的竖钩，都应写得舒展，而不宜短缩。

大多数汉字的结体，常须同时考虑收与放的问题。至于何处该收，何处该放，首先要看字的本身构造及笔画形态。对于上下结构的字，有的须“上收下放”，如“黑”、“鸟”、“姿”、“凰”等字；有的要“下收上放”，如“紫”、“幽”、“智”、“堕”等。对于左右结构的字，有的要“右收左放”，如“饴”、“松”、“帖”、“放”等字；有的要“左收右放”，如“械”、“他”、“使”、“林”等字。其次要考虑该字所处的环境(即与前后字的承接、搭配关系)和章法问题，作适当的调整或变化。如“林”，末字笔可以写成反捺，也可以写成普通的捺画。总之，收放应自然，不能生硬造作。

⑥ 迎让有序

迎让，主要是就笔画与笔画、部分与部分之间的承接或组合而言的。所谓“迎”，是说后面的笔画(或部分)对前面笔画(或部分)呈前迎、承接之势；所谓“让”，是说前面笔画(或部分)留给后面笔画(或部分)以适当的位置。

迎与让均要得体和适度。例如“阳”、“藜”、“褒”、“翅”等字：“阳”字左偏旁笔画少，就应写得瘦长一些，以多让出一些空间给右偏旁；而右偏旁的下部则可适当向左边靠近。又如“娶”和“繁”二字，下部应尽可能上迎，乃至插入中间的空隙处，这样可使字的中宫收紧，结构严谨。如“超”字，在写“走”部的捺画时一定要长些，以留出插“召”的位置。

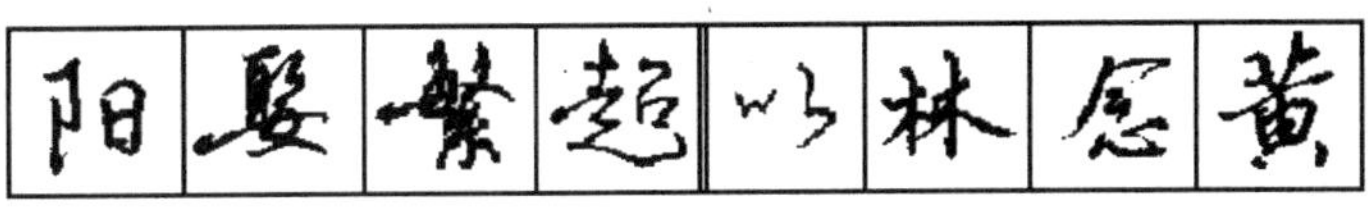

“以”字的左边应呈斜仰之势，而右边则取向左下的迎势。“林”字左边的“木”的捺画不宜显露，否则就要和右边“木”的撇画“打架”了。“念”字上部“今”的末画应略向左倾斜，而下部“心”的首笔恰好迎上，这样既显得行笔流畅，又不致与下部冲撞。“黄”字，末两点取“迎”势，形若两小手作捧接状，整字意趣生动。

总之，要处理好“迎让”关系（使前后笔画或部分做到该让须让，该迎则迎，井然有序），就必须在落笔之前胸有全局。写字者应像英明的主帅，调动三军，各司其职，各尽其能，配合默契。能否处理好迎让关系，直接影响到字的美与丑。

⑦ 避就灵活

“避就”与“迎让”，意思上有相近之处，但又有差异。“避”中含有“让”的意思，但又不同于“让”。因为所谓“让”，即退让——还留其原形。而“避”，则是回避的意思——须匿其形。在一些汉字中，其相邻的笔画或部分，形态相同或相似，行书在书写时为求得形态富有变化、生动有趣，或为求得书写快捷，便采用“改头换面”的办法，以避免笔画或部分的雷同。至于“就”，其中也含有“迎”的成分，但也不同于迎。“迎”， 即指笔画作“迎接”之态，其形不变。而“就”，则是指“依附”、“寄托”。采用的方法是藏其形或“淡化其形”。

可见“避”与“就”之间有很相似的地方，实际上是引入了草书的写法。这也告诉我们，在行书之中适当地运用草法，不仅可以处理好一些难写字的结体，而且可以使行书字更为活泼、更富有情趣。

以上讲了几种主要的行书结体写法，此外还可以举出一些，这里就不赘述。要练好行书的结体，关键还在于平日的练习，要在平日的练写实践中去体会，同时也可多读帖、临帖，多吸取前人的经验。当然就书法创作而言，字的结体与作品的章法又是有密切联系的。

（2）钢笔行书的章法

学习书法，首先是一个字一个字的练习，字是由点、横、竖、撇、捺等基本笔画构成的，基本笔画写好了，如何运用这些基本笔画把字写好，这是结体。一个个的字写好，不能算是书法高手，书法高手不仅要求单个字写得好，而且要求把单个字组合成一幅完美的艺术作品，就象建筑师一样，合理运用钢筋水泥等材料建成一幢漂亮的房子。

章法是指书法艺术中的谋篇布局和整体构思。所谓章法，就是字与字之间要笔笔呼应，行与行之间要顾盼萦带、行气贯注，出现“字里金生，行间玉润”的效果，使全篇气韵生动，组成一个完美的整体。章法是书法艺术中的大法，也是硬笔书法创作的重要一环。古人称之为“经营位置”、“置阵布势”，通俗地说就是成篇字的写法。如果说书法艺术是无声的音乐，那章法就决定了整幅作品的节奏感。

基本的书写格式有两种，一为直式，一为横式。直式是传统的毛笔字写法，横式是现代的钢笔字写法。直式艺术性强，横式实用性强。作为书法欣赏宜用直式，作为实用，当然以横式为主。直式的写法是由上而下，章法讲究直贯气，锋如“黄河之水天上来，奔流到海不复回”，取的是纵势；横式是由左而右，章法讲究横贯气，恰似碧水横波，连绵远去，取的是横势。

① 直式章法

直式章法又有两种表现形式：一种是横竖成行，看上去整齐清楚，因为这是传统的碑文写法，不妨称之为“碑文式”；一种是竖有行横无列，看上去整齐而有变化，生动而又美观，因为这是传统的帖文写法，不妨称之为“帖文式”。一般在使用中，除公文通告等文字采用碑文式外，其他大都采用帖文式。在书写帖文式时，要注意字形的大小穿插、体势的动静姿态和字距的疏密变化，使通篇生动活泼，与结体和点画的特点相结合，以求得和谐统一的艺术情趣。

要使帖文式的章法充满艺术情趣，首先应做到意在笔先，成竹在胸。相传王羲之在题卫夫人《笔阵图》后曾指出：“夫欲书者，先于研墨，凝神静思，预想字形大小、偃仰、平直、振动，令筋脉相连，意在笔前，然后作字。”创作钢笔行书作品也应这样。纸张的大小，内容的多少，都要通篇规划一下，做到心中有数，力求整体和谐统一，不能随笔所至，东涂西抹，毫无章法。

其次，要求收束得法，一气贯注。在用笔时的落笔、行笔、收笔当中，以收笔最为重要。蒋正和的《书法正宗》说：“行草纵横奇宕，变化错综，要紧处全在收束。收束得好，只在末笔。明于结体，则点画妥贴，精于收束，则气足神完。”写钢笔行书也要注意收笔。上笔收束得好，便于写下笔，上字收束得好，便于写下字，于是上下笔之间有呼应，上下字之间有承接，整幅字显得一气贯注。

再次，应笔下有情，摇曳生姿。这是因为行书的艺术生命在于行，最忌板滞僵化。钢笔行书同毛笔行书一样，因用笔而造成的欹斜的体势可以而且应该或左或右，散左者发于右，欲右者发于左，使其左右摆动，参差不齐，却贯穿中心线上；上下含情，筋脉相连，摇曳而下，自然生姿。

最后，要生动自然，和谐统一。“作书贵自然”。钢笔行书帖文式章法的最高境界就是生动自然。生动不自然，就有点矫揉造作；自然而不生动，就缺乏艺术魅力。所以章法要讲究，但不能太讲究，因为书写时随着用笔而产生的气势，往往随心所欲，一气呵成，使写的字大小高低、高下欹整，各有变化，但又合情合理，像音乐一样和谐统一，像绘画一样生动美妙。倘若书写时每笔字都在考虑如何安排，那么行笔一定不流畅、结体势必做作、章法也难免和谐，有人工气而无自然美。

② 横式章法

横式章法也有两种表现形式。一种是横竖成行的写法，因为这种写法来自印刷的形式，所以名为“印刷写法”；一种是横有行竖无列的写法，因为这种写法是一般书写的形式，所以名为“手写写法”。印刷写法尽管整齐清楚，但书写不及手写写法流变机动，所以，行书的横式章法一般都采用“手写写法”形式。

在书写“手写写法”时，要注意撇捺的收展变化，以免与左右临近的字相互干扰；同时，因为是横取势，结体不宜偏上或偏下；另外，行距要大于字距，力求格式分明。

为了使手写写法这种横式行书写得既快又好，可以根据书写文字本身的具体情况而采取具体连写的办法。连写基本上分笔连、意连、体连三种。

所谓笔连，即字与字之间由细细的牵丝相连。例如“同志”两个字，“同”字的最后一画和“志”字的第一画由顺序提笔的牵丝自然而然地连接起来，这是自然连法；“手工”两个字，如用楷书写法就不能相连，改用草书写法就可以相连了，这是草书连法；“代表”两个字，用一般写法，“代”字最后一笔的点不能与“表”字第一笔的横画相连，这里改变笔势，采用章草某些点画向右带捺势的写法，于是就可以用牵丝相连了。

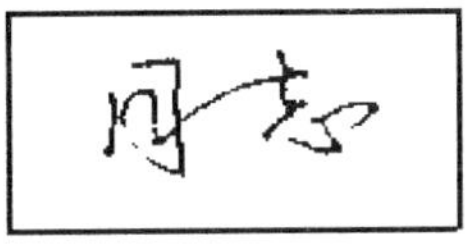
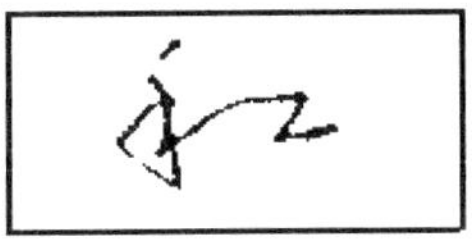
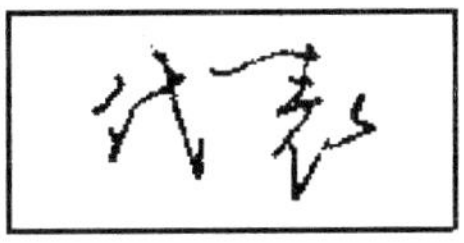

字与字之间是否可进行笔连，视情况而定，不可勉强生硬，笔连要自然生动，风华流美。

所谓意连，即字与字之间不用牵丝相连，而用勾挑相呼应，笔断而意连。例如“艺术”两个字本可以用细长牵丝相连，而这里却用短小的勾挑相呼，这就是笔断意连。笔断意连似神龙游行于浮云中，见首不见尾，情致蕴藉，耐人寻味。

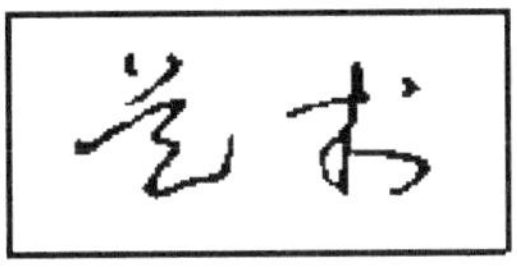

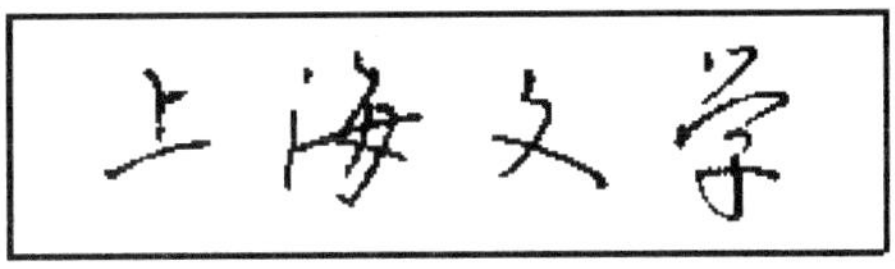

所谓体连，即字与字之间既没有牵丝相连，又没有勾挑呼应，只是以字的姿势体态来表示流动的连意。如“上海文学”四个字，前后字很难用牵丝和勾挑来相连或呼应，但各个字写得有正有侧，有揖有让，字与字之间，完全以姿势体态相呼应，左顾右盼，气势连贯，浑然一体。体连安排恰当，绕有韵外之致，别有奇趣。

钢笔行书的章法不论直式还是横式，都要求笔与笔之间有起落，字与字之间有承接，行与行之间有照应，而且行距分明，使人一目了然，在实用的基础上，再讲究艺术性。

成篇成幅的书写要注意款式：

第一，要卷面干净。

第二，要留有“天地”左右的空白。其比例是“天”（上部）要稍大，“地”（下部）要稍小，左右要均等，略小于“地”。

第三，要布局恰当。整篇书写要注意题目、署名和分段。单帽书写，如写通知、感谢信和板书等，则要根据纸面（板面）大小、字数多少，写前预作设计，不要上松下紧或上紧下松。有题目、署名或上下款者要留下位置后，再根据正文字数作适当安排。

第四，要行款整齐。行款指行列书写形式。实用书写多为横式，横看为行，竖看为列。

3.2.5　粉笔字

1. 粉笔字的书写工具

粉笔字的书写工具主要是粉笔和黑板。白色粉笔写在黑板上，黑白分明，对比度强，字迹非常醒目。

粉笔由石膏粉等原料制成。其形状是一头大一头小的圆柱体，一般长约 8 厘米，属于硬笔。其特点是短而粗，无弹性，易折断，磨损快，书写时靠磨损自身留下笔迹。粉笔的颜色有白色、红色、蓝色等多种，一般板书用白色。好的粉笔应该软硬适度，纯净无沙粒。太硬，写出的笔画会过细，书写时还会发出刺耳的声音。

粉笔字一般在黑板上书写。黑板常见的质地有木板、毛玻璃和水泥板。黑板的表面应该涩而平，既要能跟粉笔产生一定的摩擦，又要利于流畅地运笔。过分粗糙和过分光滑都不利于书写。

另外,粉笔字的工具还有用来擦字的粉笔刷。

2. 粉笔的执笔方法

粉笔的执笔方法一般采用“三指执笔法”,如图 3.15 所示。具体说来就是拇指第一节的指肚出力,紧贴粉笔内侧,而食指第一节指肚紧贴粉笔外侧,中指第一节的侧面则由下向上顶住粉笔,三指合力,把粉笔执牢。无名指和小指自然弯曲,贴在旁边,起辅助作用。

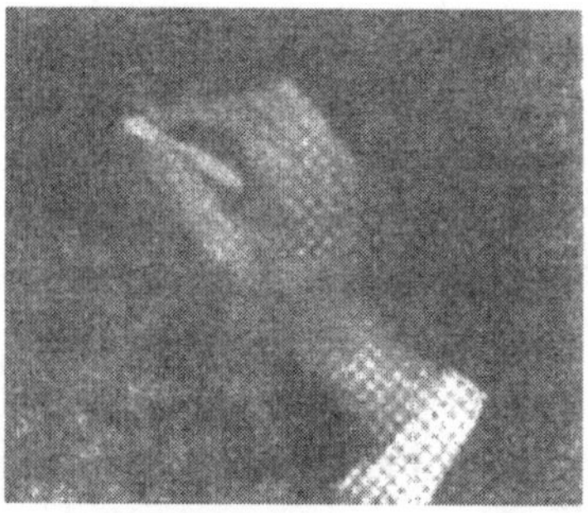

图 3.15 粉笔的执笔

粉笔也须讲究指实、掌虚、腕活,这样方能行笔有力,运转灵活。

由于粉笔质地松软、容易折断,所以执笔时不宜执得太高,应保持在离笔头 1 厘米左右。执粉笔写字时,粉笔的笔身处在掌心之内,笔身与黑板平面的夹角大约为 45°。

写粉笔字的黑板是竖立地固定在墙上的,所以写粉笔字要面对黑板站立悬臂书写。具体要求是:两脚打开,与肩齐宽,写字时,根据需要左右移动,要适应书写;身体与黑板的距离要适当,以利于悬臂书写用力和双眼观察书写效果。

3. 粉笔的用笔方法

粉笔字是一种富有表现力的硬笔字,它介于毛笔字与钢笔字之间,次之于毛笔字、强之于钢笔字。

好的粉笔字,具有毛笔字那样的粗细、浓淡变化,毛笔字是靠沾墨的多少、速度的快慢、用力的大小来体现的,而粉笔字与之还是有区别的。粉笔字主要还是靠粉笔与黑板接触的点线的变化转换来体现的。其接触面的大小和方式决定字的写法和字的形态。接触面大,笔画就粗,反之就细。同样,粉笔字的面积大小、粗细、浓淡、中锋和侧锋或方或圆的立体感,也是靠运笔时手腕的力度、弧度和笔尖面的变化等调节的。要在黑板上把字写好,也要讲究用笔的方法。

(1) 边写边转

写毛笔字讲究换锋,写粉笔字也要换锋。在书写的时候,粉笔笔头磨损,容易形成一个平面,所以在书写过程中要不断地用指头转动笔身,调换笔头与黑板的接触面,使粉笔笔头侧面经常保持一个尖角来接触黑板,这样写出来的字线条清丽、劲健,不至于过粗或过细。

(2) 提按交替

按就是书写时用力,加大粉笔与黑板的摩擦,这样粉笔磨损大,脱粉多,笔迹粗重。如果要使笔迹由粗而细、由有到无那就要用提。在粉笔字当中,提按经常交替使用。

(3) 藏露结合

藏就是藏住锋芒,笔画含蓄凝练;露即锋芒外露,显出跃动的精神。粉笔字也讲藏露结合,有时要逆锋起笔,例如写长横、平捺;有时要回锋收笔,例如写横画、垂露竖。当然写粉笔字要自然率意，露锋的顺锋入笔、出锋收笔的情况占多数。

(4) 不避拖滑

写毛笔字最忌拖与滑，但是写粉笔字就要自由一些，用笔并不避拖笔与滑笔。拖就是笔身向行笔的方向倾侧着运笔，滑指快速地行笔。由于粉笔字书写工具本身的特殊性以及黑板表面本来就涩，所以写粉笔字用拖和滑也不至于出现败笔。

4. 粉笔板书的注意事项

粉笔字是教师常用的课堂教学用字。作为教师，都希望自己能写一手漂亮的粉笔字，因为在课堂上要唤起学生情感和知识上的共鸣，除了教师的分析讲解、举止表情以外，板书的优劣往往是一个不可忽视的因素。可以说，规范、工整、漂亮的板书是课堂教学中必不可少的环节，也是教师书写规范汉字中的重要环节。写好粉笔字，是每一个教师不可缺少的专业基本功。只要写好钢笔字，粉笔字就会水到渠成。

教师上课书写板书除了用笔规范、结字美观之外，还须注意以下几个方面的问题：

(1) 大小得当

这是指粉笔字板书的字形大小要适当。在黑板上写字是给学生看的，不能太小，否则学生看不清；也不能太大，太大了往往写几个字就要擦一次黑板，费时费力。字的大小以让坐在教室后排的学生能够看清楚为宜。

(2) 轻重适宜

板书用力的轻重会使笔迹产生粗细、厚薄的变化。同时颜色的深浅也不一样，重则色深，黑白对比鲜明；轻则色淡，书写流畅。粉笔板书应该轻重适宜，不能太重或太轻。太轻字飘，不能给人鲜明的印象；太重则行笔迟涩，耗费气力。

(3) 徐疾有度

在课堂上为了节省时间，粉笔板书的行笔速度一般要比写毛笔字快一些。但是也不能太快，太快了点画失度，轻飘无力。

(4) 行列平直

为了板书整体美观，书写时必须将横行的字写平，纵行的字写直。很多初学者，甚至有的老教师也不能做到这一点。其实，只要有意识地加以训练，做到这一点并不难。其要领是：身体与黑板保持适当距离，以关照全局；在写字的时候，可以比照着黑板边框把行列写平直；另外，还可以运用三点一线法将行列写平直；就是将头两个字的位置写准确之后，运用三点成一线的原理，目测出第三个字的位置，写好第三个字后又根据第二、第三个字目测出第四个字的位置。如此类推，总是根据前两个字目测出即将写的那个字的位置，这个办法既简单又奏效。

练习粉笔字最好与练毛笔字、练钢笔字结合起来，它们可以相互促进。许多专家编写的毛笔字字贴和钢笔字字贴对字的点画特征、结构组成、书画要点分析得很透彻，我们从中可以得到很多借鉴。练习粉笔字贵在坚持，不能急于求成，“三天打鱼两天晒网”是绝对不会见效的。

3.2.6 教师的书面表达

书面语言的表达是显示教师职业能力的一个重要方面。提高写作水平，熟悉各种常用文体的写作方法，也是教师必备的职业素质之一。师范生应通过教师常用文体的写作训练，达到提高写作水平的目的。

1. 教师常用文体的文面要求

教师的常用教学文体和工作文体主要包括教案、教学报告、工作计划、工作总结、评议评语等，属于应用文写作范畴。应用文是人们办理公私事务、传播信息、表达意愿时所撰写的具有一定的惯用格式的实用性文章。

(1) 行款格式

① 标　题

标题总的要求是居中排列、匀称美观。字数偏少的标题，字与字之间可空 1～2 格。过长的标题要转行时，尽量注意词组的完整和字数的匀称。一般文章的标题上下各空一行，重要的标题上下各空两行。如有副标题，那么一般在正标题下行退回两格处以破折号另起。如果正标题简短而又有副标题，那么二者都可居中排列。

② 署　名

署名一般在三个地方：标题的正下方、标题的偏右方、文尾的偏右方。

③ 正　文

正文的开始行和标题、署名之间一般空一行。文中的小标题也写在一行中间，上下可各空一行。小标题如需转行，要求与主标题相同。每个自然段开头要空两格，一般另起的序码、条目等也要空两格。提行的对话开头的引号空两格，转行时则顶格写。提行的引文，第一行空四格，转行后空两格，不必加引号。

④ 序　码

应用文中一般使用序码对层次结构进行标识。序码种类很多，作者可根据自己的习惯自由选用，但要注意同一篇文章中的序码必须前后统一、编排一致。另外，序码可分级，一般分为四个级别，习惯上第一级为一、二、三；第二级为（一）、（二）、（三）；第三级为 1、2、3；第四级为（1）、（2）、（3）。至于用到哪个级别应视需要而定，但不要超过四级，否则会给人以零乱破碎之感。

⑤ 附　注

附注用来注明引文的出处或自己的说明。附注形式有四种：夹注，或叫段中注，就是直接在需要加注的地方加括号说明；脚注，或叫页下注，就是在每页的页脚部分附上本页的注释；章节注，就是把注释附在一章一节之后；尾注，或叫文末注，就是在文末或书后集中附上注释。除夹注外，采用其他三种附注方式，都要在注处末一个字的右上角加注码，注码一般用①②③表示。引文出处注的排列顺序为：著者、书名或篇名、出版者、出版日期、页码。

(2) 标点符号

标点符号是书面语中用来表示停顿、语气以及词语性质和作用的符号，是书面语的有机组成部分。

标点符号分为点号和标号两大类。点号的作用在于点断，主要表示说话时的停顿和语气，点号又分为句末点号（句号、问号、叹号）和句内点号（逗号、顿号、分号、冒号）；标号的作用在于标明，主要标明语句的性质和作用。常用的标点符号有 9 种，即：引号、括号、破折号、省略号、着重号、连接号、间隔号、书名号和专名号。

在书面表达时，标点符号的占格规则如下：

① 句号、问号、叹号、逗号、顿号、分号和冒号

句号、问号、叹号、逗号、顿号、分号和冒号书写时占 1 格，写在该格的左下方。遇有换行情况，只能挤在本行最后一个字的右下方，而不能写在下行之首。

② 引号、括号、书名号

引号、括号、书名号前后各占 1 格。引号的前一截写在一格的右上方，后一截写在一格的左上方；括号和书名号前一截写在一格的偏右方，后一截写在一格的偏左方。这三种标号的前一截不能出现在一行之末，而后一截则不能出现在一行之首。

③ 省略号和破折号

省略号和破折号各占 2 格，写在两格的正中间。省略号由 6 个小圆点组成；破折号中间不能断开。换行时，按不能拆散分行的原则书写。

④ 连接号和间隔号

连接号和间隔号各占 1 格，居一格的正中间。

⑤ 着重号

着重号不占格，标在字的下边，靠近字的正中处。

2. 应用文的语言要求

应用文的语言，要求准确、鲜明、简炼、生动，一般不宜过多采用积极的修辞手法，要注意字词的准确使用，注意长话短说、简明扼要。掌握应用文的语言特点，对提高应用文写作水平至关重要。

(1) 准　确

准确是应用文写作的基本要求，除了指行文遣词造句的恰当、贴切和得体，还有三个特殊的含义：首先，专业术语和行业用语的大量使用，会增强应用文语言的准确性，或者说是应用文语言具有准确性的体现；其次，合理地使用一些经核查无误的数字，可以精确地描述各种数量关系，能使表意更加准确，使文章更有说服力；另外，与各类欣赏性文章相比，应用文长句、复句较多。

(2) 鲜　明

应用文既然是日常工作生活中“应用”的一种文体，就必须要求语言清楚明白，态度明确无疑，使人一看就懂并能付诸实践。要尽量避免使用表示猜测的模棱两可的副词，如“大约”、“也许”、“似乎”等。避免错别字，使用标点符号要恰当，这也是保证应用文语言鲜明的有效措施之一。

(3) 简　练

语言简洁，用词精炼，这是在准确、鲜明基础上提出的更高要求。为了使语言简炼，应用文中经常使用一些专用词语与固定的习惯用语，如“此复”、“函告”、“可行”、“如期”等。为了精炼地概括事实或分析认定问题的性质，应用文还常常使用富有概括力的成语或俗语，如“忠于职守”、“廉洁奉公”、“舍己为人”等。

总之，写作者应惜字如金，杜绝空话套话，达到“言简而意赅，文约而事丰”的境界。但要注

意，简洁要以明白为前提。如果只是为了“简”而压缩字句，该说的话不说或说不清，该用的词不用或乱用，导致语气不连贯，意思不明确，那就影响了表达。

(4) 生　动

尽管应用文不同于文艺作品需要通过塑造形象、描写细节、虚构夸张等手段来增强效果，但应用文的语言也需要生动形象，尤其是总结、调查报告等文书，若三言两语干巴巴几条，就不能引起阅读兴趣。

3.2.7 教师的教学文体

1. 教　案

教案是教师为实现教学目的、完成教学任务而制定的施教方案，是教学目的、重点难点、课时安排、教学过程等有序地组合在一起而形成的建构体系。教案是教师日常教学写作的重要内容，编写教案，可以使教师在备课中所考虑的多种教学活动设想，经过进一步的推敲，使之条理化、科学化，明确地体现于教案文字之中。这是使教师的备课更加系统、准确和深刻的重要一步，又为课堂教学实践活动提供了备忘材料。

教师编写教案时，一般应在分析熟悉教材的基础上，根据自己的实际经验和课程特点，做到有详有略，不宜过于繁琐，而应系统、鲜明、实用，编写成的教案应重点突出、层次分明、立论准确、推理严谨。

还应注意编写教案一定要规范化，也就是要依照一定的格式。教案种类繁多，课时教案为基本型。各门学科和不同课型的课时教案，其内容与项目不能强求一律，但有一些项目却是它们都应具有的，我们称之为常规项目，教案的常规项目大致包括以下几方面：

(1) 课　题

课题就是教材的章节或课文的题目，如《齿轮传动的强度分析》。

(2) 教学目的

教学目的是每堂课教学的灵魂，它包括传授给学生哪些知识及达到的程度、培养何种能力以及对学生进行怎样的课程体系、学科思想的渗透等三个方面的内容。这些内容可用并列复句的形式表述，也可用条文的形式表述。可以三方面俱全，也可以是其中的两个，或者一个方面，这要视具体的教学内容而定。

(3) 重点难点

每一课题的教学所包容的知识和技能是多方面的，在有限的课时内，不可能也不必要等量齐观地传授给学生，这就必须区别轻重缓急和深浅难易，即突出重点，攻破难点。抓准了重点和难点，也就抓住了教学的突破口和关键环节，还可增强教学活动的节奏感。

(4) 课时安排

把教学内容妥善地安排在计划的课时里，以使教学活动既不空堂，也不压堂，而是有条不紊地进行。如：

课时安排：3 次课共 6 学时

　　第一次课，齿轮传动的失效形式，用讲授法辅以直观教学；

第二次课，直齿圆柱齿轮的强度计算，用讲授法结合演示法进行；

第三次课，齿轮传动强度计算举例，用练习法进行。

(5) 导入新课

这是由旧课向新课过渡的一种手段，目的是顺畅地打开教学通道并激发学生的兴趣。导语要简短新颖，并与本堂课讲授的内容息息相关。为此，教师要及时捕捉新的信息，并借助想象的粘合力使之与讲授的内容组合在一起。

(6) 讲授新课

这是教案的主体。首先要明确讲什么内容，其中尤其要注意突出重点、解决难点，这可以说是教案的血肉；其次要设计具体的方法和步骤，这可以说是教案的筋骨。正像血肉要依附于筋骨一样，新课的内容要靠巧妙的方法和正确的步骤传输给学生，所以，教师要合理地运用讲授、讨论、练习等方法，并适时地使用教具及演示实验等手段，为学生的接受创造一个活跃的课堂氛围。方法和步骤要符合认识规律，即从具体到抽象，从感性到理性，从个别到一般，从简单到复杂。讲授新课时，其内容要点及相关的字、词、句，或演算的过程，或构造及原理的图示等，要借助板书设计展示给学生。板书要纲举目张、条分缕析、清晰完整地显示出各部分内容之间的内在联系。

(7) 总结新课

一堂课即将结束时，教师要言简意赅地总结一下所讲的有关内容，加深学生对所学知识的印象。也可适当进行拓展，留下回味。

(8) 布置作业

这是促使学生把知识转化成能力的一种手段。布置作业要有的放矢、形式多样、份量适当、要求具体。

以上导入、教授和总结新课及布置作业四项内容也统称为教学进程部分，此部分是教案中的核心内容。教学进程这一部分的编写必须做到步骤、纲要和教法相结合，使教学不仅能指导教师自己的课堂教学，就是别人(甚至外行)亦能通过阅读教案而了解到教师在课堂上的主要活动情况，同时大体上了解本堂课讲授的内容要点。

(9) 课后记

课后记主要是课后教师对实施教案中事项进行检查的记录，以及对教案、教材和教学的改进意见。如时间的安排是否恰当，教学目的是否达到，效果如何等各项具体任务的完成情况；学生在学习中所产生的心理障碍及排除措施；学生在本课中的实际学习水平；课堂上有关教学问题的处理过程及其经验、教训等。

课后记是教案的重要组成部分。对教师而言，上课通常是教师将掌握的理论方法付诸实践，写课后记则可以使教师的实践经验进一步上升为理论，从而提高教师对课程的把握能力。这样通过一次教学，就有一次进步，教案也能逐步改进，越写越好。更重要的是，写课后记也为今后相关的教学、科学研究提供了珍贵的资料。

除了以上常规项目外，教案有时还有一些比较机动的项目，即不为各学科、各课型所共有，却也是往往要碰到或列入教案的，我们称之为弹性项目。一般包括教学方法、板书设计、教具或多媒体的使用、布置预习等。其他，如教案必须与学期授课计划相一致，必须是每课一案，且不得重复使用旧教案授课等问题，是勿言自明的；在书写的工整、语言的通顺、文字的规范化等方面，亦应予以充分注意。

2. 听课记录

听课记录就是听取他人上课所作的记录。听课的目的是为了取长补短，进一步完善自己的教学，有时也是为了对他人的教学进行评估。不管何种目的，听课前均应有所准备，主要是熟悉教材，并设身处地地设计教法，这样就可更多地听出门道。听课笔记一般有以下两种基本类型：

(1) 实录型

就是如同录像机一样，如实地记录课堂教学的全过程。教师的语言、动作、态势、板书，学生的情绪、反映及回答问题，课堂的整体氛围等，有什么记什么。此种笔记可用于从教之初或听观摩课等，其中仿效的用意居多。

(2) 选择型

就是从课堂教学中选择某一侧面或某些问题作为记录的重点。选择的依据是听课者的需要、主讲人的优势、课堂的特色等。当然，对存在的问题也可记，以为借鉴。

有的学校还印制了《听课记录卡》或《课堂教学评估表》之类的表格，那就根据学校的要求及卡片或表格上的项目如实记录和填写即可。

听课记录是随手记的，由于时间、书写条件等因素的制约，很难做到条理分明、书写工整，这就需要课下整理。整理笔记时应先写出听课题目、时间、地点及主讲人姓名等。如果是为评估而记的笔记，最好还要记下听课学生的人数等。然后再整理听课笔记的主体内容。实录型笔记的板书、动作、态势语、教具使用等内容可用括号标出，师生语言可参照剧本模式表示。选择型记录要切实地突出重点，抓住特色。无论哪种类型的记录都要力求作出理性的分析与评判。

3. 教学笔记

教学笔记是一种在教学的双边活动中，把心得、体会、感想等记录下来的文体。

(1) 教学笔记的内容

教学活动的方方面面均可成为教学笔记的内容，不同种类的教学笔记侧重的内容不同。

① 教材类教学笔记

教材类教学笔记包括：对教材的基本内容及相关知识的理解、分析及由此而引发的联想；对教材结构体系的把握；对教材中某个问题的补充、质疑。此类笔记做得多了，除了对使用教材大有裨益外，还将有利于选择质量高、适用性强的教材。

② 教学方法类教学笔记

教学方法类教学笔记主要是说明用什么方法才能真正使学生学到知识、掌握技能。包括涉及到的心理学、教育学原理，以及如何讲授，使用什么教具，怎样设计板书等。教学方法是教学系统中的一个变量，此类笔记更注重记“变”的内容，即使是由非逻辑思维创造或发现的方法也要认真记载。比如，在课堂上有时会出现一些突发问题，教师常常来不及进行严密的推理，往往凭直觉调整教学方法，记下这些方法对改进教学工作也是至关重要的。另外，一定的教学方法都是以一定的哲学方法为基础的，据此，教法笔记还应说明新教法产生的理论依据。

③ 学法类教学笔记

教学应由教师和学生共同来“创造”，这就要求教师要了解学生对相关知识、技能可能掌握的程度，以及他们的兴趣爱好等，使他们更有效地学习，于是就产生了学法类教学笔记。学法类教学笔记含记忆的、理解的、阅读的、写作的、运算的、操作的，等等。

④ 调查类教学笔记

教师主动地、有意地接触学生，了解情况，把其中的具有典型价值的内容记录下来就是调查类教学笔记。如通过自由命题作文，就可以了解到学生关注的热点问题、他们的思想状况及看问题的方式方法等。

⑤ 实验类教学笔记

教师根据自己的设想，或受别人启发可自主地进行一些实验。比如，教师在讲解课文前，先把有关课文的材料发给学生，并把设计的一整套练习题也发给学生，让学生自主完成。然后教师再根据学生反馈的信息备课、批改作业，最后补缺补差，解决疑难。这种方法打破了教师备课、讲课、布置作业、批改作业的教学常规。教师把这种新尝试的过程、状况及效果变化等记载下来就形成了实验类教学笔记。

(2) 教学笔记的写作方式

① 符号式。就是在原文上标注符号。使用何种符号依个人习惯。

② 批语式。就是在材料的空白处写上批语：可称赞，如“分析中肯”；可指瑕，如“重复”；可补充，如“遗漏了×××”；可导读，如“第一、二、三层意思”等。总之，根据实际情况，写上相应的批语。

③ 摘录式。在阅读过程中，发现了有价值的东西，或精辟的见解，或新颖的材料，或优美的语句等，可把它们抄录下来。如何摘录，是原文还是提要，根据材料的特点及摘录者的需要而定。但都要注明出处，包括作者、书名、出版社、出版时间、页码等，或期刊名、期号等，或报名、年月日、第几版等，以便日后查找或核对。

④ 心得式。在阅读过程中心有所得，用自己的语言写出来就是心得式笔记。可以全面系统地阐述自己的见解主张，也可就某一问题，三言两语地记录感受体会。

⑤ 随记式。在教学实践中，有了某些经验，哪怕是点滴的，也不妨记下来，或者产生了片断的联想、生动的直觉、奇妙的灵感等，均可随手记下来。

4. 课程档案

课程档案是记录课程教学和建设的文献资料，是重要的教学基本档案。一般包括课程教学大纲、开课通知单、教学进度表、作业复印件和作业讲评记录、平时记分册、成绩单、课程总结、标准答案和评分标准、学生答卷和试卷分析表等。

教师在教学之前应准备教学大纲、开课通知单和教学进度表；作业复印件、作业讲评记录和平时记分册应在教学过程中随时整理记录；课程结束时进行总结。

这些文档各个院校一般都有教务部门印制的统一表格样式，由任课教师整理、签字盖章后放在统一印制的课程档案盒或档案袋内。

5. 课外学科活动指导书

作为职业教育院校教师，除了进行理论教学外，还应能够指导课外学科活动，应该具有编写课外学科活动指导书的能力。在编写课外学科活动指导书的过程中，教师可以加深对课外学科活动及相关的理论课程的认识，从教师和学生两个角度审视课外学科活动及相关的理论课程的地位、作用和内容，这对教师本身职业素养的提高非常重要，对培养学生的全面工程素养也大有益处。

以职业教育院校机械类专业为例，课外学科活动指导书可按如下规范编写：

封面。应写明课程名称、编写者、适用专业以及院系名称等。

前言。应主要说明六个问题。① 与本课外学科活动相关的理论课程的基本内容，以及通过学习学生需要掌握的基本知识；② 为了使学生更好地理解和深刻地把握相关知识，应训练和培养哪些方面的技能；③ 设置的具体实践项目；④ 各项实践主要了解、掌握的具体知识，训练及培养的技能；⑤ 本指导书的特点；⑥ 不同专业的选修情况。

正文。是课外学科活动指导书的主要部分，根据课外学科活动的类型不同而有所不同。

(1) 基础性课外学科活动指导书

基础性课外学科活动指导书的正文部分一般按照实践选题独立成章。每一个实践选题基本上都包括实践题目、实践目的、设备与条件、实践内容和要求、原理、方法和手段、实践步骤、实践思考题、实践报告要求等内容。基本规范如表 3.5 所列。

表 3.5　职业教育院校机械类基础性课外学科活动指导书内容规范

实践×：××××××××
实践学时： 实践类型：(演示型、验证型、现场教学) 实践性质：(必修、选修) 适用专业：机械制造专业 一、实践目的 　　通过本课外学科活动的学习，使学生了解或掌握哪些知识，训练或培养哪些技能，为今后继续哪些方面的学习奠定基础。 二、实践内容 三、原理、方法和手段 四、实践组织运行要求 　　根据本实践的特点、要求和具体条件，明确采用以学生自主训练为主的开放模式组织教学还是采用集中或分组授课的形式。 五、实践条件 　　包括仪器设备条件、物质条件、相关文献资料等。 六、实验步骤 七、思考题 　　给出若干个思考题，以考核并加深学生对课外学科活动的理解。 八、实践报告 　　明确学生实践报告的内容及具体要求，主要包括实践前预习、实践记录和实践报告几部分。要求举例如下：

续表 3.5

1．实践前预习 在实践前每位同学都需要对本次课外学科活动进行认真的预习，并写好预习报告，在预习报告中要写出实践目的、要求，需要用到的仪器设备、物品资料以及简要的实践步骤，形成一个操作提纲。对实践中的安全注意事项及可能出现的现象等做到心中有数。 2．实践记录 学生开始实践时，应该将记录本放在近旁，将实践中所做的每一步操作、观察到的现象和所测得的数据及相关条件如实地记录下来。 3．实践报告 主要内容包括对数据、实践中的特殊现象、实践操作的成败、实践的关键点等内容进行整理、解释、分析总结，回答思考题，提出结论或自己的看法等。 九、实践成绩评定办法 十、其他说明 必要时对上述相关内容进行补充，或告知学生实验室管理的相关规定及安全事项等内容。

(2) 综合性和探究性课外学科活动指导书的正文

综合性和探究性课外学科活动指导书的正文通常包括以下几部分：

① 概述。按照教学大纲的要求，明确指出课外学科活动的目的，即通过该课外学科活动的学习，使学生了解或掌握哪些知识，训练或培养哪些技能，为今后继续哪些方面的学习奠定基础；介绍课外学科活动的内容，包括实践对象举例、学生应完成的任务等；说明课外学科活动的步骤，最好将每一步骤所应占用的时间给出，以使学生做到心中有数，能够按部就班地工作；给出课外学科活动任务书和评审表的规范格式，以布置任务，并保证课外学科活动形式的规范性。

② 课外学科活动的有关知识。这是综合性和探究性课外学科活动指导书的主要部分。由于综合性和探究性课外学科活动是多门课程知识的综合运用，在本部分，应将课外学科活动中会用到的相关知识点予以整理、综合，以利学生查阅、使用；同时，实践性决定了在设计过程中，学生会遇到一些教材中没有讲授的、与实践密切相关的知识点，在此应该进行讲解；机械专业中多用到标准、规范、手册、图册等，在此应摘取有关的标准、图表等以方便学生查阅。

本部分应根据具体课程编写，课程不同，所涉及到的知识点不同，本部分内容有所不同。如《机械设计基础》课程设计指导书在此部分应编写相关的机构运动分析、材料与热处理工艺、受力分析、设计计算、结构设计、绘制零件图与装配图、公差尺寸标注、制图标准等内容；而《液压与气压传动》课程设计指导书在此部分应编写控制元件的选择、回路的设计等内容。

编写时，首先应注意，虽然综合性和探究性课外学科活动是多门选修课程知识的综合运用，但并不是大杂烩，编写内容只摘取与课外学科活动相关的内容即可，否则会使学生面对繁杂的知识点茫然而无措。其次，由于在课外学科活动中学生的自主学习占有较大的比重，所以最好以例题的方式进行编写，使学生容易看懂。再次，此部分的编写最好按照课外学科活动的步骤进行，每一步骤需要什么知识，就讲解什么知识，使条理清楚。还有，为了培养学生的创新能力，此部分的编写应注意有取有舍，有轻有重。例如，有些结构可以多罗列几种以备学生选择；而有些结构可以只讲述实践方法，并不给出具体结构，让学生自行设计。

③ 编写实践报告及答辩。根据课外学科活动的选题，明确要求实践报告应包含的内容，

指出编写实践报告的要求和注意事项，以及实践报告的书写格式。说明课外学科活动答辩时需做好哪些准备，给出答辩参考题，帮助学生顺利通过答辩。讲明考核方式，以利成绩的公正。

④ 参考题例、图例及其他资料。根据课外学科活动的选题，给出相关的参考图例，让学生参考借鉴。给出多个题例，以满足不同学生、不同专业的需要。给出其他相关参考资料，以帮助学生完成任务。

以第 4 章所述的采用行动导向教学法进行“减速器分析”的综合性课外学科活动为例说明如下。

分析减速器就是职业导向的任务，它显示了复杂的职业行动在虚构的企业情形下的应用。学生应完成如下工作：构建一个小型减速器设备；掌握相关加工技能；初步掌握装配测量技术；按给定的要求评价，查明各项材料工时费用；在报告中记录工作。课堂单元“减速器”的任务书如表 3.6 所列。

表 3.6　课堂单元“减速器”的任务书

<table>
<tr><td colspan="4">机械制造专业</td></tr>
<tr><td colspan="4" align="center">减速器的分析</td></tr>
<tr><td>姓名：</td><td>班级：</td><td>日期：</td><td>实验桌(或机器)：</td></tr>
<tr><td colspan="4">任务：
作为未来的机械行业技工要求承担下列任务——在小组课上应构建一个小型减速器设备，应将其与小型载荷(设备)联结使用。
实验室或教师提供三个不同的零件图，学生必须选择一个零件，并完成下列操作：
(1) 读懂零件图；
(2) 选择合适的加工材料；
(3) 研究加工路线，确定加工工艺；
(4) 选择加工机床、夹具及测量工具；
(5) 选择刀具并修磨刀具；
(6) 操作机床加工选定零件；
(7) 检测零件；
(8) 将实验室提供的组件零件、标准件、学生加工的零件进行装配；
(9) 装配后的减速器进行调试；
(10) 检测减速器的工作性能；
(11) 构建一个小型减速器系统，将减速器与小型载荷(设备)联结使用。
注意：按表 4.3 的七点计划写报告。</td></tr>
</table>

在编写表 3.6 所列任务书时，教师应从以下几个方面考虑。

第一，教师提供三种不同的减速器用零件图，学生需根据自己的熟练程度、先前知识或者冒险精神，独立决定接受任务的水平，并在其中选择一个作为自己的任务。因此，任务可以以不同的熟练层次引入班级。

第二，要达到培养学生分析确定加工工艺的目的。学生要对各种加工方法进行评价，在此基础上确定加工路线，要求深入分析加工工艺，以确保零件加工合格。

第三，要达到训练加工技能的目的。在整个过程中，学生要做好加工前的准备工作，备材料、备刀具、备量具，要向指导教师了解操作规范和注意事项，要初步掌握机床使用、夹具使用、刀具修磨、量具使用等技能，要能将实验室提供的组件、零件、标准件以及自己加工的零件进行装配，对装配后的减速器进行调试并检测其性能。与此同时，学生必须对自己的每一步工作进行评价。在这个过程中，教师要从各方面保障学生的安全。

第四，要求学生按给定的要求进行评价，查明其他组件、零件、标准件的费用。

第五，要求学生在实践报告中记录自己的工作。学生应在实践进程中尝试各种模式记录。与个人学习过程的行动阶段密切关联的文档要按“七点计划”写（参见第 4 章表 4.3）；而“技术报告”要求定向于事件。其中第（5）部分“评价解决方案”用设计报告还是用实验报告的形式写，取决于所提出的任务。技术报告结构指导如表 3.7 所列。

表 3.7　技术报告结构指导

（1）任务的提出 描述实践任务；解释并说明在实践中应特别注意什么。 （2）工作计划 如果可能，列举工作步骤、时间安排、小组内的分工等。 （3）数据记录 ① 设计数据记录 根据零件图填写工艺卡并列出材料清单；描述功能应如何检验。 ② 加工过程和测量数据记录 详细记录加工过程和出现的问题，用什么办法解决的；记录加工零件的各项数据。 （4）数据的分析 通过零件测量数据的分析，通过装配后减速器工作情况分析，描述所找到的解决任务的技术方案，描述错误并解释。 （5）评价解决方案 描述本人的解决方案与所提任务目标的符合程度。 ① 在设计报告中 举例说明自己所设计、加工、装配的减速器如何合理应用，可用于何处。若可能，从经济、环保、消费者和工人等角度指出优缺点。 ② 在实验报告中 指出自己方案的合理性；将结果与教科书的描述进行比较；解释已经理解的技术概念；描述已经理解的观察和测量现象，若可能，说明下一步应进行什么探讨。

分析减速器的实验室工作应按“七点计划”写报告存档。其中第一点（提出问题）和第七点（控制和批判性的评价）特别应根据具体任务来写。

（3）创新性课外学科活动指导书的正文

由于创新性课外学科活动的特点，其指导书的正文内容相对较为灵活。一般来说，当选题以学科竞赛为载体时，指导书应编写相关的知识点和创新途径。

以机器人竞赛为例，创新性课外学科活动指导书的正文应包含：

① 基本机构类型及选择。主要包括回转运动机构、往复移动机构、往复摆动机构和间歇运动机构等机构的性能和应用场合等。

② 机构的组合。是发明创造新机构的重要途径之一，机构的组合方式主要有机构的串联组合、机构的并联组合、机构的反馈组合、机构的叠联组合等。

③ 机构的构型。即在满足工作要求的基础上，进行机构选择、突破，重新构型。重新构型

的方法有组合法和变异法。通过相关知识点的梳理、总结和创新方法的介绍，教给学生一定的创新方法，使其能够在课外学科活动过程中不断地锻炼和提高创新能力。

3.2.8 教师的工作文体

教师在从事日常工作中除了要应用以上教学文体外，还经常会用到一些处理日常事务的实用文体，如工作计划、工作总结、述职报告、规章制度、操行评语、信函等。

1. 工作计划

工作计划是单位或个人为了完成某项工作、达到某种目的，而对进度、方法等作出某种安排和筹划的预想性的文字材料。由于完成时限和内容详略的不同，计划又有纲要、规划、方案、设想等名称。比较长远、宏大的工作计划为“纲要”或“规划”，比较切近、具体的工作计划为“安排”，比较繁杂、全面的工作计划为“方案”，比较粗略、雏形的工作计划为“设想”，等等。写作工作计划时应注意符合可行性、科学性、政策性、统筹性、明确性、恰当性等原则。

(1) 工作计划的格式和内容

工作计划的格式一般有条文式、表格式和文件式。条文式和表格式计划把计划的各项列成条款或分成一个个栏目，多适用于短期计划；文件式计划主要依靠文字叙述把计划的各项说清楚，适用于原则要求多而具体指标少的计划，一般用于大单位的较长时间的计划。

工作计划在内容上必须有以下三要素：

① 目标、任务、指标

目标，即为计划要达到的目的，它决定了制定计划的指导思想，是计划的灵魂，是计划者奋斗的目标。任务，是指要实现的具体内容，一般较为具体。具体指标，是指完成各项具体任务时的数量要求。

② 措　施

有了目标、任务和具体指标，还必须有行之有效的方法和措施，即该采用什么手段、动员哪些力量、创造什么条件、排除何种困难等，否则，计划只会是一张空文。

③ 步　骤

这是工作程序和时间安排以及各个阶段的具体要求。对各项具体工作、任务完成的时限要作出明确的规定，以保证进度，达到预期目标。

以上工作计划内容的三个要素，在具体写作时根据实际情况可总写，也可分写。

(2) 工作计划的制定步骤

工作计划的制定步骤不是固定的，一般要根据单位及个人的实际情况而定。其步骤如下：

① 认真学习研究上级的有关指示、决议和政策，深刻领会其精神。

② 搞好调查研究，摸清本单位、本系统的实际情况，确定工作任务。有必要、有可能的单位，可请专家对本单位的发展动向、趋势和前景作科学的预测。

③ 根据已确定的任务，明确完成任务的具体目标、措施和步骤。有条件的也可让专家对计划草案进行科学论证。草案应交全体人员讨论，正确听取专家和群众的意见，对草案进行修改。

④ 在此基础上，确定正式工作计划。在以后的执行中，可根据实际情况进一步修订、补充和完善。

2. 工作总结

工作总结，是单位或个人对过去一定时期内工作的回顾、分析、评价，找出经验教训，肯定正确的做法，获得规律性的认识，从而更好地指导今后工作的事务文书。

工作总结是做好各项工作的重要环节之一。写好工作总结，须勤于思索，善于总结。总结中，须对工作的失误等有正确的认识，勇于承认错误，可以形成批评与自我批评的良好作风。写好总结，必须从以往的工作实际出发，因此有利于养成调查研究之风。总之，写好工作总结是非常重要的，但也是非常困难的。难度主要表现在两方面：一是“总”（过去的工作），二是“结”（工作的经验、教训、规律）。要正确处理好两者关系：“总”是“结”的依据，“结”是“总”的概括。

(1) 工作总结的种类

工作总结的种类较多，按内容的涉及面可分为综合总结、专题总结和个人总结。综合总结，也称全面总结，其涉及面广，要求比较全面地总结各方面工作情况；专题总结，也叫经验总结，是就某项工作或某一方面的经验等进行专门性的总结；个人总结，着重总结个人在工作、学习和思想方面的情况，不得停留在生活过程的回顾或一般优缺点的检查上。

(2) 工作总结的特点

① 客观性。总结是对过去一定时间和范围内工作的整体情况或某项工作的过程的回顾和评价，因而要尊重客观事实，以事实为依据，要写出工作的发展变化，介绍比较全面的具体的情况。

② 典型性。总结出的经验教训是基本的、突出的、本质的、有规律性的东西，在日常学习、工作、生活中很有现实意义，具有鼓舞、针砭等作用。

③ 指导性。通过工作总结，深知过去工作的成绩与失误及其原因，吸取经验教训，指导将来的工作，使今后少犯错误，取得更大的成绩。

④ 证明性。总结的基本表达手段是被动的（严格地说是证明），它要用自身实践活动中的真实的、典型的材料来证明它所指出的各个判断的正确性。表述时多用归纳和比较的论证方法，论证过程应有较完整的结构。

(3) 工作总结的内容

工作情况不同，总结的内容也就不同，总的来说，一般包括以下几个方面：

① 基本情况。这一部分是对总结对象的客观情况和事实的叙述，包括工作的有关条件、工作经过情况等。注意要和实践紧密结合，力求客观，实事求是，应当避免议论、抒情等主观的内容。如能直接引用数据，则能够增强客观性和说服力，起到良好的效果。

② 分析说明。这一部分是在客观叙述事实的基础上进行理性分析，是客观情况的升华，是把感性认识上升到理性认识的部分。但要注意，这部分必须建立在上一部分的基础之上，即从事实出发，紧密地联系实践，否则即使分析精辟、论述精彩、思想科学，也完全脱离了总结的本意。

③ 经验教训。从辩证的角度说，有成绩必定有不足。总结的目的就是要肯定成绩，找出

存在的不足和改进的方向。在写总结时,须注意发掘事物的本质及规律,使感性认识上升为理性认识,以指导将来的工作。

(4) 工作总结写作的基本要求

总结的结构,是组织和安排材料的表现形式。其格式并不固定,一般有条文式、两段式、贯通式和标题式几种。不论何种格式的工作总结,其写作都应遵循以下要求:

① 掌握客观事实,广泛占有材料,这是写总结的基础。总结,就是总括事实,得出结论。没有事实就无法得出结论。总结的材料要准确、典型、丰富。写总结的人得花大量的精力去搜集、积累丰富的材料,又要对搜集的材料进行筛选,以确保材料的真实性和典型性。

② 对占有的材料作认真的分析研究,这是写好总结的关键。认真分析与研究,首先要有正确的指导思想。这就要求工作总结者加强学习马列主义、毛泽东思想及邓小平建设有中国特色的社会主义理论,并将其作为评价工作得失的理论依据。其次,要坚持实事求是的原则,克服夸大成绩、回避错误的缺点。再次,要坚持运用辩证法,全面地看待过去的工作。既能看到得,又能看到失;既能看到现象,又能看到本质;既能看到主流,又能看到支流。最后,要突出重点。总结不是流水账,不能不分主次地去罗列数字和事例,要围绕一个中心主题精心选用、分析典型材料,突出主要问题。

③ 注意反映特点,找出规律,这是撰写工作总结的重点。每个单位都有自己的特点,好的总结应当总结出那些具有典型意义的、反映自身特点的以及带规律性的经验教训。

④ 要走群众路线。"从群众中来,到群众中去",是党的一切工作的根本路线。只有走群众路线,才能集中群众的智慧和经验,丰富总结的思想内容。

⑤ 写作过程中的注意事项。首先,注意编好写作提纲。在编写的提纲中,要明确回答想写什么问题、哪些问题是主要问题等。就是简单的总结,不写提纲,也得有个腹稿。其次,注意交待要简要,背景要鲜明,总结中的情况叙述必须简明扼要。对工作成绩的大小以及工作的先进、落后,叙述一般要用比较法,通过纵横比较,使得背景鲜明突出。最后,注意详略须得当。根据总结的目的及中心,对主要问题要详写,次要的要略写。

3. 述职报告

述职报告是单位工作人员向上级主管部门或本单位群众陈述自己一定时期内履行岗位职责的一种自我评述性应用文体。主要是汇报自己某一阶段履行职责的情况、在职责范围内取得了什么样的成果等。写好述职报告,是现阶段对教师进行科学化管理的需要,也有利于更好地开展工作。

述职报告是一种总结性报告,与总结有很多相似之处,但又与总结有所不同:总结的目的是为了分析过去、指导将来;而述职报告则在于通过总结在职期间的工作而获得有权机关或组织的肯定性评价,甚至是任职的合法性支持。

(1) 述职报告的写作要求

① 必须坚持实事求是的原则。写述职报告的目的,既不是要大家评功摆好,也不是要述职人检讨反思,应该有一说一,有二说二,无论功过是非、称职与否都要坚持实事求是的原则,运用一分为二的方法对以往的工作进行检查、回顾,开诚布公地把自己的真实思想、真实情况写出来。既要反映成绩,又要暴露缺点;既要看到现象,又要揭示本质;既要反映主流,又不掩

盖支流；既不夸大成绩，也不回避缺点；既不急功诿过，也不让功揽过。总之，要实际地分析，真实、全面地反映情况。只有这样，才能从实际出发，总结经验教训，指导下一步的工作。

② 应突出重点。述职报告既是实际工作情况的反映，又是经验的总结。它反映现象的本质和规律，而不是现象的罗列和记录。这就要求写作时要结合实际情况，确定工作重心。然后，围绕重心对丰富复杂的工作情况进行认真的分析研究，对众多的材料进行去粗取精。总之，要有详有略，突出重点，避免不分主次地一一罗列，写成豆腐账、流水账。

③ 应力避应付的思想。写述职报告，要充分重视它的重要性，认真检查、回顾自己的工作，总结经验教训，避免应付。

(2) 述职报告的写作内容

由于工作情况不同，报告的内容也不可千篇一律，一般说来，可以分成四个部分：

第一部分要简明扼要、提纲挈领。首先应交待述职人员的职务、职称和岗位职责，然后简要谈谈自己的工作目标以及对自己职责的认识等情况。

第二部分主要汇报述职人履行职责的情况如何，有哪些成绩和缺点。这是述职报告的主体部分。这部分不一定面面俱到，但力争详细具体，应把在一段任职内主要工作的过程表达出来。文中对履行职责的指导思想、对一些问题的处理思路及对所履行职责的认识，都要一一交待清楚。这部分主要有两种写法：重点式和分类式。前者把任职期间最重要的、最关键的几件事作为重点，详细汇报；后者把述职人的工作成果按性质的不同加以汇报。这两种方法各有长短，应按不同情况加以选择，也可将二者结合起来。

第三部分要剖析履行职责过程中成功的经验和失败的教训。这一部分是上文的总结，目的是对履行职责情况进行深层的思考，从而得出正确的、理性的认识。

文章的最后可以说明存在的问题及今后努力的方向。这部分要对所总结的经验和教训提出指导性的看法，指出工作中存在的问题和差距，同时要有针对性地指导今后如何发扬优点、克服缺点，做好下一步工作，确定下一步工作的努力方向。

4. 教师的其他常用工作文体

(1) 操行评语

操行评语是教师以各级教育机构或本校颁发的学生德育大纲、学生守则、学生日常行为规范等为依据，对学生的思想政治觉悟、道德品质、行为表现以及学习、体育健康等方面作出的评价。

操行评语一般包括优点、缺点、努力方向三个方面。“罗森塔尔效应”证明，学生在教师得当的赞美和热情的鼓励下，会产生一种锐意进取、刻苦学习的动力，从而进步较快，甚至出现奇迹。所以，我们写评语时重点是指出成绩，指出长处，肯定进步；缺点和不足也要友善地指出；努力方向要贴船下篙，就人就事而谈。

(2) 信　函

信函类文体是教师日常工作时的常用文体，其种类多样，一般有介绍信、证明信、推荐信、家长信等，有些单位还会印制统一的信笺。无论哪一种信函，通常由信头、称谓、正文和结尾组成。

信头。在第一行居中书写，如“介绍信”、“推荐信”等。

称谓。另起一行顶格书写，一般是收信单位名称或个人姓名，姓名后加“同志”、“先生”、“女士”等称呼，再加冒号。

正文。另起一行，开头空两格写正文，一般不分段。根据所写信函的种类，一般首先简明扼要交代发函缘由或作自我介绍，重点写明发函具体事项、发信方的态度，最后表明对收信单位或个人的希望、要求等。

结尾。根据信函的种类结尾可写表示致敬或者祝愿的话，如“此致　敬礼”或“特此证明”等。

落款和日期。落款是在右下方标明发函单位或个人姓名，单位一般加盖公章。发函日期另起一行，写在落款的正下方。

3.2.9 教师的科研文体

科研文体是指教师在进行教学研究和科学研究工作中，运用概念、判断、推理等逻辑思维方式，来分析、表述科学理论和研究成果的论说文。基于现代职业教育的特点，依据研究内容、研究方法的不同，科研写作中体例和格式也有所不同。

有些现代职业教育科研论文是通过对某一职业教育现象、事件进行有目的、有意识、有规划的研究，直接获取第一手资料并以此为基础撰写而成，常见的有观察报告、调查报告、实验报告、预测报告、可行性研究报告等。有些作者虽然事先没有明确的课题研究计划，但在一段时间的职业教育教学实践后，取得了一定的成功或形成了某些观点、看法，再逆向考察原因，总结有效的职业教育经验并将之上升到一定的理论高度，也可撰写出好的现代职业教育科研论文，这类论文主要有职业教育经验总结报告、专题职业教育教学研究论文等。当然，也有些作者受条件限制不能获取第一手资料，在查阅、分析、比较、研究大量的文献资料后撰写职业教育科研论文，这类论文常见的有职业教育史论文、职业教育基础理论研究论文等。

1. 调查报告

调查报告，是指运用科学方法，有目的、有计划地对某一问题或情况进行认真调查研究后所写的书面报告。

(1) 调查报告的特点

① 明确的目的性

调查研究总是针对一些客观存在的具有典型意义的问题而展开的，因此调查对象的确定、调查方式的选择、调查结果的表现形式等都要紧紧围绕调查报告的目的进行。针对性越强，调查报告的价值就越大，产生的指导意义也就越大。

② 内容的真实性

调查研究作为一门科学，必须有严格的科学态度，其中最重要的一点就是要尊重客观实际。调查报告必须以事实为依据，通过对调查得来的准确的数据和确凿的事实进行科学的分析，找到事物发展变化的原因，预测事物发展变化的趋势，得出科学的结论，以指导实际工作。可以说，客观事实是调查报告赖以存在的基础，是调查报告的生命。

③ 方法的科学性

正确结论的形成需要借助于科学的调查方法，在调查的过程中采用恰当的方法可以收到事半功倍的效果。调查的方法可以分为直接调查和间接调查。直接调查分三种类型：一是口头调查，包括口头采访、召开座谈会等；二是书面调查，包括编发调查问卷、网上调查等；三是实地考察，包括现场调查，参加巡视或蹲点巡视等。间接调查则是指通过调查文献以获得资料的一种方法。总之，只有科学的调查方法才能保证调查结论的科学性。

(2) 调查报告的结构和写法

调查报告的结构形式灵活多样，无固定程式，通常由标题、开头、正文和结尾几个部分组成。

① 标 题

标题，即题目，要用高度概括、简明扼要的语言表现出调查报告的主题。标题有四种写法：

一般文章式。这类标题写法多种多样，可以概括调查报告的主要内容，可以突出调查的主题，可以暴露调查中发现的主要问题，还可以在标题中提出号召等。

提问式。这类标题一般很醒目，引人入胜。一般不在标题中标明“调查”或“调查报告”。

公文式。这类标题标明调查对象和主要问题，如《关于××问题的调查》。

正副标题并用式。正标题标明调查报告的主旨，观点鲜明突出；副标题标明调查报告的事项和范围，如《倡导绿色上网——关于大学生沉迷网络的调查》。

② 开 头

开头，也称“导语”、“总题”、“前言”、“引言”等。调查报告的开头写法多样，总体要求明快朴实、引人注目。常有以下写法：

概述基本情况式。概括说明被调查的事件、问题或典型经验产生的社会背景，具体交待调查的时间、地点、对象和范围，说明调查的目的和结果。

提出意义式。点明所调查问题的重要性，以引起人们的注意。提问式。常用设问句提出问题，接着摆事实，讲做法。这类开头文字简洁，发人深思，易收到良好效果。

概述主旨式。此类开头一般用简明的语言将调查报告的本质、成就、经验概括出来，点明主旨，总领全文。

此外还有对比法，即把两个调查对象作对比以显示其优劣或是非。以上几种开头的类型是无法截然分开的，在调查报告的写作实践中往往是“你中有我，我中有你”。

③ 正 文

正文是调查报告的主干，是表现调查报告主旨的关键部分，是写作的重点。其结构一般有三种形式：

纵式。根据事情发展的始末和材料内部的逻辑关系，先后有序地组织调查材料。各部分之间的前后顺序不得颠倒，前部分常为后部分的前提和条件，后部分往往是前部分的发展和结果。

横式。根据材料的性质，将正文概括为若干并列的部分，分别加以说明和阐述。并列的几个部分之间没有主次之分，都是从不同的角度或侧面来表现调查报告的主旨。

纵横式。是以上的有机结合。它用横式结构把内容分成几个方面或几个部分，便于组织材料。但在具体写每一部分时，按纵式结构安排材料。

④ 结 尾

结尾，也称结束语。调查报告的结尾一般在分析内容的基础上结束全文，以深化主题，加深读者的印象。从内容上讲，大致也可分为三种情况：

总结全文，点明中心，在总结全文的基础上，直接揭示事物的本质；

得出结论，指明方向，从更高的角度、更广阔的背景上来说明和深化主题，说明调查结论的普遍意义；

提出解决问题的办法、措施、意见和建议，这类结束语多用于揭露问题和总结经验的调查报告。

(3) 调查报告的写作要求

第一，要广泛搜集、充分占有材料。调查就是为了获得准确、丰富、典型的材料，因此，搞好调查，首先要有一个明确的调查目的。在此基础上，深入调查研究，广泛搜集、充分占有资料。

第二，要善于分析、综合，揭示客观规律。通过深入调查，广泛占有了各种材料后，对占有的丰富材料进行认真地分析研究，从中归纳出具有普遍指导意义的规律性的东西，这既是调查报告要写的基本内容，也是写作调查报告的主要目的。

第三，运用材料说明观点，力求二者统一。用材料说明、证明观点的方法常有：运用概括材料；运用典型材料；运用对比材料；运用具体数据。

第四，讲究结构形式和语言特色。明确横式结构、纵式结构等的优势和特点，根据具体内容和写作目的确定选用何种结构来组织、安排材料。此外，还要重视调查报告语言的推敲和锤炼，力求做到准确、鲜明、朴实，并能恰当地运用来自人民群众的生动、活泼的语言，适当采用典故、诗词、格言等，增强调查报告的生动性和感染力。

2. 学术论文

学术论文是论述科学研究新的进展及其成果的理论文章，是最常见也是最系统的科研文体。教师学术水平的高低，主要由其公开发表的学术论文来衡定。

学术论文不是一般的学习体会，也不是事实的罗列和资料的堆砌，更不是对他人研究成果的简单重复。它通过运用概念、判断、推理、证明或反驳等逻辑思维手段，来分析、表达科学理论和研究成果。学会写作学术论文，可以真实、全面、系统地反映科研成果，传播学术信息。学术论文一般分为学位论文和交流论文，这里只介绍交流论文，即在学术刊物或学术会议上发表的论文。

(1) 学术论文的特点

学术性是学术论文与一般论说文及科普文章的根本区别，是指系统和专门的学问，即具有坚实的实践基础和理论体系的知识。学术论文应具有以下特点：

① 科学性是学术论文的生命。要求作者具备实事求是的科学态度，能用科学的思想方法进行论述，并作出科学的结论。学术论文的科学性主要体现在观点客观、正确，资料真实、可靠，论证严密、周详等方面。

② 创新性是学术论文的价值所在。《中华人民共和国科学技术报告、学位论文和学术论文的编写格式》规定："学术论文应提供新的科技信息，其内容应有所发现、有所发明、有所创造、有所前进，而不是重复、模仿、抄袭前人的工作"。

(2) 学术论文的结构

学术论文的结构形式虽然多种多样，但其基本格式一般包括以下几个部分：

① 标　题

标题位于全文开头居中，用大于正文的字号书写。标题是论文内容的高度概括，应准确反映论文的中心内容，使读者通过标题就能大致了解论文所阐述的主要问题。

② 署　名

署名在标题下方居中，一般按对研究工作取得成果的贡献大小排定先后次序，以示文责自负及享有著作权。一般在署名之下居中写上作者单位和联系地址。大的机关和公司写到处室，高校写到二级学院或系、研究所。

③ 摘　要

摘要是对论文内容的高度浓缩，是对论文内容不加注释和评论的概括性陈述。摘要的内容包括研究目的、研究对象、研究方法、研究结果、所得结论及应用价值等。摘要力求精炼概括，用二三百字概括出要点即可。

④ 关键词

关键词是为了检索的需要，从论文的标题、摘要或正文中提炼出来的，在表达论文主题方面起关键性作用的词或词组。关键词在摘要之后，一般 3～8 个。为了国际交流，摘要和关键词还应译成英文，放在中文下方或附在文末。

⑤ 引　言

引言是论文的引子，目的是引出正文，又称前言、绪论等。引言和摘要有所不同：摘要主要说明论文的核心内容是什么，是可以独立成篇的内容概要；引言则主要说明为什么要从事本课题研究，预期达到什么目标等。

⑥ 正　文

正文是论文的主体部分，其内容是作者学术理论水平和创造才能的集中体现。在正文中，作者提出论点，并运用丰富、翔实的材料展开充分、严密的论证。正文的基本要求是：中心明确，重点突出；论证充分，逻辑严密；语言规范，图表精确。常分以下三个部分：

研究方法。主要是要写清研究对象的情况，如调查或实验对象的年龄、性别、取样方式、样本容量、控制条件、调查项目或实验因素、研究结果的检验方式、操作步骤等。

研究结果与分析。将研究过程中收集到的资料、数据进行整理、展示或用图、表、文字等描述，根据研究结果，进行分析、比较、综合、整理，展开合乎逻辑的论证。

讨论。在分析完研究结果后进行必要的深入讨论，如对研究结果的理论分析，对研究方法的科学性与局限性分析，对研究结果的可靠性与适用范围分析等。

⑦ 结　论

结论又称结束语，是对全文的总结，是理论分析和实验结果的逻辑发展。其内容包括：研究结果说明了什么问题，得出了什么规律，有什么创新，解决了什么理论或实际问题，提出今后进一步研究的方向或问题。

⑧ 参考文献

在学术论文中，凡是作者直接引用的或是参阅过的、与论文密切相关的文献资料，都应该在文中引文处标上序号，然后在论文的后边依序列出作者姓名、题目、出处、出版者、出版年、版次等。注明参考文献，一方面表明作者对前人劳动成果的尊重，另一方面也便于读者去查阅参考文献的原文，可以对本课题的研究有全面、历史的了解，从而去做更深入的研究。常用的参考文献注释方式有两种：脚注，也称页下注，指在页面下方注明该页所用引文的出处；尾注，即在全文末尾注释本文所用的引文。表 3.8 列出参考文献的基本格式。

举例如下：

[5] 白汉刚. 职业院校推进半工半读面临的问题及几点建议. 中国职业技术教育, 2007,17.

表 3.8 参考文献的基本格式

引用对象	基本格式				
书籍类	编　号	作者姓名	书　名	出版社	×年×月第×版
刊物类	编　号	作者姓名	文章题目	刊物名称	×年第×期
报纸类	编　号	作者姓名	文章题目	报纸名称	×年×月×日
网页类	编　号	作者姓名	文章题目	网页名称	网　址

3. 教师的其他常用科研文体

(1) 经验总结

经验总结主要应总结能反映现代职业教育规律的实践经验和认识经验，更偏重于职业教育实践中的做法和自身感受。显然，经验总结应体现实践性、概括性和个性，其写作格式如下：

① 题　目

应根据经验的全面程度确定题目的大小，以印象最深、成效最大、最有新意的经验来标题。应注意，对初次撰写经验总结的作者而言，题目宜小不宜大。

② 前　言

可介绍时间、环境、内容及写总结的原因等，也可直接提出需要解决的问题，或介绍本单位基本情况、成绩和效果。

③ 正　文

可以按照工作过程来写，最后谈体会；可以按照提出问题、采取相应办法解决问题的思路来写；也可以将问题、过程、做法、感受结合起来，按照体会来写，夹叙夹议，理清体会最深的几点之间的联系；也可以抓本质、抓规律、抓联系，按照理论性的归纳来写。

④ 结　尾

是经验的精髓、对正文表述的概括，应语言准确，画龙点睛；也可以概要说明本经验的不足之处，指明需完善的方向。

(2) 实验报告

实验报告是反映实验过程和实验结果的书面材料。对于探索性实验，由于研究领域空白或认识贫乏，实验报告一般用探讨性语句；对于验证性实验，由于主要是对已有实验重复实验或对同类实验进行移植以验证某些结论，实验报告多用决断性语句。除了题目和署名以外，实验报告的组成还包括：

① 问题的提出

揭示实验的目的、背景和意义，要具体明确实验内容。也可以介绍本实验问题的国内外研究进展和水平，以及本实验的突破。

② 实验方法、实验措施及对无关因素的控制

介绍实验对象的选择，实验的组织类型，测量标准，实验步骤等；确定自变量所包含的内容；确定无关因素，及其控制方法。

③ 实验结果

实验结果是实验报告的关键所在，要提出数据和典型事例。典型事例要有说服力，数据要准确，图表应正确，应用统计检验来说明自变量与因变量之间的关系。

④ 分析与讨论

用实验结果回答开篇所提出的问题；对实验结果进行理论分析与论证；将实验结果与同类研究相比较，找出得失成败，对实验中有争议的问题提出见解；指出本实验的不足之处。

⑤ 结　论

结论是对整个实验的总结，回答实验提出的问题。应注意，谨慎下结论，结论运用范围应与取样范围一致。

⑥ 附录与参考文献

内容较多、不便写入实验报告的材料可附录在后，如测试题、原始数据、统计检验等。所引用的材料和论述应无遗漏地罗列在参考文献中。

(3) 测查报告

测查报告是指职业教育科研课题结题时，针对课题研究过程中收集的数据、资料、检验报告等进行测查、统计工作所作的报告。测查报告需包括：

① 测查目的

② 测查对象及施测单位

③ 测查内容

包括有关调查的项目、种类；测查主要内容及课题来源；编拟测查题目的依据、原则和程序。

④ 测查方法

包括测查取样的方法、测查的操作方法和步骤，以及数据、资料的整理、统计方法。

⑤ 测查结果

用恰当的图、表、文字展现测查结果。

⑥ 测查结论

简明扼要地对测查的客观性、科学性、公正性、可靠性以及测查结果进行总结。

(4) 研究工作报告

研究工作报告是从开题到结题的整个课题研究过程的客观记录、进程回顾和大事汇总，应高度概括研究情况并具体体现研究实施的计划性。除了介绍课题名称、隶属和周期等基本情况外，研究工作报告还应包括：

① 课题的研究目的、指导思想（原则）、研究方法

② 课题的研究进程

是研究工作报告的主体部分。按照研究计划，明确研究所经历的准备阶段、研究阶段和总结阶段所作的主要工作。在准备阶段，报告应说明摸底调查、落实分工、拟定计划、后勤保障等工作；在研究阶段，应紧紧围绕方案的主要内容和措施，不仅将“怎么做”主要工作，如观摩、活动、研讨等如实反映，而且要对困难、问题、进展和成果等进行回顾；在总结阶段，重点进行测查、收集材料、撰写报告等说明。

③ 研究的组织与管理

交代在整个研究过程中课题组的组建、管理制度的落实、各级领导的重视和支持、经费的开支和筹集等内容。

值得注意的是，在研究工作报告的最后，应扼要介绍课题取得的主要成果和主要经验，给人以研究过程完整、清晰的印象。

(5) 结题报告

教育科研课题结题报告是专门用于教育科研课题验收的实用性报告类文体，是研究者在课题研究结束后对教育科研课题研究过程和研究成果进行客观、全面、实事求是的描述，是课题研究所有材料中最主要的材料，也是课题验收的主要依据。除了课题名称、研究人员情况和参考文献等基本组成部分以外，一份规范的教育科研课题研究结题报告大致还包括：

① 课题研究的背景(或问题的提出)

要用简洁的文字从背景、现状和基础三个方面回答“为什么要选择这项课题进行研究?”当然，还必须考虑到教育形势的发展和观念、方法、理念、手段的更新。

② 课题研究的意义

包括理论意义和现实意义，本课题研究的重要性和必要性以及可能性等方面。这部分也可以合并归入课题研究的背景部分。

③ 课题研究的理论依据

对课题名称中一些重要词语的内涵、课题研究涉及的范围等作简单阐述；阐明所依据的理论支撑、所用到的教育理论和思想，说明自己的主要研究思想，应注意所依据的理论要具有科学性和先进性，通过这些学说、观点，可以使本课题研究得到理论支撑。应注意围绕课题研究的需要，选最精辟、最适用的摘录，切忌全文照搬。

④ 课题研究的达成目标

应注意课题研究目标的确定不能过于空泛，要扣紧课题。还要注意结构的内在联系，所确定的目标，最终要落实到成果中去。

⑤ 课题研究的主要内容

主要陈述课题研究的范畴、立足点，也可将子课题表述成研究内容的其中一项。应注意表述须紧扣研究目标，简洁、准确、中肯；主要内容与课题研究成果同样有着密切的内在联系，课题研究的主要内容必须在研究成果中予以体现。

⑥ 课题研究的方法

列出将采用的科研方法，稍加说明，不必花费过多笔墨。

⑦ 课题研究的步骤

一般将课题研究分成准备阶段、实施阶段、总结阶段三个阶段，简要陈述每个阶段所做的工作。应简明扼要，不必赘述。

⑧ 课题研究的主要过程

通过回顾、归纳、提炼，具体陈述课题研究的主要过程以及采取哪些措施、策略或基本的做法来开展研究。

撰写这部分内容时，应注意不要用总结式的语调来撰写，可条理清晰地按照准备阶段、实施阶段、总结阶段的顺序分成条目来写。也可以与“课题研究步骤”合并陈述，在每一个阶段中具体陈述所做的工作，以及所采取的研究策略或措施等。

⑨ 课题研究的成果

是结题报告中最重要的部分，应能全面、准确地反映课题研究的基本情况，使课题研究成果得以推广和借鉴。要从实践成果和理论成果两方面详细陈述，理论成果包括课题研究所得到的新观点、新认识，课题研究报告，教师论文发表或获奖情况，论文集等；实践成果包括优秀教案或活动设计汇编、个案汇编、实验课、示范课、观摩课（课件）的获奖情况、学生作品集、情况汇总等。应注意研究成果必须体现所确定的研究目标。

⑩ 研究中的反思及今后的设想

内容陈述要求比较简单。但要求所反思的主要问题准确、中肯；今后的设想主要指准备如何开展后续研究，或者如何开展推广性研究等。

3.3　教育技术能力

3.3.1　现代教学媒体的使用

现代教学媒体是相对于常规教学媒体而言的。它是指从 19 世纪末期开始在教学中逐步采用的以电为动力的幻灯、电影机、电视机、录音机、录像机、电子计算机、网络等硬件以及承载着教学信息的幻灯片、电影片、录像带、录音带、光盘、移动硬盘、U 盘等软件构成的教学媒体和教学辅助用具。具体来说，就是用幻灯、电影、电视、录像、广播、语言实验室、电子计算机、网络等现代化工具，辅助教学活动的电化教具。

1. 现代教学媒体的类型

(1) 幻灯机。幻灯机是由光源、光学镜片和电路组合而成的映像装置，主要用于提供放大的静止图像。它可以任意控制图像呈现时间的长短，便于学生观察，也可以帮助教师讲解和演示。幻灯在 19 世纪 90 年代开始在学校使用，目前已成为教育和教学广泛使用的一种重要手段。按幻灯的结构可分为：折射式，用于放映透明幻灯片；反射式，用于放映不透明的书刊、图片等。按它的操作方式又可分为：手动式，即调换幻灯片用手操作；自动式，即可以自动换片、定时换片、遥控换片，有些幻灯机还能自动调整焦距；声画同步式，可以同时放送幻灯片与录音解说，可以同时映出图像和放出声音，并自动换片。

(2) 投影器。投影器是在幻灯机的基础上发展起来的一种便于书写的光学放大装置。它可用于放映事先制作的或临场书写的各种投影单片或卷片以及用透明材料制作的投影教具等。它的基本功能与幻灯相似，不同之处主要有：可以用作直接书写，代替黑板；与银幕距离较短（通常摆在讲台一侧），并能放送出大而明亮的图像；使用时无需较严密的遮光；可用投影教具进行演示实验。由于投影器使用方便，所以它在教学中使用得十分普遍。

(3) 录音机。录音机是利用声电转换和电磁转换原理进行工作的录音、放音机器。主要用于记录、重放和传输声音。录在磁带上的声音磁迹可以长期保存，不需要时也可以抹掉重录新的内容。录音用于教学，特别是语文、外语、音乐等教学，始于 20 世纪 50 年代，目前已是使用最为普及的一种教学手段。

(4) 电影机。电影机是利用摄像机和感光胶片，把人、事、物等各种景物拍摄下来，制成拷贝，再通过电影放映机在银幕上映出连续的活动画面。它主要用于传输动态图像或事物的变化过程以及声音，使教学活动生动、形象，富有真实感。教学用的电影机，应具有慢放、倒放和定格放映等功能，以满足不同教学的需要。

(5) 电视机。电视机是用电磁波同时传送和接收活动图像与声音的装置。教学电视一般可分为两个类型:开路电视系统,用无线电发射方式传送教学节目;闭路电视系统,用电缆传送教学有关节目。

(6) 录像机。录像机一般与摄像机、电视配套使用。经过摄像机,把图像和声音录在磁带上,然后输送给几台电视机去显示。也可以不要摄像机,直接选录有用的电视、电影节目。录像机可以多次重放,便于细致地观察和摹仿技术动作。

(7) 语言实验室。它是一种装有录音系统和其他电化教学手段的主要用于语言教学的特殊教室。它的设备分为教师控制台和学生隔音座位两大部分。控制台装有耳机、话筒、录音机、控制线路和控制各种放录设备的开关,教师通过控制台对学生授课。学生的隔音座位都配有耳机、话筒、录音机等。语言实验室可分为听音型、听说型、听说对比型和视听型四种类型。

(8) 电子计算机。电子计算机是能够接受、储存信息,执行指令并提供处理结果的机器。

(9) 程序教学机。它是一种装有程序化教材的教学机器,主要用于自学、练习和测验、考试。

(10) 网络。在计算机领域中,网络就是用物理链路将各个孤立的工作站或主机相连在一起,组成数据链路,从而达到资源共享和通信的目的。凡将地理位置不同,并具有独立功能的多个计算机系统通过通信设备和线路而连接起来,且以功能完善的网络软件(网络协议、信息交换方式及网络操作系统等)实现网络资源共享的系统,均可称为计算机网络。

2. 现代教学媒体的特点

现代教学媒体不同于传统的教学媒体,它具有以下鲜明的特性:

(1) 高表现性。现代教学媒体突破以往简单平面的信息传播方式,通过多种感知方式,更生动、更直观、更鲜明地传递教学信息,使之立体化、形象化。

(2) 可控制性。现代教学媒体可以通过技术手段的控制,调节时空因素,使原本难以传递和获取的信息更清晰地得到展示,从而更好地传递。可控制性便于师生更深入地投入到教学活动中,使师生双方能更有效地发挥主导作用和主体作用,成为教与学的主人。

(3) 易接受性。由于现代教学媒体可以经过多种感知渠道将信息传递给接受者,使接受者同时通过多种感觉通道感知信息,多种感官协同参与,从而更易于接受、更易于理解,有利于提高认知的效率。现代教学媒体传递信息的方式不仅更具直观性、生动性、鲜明性,而且更具新颖性,因而接受者更易于集中注意力,更感兴趣。

3. 运用现代教学媒体的基本要求

现代教学媒体在课堂教学中的合理使用,会使课堂教学的形式和节奏有所改观。它的极强的表现力,会引起学生极大的兴趣,使学生更加深入、全面、系统地掌握知识,从而缩短教学时间,提高教学质量。但若使用不当,则会适得其反。在运用现代教学媒体时应注意以下一些问题。

(1) 做到全面规划,合理安排。运用现代教学媒体,一定要根据课程标准的要求和教材内容的需要,为实现教学目的服务,而不能把使用教学手段当成目的。因此,教师应该熟悉课程标准和吃透教材,全盘考虑在具体教学时,需用什么样的现代化教学手段,用它解决什么问题。对一堂课中运用什么样的现代化教学手段,运用多长时间,什么时候出现,都统筹考虑,做到全面规划、合理安排。

(2) 做到恰当使用，最优选择。运用现代教学媒体，一要根据学科的性质，教材的深浅、重点与难点，一堂课要达到什么样的目的，学生年龄大小，学校的地理位置等选择；二要考虑各种现代教学手段的特点和功能；三要根据量力而行的原则进行选用。

(3) 做到认真准备，课前检查。

(4) 做到适时出现，恰到好处。该用的地方用，不能为赶时髦而滥用。

(5) 做到发挥教师主导作用。使用现代教学媒体固然能提高教学效率，但决不能认为机器可以代替老师。在运用现代化的教学手段时仍要注意充分发挥教师的主导作用，组织引导好学生的视听活动。因此，在使用视听教具前，教师要简单介绍本课的教学要求、教学内容，对所使用的录音磁带、录像、电影片等的内容作些简单的介绍，如果内容繁杂，还要提醒学生在视听时注意什么、思考什么，便于使学生抓住中心和要害之处。视听教具演示完毕，要及时进行小结，引导学生掌握要点及时理解巩固。但一些基本技能的培养，单靠视听工具演示是不能解决问题的，还要根据教学需要布置一些作业，组织学生自己去练习，逐步掌握技能技巧。

(6) 做到适当讲解，提问引导。在使用现代教学媒体时，教师必须根据不同的内容，作必要的讲解、引导提示。应该让幻灯片、投影、录音、录像等为教师的讲授服务，而不是教师单纯地为电化教具作"解说"。在让学生听看教学节目时，可以停下来提问，使学生在听看节目的过程中得到这些问题的答案。

(7) 做到现代教学媒体与常规教学媒体相结合。现代教学媒体固然有很多优点，但它决不能代替常规教学媒体。因为，常规教学媒体有许多现代教学媒体所不具备的优点，例如，在课堂上用直观教具做化学实验，学生不仅可以通过颜色和形态的变化来观察某一化学反应，而且可以通过嗅觉进行判断。有些化学实验、生物解剖、机械安装等，目的主要在于让学生掌握操作技能，要求学生必须亲自动手，而仅仅依靠电影、电视中看别人的操作是无法培养起相应的技能的。又如教师在黑板上的勾画图表，不仅让学生形象地理解知识，而且掌握了教师的思路。此外，现代化教学手段造价昂贵，而常规教学手段可自行制作，造价低廉。当然，常规教学媒体也有不足之处。为此，我们应把现代教学媒体和常规教学媒体结合起来，互为补充，取长补短。

(8) 引导学生把视听和思考结合起来。要使学生真正掌握知识，仅仅靠视听的感知是不够的，还要引导他们边看、边听、边想，通过思考去消化、理解，以便从接受的感性图像中抽象概括出理性认识，由形象思维上升到逻辑思维。这就要求教师，一要精心指导学生视听，充分获得感性认识；二是启发学生认真思考，通过分析、比较、综合、抽象、概括、判断和推理等思维活动，由感性认识上升到理性认识，从而把握事物的本质和规律。

(9) 从实际条件出发，讲求实效。由于我国目前经济还比较落后，短时期内要使各个学校都使用现代化的教学媒体尚不可能，即使条件较好的学校，短期内要达到使用设备齐全的现代教学媒体也有一定的困难，所以，各校应从自己的实际条件出发，因地制宜。

(10) 做到平时检查，妥善管理。对于现代教学媒体，要注意平时检查、维修和管理，并按照要求进行保养、擦洗，以确保在应用时不出故障，顺利进行。

4. 现代教学媒体的使用

现代教学媒体对教学内容的处理主要体现在运用数字技术采集和处理文本、图像、声音、视频、动画等多媒体素材。多媒体素材是多媒体课件中常用的视觉材料、听觉材料和视听觉材料,素材的使用有相对独立性和可组合性,在教学设计中,它是表达一定教学思想和内容的元素。

3.3.2 文本素材的获取和处理

1. 文本概述

文本是文字、数字和符号的统称,是最常用也是最基本的多媒体素材。文本主要用于对知识的描述性表示,如阐述概念、定义、原理和问题,以及在用户界面中显示标题、菜单等内容。用文本表达信息给人以充分的想象空间。文本素材通常以文本文件保存,常见的格式有:*.txt 文件、*.doc 文件、*.rtf 文件、*.wps 文件、*.pdf 文件等。

2. 文本的输入

文本的输入通常使用键盘,也可以采用手写输入、语音输入和扫描输入。用键盘输入时,英文、数字、常用标点符号可以直接从键盘输入,汉字、中文标点符号、其他文字符号、特殊符号的输入,通常需要使用相应的输入法。文本中的特殊符号可通过输入法所提供的软键盘输入功能输入。例如,要输入○☆△←◎等符号,可在智能 ABC 输入法的工具栏的软键盘按钮上右击,在弹出的快捷菜单中选择【特殊符号】菜单项,再在弹出的软键盘中输入相应的符号。利用特殊的字体设置还可以输入一些图形符号,如利用 Webdings 字体可输入✔ⓘ✱▶🎗■□🚲⛊🚆✱🖭§◀⏮●▢ 等图形符号,利用 Wingdings 字体可输入♏⊠◆♓□♋♎♐♑♒♏&●♌☠☝等符号。文本的输入也可以采用手写输入、语音输入和扫描输入,用这些方法输入文本时,一般都要进行识别转换才能变成所需要的文本。

3. OCR 文字识别技术

要将大批量的印刷体或手写体文字转换成电子文本素材,常用的方法就是通过扫描仪扫描变成计算机中的图像文件,再使用 OCR 文字识别技术将其识别并转换为可编辑的电子文本。OCR 是 Optical Character Recognition 的简称,即光学字符识别技术。随着扫描仪的普及,OCR 文字识别技术也日益成熟。许多 OCR 软件不仅能识别黑白印刷体汉字,还能识别灰度和彩色印刷体汉字,识别速度很快,识别正确率达到了 99%以上;可识别宋体、黑体、楷体等多种字体和简体、繁体;可对多种字体、不同字号的混排进行识别;有些 OCR 软件还能识别图像、表格。与此同时,对于手写体汉字识别的研究也取得了很大进展,正确识别率已达到了 70%以上。常用的中文 OCR 文字识别软件主要有清华紫光 TH－OCR(7.5 专业版,2000 版,2002 版等)、汉王 OCR、中晶尚书 OCR(五号、六号、七号)、丹青 OCR、蒙恬 OCR 等。英文 OCR 文字识别软件主要有 OmniPage 等。

案例:用清华紫光 TH－OCR 对扫描后的图像进行文字识别。

(1) 打开清华紫光 TH－OCR 2002 版(默认安装位置:C:\Program Files\TH－OCR XP)

在【文件】菜单中选择【打开】菜单项,在【打开】对话框中选择扫描后的图像文件 sample-JT3.tif,如图 3.16 所示。

单击【加入】按钮,得到如图 3.17 所示的结果。

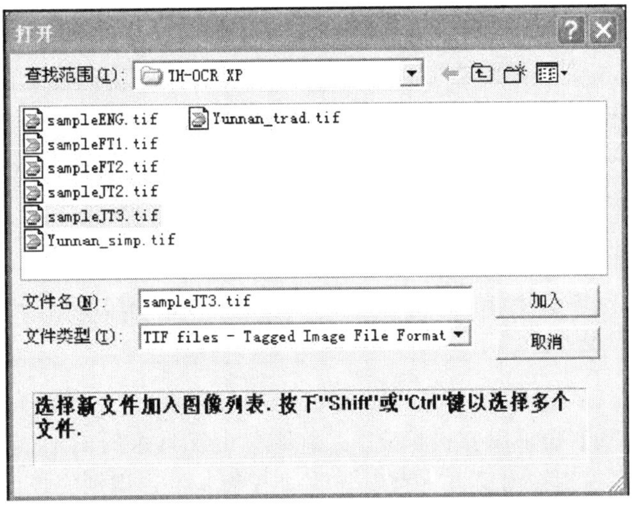

图 3.16　TH - OCR 2002 的打开文件对话框

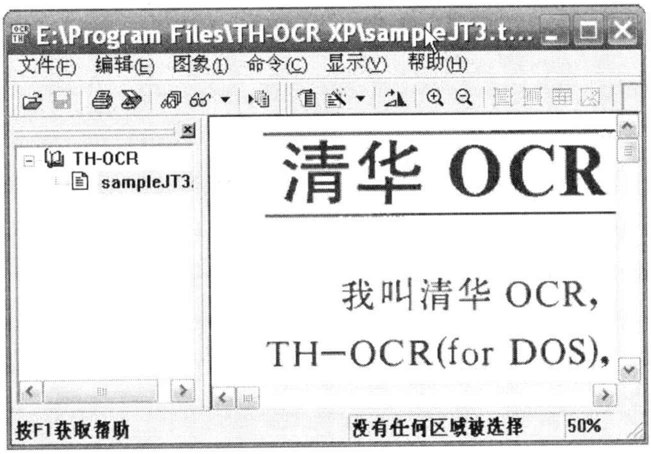

图 3.17　打开文件后的 TH－OCR 2002 界面

(2) 倾斜矫正

扫描后的图像有一定的倾斜，将影响 OCR 识别的效果。对于特别小的倾斜角度(约 1°～2°)OCR 系统可以自动适应，无须任何处理就可识别。当倾斜角度为 10°～15°时，可以先进行倾斜矫正，然后再进行识别处理；如果倾斜角度大于 15°，则 OCR 难以进行倾斜矫正，需要重新扫描。

自动校正。拖动鼠标在倾斜的图像中拉出一块大小适当的区域，再选择【命令】菜单中的【倾斜校正】，或选择工具条中的【倾斜校正】，系统会自动将倾斜的图像校正。

手动校正。按住 Shift 键，然后在要识别的图像的某一行文字下右击并沿着文字拖动，使拉出的直线平行于倾斜的文本行，然后松开右键，系统会自动将倾斜的图像校正。

(3) 版面分析

在【命令】菜单中，选择【版面分析】项，或直接按 F6 键，或单击工具条中的按钮，图像自动分为若干个属性不同的区域(图形、图像、竖排文字、横排文字、表格等)。

(4) 设置版面区域类型

TH－OCR 2002 专业增强版系统的版面区域共有四种类型，即横排正文、竖排正文、表格和图形、图像。在进行识别前，必须正确定义图像中各区域的区域类型。设置版面区域类型的方法是：对于所划分的每一个当前区域，在【图像】菜单中选择相应的项目(【横排正文】、【竖排正文】、【表格】或【图形、图像】)；或直接单击工具条中的类型按键。

(5) 选择正确的识别字体

单击工具条上的字体选择键，选择简体多体(印刷体)。或者先选择某一版面区域，然后右击，在快捷菜单中选择设置区域字体，选择简体多体(印刷体)。

(6) 文字识别

选择【命令】|【识别】(也可以直接按 F2 键)，或单击工具条的识别按钮，系统即进入识别程序。识别过程中，在识别输出窗口将出现一活动蓝条以报告识别完成的进度。识别后的文本内容存储在安装目录下的同名文本文件中，即在 C:\Program Files\TH－OCR XP 文件夹下的 sampleJT3. TXT 文件。

(7) 校对文本

完成识别后，单击工程管理窗口中相应的 sampleJT3. TXT 文件进入编辑修改状态，如图 3.18 所示。

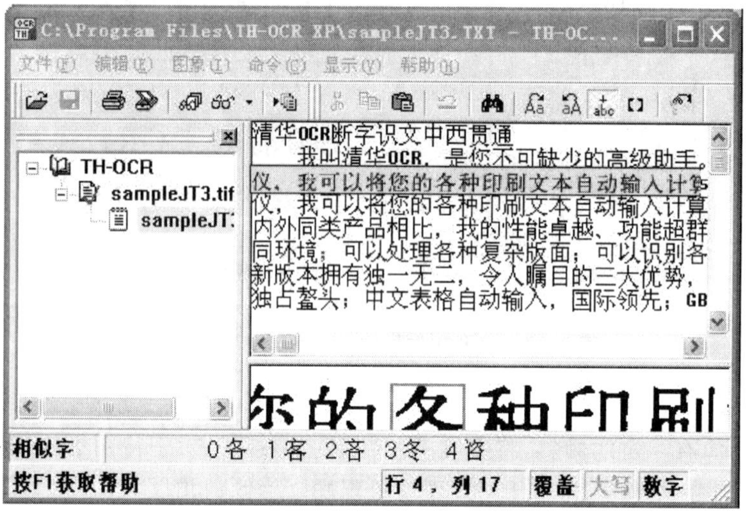

图 3.18 对识别后的文本进行校对编辑

单击相应的文本行，将在其上方显示原文，方便将识别后得到的文本与原文进行对照，可能存在识别错误的文字会闪烁显示，并在下面显示相似的文字供选择，单击相应的文字即可修改，也可以重新输入文字进行修改。

(8) 导出与保存

修改完成后，将所获得的文本导出进行保存，方法是：选择【文件】|【导出】，或单击工具条上相应的按钮，弹出对话框如图 3.19 所示。选择保存路径，键入文件名，然后单击【保存】按钮保存。

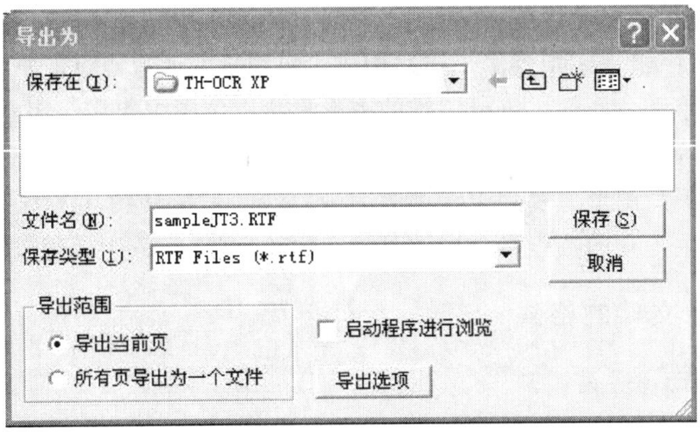

图 3.19　导出文本对话框

若在【导出范围】中选择【所有页导出为一个文件】，则系统把所有识别结果合并后导出。若选择【启动程序进行浏览】，则在导出时系统自动启动与导出文件格式对应的浏览程序。在 Office 2003 的 Microsoft Office 工具中有一个名为 Microsoft Office DocumentImaging 的工具，如图 3.20 所示。利用工具按钮(OCR 识别)和(导出为 WORD 文档)，可以非常方便地对扫描后的图像进行 OCR 文字识别，并导出为 WORD 文档。

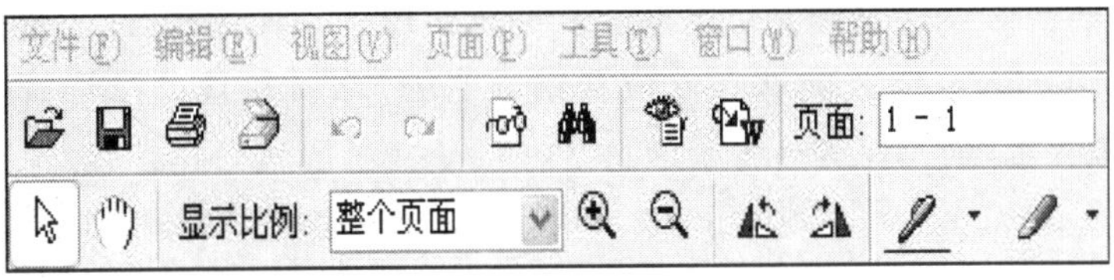

图 3.20　Microsoft Office Document Imaging 的 OCR 文字识别功能

4. 网页文本素材的下载和处理

一般情况下，网页上文本内容可以直接选择并复制下来，或者直接保存为网页文件或文本文件。但是，也有一些网页上的文本内容不能被选择和复制，也不能被保存为网页文件或文本文件。为了获得这些文本素材，通常可采用以下的方法。

(1) 右击网页的空白处，在弹出的快捷菜单中选择【查看源文件】菜单项，弹出网页的源文件编辑窗口。该窗口一般是记事本窗口。

(2) 查看该文件的内容，将正文前的所有内容删除，然后保存为文本文件。

(3) 将保存的文本文件的扩展名.txt 改为网页文件的扩展名.htm。

(4) 再次打开该文件后，文本内容就可以被复制下来。

3.3.3　图形、图像资源的获取和处理

1. 图形、图像概述

根据计算机内部表达与生成图形、图像方法的不同，可以将图形、图像分成两类：一类叫位图(Bitmap)。位图是把一幅彩色图像分解成许多像素，每个像素用若干个二进制位来指定该

像素的颜色、亮度和其他属性。另一类是矢量图形(Vector Map)。矢量图形是指以数学方法表示出来的,并通过一组程序指令集来描述构成一幅图形的所有点、线、框、圆、弧、面等几何元素的位置、维数、大小和色彩的二维或三维的图形形状。位图主要用于表示真实照片图像和包含复杂细节的绘画等。它的特点是显示速度快,但占用的存储空间较大。这类图像多来源于"扫描"和"复制"。矢量图形主要用于线型的图画、美术字、统计图和工程制图等,多以"绘制"和"创作"的方法产生。它的特点是占据的存储空间较小,但不适于表现较复杂的图画。

2. 图形、图像文件的格式

(1) 点阵图、形图像文件

BMP(Bitmap)。BMP是Windows中的标准图像文件格式,已成为PC机Windows操作系统中事实上的工业标准。BMP格式的图像以独立于设备的方法描述位图,可用非压缩格式存储图像数据,解码速度快,支持多种图像的存储。常见的各种PC图形、图像软件都能对其进行处理。在PhotoShqp中,最多可以使用16M的色彩渲染BMP图像。

GIF(Graphics Interchange Format)。GIF是能在各种平台的各种图形处理软件上处理的、经过压缩的一种图形文件格式。该格式由Compuserver公司创建,存储色彩最高只能达到256种。正因为它是经过压缩的图像文件格式,所以大多用在网络传输上,速度要比传输其他格式图像文件快得多。它的最大缺点是最多只能处理256种色彩,故不能用于存储真彩色的图像文件,但其GIF89a格式能够存储成背景透明的形式,并且可以将数张图存成一个文件,从而形成动画效果,即GIF动画。

TIF/TIFF(Tag Image File Format)。TIFF是由Aldus为Macintosh机开发的一种图形文件格式,最早流行于Macintosh,是Macintosh和PC机上使用最广泛的位图格式之一。现在Windows上主流的图像应用程序也都支持这种格式。所以,在Macintosh和Windows两种平台上移植TIFF图形、图像十分便捷。大多数扫描仪也都可以输出TIFF格式的图像文件。该格式支持的色彩数最高可达16M种。其特点是:存储的图像质量高,但占用的存储空间也非常大,其大小是相应GIF图像的3倍,JPEG图像的10倍。

(2) 数学描述图形、图像文件

WMF(Windows Metafile Format)。WMF是Microsoft Windows中常见的一种图元文件格式,它具有文件短小、图案造型化的特点,整个图形常由各个独立的组成部分拼接而成,但其图形往往较粗糙,并且只能在Microsoft Office中调用编辑。

EMF(Enhanced Meta File)。EMF是由Microsoft公司开发的Windows 32位扩展图元文件格式。其总体设计目标是要弥补在Microsoft Windows 3.1中使用的WMF文件格式的不足,使得图元文件更加易于使用。

ICO(Icon file)。ICO是Windows的图标文件格式。

JPG/JPEG(Joint Photographic Expert Group)。JPG/JPEG是24位的图像文件格式,也是一种高效率的压缩格式,文件格式是JPEG(联合图像专家组)标准的产物,该标准由ISO与CCITT(国际电报电话咨询委员会)共同制定,是面向连续色调静止图像的一种压缩标准。同样一幅画面,用JPG/JPEG格式储存的文件是其他类型图形文件的1/10～1/20。一般情况下,JPG/JPEG文件只有几十KB,而色彩数最高可达到24位,所以它被广泛运用在Internet

上,以节约宝贵的网络传输资源。

3. 图形、图像资源的获取途径和方法

(1) 从光盘中获取或截取

图形、图像资源的获取,可以购买现成的图形、图像素材光盘。已经出版的各种教学素材光盘有很多,可以从中直接获取图形、图像素材资源,或者将它们拷贝到相应的存储设备中以备用。影视光盘中的内容,可以借助播放器来截图,并保存为相应格式的图像文件。

案例:用豪杰超级解霸截取视频中的图像。

①打开豪杰超级解霸 9,如图 3.21 所示。

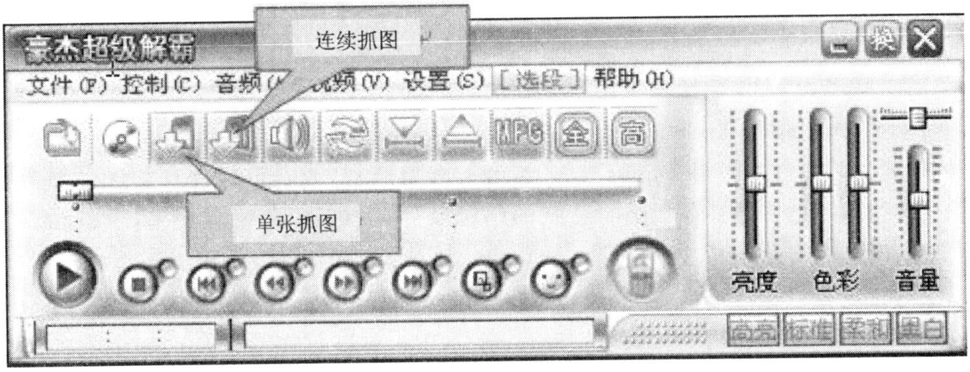

图 3.21　豪杰超级解霸 9 播放器界面

② 在【文件】菜单中选择【打开】|【媒体文件】菜单项,选择视频文件所在的位置,打开要播放的视频文件(本例中为 MTV 光盘的 MPEGAV 文件夹中的视频文件)。注意:抓图功能只支持 VCD、DVD 或者 MPEG1 标准的. MPG 以及. DAT、. VOB 格式文件。

③ 在播放过程中根据出现的画面选择截图的位置,单击【暂停】按钮,单击播放器界面上部的【单张抓图】按钮,在弹出的保存对话框中选择要保存的位置,输入图片的名称,选择图片的类型,按【保存】按钮即可。

④ 在播放过程中,单击【暂停】按钮,连续抓图的按钮便由单色变成了彩色,然后单击播放器界面上部的【连续抓图】按钮,在弹出的保存对话框中选择要保存的位置,输入图片的名称,选择图片的类型即可保存连续多张图片序列。被抓的图片以 BMP 的格式保存下来。

(2) 通过外部设备获取

报刊、书籍中的图形、图像可用扫描仪扫描下来,存为相应格式的图形、图像文件。关于用扫描仪的操作使用可参看扫描仪的说明书。用数码照相机和数码摄像机可以直接拍摄数码照片成为图形、图像素材。直接使用数码相机或数码摄像机拍摄的照片可以省去扫描照片的过程,节省了大量的时间。拍摄下来的照片可用相应的连接设备存储到计算机中。

(3) 通过互联网获取

互联网提供了大量的图形、图像资源,从相关网站上查找和获取图形、图像资源已成为获取图形、图像资源的基本途径。百度图片号称全球最大的中文图片库,利用百度中文搜索引擎提供的图片搜索功能可以搜索查找到大量的图形、图像资源。

(4) 用屏幕抓图软件截取图形、图像

网上的图形、图像有时无法直接复制或另存为本地的图形、图像,这时就需要使用截图的方法来获取所需的图形、图像。另一方面,有时需要将图形、图像中的一部分保存为单独的图形、图像,以方便在其他软件中使用。Windows 操作系统提供了两个用来抓取屏幕的快捷键:Print Screen 和 Alt+Print Screen。Print Screen 用来抓取整个屏幕,在任何时候只要一按这个键,Windows 系统就会把当前的屏幕复制到剪贴板中。如果想保存复制到剪贴板中的图像,可以打开一个图形处理软件,然后选择【编辑】菜单下的【粘贴】命令把剪贴板中的图像粘贴下来,然后再把它保存成图像文件就行了。Alt+Print Screen 用来抓取当前窗口中的内容。按下这两个键后,系统会把当前窗口中的内容复制到剪贴板中。用这两个键截图虽然挺方便,但我们会感觉到它远远无法满足需要,而一些专业的截图软件则提供了各种强大的功能。这样的软件有很多,比较常用的有 Ultrasnap、Snagit、Hyper - Snap 等,它们不仅可以截取窗口、屏幕,还可以对 Windows 操作系统窗口的各个组成部分进行截取,如按钮、工具条、输入栏,甚至系统的菜单、鼠标指针等。Ultrasnap 截图软件具有很好的截图功能。它的安装和使用都比较简单,截图时可以同时将截取的图形、图像送到剪贴板,或者按序号自动保存到指定的文件夹中。对截取后的图像还可以进行一定的编辑处理,可加边框、阴影效果,可自动设置按钮化效果,将截取的图形、图像变成按钮。羽化效果则使截取的图形、图像能逐渐过渡到背景色,实现图像对象与背景的融合。Ultrasnap 截图软件还具有锐化效果设置,可设置图像的滤镜效果和调整图像的大小、对比度、颜色饱和度等。Ultrasnap 截图软件的另一个附加的功能就是可以为截取的图形、图像添加各种图案和文字说明。

Snagit、Hyper - Snap 的功能更为齐全,截图的方式更灵活多样,对截取的图形、图像具有很强的后期编辑处理的能力,并且融合了基本的绘图功能,可直接打开图形、图像文件进行编辑处理,并能将它们保存为多种不同的格式,实现不同格式图像文件之间的转换。Snagit 还可自动连续地截取画面,并将截取的内容保存为 AVI 格式的视频文件,可用于记录对软件的操作。

4. 图形、图像素材的处理和管理

(1) 用画图软件处理图像

画图软件是 Windows 操作系统自带的绘图软件。利用画图软件可以绘制彩图、卡片、插图等,也可以制作比较复杂的艺术图案。画图软件与目前非常流行的平面设计软件 Photoshop 和网页图片制作软件 Fireworks,无论是在界面上和还是在工具的使用上都非常相似。学习了画图软件后再去学这些专业的图片设计与制作软件,将能够达到事半功倍的效果。

案例:用画图软件制作“小鸡吃米”图。

① 单击【开始】按钮,选择【所有程序】|【附件】|【画图】,打开画图软件,界面如图 3.22 所示。

② 选择【图像】|【属性】,设置图片大小的工作区域,同时在颜料盒中选择黄色,用刷子在绘图区右击,设置画图区的背景,分别如图 3.23 和 3.24 所示。

③ 单击【椭圆】工具,选择黄背景色,移动十字光标到绘图区并拖动,图形就会朝鼠标移动方向延伸,放开左键则完成鸡身的绘画。按此方法,可再画出小鸡头。如图 3.25 所示。

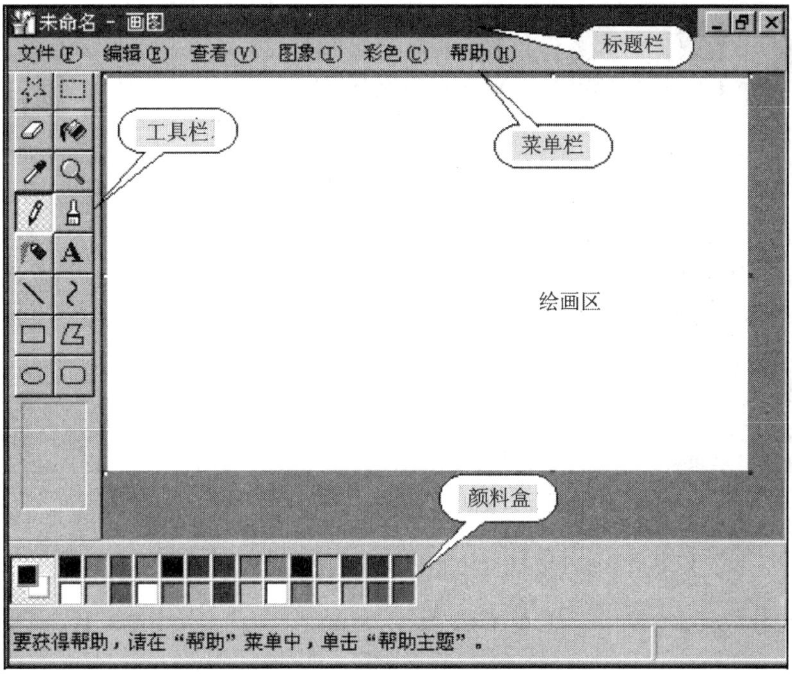

图 3.22　画图软件的界面

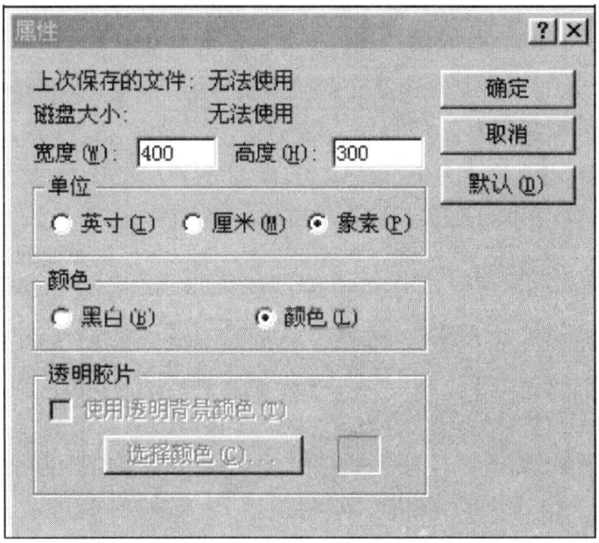

图 3.23　画图软件的属性对话框

④ 单击【直线】工具，移动十字形光标到小鸡身子的下面并拖动，直线就会朝鼠标的移动方向改变长度和位置，放开左键则完成直线绘制。按此方法，可画出小鸡的脚和嘴。如图 3.26 所示。

⑤ 单击【曲线】工具，移动十字形光标到小鸡身子的里面，先大概确定一下要画的曲线的位置，在曲线的一个端点按下左键，然后拖动到另一个端点，放开左键，则在两个端点之间出现

图 3.24　画图软件的颜色设置

一条直线。再移动光标到所绘线条的中间位置，按下左键慢慢向下拖动，这时曲线弧度就会随鼠标的移动方向而改变，满意时放开左键，并再次单击，完成曲线绘制。若一次不成功，可按 Ctrl＋Z 键取消本次操作。按此方法，可画出小鸡翅膀。如图 3.27 所示。

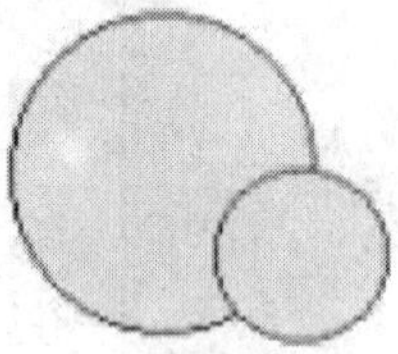

图 3.25　鸡身

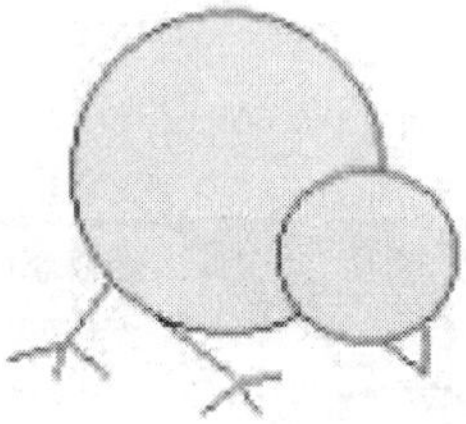

图 3.26　鸡脚、鸡嘴图

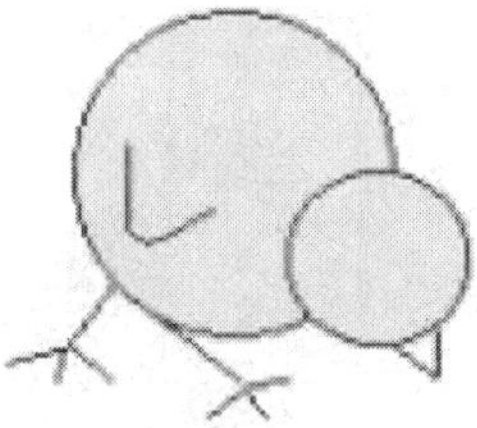

图 3.27　鸡翅膀

⑥ 单击【刷子】工具，移动十字形光标到鸡头的里面，选择适当位置单击即可。按此方法，可画出小鸡的眼睛。如图 3.28 所示。

⑦ 单击【用颜色填充】工具，移动光标到鸡嘴的位置，单击即可。如图 3.29 所示。

⑧ 单击【喷枪】工具，在绘图区快速拖动，产生很多小点(米)，越快点越稀，越慢点越密。在工具栏中选择【文字】工具，在顶部写上“小鸡吃米”，然后通过文字属性设置文字。最后通过【选定】工具确定文字的满意位置。如图 3.30 所示。

⑨ 图片做好后，选择【文件】|【另存为】，然后选择要保存的位置，按【确定】按钮，保存所做的图像。

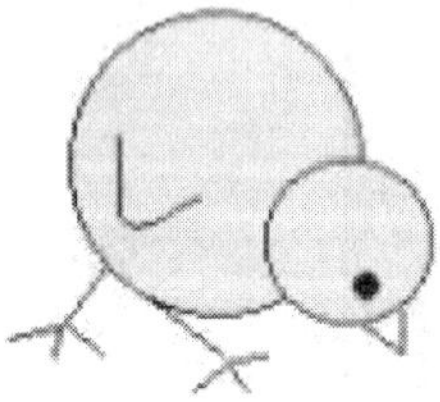

图 3.28　小鸡眼睛

图 3.29　红色鸡嘴

图 3.30　米　粒

(2) 图像处理软件 Photoshop

Photoshop 是 Adobe 公司推出的一款功能十分强大、使用范围广泛的平面图像处理软件。目前 Photoshop 是众多平面设计师进行平面设计，图形、图像处理的首选软件。它在图形、图像处理领域拥有毋庸置疑的权威。Photoshop 除了具有一般图形、图像软件的功能外，还具有图层处理、通道处理、路径处理、蒙板处理等特殊图像编辑与处理功能。Photoshop 具有功能强大的多种选择工具，极大地方便了用户的不同要求，而且多种选择工具还可以结合起来处理较为复杂的图像。Photoshop 具有多姿多彩的滤镜，不仅拥有多种内置滤镜可供用户选择使用，而且还支持第三方的滤镜。

案例：用 Photoshop 进行图像合成。

① 启动 Photoshop 软件，分别打开图像 lvcaodi. tif 和 zhiyenvx. tif。如图 3. 31 和图 3. 32 所示。

图 3.31　背景图片

图 3.32　人物图片

② 选择 zhiyenvx. tif 为当前图像，然后单击工具箱中的【移动】工具，将图像 zhiyenvx. tif 拖放到 lvcaodi. tif 所在的窗口，如图 3. 33 所示。

③ 在工具箱中单击【魔棒】工具，然后在合成的图像中单击图中白色的区域，白色区域周围形成虚线框。

④ 按住 Shift 键再单击手与脸之间的白色区域，然后按 Delete 键，清除所选择的区域。结果如图 3. 34 所示。

图 3.33　叠加图片

图 3.34　清除白色背景

⑤ 选择【选择】|【取消选择】。

⑥ 在工具箱中单击【移动】工具，将图中的人物移动到适当的位置，完成图像的合成，如图3.35所示。

图3.35 合成后的图像

(3) 专业绘图软件简介

《几何画板》。《几何画板》软件是由美国Key Curriculum Press公司制作并出版，由人民教育出版社汉化的几何软件。可用于绘制平面几何、解析几何、射影几何等几何图形。

《物理绘图板——Word版》。该软件是一款为中学物理教学设计的图形工具，安装后以工具栏的形式出现在Word软件中。它提供了力学、热学、电磁学、原子物理等内容的常用图形，以及各种物理符号、物理图库、资料等。

《化学绘图软件ChemDraw》。该软件是美国剑桥软件公司研制开发的一款化学绘图软件。可用于建立和编辑各类化学分子式、化学反应方程式、结构式、立体图形、对称图形、轨道等，并能对图形进行翻转、旋转、缩放、存储、复制、粘贴等多种操作。

《金排生物画板》。该软件也是一个嵌入在Word软件中的图形工具。利用它可以方便地插入一些常用的生物图形符号、常见的生物图形，并可以快速制作有机分子结构图形、常见物质的化学式等。

《地理教学信息系统——超级地图》。该软件是基于地理信息系统技术，面向中学地理教学的一套电子地图软件。可生成各种地图、空白图和专题地图。

《亿图图示专家EDraw》。该软件提供了大量的分门别类的图形模板，包括基本形状、流程图、地图、组织结构图、符号等模板，可以非常方便地生成各种常用的矢量图形。

SmartDraw。该软件是一款非常优秀的专业图形、图表制作软件。随带的图库里包含数百个示例、数千个符号，可以用它轻松制作组织机构图、流程图、地图、房间布局图、数学公式、统计表、化学分析图表、解剖图表等。到该公司的网站上还可以下载更多的符号和图形。

3.3.4　声音资源的获取和处理

1. 音频格式与获取方法

音频是多媒体资源中的重要形式。常用的音频资源包括语音解说、自然界的各种声音、歌曲、音乐和音效等。根据记录和存储方式的不同数字音频具有不同的格式。标准音乐光盘CD上的音频为CDA格式，而计算机内使用的基本的波形音频，格式为WAV。经过压缩的音频格式则有如MP1、MP2、MP3等多种，还有微软公司推出的音频格式WMA。在互联网上经常使用的音频格式如RA、RAM、RM等。另外还有AIF、AU、SND等格式。MIDI则是另一种类型的音频。MIDI实际上是一堆数字信号，它记录的是在音乐的什么时间用什么音色发多长的音等。MIDI文件体积相当小，所以很适合在网络上传播，也适合作为背景音乐。但是，MIDI音乐一般只能是音乐，不能是语音。MIDI的格式包括MID、RMI、MOD等。在计算机和相关的设备中使用的是数字化的音频，这些音频媒体可以从现有的音频文件中获得，特别是从网上下载，也可以从VCD、DVD影视光盘、百科全书光盘或其他多媒体软件光盘中获取，还可以通过录音设备和录音软件程序直接录制。许多网站提供MP3下载，如中国音乐网(http://www.music.cn.net)、亚洲音乐广场(http://www.asiamp3.com)、265网(http://www.265.com/so/mp3.htm)、英文MP3网(http://www.mp3.com)等。利用百度搜索引擎也能直接搜索和下载MP3或WMA、RM格式的音乐或歌曲。从MTV音乐网(英文网站http://www.mtv.com)则可以下载MTV。还可从相关网站下载相声、评书、小品、快板、方言等音频资源。下载声音资源最好使用网际快车、迅雷、网络蚂蚁等专用的下载软件，可以大大提高下载的速度。如果网上的音频资源只提供在线视听，则可利用具有在线录音功能的软件如TotalRecorder程序进行录音，然后保存为相应的音频文件。

2. 音频的录制

案例：用录音机软件进行录音和编辑处理。

Windows操作系统的附件中提供一款录音机程序，可用来播放和录制波形音频。

(1) 在使用录音机程序录音之前，应将麦克风的插头插入计算机上相应的插孔中。注意不要将耳机插孔和麦克风的插孔混淆。一般地，麦克风插头上的标识图标符号和颜色与计算机上相应的插孔旁的标识图标符号和颜色一致。

(2) 双击任务栏上音量图标，弹出音量控制对话框。选择【选项】|【属性】，弹出属性对话框，如图3.36所示。在属性对话框的【调节音量】中选择【录音】，然后在【显示下列音量控制】中将【麦克风】前的复选框选中。

要从其他设备中录制声音，则将相应设备前的复选框选中。然后单击【确定】按钮，弹出【录音控制】对话框，如图3.37所示。图中显示麦克风处于选中状态。在【录音控制】对话框中调节麦克风的音量(上下拖动滑块)。

(3) 在Windows操作系统的附件中的娱乐菜单中选择【录音机】，将弹出【声音-录音机】程序界面，如图3.38所示。

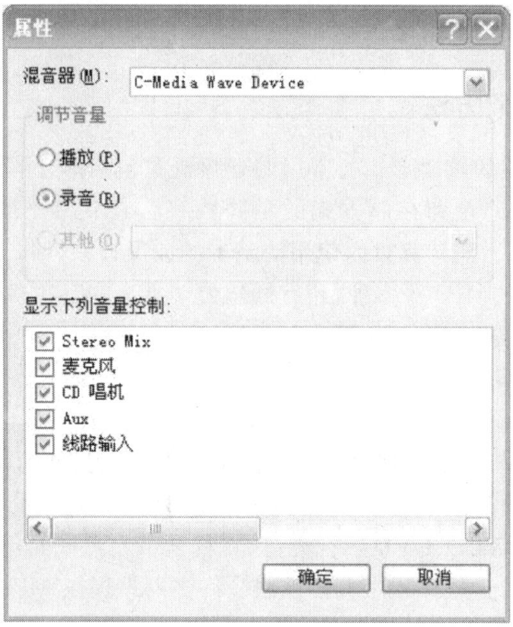

图 3.36 音量控制属性对话框

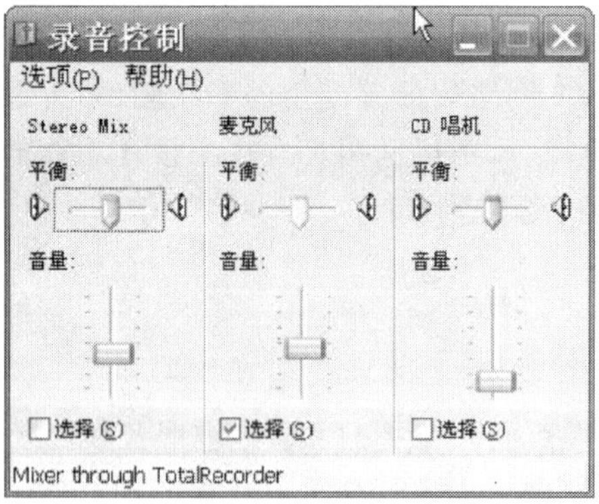

图 3.37 录音控制对话框

图 3.38 录音机程序界面

(4) 要开始录音,单击【录音】按钮(界面上红色按钮),在录音过程中,录音机程序中的绿色波形会随着声音的变化而变化。如果没有声音波形,则说明录音没有成功,需检查设备的连接和音量控制。

录音机录制的声音长度默认为1分钟(60秒),到60秒时,录音自动停止,要继续录音,需再次单击【录音】按钮,录音时间自动扩展为2分钟(120秒),依此类推。后录制的声音自动接在前面录制的声音之后。

(5) 单击【停止】按钮结束录音。然后可用播放按钮播放录制的声音以检查录音的效果。

(6) 单击文件菜单中的【保存】或【另存为】菜单项,将弹出【另存为】对话框。选择保存的位置,输入文件名,然后单击【保存】按钮保存录制的文件。

(7) 保存的录音文件,其格式属性显示在【另存为】对话框的下部,默认以WAV格式保存。如果要改变文件的属性，可单击【更改】按钮，弹出【声音选定】对话框，如图 3.39 所示。

(8) 在该对话框中选择【名称】、【格式】和【属性】中相应选项。例如，要保存为 MP3 格式，可在【格式】中选择“MPEG - Layer3”，然后在【属性】中选择采样频率和声道数(单声道或立体声)，然后按【确定】按钮，回到【另存为】对话框，然后将保存类型改为【所有文件】，在名称中输入带扩展名.mp3 的文件名称。单击【保存】按钮即可。

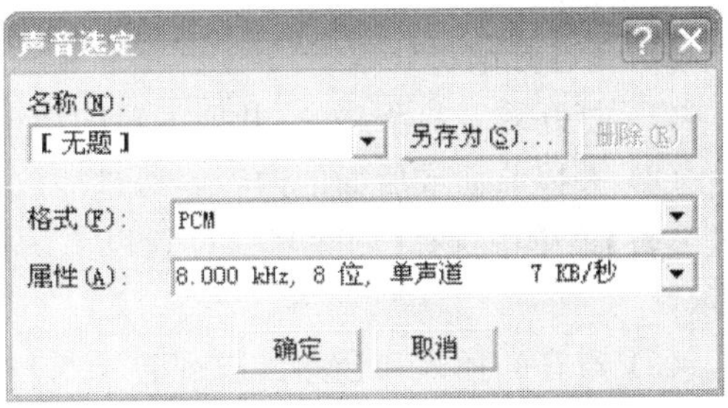

图 3.39　声音格式属性对话框

3. 音频片段的截取

在多媒体应用中，常常需要从整个音频文件中截取其中的一段。对于 WAV 格式的音频文件，可以在录音机程序中进行截取。方法是将表示播放进度的滑块拖到要截取的音频片段的开头(可通过播放视听来确定所需片段的开头和结尾)，然后选择【编辑】|【删除当前位置以前的内容】来删除不需要的内容；然后将表示播放进度的滑块拖到要截取的音频片段的结尾，再选择【编辑】|【删除当前位置以后的内容】来删除不需要的内容，从而得到所需的音频片段。最后重新保存该文件。

如果不是 WAV 格式的文件，就需要用音频播放软件来截取。

案例：用豪杰音频解霸截取音频片段。

(1) 打开豪杰音频解霸 A8，其界面如图 3.40 所示。

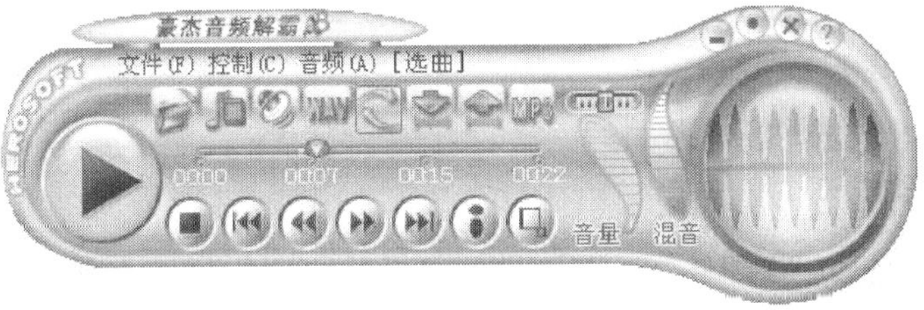

图 3.40　豪杰音频解霸 A8

(2) 单击【文件】菜单，选择要从中截取音频片段的音频文件。选中音频文件后，音频文件自动播放。

(3) 单击【暂停】按钮，然后再单击【循环】按钮。然后再单击【选择起点】按钮，调整播放进度滑块到要截取的起点，再单击【选择结束点】按钮后调整播放进度滑块到要截取的终点。

(4) 单击【播放并录音】按钮，将弹出保存文件对话框，选择保存的位置，输入要保存的文件名称，然后按【保存】按钮。豪杰音频解霸 A8 将播放并录取上述音频片段。

(5) 对于包含在视频文件中的音频信息，要截取其中的一段，方法同上。

4. 声音的编辑处理

要使已有的音频媒体能在多媒体设计和应用中更好地发挥作用，往往需要对音频媒体进行一定的编辑、加工处理。对于 WAV 格式的音频文件,可利用录音机程序所提供的编辑功能,对声音进行编辑处理。

(1) 打开录音机程序,打开要编辑的波形声音文件。

(2) 去掉前面或后面的内容。通过播放声音文件找到编辑点位置,单击【停止】按钮,然后在【编辑】菜单中选择【删除当前位置以前的内容】或【删除当前位置以后的内容】。如图 3.41 所示。

(3) 声音的插入和合并。通过播放声音文件找到插入点位置,单击【停止】按钮,然后选择【编辑】|【插入文件】,将选择的声音插入到当前声音的中间。如果在开始和结束的位置插入新的声音文件,可实现声音的合并。

(4) 混音与配乐。在打开一个声音文件后,选择【编辑】|【与文件混音】,选择混音文件,即可实现两个声音文件的混音。如果打开的两个声音文件分别是语音和音乐,混音编辑操作的结果就相当于给语音配乐。

(5) 声音效果设置。在录音机程序中对音频文件可以通过【效果】菜单设置音频效果,如加大或降低音量,加速或减速,添加回音,反转等。如图 3.42 所示。

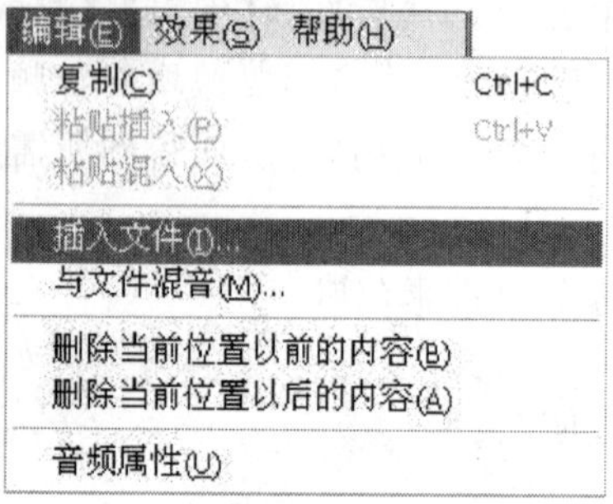

图 3.41 声音的编辑

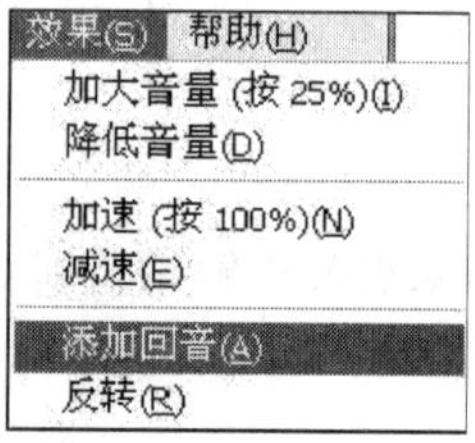

图 3.42 声音的效果

5. 音频格式转换

由于不同的多媒体制作软件对音频格式具有不同的要求(对某些格式支持,对某些格式不支持),而不同音频格式文件所占的存储空间的大小不同,以及多媒体软件使用环境的不同,往往需要对音频格式进行转换。

3.3.5 数字视频资源的获取和处理

视频(Video),指的是内容随时间变化的一个图像序列,也称为活动图像(motion picture)。视频是多媒体素材资源中最具表现力的媒体,也是最难获取和处理的媒体。要获取视频资源,常用的方法有采集法、截取法、网上下载法等。

1. 数字视频资源的采集

(1) 用视频采集卡采集

常见的电视、电影、录像都是视频,但是它们是模拟信号的视频,而计算机中使用的是数字信号的视频,即数字视频。为了将电视、电影、录像等模拟信号的视频转换为数字视频,需要采用视频采集卡，如图 3.43 所示。视频采集卡（简称视频卡），是 PC 机中用于视频信号数字化的插卡，其功能是将模拟视频信号（及伴音信号）数字化并存储在硬盘中。数字化后的视频图像，经彩色空间转换（从 YUV 转换为 RGB），与计算机图形显示卡产生的图像叠加，显示在屏幕上。通常，在获取数字视频的同时使用数字信号处理器（DSP）进行音频和视频数据的压缩编码，成为数字视频文件。根据使用的需求不同和质量的高低，可以分为广播级视频采集卡、专业级视频采集卡、家用级视频采集卡。它们的区别主要是采集的图像指标不同。

图 3.43　视频采集卡

广播级视频采集卡的最高采集分辨率一般为 768×576 PAL 制式，或 720×576 PAL 制式，每秒 25 帧，或 640×480/720×480 NTSC 制式，每秒 30 帧，最小压缩比一般在 4∶1以内。这类产品的特点是采集的图像分辨率高，视频信噪比高；缺点是视频文件庞大，每分钟数据量至少为 200 MB。广播级模拟信号采集卡都带分量输入/输出接口，用来连接 BetaCam 摄/录像机。此类设备是视频采集卡中最高档的，用于电视台制作节目。专业级视频采集卡比广播级视频采集卡的性能稍微低一些。分辨率两者是相同的，但压缩比稍微大一些，其最小压缩比一般在 6∶1以内。输入/输出接口为 AV 复合端子与 S 端子。此类产品适用于广告公司、多媒体公司制作节目及多媒体软件。家用级视频采集卡的动态分辨率一般最大为 384×288，PAL 制式，每秒 25 帧，或者 320×240，每秒 30 帧，NTSC 制。输入端子为 AV 复合端子与 S 端子，绝大多数不具有视频输出功能。如果只是想把 DV 带或是录像带转录成 VCD、DVD，对视频质量要求不是很高，那么用质量比较好的电视卡或 1394 卡就可以实现。1394 卡只是个传输卡，就是把视频信号通过 1394 接口无损地传输到电脑硬盘，电视卡主要的功能是看电视、录电视，但也都带有模拟信号采集功能。

如果对视频质量要求比较高，那就得用硬件压缩卡了。压缩卡就是把模拟信号或是数字信号通过解码编码按一定算法把信号采集成可以直接刻录的 MPEG 文件的视频采集卡。经过压缩后容量较小，格式也灵活多样。硬件压缩卡的优点是不需占用 PC 资源，故较低配置的 PC 机也可以采集出高质量的视频文件（VCD/DVD），但硬件压缩卡的价格较高。如果采用软件压缩，就需要有较高的 PC 配置。

(2) 数字摄像机和数字摄像头采集

数字摄像机和数字摄像头是直接采集数字视频的设备。数字摄像机是一种离线的数字视频获取设备。其原理与数码相机类似，但功能更多，可以将视频图像及伴音采用 M-JPEG 或 MPEG-2 压缩编码，并记录在磁带或硬盘等记录介质上，并通过 USB 或 IEEE1394 接口与计算机连接与传输。数字摄像头则是一种在线获取数字视频的设备。它通过光学镜头采集图像，然后直接将图像转换成数字信号并输入到 PC 机，不需视频采集卡进行模/数转换。

2. 数字视频的截取

目前，VCD、DVD、MTV 等数字视频已经大量出版发行，这些视频中可能有我们需要的视频资源。VCD、MTV 光盘中的视频文件通常放在光盘根目录下的 MPEGAV 文件夹中，这些文件的扩展名是.DAT。DVD 光盘中的视频文件通常放在光盘根目录下的 VIDEO_TS 文件夹中，这些文件的扩展名是.VOB。可以直接将这些扩展名为.DAT 或.VOB 的文件拷贝到计算机的硬盘中作为视频素材资源。但是，这些格式的视频素材通常不能在一般的多媒体编辑软件中直接使用，需要将它们转变成多媒体编辑软件支持的格式。对于 PowerPoint，可以直接通过重命名将.DAT 格式的视频改为.MPG 格式的视频文件。对于.VOB 格式的视频则需要经过格式转换才能使用。从 VCD、DVD 视频光盘中截取需要的视频片段，已成为获得视频资源的重要途径和方法。许多播放软件提供了视频片段的截取功能。超级解霸播放器不但提供播放 VCD、DVD 的功能，而且提供了视频片段的截取功能，并且将截取后的视频转换为.MPG 格式，可以在一般的多媒体编辑软件中直接使用。

案例：用超级解霸播放器截取视频片段。

(1) 打开超级解霸播放器，如图 3.44 所示。

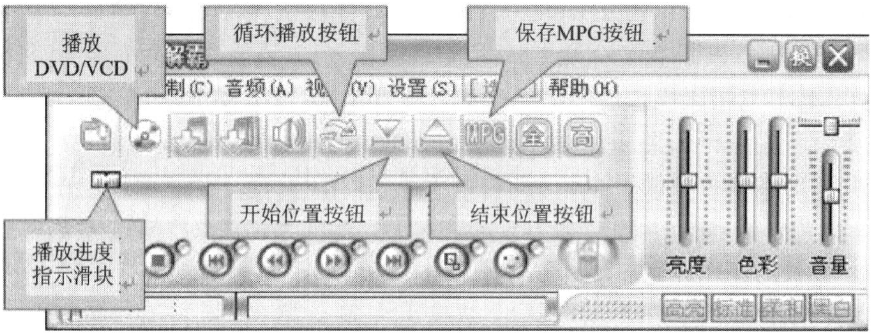

图 3.44 豪杰超级解霸 9 播放器界面

(2) 将 VCD 或 DVD 光盘放在相应的光驱中(DVD 光盘需要有 DVD 光驱)，单击【播放 DVD/VCD】按钮，开始播放 VCD 或 DVD。也可以播放存储在硬盘中的视频文件，方法是选择【文件】|【打开媒体文件】，在弹出的对话框中选择要播放的视频文件，然后单击【打开】按钮。

(3) 单击【循环播放】按钮，然后通过拖动播放进度指示滑块，找到要截取的视频片段的开始位置，单击【开始位置】按钮。

(4) 再通过拖动播放进度指示滑块，找到要截取的视频片段的结束位置，单击【结束位置】按钮，从而确定要截取的视频片段。

(5) 单击【保存 MPG】按钮，在弹出的【保存 MPG 文件】对话框中，选择要保存的位置并输入文件的名称，然后单击【保存】按钮，进行截取。在截取过程中，将显示截取的进度，如

图 3.45 所示。

用超级解霸播放器还可以将视频的当前图像保存为一张图片，或者将一段视频保存为连续的图像序列。

图 3.45　截取视频的进度指示

3. 网上视频资源的获取

视频是最重要的多媒体教学资源之一。随着信息技术和网络技术的发展，互联网上的视频教学资源越来越丰富，从互联网上获取视频教学资源正在成为获取视频教学资源的最重要的途径。获取互联网上的视频教学资源，首先要查找到互联网上的视频教学资源，用搜索引擎特别是专门的视频搜索引擎查找是一种有效的方法。由于视频教学资源本身的特殊性(体积大，占用的存储空间多，传输和下载需要的时间多等)和在网络应用中的特殊性(通常不是直接嵌入在网页中，而是以外部文件的形式链接在网页中，大多采用流媒体传送等)，视频文件往往不能随网页直接下载。目前，大部分网站对视频内容都只提供在线播放，而不提供视频文件的下载；一些网站出于自身利益的考虑，往往隐藏了视频文件的真实地址。因此，从互联网上获取视频教学资源还存在一定的困难，需要通过一定的技术手段来解决。

另一方面，由于网络传输协议的不同和压缩标准不同，从互联网上获取的视频教学资源具有多种不同的格式，在实际教学应用中还需要对视频进行格式的转换处理。对视频的内容也要有所选择和修改，这就是视频片段的截取和编辑处理。

(1) 互联网视频教学资源的查找

要获取互联网上的视频教学资源，首先要在互联网中查找到视频教学资源。查找网络视频教学资源的方法主要有以下几种：

① 根据视频教学资源的网址查找。平时注意了解和收集一些视频教学资源的网址，在查找时直接在浏览器的地址栏输入即可。新华视频网(http://www.xinhuanet.com/video/)、视频中国网(http://www.china.com.cn/video/node_5600418.htm)、新浪视频网(http://bn.sina.com.cn/)、地理视频网(http://www.kjy.cn/)都提供了大量的视频教学资源。

② 通过普通的搜索引擎搜索。在百度(http://www.baidu.com)、谷歌(http://www.google.com)等搜索引擎的搜索输入框中直接输入要查找的视频的关键词及视频文件的扩展名如 WMV、RM 等，就可以搜索到一些相关的视频网站。网络上常用的视频文件的扩展名有 ASF、WMV、RM、RMVB 等。FLV 则是目前比较流行的网络视频格式，很多视频网站都有 FLV 格式的视频，如中国播客(http://www.maidee.com/)、土豆网(http://www.tudou.com)等。网络上视频文件的格式还有 MP4、3GP 等，它们主要是用于手机上播放的视频。网络上也有一些视频文件的格式为 AVI、MPEG 等。

③ 通过专门的视频搜索引擎搜索。百度(http://video.baidu.com/)、爱问(http://v.iask.com/)、雅虎(http://video.yahoo.com.cn/)、CCTV(http://vsearch.cctv.com/)、Google(http://video.google.com/)、AOL(http://search.aol.com/aolcom/videohome)、Yahoo(http://video.search.yahoo.com/)、SOWANG 视频搜索(http://www.sowang.com/video.htm)等都是比较好的网络视频搜索引擎。通过视频搜索引擎能比较有效地查找到所需的视频。

(2) 互联网视频教学资源的获取

对于找到的网络上的视频，可能有几种情况。一种是只有资源的名称，并不能直接看到视频的内容。出现这种情况主要是由于一些网站有使用权限设置或收费设置，通常需要先注册为会员并达到一定的积分后，才能看到或下载该视频。而免费视频资源通常提供直接的视频文件下载。

大多数情况下视频网站只提供在线观看，而不提供视频文件的下载，这主要是一些网站出于资源的保护（防止盗链）和自身利益的需要。对于这种情况，需要找到视频文件在网络上的真实地址，然后通过网络下载软件下载。获得网络上视频文件地址的办法主要有：

① 从正在播放视频的网页源代码中查找。在网页的空白处右击，在弹出的快捷菜单中选择【查看源文件】，用记事本打开网页的源文件。可用编辑菜单中的查找菜单项来查找视频文件的真实地址。查找的关键词可输入 RTSP、MMS 等流媒体传输协议，也可以输入视频文件的扩展名如 WMV、RM、ASF 等。

② 对于用 Windows Media Player 播放的 WMV 格式的视频，可以直接在播放的视频画面上右击，在弹出的快捷菜单中选择【属性】，在【属性】中可以找到视频文件的地址。

③ 对于一些在线播放的 RM 格式的视频文件，如不能直接查找到该文件的真实地址，可以在播放时断开网络，在弹出的播放错误的对话框中可以找到该视频文件的真实地址。

④ 如果安装了迅雷、网际快车等网络下载软件，将鼠标指针指向网页上正在播放的视频文件时，会自动出现下载按钮，单击下载按钮，这些下载软件会自动解析视频的真实地址并下载。将找到的视频文件的真实地址，复制并粘贴到迅雷等网络下载工具的地址栏中，按确定按钮即可开始视频的下载保存。有一些网站上用 Windows Media Player 播放器播放的视频文件，在播放器的文件菜单中有【媒体另存为】菜单项，也可用该菜单项来直接保存正在播放的视频。

目前，许多网站上有以 Flash 播放器界面播放的视频，这种视频是扩展名为 FLV 的视频。FLV 视频的全称为 Flash Video，是 Macromedia 公司开发了的一种流式视频格式。由于它形成的文件极小、加载速度极快，使得网络观看视频文件成为可能。在 FLV 视频社区（http://www.flvhome.com/）里有大量的分类 FLV 视频。通常，在网络播放的 FLV 视频文件不需要专门下载，只要网页中播放完该视频，该视频文件就已经自动下载到了本地计算机的 Temporary Internet Files 文件夹中。选择 IE 浏览器上的【工具】|【Internet 选项】打开【Internet 选项】对话框，在该对话框中单击常规选项卡中的【设置】按钮，打开【设置对话框】，再单击【查看文件】按钮，可打开 Temporary Internet Files 文件夹窗口，从中可以直接查找到已经下载的 FLV 视频文件。可以通过单击文件列表上部的【类型】来按类型名称的顺序排列文件，并根据时间的先后顺序就可以很容易找到所需要的 FLV 视频文件。FLV 视频需要使用 FLV 视频播放器才能播放，这类播放器目前已经有很多，如 Bitcomet FLV 播放器、迅雷的 FLV 视频播放器等。一般的 FLV 播放器都带有查找 FLV 视频地址和下载 FLV 视频的功能，如维棠 FLV 视频播放软件，它集成了 FLV 视频播放器、FLV 视频转码器，无论是下载还是播放，都十分方便，使用该软件可以下载国内外大多数 FLV 视频分享网站的视频内容。使用这样的下载工具软件，就不需要到 Temporary Internet Files 文件夹查找了。网络上还有许多其他的视频资源，如大量的电影、电视录像、相声、小品节目等，它们一般存在于电影网站中，视频的格式常常是 RMVB，可通过 BitCom 软件或类似的软件下载。

从网络上获取的视频，格式多种多样，这些格式不一定正好适合多媒体教学的需要，因此常常需要进行视频文件格式的转换。视频文件格式的转换需要借助于视频转换软件，如豪杰视频通(Hero Video Convert)等。视频转换大师(WinMPG_Video Convert)则是一款能支持多种网络上使用的视频文件格式转换的软件，可以将 ASF、WMV、RM、RMVB、MOV 等格式的视频文件转换为 AVI、MPEG 等常用的视频格式，便于在多媒体教学中应用，如在 PowerPoint 插入视频等。

对于 FLV 格式的视频文件，可以将其转换为 SWF 格式的 Flash 动画，或者转换为 AVI 或 MPEG 格式的视频文件。Video to flash encoder 软件可以比较方便地将 FLV 格式的视频文件转换为 SWF 格式的动画。Total Video Converter 软件则可以将 FLV 格式的视频文件转换为 AVI 或 MPEG 格式的视频文件。能够将 FLV 格式的视频文件转换为 Flash 动画或其他格式的视频文件的软件还有很多，可以到网上下载试用。

在实际教学中，常常需要从较大视频中截取其中的一个片段，这就需要对网络视频文件进行截取和分割。不同格式的视频都有一些专门的截取和分割软件。ASF 格式的视频可使用 ASF Tools 等软件来分割成多个视频片段，或从整个视频中截取其中的一段。RM 格式或 RMVB 格式的视频则可用 Real Media Editor 软件来截取和分割。WMV 格式的视频则可用 Ultra Video Splitter 软件来截取。实际上，Ultra Video Splitter 软件的通用性较强，ASF、RM 和 WMV 以及 AVI、Divx、XviD、MPEG、MOV、3GP、MP4 等格式都可以用 Ultra Video Splitter 软件来截取其中的视频片段，并可设置截取后的视频格式，包括将以上格式的视频截取后保存为 AVI、DivX、MPEG、VCD、SVCD、DVD 和 WMV 格式。对于 FLV 格式的视频文件，可以用 Total Video Converter 软件转换为 AVI 或 MPEG 格式的视频文件后，再使用 Ultra Video Splitter 软件来截取。

如要对视频的内容进行编辑修改，可以使用 Premiere、Video Edit Magic 等视频编辑软件，Ulead Video Studio(会声会影)也是一款不错的视频编辑软件，Windows XP 中的 Windows Movie Maker 也可以用来对视频进行编辑处理。

4. 视频文件的格式转换

(1) 常用的视频文件格式

目前，视频格式可以分为适合本地播放的本地影像视频和适合在网络中播放的网络流媒体影像视频两大类。传统的影像视频(如 *.AVI 和 *.MPEG 格式等)一般体积较大且清晰度较差，比如在电脑中播放的 VCD 格式。流媒体影像视频在播放的稳定性和播放画面质量上没有本地影像视频高，但使用流式媒体(Streaming Video)技术可以非常方便、快捷地查阅任何需要的影像视频资料，并且用户甚至不需要下载整部或整段视频就可以对视频资料的任意指定片段进行预览，所以它们正被广泛应用于视频点播、网络演示、远程教育等互联网信息服务领域。

① 本地影像视频

AVI 格式(Audio Video Interleaved)，即音频视频交错格式，这种格式的文件将视频和音频交织在一起进行同步播放。其优点是图像质量好，可以跨多个平台使用；其缺点是体积过于庞大，而且因为压缩标准不统一，高版本 Windows 媒体播放器播放不了采用早期编码编辑的 AVI 格式视频，而低版本 Windows 媒体播放器又播放不了采用最新编码编辑的 AVI 格式视频。

DV - AVI 格式(Digital Video Format),是由索尼、松下、JVC 等多家厂商联合提出的一种家用数字视频格式。目前非常流行的数码摄像机就是使用这种格式记录视频数据的。它可以通过电脑的 IEEE 1394 端口传输视频数据到电脑,也可以将电脑中编辑好的视频数据回录到数码摄像机中。这种视频格式的文件扩展名一般是 AVI,所以也叫 DV - AVI 格式。

MPEG 格式(Moving Picture Expert Group),即运动图像专家组格式,VCD、SVCD、DVD 均采用这种格式。MPEG 文件格式是运动图像压缩算法的国际标准,它采用了有损压缩方法减少运动图像中的冗余信息,从而达到压缩的目的(其最大压缩比可达到 200∶1)。目前 MPEG 格式有五个压缩标准,分别是 MPEG-1、MPEG-2、和 MPEG-4、MPEG-7 和 MPEG-21。MPEG-1 就是通常所见到的 VCD 制作格式。使用 MPEG-1 的压缩算法,可以把一部 120 分钟长的电影压缩到 1.2 GB 左右。这种视频格式的文件扩展名包括.MPG、.MLV、.MPE、.MPEG 及 VCD 光盘中的.DAT 等。

MPEG-2 格式主要应用在 DVD/SVCD 的制作(压缩)方面,同时在一些 HDTV(高清晰电视广播)和一些高要求视频编辑、处理上面也有相当的应用。使用 MPEG-2 的压缩算法,可以把一部 120 分钟长的电影压缩到 4 GB～8 GB。这种视频格式的文件扩展名包括.MPG、.MPE、.MPEG、.M2V 及 DVD 光盘上的.VOB 等。

MPEG-4 是为了播放流式媒体的高质量视频而专门设计的,它可利用很窄的带宽,通过帧重建技术,压缩和传输数据,以求使用最少的数据获得最佳的图像质量。目前 MPEG-4 最有吸引力的地方在于它能够保存接近于 DVD 画质的视频文件,而视频文件的容量又较小。另外,这种文件格式还包含了以前 MPEG 压缩标准所不具备的比特率的可伸缩性、动画精灵、交互性甚至版权保护等一些特殊功能。这种视频格式的文件扩展名包括.ASF、.MOV 和 DivX - AVI 等。

DivX 格式采用 MPEG-4 的压缩算法的同时又综合了 MPEG-4 与 MP3 各方面的技术,其画质直逼 DVD 而体积只有 DVD 的几分之一。这种格式对机器的要求不高,号称 DVD 杀手或 DVD 终结者。

MOV 格式是由美国 Apple 公司开发的一种视频格式,默认的播放器是苹果的 QuickTime Player。具有较高的压缩比和较完美的视频清晰度等特点,但是其最大的特点还是跨平台性,不仅支持 Macintosh 操作系统,同样也能支持 Windows 系列操作系统。

② 网络影像视频

ASF 格式(Advanced Streaming format),是微软为了和 Real Player 竞争而推出的一种视频格式,用户可以直接使用 Windows 自带的 Windows Media Player 对其进行播放。

WMV 格式(Windows Media Video),也是微软推出的一种采用独立编码方式并且可以直接在网上实时观看视频节目的文件压缩格式。WMV 格式的主要优点包括:本地或网络回放、可扩充的媒体类型、部件下载、可伸缩的媒体类型、流的优先级化、多语言支持、环境独立性、丰富的流间关系以及扩展性等。

RM 格式。Real Networks 公司所制定的音频视频压缩规范称为 Real Media,可以使用 RealPlayer 或 RealOne Player 对符合 Real Media 技术规范的网络音频/视频资源进行实况转播,并且 Real Media 可以根据不同的网络传输速率制定出不同的压缩比率,从而实现在低速率的网络上进行影像数据的实时传送和播放。这种格式的另一个特点是用户使用 RealPlayer 或 RealOne Player 播放器可以在不下载音频/视频内容的条件下实现在线播放。另外,RM 作为目前主流网络视频格式，它还可以通过其 Real Server 服务器将其他格式的视频转换成 RM 视频，并由 Real Server 服务器负责对外发布和播放。RM 相对于 ASF 格式通常更柔和一些，而 ASF 视频比 RM 视频更清晰一些。

RMVB 格式是一种由 RM 视频格式升级延伸出的新视频格式，其先进之处在于 RMVB 视频格式打破了原先 RM 格式那种平均压缩采样的方式，在保证平均压缩比的基础上合理利用比特率资源。相对于 DVDrip 格式，RMVB 视频有着较明显的优势：一部大小为 700 MB 左右的 DVD 影片，如果将其转录成同样视听品质的 RMVB 格式，最多也就 400 MB 左右。不仅如此，这种视频格式还具有内置字幕和无需外挂插件支持等独特优点。

(2) 视频格式的转换

不同多媒体编辑软件对视频文件格式的支持不同，因此常常需要将一种格式的视频文件转换为另一种格式的视频文件。视频转换大师(WinMPG Video Convert)作为专业的视频多媒体文体转换软件，几乎涵盖了现在所有流行的影音多媒体文件的格式，包括 AVI、MPG、MPEG、MPEG-1、MPEG-2、MPEG-4、VCD、SVCD、DVD、DivX、ASF、WMV 以及 QuickTime MOV/MP4。可以快速完成 AVI 至 MPEG-1、AVI 至 MPEG-2、AVI 至 DVD、AVI 至 VCD、AVI 至 SVCD 的转换工作，还支持把以上所有的视频格式转换为 Divx 格式或者 AVI 格式。

3.3.6　计算机动画资源的获取和处理

1. 计算机动画概述

计算机动画是指采用图形与图像的处理技术，借助于编程或动画制作软件生成的一系列可连续播放的运动图像的集合。计算机动画分为二维动画和三维动画。二维动画是平面上的画面，可以在二维空间上模拟真实的三维空间效果。而三维动画则是具有正面、侧面和反面效果的动画，通过调整三维空间的视点(主视图、侧视图、俯视图)，能够看到不同的内容。二维动画通常通过输入和编辑关键帧、计算和生成中间帧、定义和显示运动路径、画面上色、产生特技效果、实现画面与声音同步、控制运动系列的记录等方法来生成。三维动画是根据数据在计算机内部生成的。制作三维动画首先要创建物体模型，然后让这些物体在三维空间产生运动，如移动、旋转、变形、变色等，再通过灯光效果设置等生成栩栩如生的画面。常用二维动画制作软件有 Ulead GIF Animator 和 Macromedia Flash 等。常用三维动画制作软件有 3D Studio MAX、Maya、Cool 3D 等。

2. 计算机动画资源的获取方法

(1) 从本地光盘、硬盘获取计算机动画

直接获取计算机动画资源的方法是从多媒体素材光盘中获取。一般的多媒体素材光盘、课件光盘中都包含一定数量的计算机动画素材，它们以一定的格式文件存放，可以将需要的计算机动画文件直接复制下来。从计算机硬盘中也能找到一些动画资源。因为在安装各种计算机软件时，会有一些相应的计算机动画被安装在计算机硬盘中，通过操作系统的搜索功能，可以在计算机中找到这些计算机动画(【开始】菜单→【搜索】→输入要查找的计算机动画的文件类型如 *.gif→开始搜索查找)。如果计算机是可以上网的，并且用 IE 浏览器浏览过一些带有计算机动画的网页，那么网页中的 GIF 动画、Flash 动画将保存在临时文件夹 Temporary Internet Files 中。打开该文件夹，就可以找到这些动画。

(2) 从网上获取计算机动画

计算机动画资源主要还是靠从网上获取。获取的方法，一是直接从提供动画资源下载的相关网站下载，二是将网页上出现的动画通过一定的技术手段截取下来。

3.3.7 PowerPoint 多媒体课件的设计与制作

PowerPoint 是制作电子幻灯片的理想软件，在课件制作中，经常使用 PowerPoint 制作课堂演示型课件。PowerPoint 的操作界面、基本操作方法（启动、文件的建立、保存、关闭、内容的复制、剪切等）与 Word 相似，对于学习过 Word 的同学来说，学习用 PowerPoint 制作电子幻灯片课件非常容易。PowerPoint 是 MS Office 套装软件之一，经历了 PowerPoint 95、97、2000、XP、2002、2003、2007 等多个版本，功能逐渐完善和增加，尤其在动画的设计和播放效果方面更加灵活。本小节以 PowerPoint 2003 为例，介绍 PowerPoint 课件制作的方法。

1. 幻灯片基本操作与外观设计

(1) PowerPoint 幻灯片视图

选择【开始】|【程序】|【Microsoft Office】|【Microsoft Office PowerPoint 2003】启动 PowerPoint 2003。默认情况下以普通视图方式显示，如图 3.46 所示。

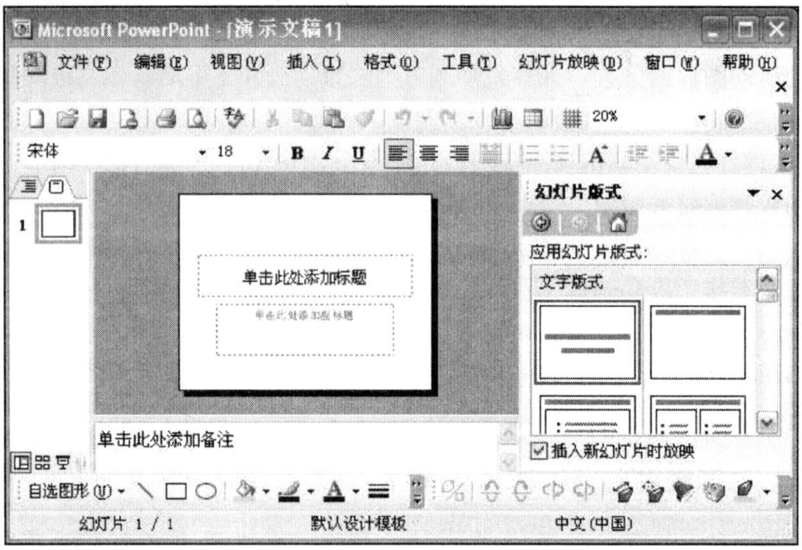

图 3.46　PowerPoint 2003 的界面

普通视图包含大纲窗格、幻灯片窗格、备注窗格和其他任务窗格。这些窗格使得用户可以在同一位置使用演示文稿的各种特征。拖动窗格边框可调整窗格的大小。不使用其他任务窗格时可将其关闭，以增加其他窗格的大小，便于幻灯片的编辑操作。

大纲窗格。使用大纲窗格可组织和开发演示文稿中的内容。可以键入演示文稿中的所有文本，然后重新排列项目符号点、段落和幻灯片。

幻灯片窗格。在幻灯片窗格中，可以查看每张幻灯片中的文本外观。可以在单张幻灯片中添加图形、影片和声音，并创建超级链接以及向其中添加动画。

备注窗格。备注窗格使得用户可以添加与观众共享的演说者备注或信息。

Microsoft PowerPoint 具有许多不同的视图，可帮助用户创建演示文稿。PowerPoint 中最常使用的两种视图是普通视图和幻灯片浏览视图。在幻灯片浏览视图中，可以在屏幕上同时看到演示文稿中的所有幻灯片，这些幻灯片是以缩略图的形式显示的。这样，就可以很容易地在幻灯片之间添加、删除和移动幻灯片以及选择动画切换。

通过【视图】菜单，或者单击 PowerPoint 窗口左下角的视图方式按钮，可在不同视图方式之间轻松地进行切换。

(2) PowerPoint 幻灯片的基本编辑

① 新建幻灯片、应用幻灯片版式

打开 PowerPoint 后出现的是第一张幻灯片的编辑界面(标题幻灯片)，要增加新的幻灯片，需要选择【插入】菜单中的【新幻灯片】菜单项，以插入新的幻灯片。新插入的幻灯片默认情况下为【标题和文本】版式的幻灯片。要改变幻灯片的版式，可单击幻灯片右侧的【应用幻灯片版式】窗格中的相应版式。

② 幻灯片的复制、剪切、粘贴、删除和移动

要复制、剪切、粘贴和删除某张幻灯片，需先选中该幻灯片。选中幻灯片的方法可以直接单击幻灯片视图中的幻灯片，也可在大纲视图中或幻灯片浏览视图中选择幻灯片，可选择单张幻灯片，也可按住 Ctrl(加选)或者 Shift(连续选择)键选择多张幻灯片。选中幻灯片后在编辑菜单中选择相应的复制、剪切、粘贴和删除等菜单项(或者右击，在快捷菜单中选择相应的菜单项，或者使用快捷键)进行操作。删除幻灯片还可在选中该幻灯片后按 Delete 键。要调整幻灯片的顺序，可选择要移动的幻灯片，然后直接拖放到需要放置的位置即可。在大纲视图中和幻灯片浏览视图中移动幻灯片比较方便，拖放时会有线条来指示放置的位置。

(3) PowerPoint 幻灯片的背景设置

幻灯片的默认背景是白色的，要设置与内容相适应的幻灯片背景，可通过选择【格式】|【背景】，在弹出的【背景】对话框中的下拉列表框中选择不同的颜色或填充效果。PowerPoint 2003 的背景设置界面如图 3.47 所示。

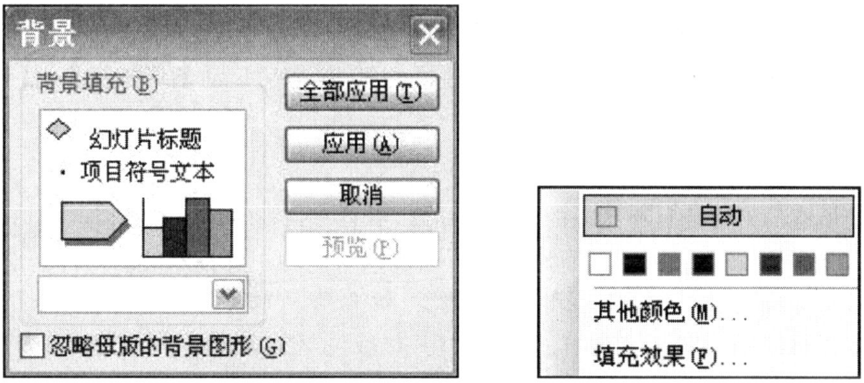

图 3.47　PowerPoint 2003 的背景设置

选择【其他颜色】项，弹出调色板对话框，从中选择或设置需要的颜色作为幻灯片的背景色。选择【填充效果】项，弹出【填充效果】对话框，在其中的【渐变】、【纹理】、【图案】、【图片】选项卡中选择或设置相应的效果作为背景。在幻灯片中直接插入图片作为背景，直接插入的图片的位置、大小可以任意变化；而从【填充效果】对话框中加入图片作为背景，该图片的位置、大小是不可以直接修改的。图 3.47 中【应用】按钮表示该背景设置只对当前幻灯片有效，【全部应用】按钮表示该背景设置对全部幻灯片都有效。【忽略母板的背景图形】选项的作用是在设置幻灯片背景时，应用了母板效果的背景图形不显示。这一选项在对部分幻灯片设置个别化的背景效果时特别有用。

(4) PowerPoint 幻灯片的配色方案

配色方案是用于演示文稿的八种协调色的集合。也可用于图表和表格或对添至幻灯片的图片重新着色。每个设计模板均带有一套配色方案。要选择方案，请选择【格式】菜单中的【幻灯片配色方案】命令，再从中选择一种。应用了一种配色方案后，其颜色对演示文稿中的所有对象都是有效的，所创建的所有对象的颜色均自动与演示文稿的其余部分相协调。如果要改变某种配色方案中的颜色，请选择【格式】菜单中的【幻灯片配色方案】命令，再选择【自定义】选项卡。改变了某种颜色后，所有使用旧颜色的对象均自动变为新颜色。选择【添加为标准配色方案】可将所做的更改另存为新方案。

有时可能希望用不同的配色方案来突出演示文稿的一部分或单张幻灯片，例如带有重要提议或议程的幻灯片。为此，请在幻灯片浏览视图中选择希望改变的幻灯片，再选择【格式】菜单中的【幻灯片配色方案】命令，在【标准】选项卡中选择一种配色方案，并单击【应用】按钮。要创建配色方案，可选择【格式】菜单中的【幻灯片配色方案】，然后选择【标准】选项卡。选择一种最接近要求的配色方案，然后单击【自定义】选项卡，在【配色方案】下单击需要更改的颜色，再单击【更改颜色】。单击【标准】选项卡直接从调色板中选择，或单击【自定义】选项卡调配自己的颜色。在【标准】调色板中，单击所需的颜色，然后单击【确定】按钮。在【自定义】调色板中，拖动十字形光标选择颜色，并拖动滚动条调整亮度，然后单击【确定】按钮。

在幻灯片浏览视图中，可选择一张具有所需配色方案的幻灯片，然后单击【格式刷】按钮，可以重新着色另一张幻灯片；双击【格式刷】可同时重新着色多张幻灯片。

要更改配色方案的颜色，可选择【格式】|【幻灯片配色方案】|【自定义】。在【配色方案】下面单击需要更改的颜色，再单击【更改颜色】。单击【标准】选项卡直接从调色板中选择，或单击【自定义】选项卡调配自己的颜色。在【标准】调色板中，单击所需的颜色，然后单击【确定】按钮。在【自定义】调色板中，拖动十字形光标选择颜色，并拖动滚动条调整亮度，然后单击【确定】按钮。

(5) PowerPoint 幻灯片母版

为了使所有的幻灯片具有统一的外观或标志，不必一张张幻灯片进行修改，而只需在幻灯片母版上做一次修改即可。幻灯片母版是 PowerPoint 中的一类特殊的幻灯片。幻灯片母版控制了某些文本特征（如字体、字号和颜色），称之为“母版文本”。另外，它还控制了背景色和某些特殊效果（如阴影和项目符号样式）。幻灯片母版包含文本占位符和页脚（如日期、时间和幻灯片编号）占位符。PowerPoint 将自动更新已有的幻灯片，并对以后新添加的幻灯片应用这些更改。如果要更改文本格式，可选择占位符中的文本并做更改。

可用幻灯片母版添加图片，改变背景，调整占位符大小，以及改变字体、字号和颜色。如果要让艺术图形或文本（如公司名称或徽标）出现在每张幻灯片上，请将其置于幻灯片母版上。幻灯片母版上的对象将出现在每张幻灯片的相同位置上。如果要在每张幻灯片上添加相同文本，请在幻灯片母版上，单击【绘图】工具栏上的【文本框】按钮，通过【文本框】按钮添加的文本的外观不受母版支配。但是，如果在母板的文本占位符内键入文本，其内容将不会出现在正常的幻灯片上，因为母板的文本占位符中的内容只用来设置文本的格式。

（6）应用设计模板与母版

Microsoft PowerPoint 的设计模板是包含演示文稿样式的文件，包括项目符号和字体的类型和大小、占位符大小和位置、背景设计和填充、配色方案以及幻灯片母版和可选的标题母版。设计模板为演示文稿提供设计完整、专业的外观。应用设计模板可方便、快捷地设置演示文稿的外观。

在【格式】工具栏上，单击【设计】。如果已打开【幻灯片设计】窗格并显示有配色方案或动画方案，请单击顶部的【设计模板】。若要对所有幻灯片（和幻灯片母版）应用设计模板，请单击所需模板。若要将模板应用于单个幻灯片，请选择【幻灯片】选项卡上的缩略图；在任务窗格中，指向模板并单击箭头，再单击【应用于选定幻灯片】。若要将模板应用于多个选中的幻灯片，请在【幻灯片】选项卡上选择缩略图，并在任务窗格中单击模板。若要将新模板应用于当前使用其他模板的一组幻灯片，请在【幻灯片】选项卡上选择一个幻灯片，在任务窗格中，指向模板并单击箭头，再单击【应用于母版】。

2. 多媒体课件幻灯片的设计与制作

（1）多媒体在 PowerPoint 课件中应用的基本方法

① 文本在 PowerPoint 课件中的使用

PowerPoint 提供了对文本、图形、图像、声音、视频、动画等多种媒体的支持应用。文本的应用可通过文本占位符输入、修改和编辑，也可通过文本框（在【插入】菜单中或绘图工具栏中有横排文本框和竖排文本框）输入。文本中的特殊符号可通过输入法所提供的软键盘输入功能输入。例如，要输入○☆△←◎等符号，可在智能 ABC 输入法的工具栏（如图 3.48 所示）的软键盘按钮上右击，在弹出的快捷菜单中选择【特殊符号】菜单项（如图 3.49 所示），再在弹出的软键盘（如图 3.50 所示）中输入相应的符号。或者选择【插入】菜单中的【符号】，在【符号】对话框（如图 3.51 所示）中选择要插入的符号或特殊符号。

图 3.48　智能 ABC 输入法工具栏

✔ P C 键盘	标点符号
希腊字母	数字序号
俄文字母	数学符号
注音符号	单位符号
拼　音	制表符
日文平假名	特殊符号
日文片假名	

图 3.49　各种符号的输入法快捷菜单

PowerPoint 提供了艺术字功能，可将输入的文字设置为艺术字。艺术字实际上是将文字转变为图像，所以，插入艺术字的操作是通过选择【插入】|【图片】|【艺术字】方式进行的，也可通过绘图工具栏中的插入【艺术字】按钮来插入艺术字。插入艺术字时可从艺术字库中选择不同的艺术字样式，并可在艺术字形状库中选择一种形状将其设置为特殊的形状。

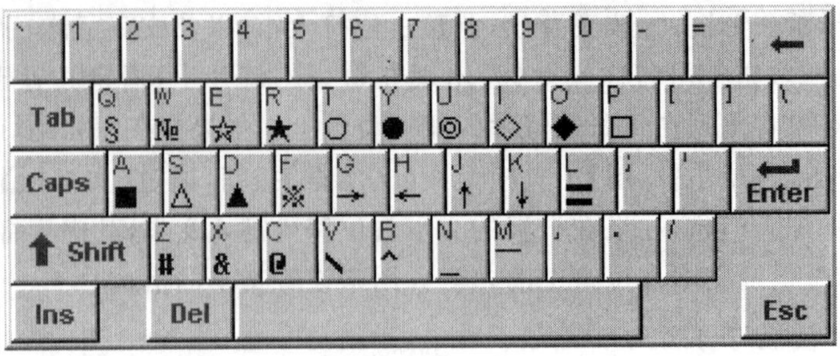

图 3.50　特殊符号输入软键盘

图 3.51　插入符号对话框

如果在课件中要使用数学公式、化学分子式等复杂的表达式，最好使用公式编辑器来编辑。选择【插入】|【对象】|【Microsoft 公式 3.0】，如图 3.52 所示。选择【Microsoft 公式 3.0】后，将打开【公式编辑器】界面，如图 3.53 所示。

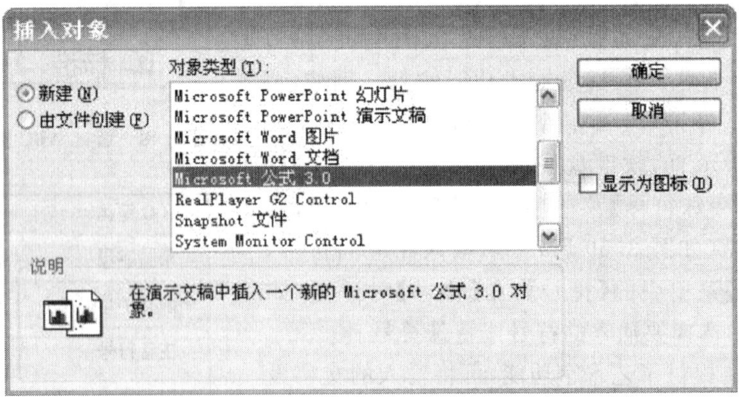

图 3.52　【插入对象】对话框

注意：在 PowerPoint 中，公式编辑器并不是默认的安装模块。如果在【插入对象】对话框中找不到【Microsoft 公式 3.0】，说明该模块没有安装，需要通过安装盘临时安装。编辑器提供了各种常用符号(关系符号、间距和省略号、修饰符号、运算符号、箭头符号、逻辑符号、集合

图 3.53　公式编辑器

论符号、希腊字母、俄文字母)和模板(围栏模板、分式与根号模板、下标和上标模板、求和模板、积分模板、底线和顶线模板、标签箭头模板、集合与乘积模板、矩阵模板),利用这些符号和模板,可制作常用的公式或表达式。

② 图形、图像在 PowerPoint 课件中的使用

PowerPoint 的图形绘制和处理功能十分强大。在 PowerPoint 中绘制图形主要有两种方法:一种方法是利用绘图工具栏中的常用绘图工具按钮绘制常用的和规则的几何图形;另一种方法是利用自选图形功能绘制各种图形符号,包括线条、箭头、基本形状、流程图、星与旗帜、标注和其他自选图形等。

选择绘图工具栏中常用图形按钮(直线、带箭头的直线、矩形、椭圆),鼠标指针将变为十字形状,在要绘图的位置拖动鼠标形成一个矩形区域,然后释放鼠标按键,形成所要绘制的图形。

在绘制直线时按住 Shift 键,可以绘制水平、垂直或 22.5°角倍数的直线。在绘制矩形或椭圆时,按住 Shift 键,可分别得到正方形和圆。单击绘图工具栏中的【选择】按钮,然后单击绘制的图形对象,可选中该图形对象。要选择多个图形对象,可按住 Shift 键,然后逐个单击相应的图形对象。也可以在要选中的图形对象的外围,用鼠标拖出一个矩形区域,将图形对象选中。选中的图形对象可以用鼠标拖动以改变它们的位置。将鼠标指针放在选中图形的调节点上拖动,可改变图形的大小或形状。在改变图形对象的位置之前,可能需要先设置图形对象的文字环绕方式。选中图形对象,然后单击绘图工具栏上的线条色、填充色按钮,可设置图形的线条(边框)的颜色和封闭图形的填充色。单击颜色按钮右侧的下拉按钮,可选择不同的颜色,或取消设置的颜色(无线条色、无填充色)。要设置线条的粗细、样式,在选中图形对象后,按绘图工具栏的线型和虚线线型按钮,在其中选择一种线型。对选中的图形对象还可以单击阴影或三维样式按钮以设置阴影和三维立体效果。阴影和三维效果不能同时设置。阴影效果中可以分别设置阴影颜色、阴影与原图形的偏移程度或取消阴影设置。三维效果中可以分别设置三维的颜色、三维效果的深度、方向、灯光效果、表面效果等。对于闭合图形可设置其填充效果,填充效果可以是单色或过渡色,也可以是纹理或图案,还可以是图片。当用图片填充图形时,如果图形小于图片的大小,则可起到截图的效果,如果使用的是椭圆或多边形,则图片具有椭圆或多边形的形状,如图 3.54 所示。

利用基本的图形工具以及相应的颜色、线型、阴影、三维效果等设置,可以制作出课件中需要的基本图形。以下着重说明用多边形工具绘制轮廓线的方法,因为将静态图像中的元素用轮廓线绘制下来可以用 PowerPoint 的自定义动画设置动态效果。单击绘图工具栏的自选图

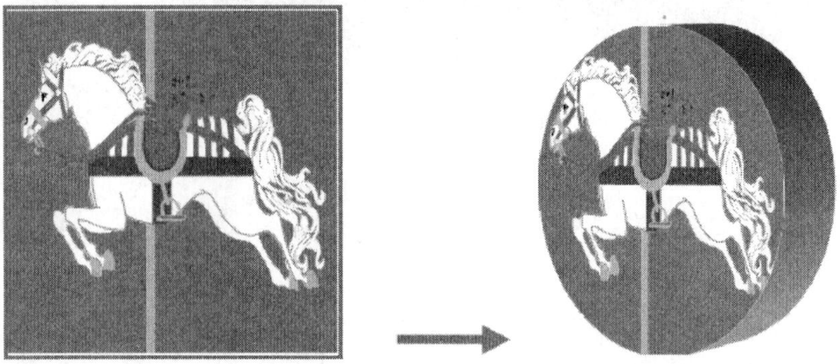

图 3.54　闭合图形的填充效果与截图

形按钮，出现如图 3.55 所示的自选图形菜单。将鼠标指针移到菜单项右边的箭头上，将显示相应的自选图形列表。线条工具列表如图 3.56 所示。

要使用自选图形列表中自选图形，可以单击相应的自选图形按钮，然后在编辑区域中拖动鼠标绘制一矩形区域，即可得到相应的自选图形。

利用【线条】工具中的多边形工具，可以绘制地图的轮廓线及其他地图元素，如河流、铁路线、山脉等。先导入一张地图，如中国地图，调整到适当的大小和位置，然后选择多边形工具，在要绘制的地图轮廓上按下鼠标的左键，鼠标的指针将变为笔形，沿地图轮廓线拖动鼠标绘制轮廓线，直到结束位置，双击结束。绘制轮廓线的中间可以停顿，然后按下鼠标的左键继续绘制。如果绘制的点偏离了应有的位置，可以按 BackSpace 键删除，然后再重新绘制。绘制好的轮廓线，如果是闭合的图形，则可以用色彩或其他的效果加以填充，方法是选中绘制好的轮廓线，然后选择绘图工具栏中的填充色按钮，选择一种填充色，或者选择【其他填充颜色】，选择或自定义一种颜色来填充(如图 3.57 所示)。对于地图的轮廓线，则需要将各个部分区别开来，可以选择【填充效果】，在填充效果对话框的【图案】选项卡中设置相应的图案和颜色(前景色和背景色)。也可以在纹理和图片选项卡中设置纹理或图片作为图形的填充效果。轮廓线的颜色和粗细则用绘图工具栏中的颜色和线型按钮设置。如果要修改绘制好的图形，可右击该图形，在弹出的快捷菜单中选择【编辑顶点】菜单项，对多边形的各个顶点重新调整。图 3.58 为用多边形绘图工具绘制的影响中国的台风路径轮廓图。

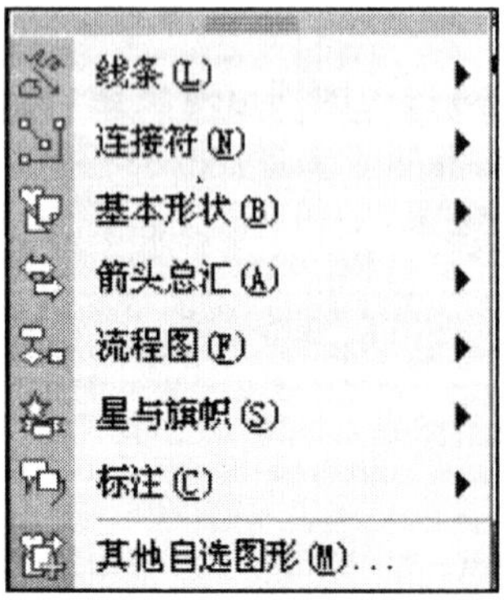

图 3.55　自选图形菜单

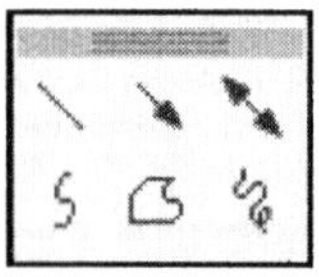

图 3.56　线条工具

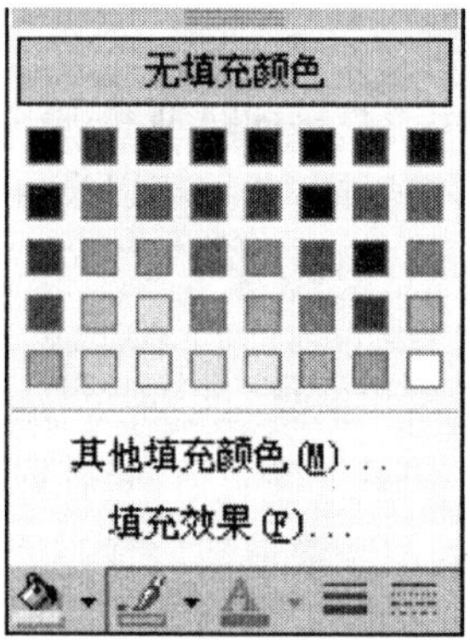

图 3.57　填充颜色和填充效果

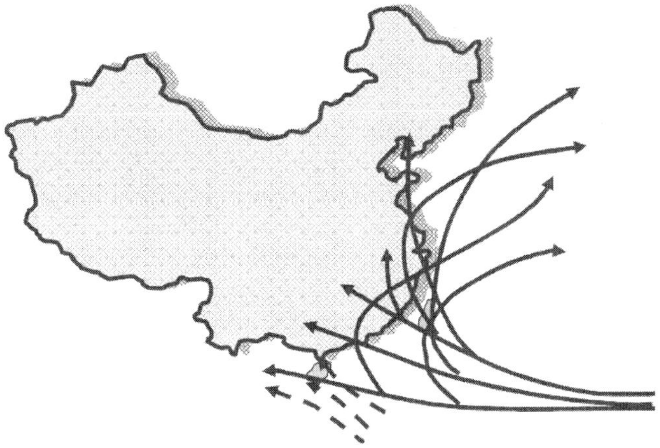

图 3.58　影响中国的台风路径轮廓图

有许多自选图形具有可控的菱形调节点，拖动菱形调节点可改变图形的形状或属性，如笑脸图形可变为哭脸图形，三十二角星变为烟花，等等。自选图形及其变化如图 3.59 所示。在其他自选图形中，还有两个用于绘制半圆、扇形和弧形的图形，拖动菱形调节点可改变它们的角度。

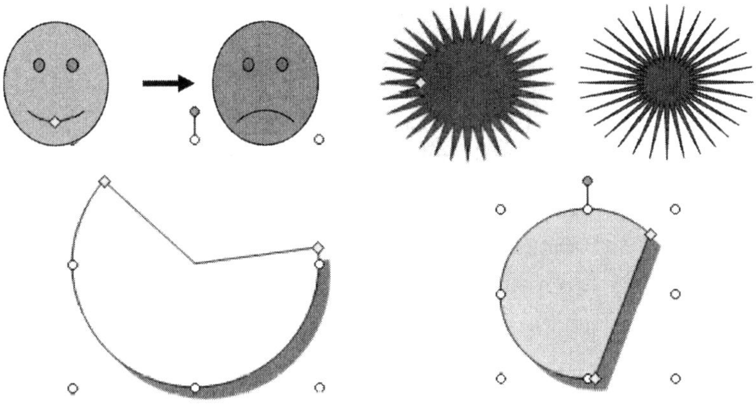

图 3.59　自选图形及其变化

在 PowerPoint 中，可应用多种格式的图像，除了常用的 BMP、JPG、GIF、WMF、TIF 等格式外，也支持 CDR、EPS 等矢量图形格式。其中 WMF 格式是 Windows 图元文件格式。WMF 图形是一种矢量图，所占存储空间少，并可任意放大缩小而保持原有的画面质量。WMF 图形还具有透明背景的特点，能与底层图案很好地融合在一起。

在 PowerPoint 软件中可直接使用 WMF 图形。如果需要对原有的 WMF 图形进行加工，则可先将 WMF 图形取消组合。在第一次执行取消组合时，会弹出对话框，显示“这是一张导入的图片，而不是组合，是否将其转换为 Microsoft Office 图形”，单击【是】按钮，将其转换为图形后，再次执行取消组合操作，即可将原有的 WMF 图形分解，然后根据需要进行编辑或重组。对一般的图片对象，PowerPoint 提供了简单的编辑处理功能，可对图片对象设置亮度和对比度并进行缩放和裁剪处理。简单的图片编辑功能如图 3.60 所示。

图 3.60　简单的图片编辑功能

③ 声音在 PowerPoint 课件中的使用

声音和音频是重要的多媒体形式。PowerPoint 提供了插入声音、播放 CD 和直接录制声音并应用于幻灯片的功能。在动画效果设置和幻灯片切换设置中还可设置播放时的音效。在动作设置和动作按钮中也可以设置音效。插入的声音以声音图标显示在幻灯片中,可以单击播放或自动播放,在空白处单击则停止播放。CD 的播放则需要将 CD 光盘预先放在相应的光驱中。录制声音则需要话筒并已经连接好。

PowerPoint 在声音处理上的最大缺点是缺少可控操作,其次是对声音文件格式的支持不多,主要以 WAV 格式波形声音文件为主。不过,在 PowerPoint 2003 版本中,这一问题已得到很大改进,已能直接支持 MIDI 音乐和 MP3 格式的音频文件。

④ 视频在 PowerPoint 课件中的使用

PowerPoint 支持多种视频格式(包括 AVI、MPEG、WMV、ASF 等格式的数字电影)的插入。通过选择【插入】|【影片和声音】|【来自文件中的影片】|【插入影片】,再选择对应文件夹中的对应视频文件,来插入视频。

当插入 PowerPoint 支持的视频对象时,会显示播放方式对话框,如图 3.61 所示。选择【自动】,在幻灯片播放时将自动播放视频;选择【在单击时】,则在幻灯片播放时需要通过单击

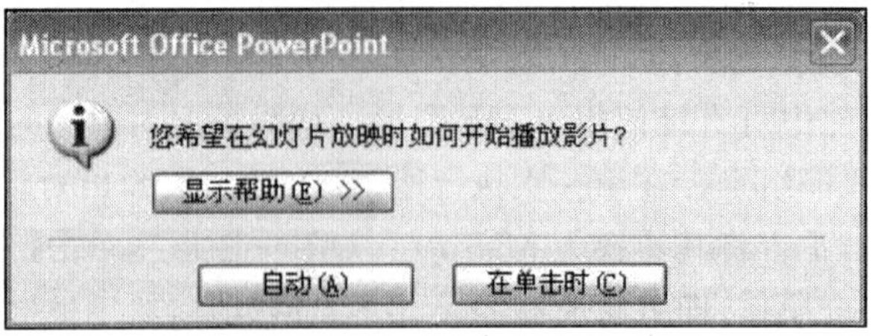

图 3.61　视频播放方式选择对话框

该视频对象才开始播放。【自动】和【在单击时】方式的切换可在【自定义动画】对话框中（如图 3.62 所示）修改（将【开始】选项中的【单击时】改为【之前】）。

图 3.62　在自定义动画中修改视频播放方式

⑤ 动画在 PowerPoint 课件中的使用

PowerPoint 除了支持 AVI 格式的视频动画外，也支持 GIF 动画。AVI 格式的视频动画可通过【插入】菜单中的【剪辑管理器中的影片】或【文件中的影片】插入。GIF 格式的动画则通过插入图片的方式插入，因为 GIF 图片和 GIF 动画具有相同的扩展名。虽然 PowerPoint 不直接支持 Flash 动画的插入，但可以通过插入控件对象的方式在 PowerPoint 中使用 Flash 动画。在【视图】菜单中选择【工具栏】中的【控件工具箱】，如图 3.63 所示。

图 3.63　控件工具箱

在【控件工具箱】中选择【其他控件】按钮，在【其他控件】列表框中选择 Shockwave Flash Object 控件（如图 3.64 所示），然后在幻灯片中拖动鼠标绘制出一个矩形区域，该区域即为 Flash 动画的展示位置。完成后该区域为带对角线的矩形对象。

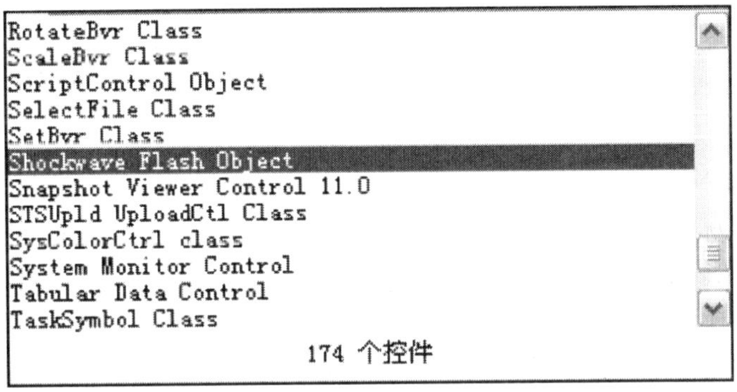

图 3.64　控件列表框

在矩形对象上右击，在弹出的快捷菜单中选择【属性】项，打开【属性】对话框，如图 3.65 所示。

在属性对话框中选择【（自定义）】，在其右侧的按钮上单击，将弹出【属性页】对话框，如图 3.66 所示。在其中的【Flash 属性】中的【影片 URL】项中，输入要使用的 Flash 动画的路径和名称，名称中包括其扩展名，如 C:\RM.SWF。由于 Flash 动画所占的存储空间较少，所以

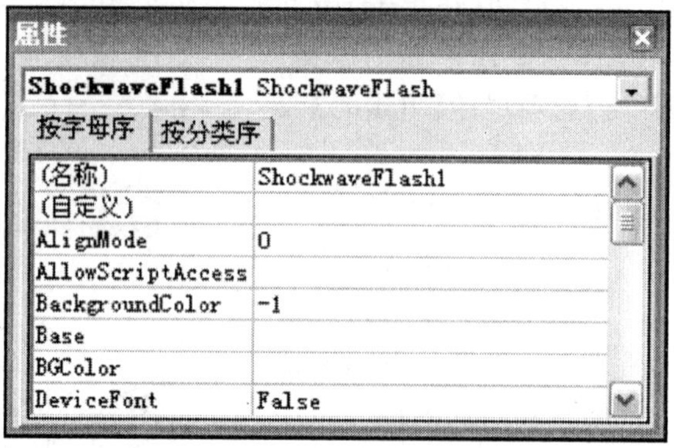

图 3.65　控件属性列表框

可将 Flash 动画嵌入到 PowerPoint 中(在【属性页】对话框中选中【嵌入影片】选项)。单击【确定】按钮,回到幻灯片视图,改变矩形区域的大小,可看到插入的 Flash 动画。放映幻灯片,即可看到 Flash 动画的播放效果。如果没有看到 Flash 动画,请检查插入的路径和文件名,特别是文件的扩展名。幻灯片放映时,如果 Flash 动画没有自动播放,可右击,选择【播放】命令。

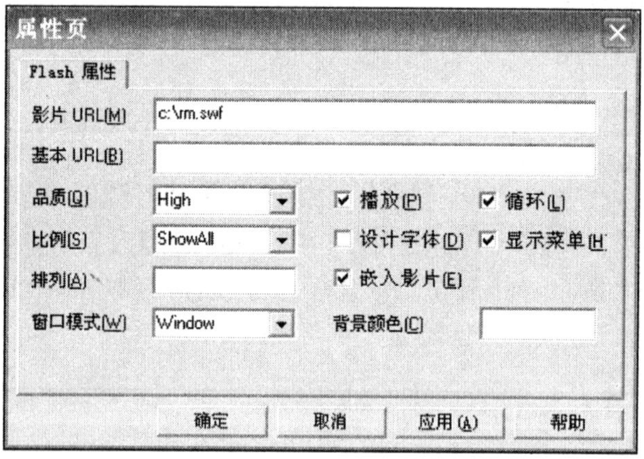

图 3.66　Flash 属性设置

⑥ 图表在 PowerPoint 课件中的应用

图表能比较直观地反映不同量之间的数量关系。在 PowerPoint 中使用图表,可单击常用工具栏上的【插入图表】按钮,或者在【插入】菜单中选择【图表】菜单项。在幻灯片中出现默认的图表,如图 3.67 所示。

可根据实际数据修改数据表中的数据。当数据表中的数据被修改后,对应的图表也会跟着改变。要改变图表的类型,可在图表的编辑状态下选择【图表】菜单中的【图表类型】菜单项,在其列表中选择合适的图表类型(条形图、折线图、饼图、雷达图等),当选择了一种图表类型后,在其右侧还可进一步选择子图表类型,如图 3.68 所示。

按【确定】按钮后,在幻灯片的空白处单击,即可得到所需的图表,如图 3.69 所示。

可单击图表对象重新编辑图表。单击图表中的对象(线条、背景、数据标记等)还可对这些对象做进一步的编辑。

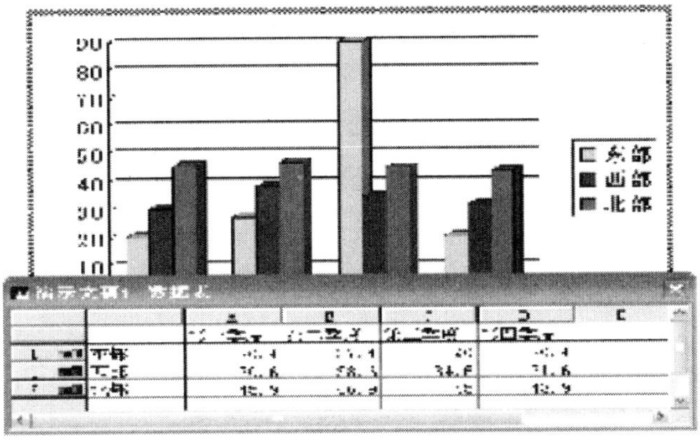

图 3.67　在 PowerPoint 中插入默认的图表

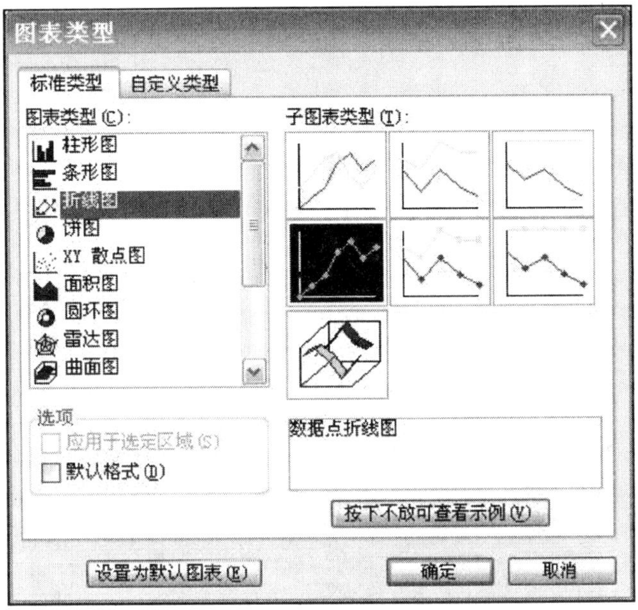

图 3.68　图表类型对话框

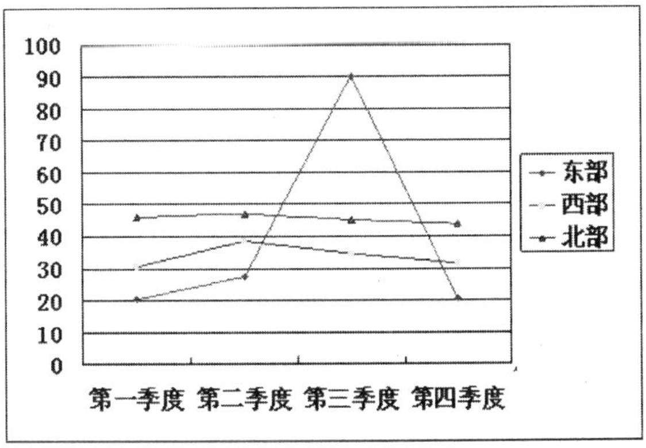

图 3.69　折线图图表

(2) 在 PowerPoint 课件中控制多媒体对象的播放

如果通过插入对象的方式插入多媒体,则多媒体对象(尤其是声音、视频、动画)在幻灯片播放时具有一定的可控性。在【插入】菜单中选择【对象】,在弹出的对话框中选择【对象类型】,如图 3.70 所示。选择 Windows Media Player 播放器,并通过播放器导入和播放相应的多媒体内容,实现对多媒体对象的播放控制。

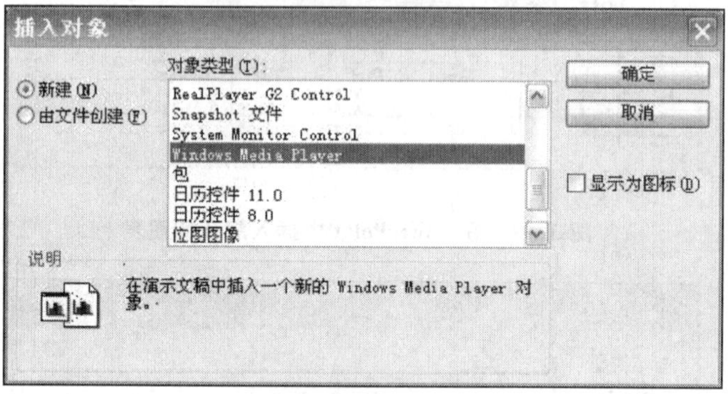

图 3.70　插入对象对话框

如果插入的是 Windows Media Player 播放器,如图 3.71 所示,则 Windows Media Player 播放器所支持的媒体格式均可用该对象播放。

图 3.71　插入 Windows Media Player 播放器对象

当在幻灯片中插入了 Windows Media Player 对象后,右击该对象,在快捷菜单中选择【属性】菜单项,将弹出【属性】对话框,如图 3.72 所示。

在【属性】对话框中选择【(自定义)】,在其右侧的省略号按钮上单击,将弹出【Windows Media Player 属性】对话框,如图 3.73 所示。在该对话框的【文件名或 URL】项中输入要播放的多媒体文件的路径和名称。单击右侧的【浏览】按钮可查找和选择要播放的多媒体文件。单击【确定】按钮,播放幻灯片时即可用播放器来播放插入的媒体文件。

对于 PowerPoint 不能直接支持的媒体类型,如 RM、RMVB 等格式,可通过相应的播放控件插入到 PowerPoint 中。例如,在 PowerPoint 幻灯片中插入对象,在插入对象的列表(参见

图 3.72　Windows 播放器属性对话框

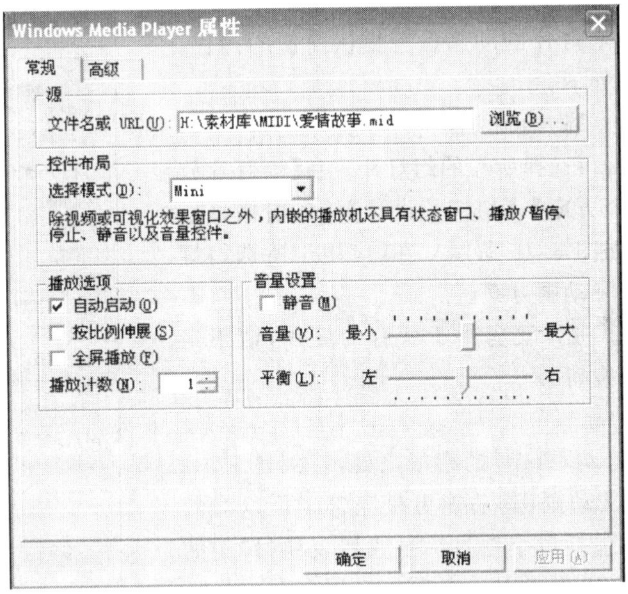

图 3.73　Windows Media Player 属性对话框

图 3.70)中选择 Realplayer G2 Control，在幻灯片中插入 Realplayer G2 Control 控件(注意：该控件在幻灯片中不可见，但周围有调节手柄)。右击该控件，在快捷菜单中选择【属性】，在【属性】对话框中单击【(自定义)】后的省略号按钮，在弹出的【属性页】对话框的 Source URL 中输入 RM、RMVB 格式的文件所在的位置和名称，如图 3.74 所示。

完成设置后，单击【确定】按钮，启动幻灯片放映，将在幻灯片上出现 Realplayer G2 Control 控件的播放界面，如图 3.75 所示。单击播放按钮，开始播放所指定的媒体。

(3) 幻灯片动画效果的设计与制作

为幻灯片中的文本、图形、图像和其他对象设置多种多样的动画效果，是 PowerPoint 最突出的功能。添加动画效果，可以突出演示的重点、难点，并能控制信息流，增加演示文稿的趣味性。PowerPoint 2003 比以前的版本新增了一些动画功能，如路径动画、触发器等，不仅丰富了幻灯片放映的效果，还使得 PowerPoint 2003 更接近于一个功能强大的多媒体创作工具，更具有交互性和可控制性。使用 PowerPoint 2003 可以制作出效果出色的多媒体课件作品。

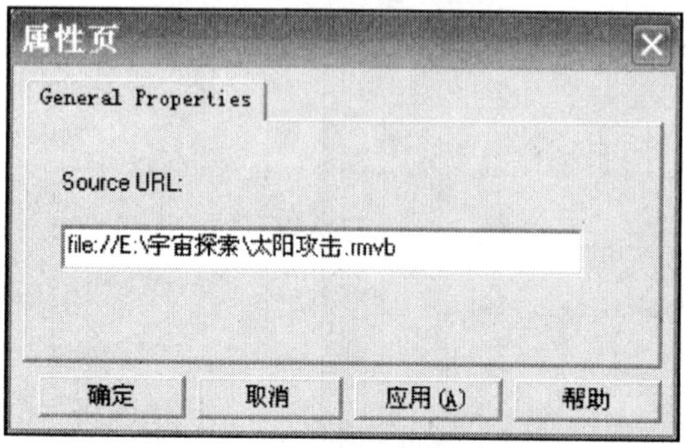

图 3.74　Realplayer G2 Control 控件的属性页对话框

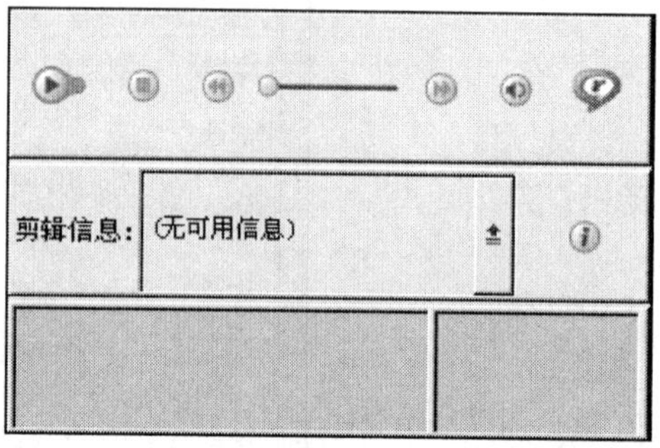

图 3.75　Realplayer G2 Control 控件的播放界面

① 应用预设动画

预设动画方案为幻灯片的动画设置提供简便的操作。使用预设动画的步骤如下：

第一步，如果只希望将动画方案应用于几张幻灯片，请单击【幻灯片】选项卡，再选择所需的幻灯片。在【幻灯片放映】菜单上，单击【动画方案】，【幻灯片设计】任务窗格将显示预设的动画方案，如图 3.76 所示。在【应用于所选幻灯片】列表框中，选择一种动画方案。

第二步，如果希望将方案应用于所有幻灯片，请单击【应用于所有幻灯片】按钮。

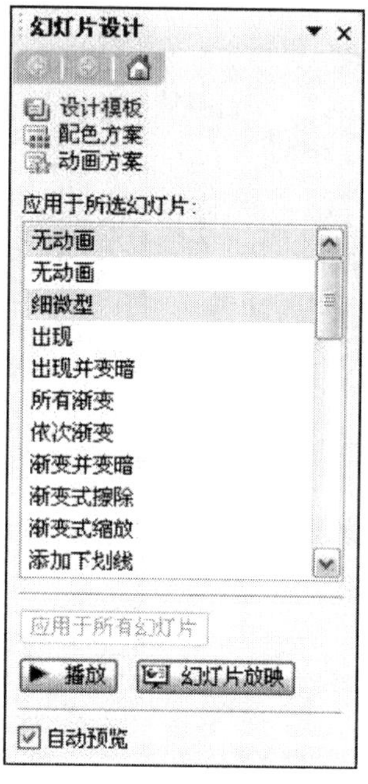

图 3.76　动画方案

② 应用自定义动画

自定义动画是 PowerPoint 的精华之处，特别是 PowerPoint 2003 的自定义动画，其功能更是完善。可以对幻灯片、占位符或段落(包括单个项目符号或列表项目)中的项目设置自定义动画，也可以对单个项目应用多个自定义动画。使用【自定义动画】任务窗格(如图 3.77 所示)，可以对对象的动画进行自定义设置。应用自定义动画的步骤如下：

第一步，在普通视图中，显示包含要动画显示文本或对象的幻灯片，选择要动画显示的对象，在【幻灯片放映】菜单上，单击【自定义动画】，或者在选择的对象上右击，在快捷菜单中选择【自定义动画】。

第二步，在【自定义动画】任务窗格上，单击【添加效果】按钮。在出现的菜单中包括【进入】、【强调】、【退出】和【动作路径】菜单项，如图 3.78 所示。

如果要使文本或对象以某种效果进入幻灯片放映演示文稿，请选择【进入】，再单击一种效果。如果要为幻灯片上的文本或对象添加某种效果，请选择【强调】，再单击一种效果。如果要为文本或对象添加某种效果以使其在某一时刻离开幻灯片，请选择【退出】，再单击一种效果。如果要为文本或对象添加路径动画，请选择【动作路径】，然后应用预设动作路径，或者创建自定义动作路径。

设置进入动画。第一步，单击需要设置动画的对象，选择【幻灯片放映】|【自定义动画】，展开【自定义动画】任务窗格；第二步，单击任务窗格中的【添加动画】按钮，在随后弹出的下拉列表中，选择【进入】菜单项，在其中选择一种效果，进入动画界面如图 3.79 所示。或者选择【其他效果】选项，打开【添加进入效果】对话框，如图 3.80 所示，在其中选择一种效果，单击【确定】按钮返回即可。

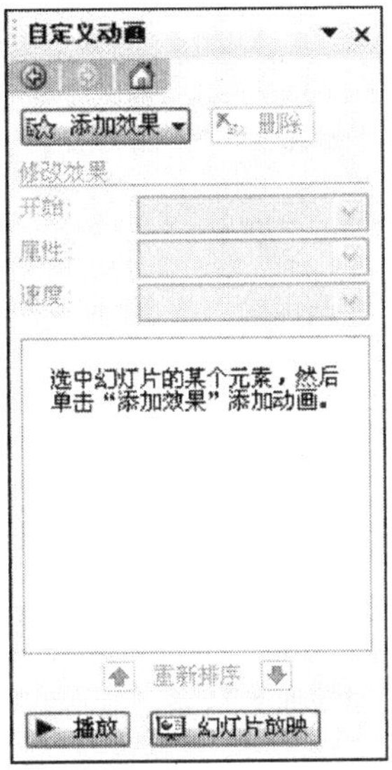

图 3.77　自定义动画窗格

图 3.78　自定义动画菜单

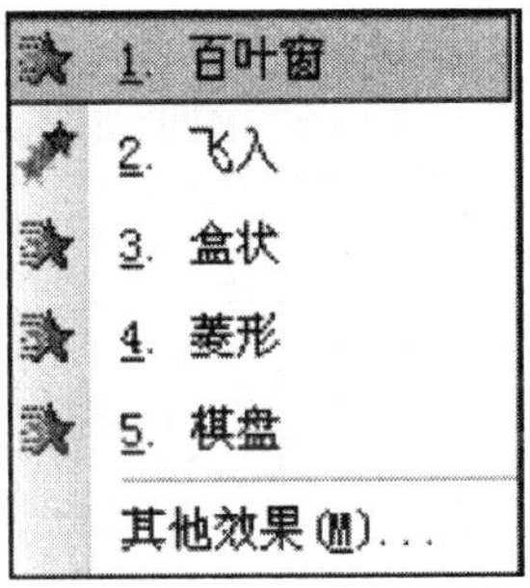

图 3.79　进入动画

设置退出动画。退出动画是动画放映结束后，对象如何退出动画。设置退出动画的方法与设置进入动画的方法相同。

设置强调动画。强调动画是在放映过程中引起观众注意的一类动画，设置方法与设置进入动画相似。第一步，单击需要设置强调动画的对象，选择【幻灯片放映】|【自定义动画】，展开【自定义动画】任务窗格。第二步，单击其中的【添加动画】按钮，在随后弹出的快捷菜单中，展开【强调】下面的级联菜单，如图 3.81 所示，选择一种强调动画（如【陀螺旋】）即可。如果选择其中的【其他效果】选项，打开【添加强调效果】对话框，可以设置多种强调动画。强调动画的其他效果如图 3.82 所示。

设置动作路径动画。动作路径动画是设置对象沿一定路径运动的动画。设置方法如下：第一步，单击需要设置动作路径动画的对象，选择【幻灯片放映】|【自定义动画】，展开【自定义动画】任务窗格。第二步，单击其中的【添加动画】按钮，在随后弹出的快捷菜单中，展开【动作路径】下面的级联菜单，如图 3.83 所示。选择一种动作路径动画（如【向上】）即可。如果对 PowePoint 演示文稿中内置的动画路径不满意，可以自定义动画路径。方法是选择图 3.83 中【绘制自定义路径】菜单项，在其下一级菜单中选择一种画线工具，如图 3.84 所示。绘制运动

的路径，绘制结束后双击，形成有首尾箭头的运动路径，并可看到预览效果。

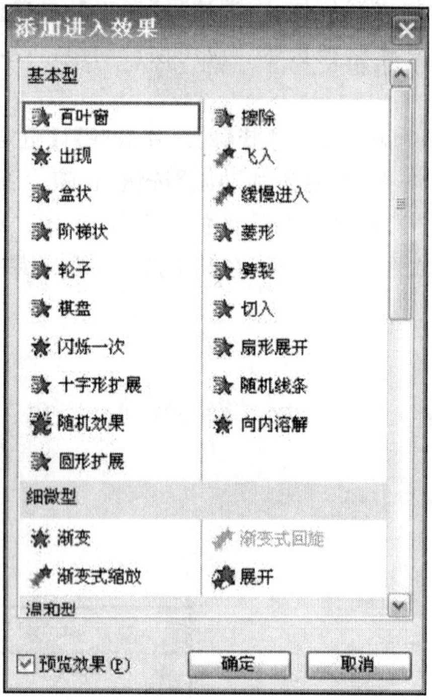

图 3.80　进入动画的其他效果

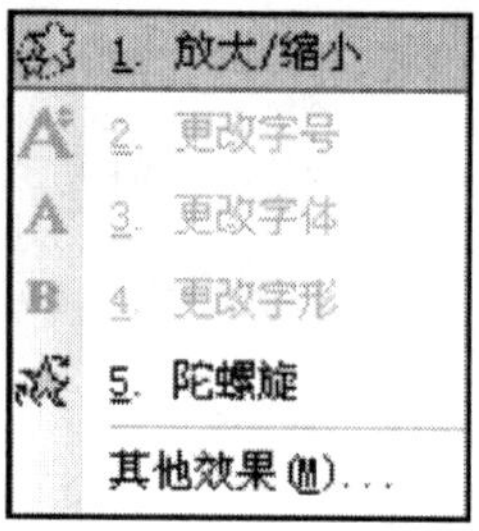

图 3.81　强调动画

图 3.82　强调动画的其他效果

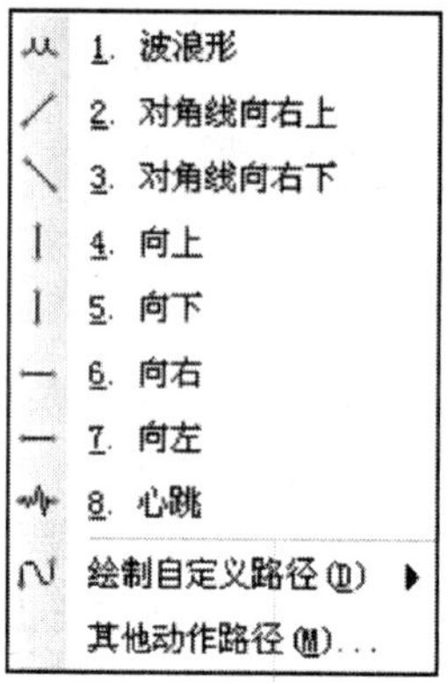

图 3.83　动作路径动画

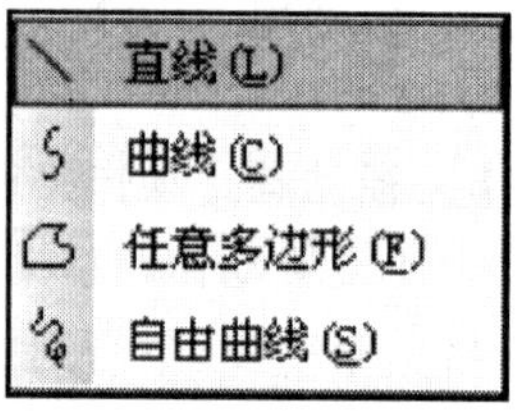

图 3.84　绘制路径工具

如果选择图 3.83 中的【其他动作路径】，则出现【添加动作路径】对话框，如图 3.85 所示。其中包含了多种基本和特殊的路径。选择其中的一种，按【确定】按钮。

图 3.85　添加动作路径

图 3.86　设置的动画效果

③ 动画详细设置

对幻灯片各对象设置了自定义动画效果后，应用的动画效果如图 3.86 所示。在该对话框中对动画效果和动画的播放控制还可做进一步的设置。动画开始的方式有【单击时】、【之前】、【之后】。动画的方向、速度也可进一步设置。在列表中选择一种动画效果，右击，选择【效果选项】，弹出相应效果的设置对话框(如图 3.87 所示)，可对动画的效果、计时和文本动画效果等进行全面的设置。

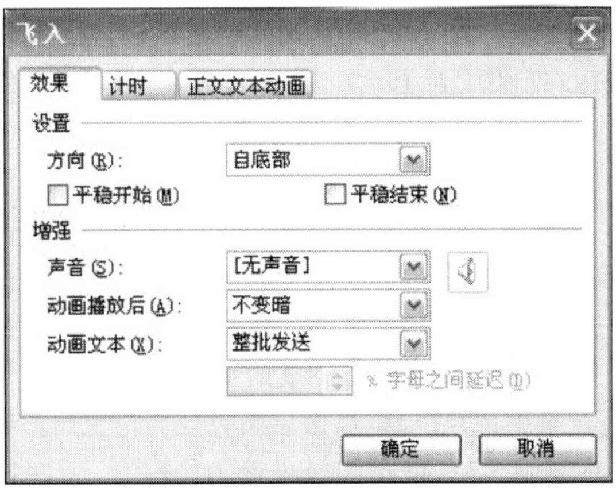

图 3.87　动画效果选项详细设置

在文本动画中可按字母、字或段落应用效果，例如，使标题每次飞入一个字，而不是一次飞入整个标题。设置过程如下：

第一步，在【自定义动画】任务窗格的自定义动画列表中，单击所需的动画文本项目。

第二步，单击箭头，再单击【效果选项】，然后执行下列一项或多项操作：若要按字母显示动画，请在【效果】选项卡的【动画文本】列表中，单击【按字母】；若要按字显示动画，请在【效果】选项卡的【动画文本】列表中，单击【按字/词】；若要按段落级别或项目符号显示动画，请在【正文文本动画】选项卡的【组合文本】列表中，单击一个选项。

要在字母、字或段落动画之间产生延迟，请在【计时】选项卡的【延迟】框中输入一个数字。在 PowerPoint 动画设置中还可使用触发器。所谓触发器是指通过设置可在单击指定对象时播放动画。设置触发器的步骤如下：

第一步，在【自定义动画】任务窗格的自定义动画列表中，单击所需的动画文本项目。

第二步，单击箭头，再单击【计时】。

第三步，单击【触发器】，并选择【单击下列对象时启动效果】，并在右边对象列表中选择作为触发器的对象。

列表中的序号代表幻灯片播放时的顺序。要改变动画效果播放的顺序，可以右击需要调整的对象，在随后弹出的快捷菜单中，选择【自定义动画】选项，展开【自定义动画】任务窗格，选中相应的动画效果方案，将其拖动到其他动画方案上方或下方即可。也可以选择相应的动画效果列表项，然后单击【重新排序】栏左右两侧的箭头调整其播放顺序。

要为 PowerPoint 演示文稿设置背景音乐，方法如下：选择一首合适的音乐文件，将其插入到第一张幻灯片中。展开【自定义动画】任务窗格。选中声音播放方案（其实就是一种动画方案），双击打开【播放声音】对话框。在【效果】标签下，选中【在××幻灯片之后】选项，并输入一个数值，确定返回就行了。

实践：设计并制作两小球碰撞的演示动画。

第一步，使用自选图形工具栏中的曲线绘图工具绘制一条有一定坡度的曲线。

第二步，按住 Shift 键，使用绘图工具栏上的椭圆工具绘制小球，通过填充效果中的渐变选项卡，设置颜色为【预设】中的【雨后初晴】；底纹样式设置为【中心辐射】。

第三步，将小球放置在曲线的左上方，选中小球，设置小球的自定义动画效果为【闪烁一次】，自定义动画的【开始】方式为【之后】0 秒，速度为【非常快】。

第四步，选中小球，将其复制 5 份，并按顺序依次放置。

第五步，再复制一个小球，将该小球的动画效果设置为【出现】，【开始】设置为【之后】0 秒，位置放在最后一个小球的左侧。

第六步，按住 Shift 键，使用绘图工具栏上的椭圆工具再绘制一个新的小球，通过填充效果中的渐变选项卡，设置颜色为【预设】中的【红日西斜】；底纹样式设置为【中心辐射】。

第七步，将新的小球复制一份，并将其与原来的小球重合，再设置动画效果为【出现】，【开始】设置为【之后】0 秒，在效果中选择【动画播放后颜色变为白色（背景色）】。

第八步，再将新的小球复制 4 份，将动画效果设置为【闪烁一次】，【开始】方式为【之后】0 秒，速度为【非常快】。并按顺序将它们依次放置在曲线的右侧。

完成后的幻灯片如图 3.88 所示。

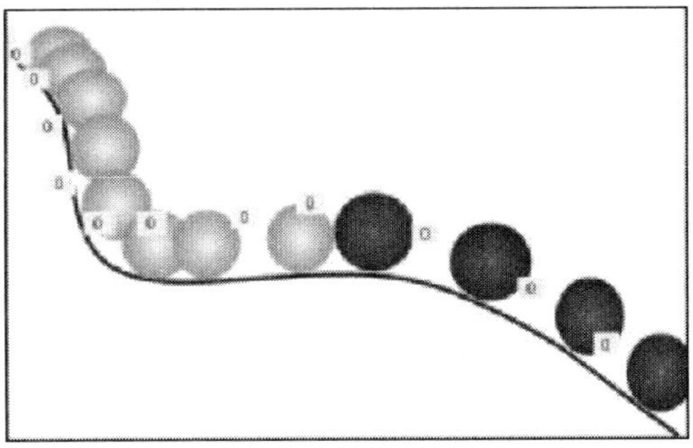

图 3.88　小球碰撞演示动画幻灯片

3. 交互式幻灯片课件的设计与制作

(1) 设置超级链接

如果在 PowerPoint 演示文稿的放映过程中，希望从某张幻灯片中快速切换到另外一张不连续的幻灯片中，可以通过超级链接来实现。

① 选择幻灯片中的文本框、图形、图像或其他对象，然后在【插入】菜单他中选择【超链接】菜单项，打开【插入超链接】对话框，如图 3.89 所示。

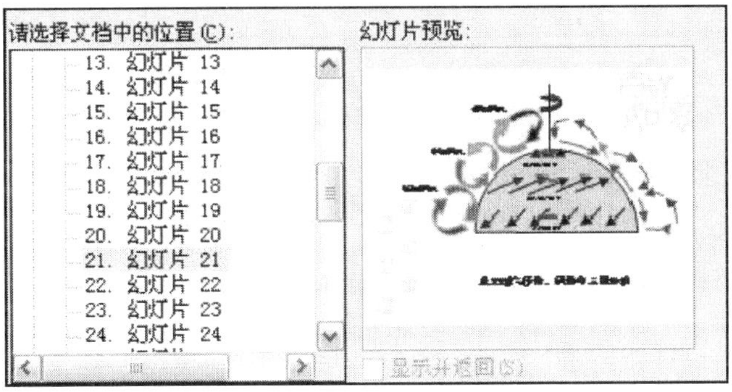

图 3.89　插入超级链接

② 在【链接到】列表中选择相应的列表项。如果要链接到演示文稿中的其他幻灯片，请选择【本文档中的位置】，在【请选择文档中的位置】列表中列出了相应的幻灯片位置，选择需要的幻灯片(选择后在其右侧的【幻灯片预览】中显示选择的幻灯片预览效果)。单击【屏幕提示】按钮，在弹出的对话框中可输入屏幕提示内容。单击【确定】按钮完成。

③ 如果要链接到已有的演示文稿或其他文件，选择【原有文件或网页】列表项，在相应的对话框(如图 3.90 所示)中选择文件的位置和文件的名称即可。要链接到网页，可在下面的地址栏中输入相应的地址。

④ 也可以通过【链接到】列表中的【新建文档】将超级链接链接到新建的文档，在相应的对话框(如图 3.91 所示)中输入新建文档的名称，单击【更改】按钮更改文档的位置。播放时单击超级链接对象，将打开新建文档界面。

⑤ 也可以通过【链接到】列表中的【电子邮件地址】，将超级链接链接到 Outlook Express

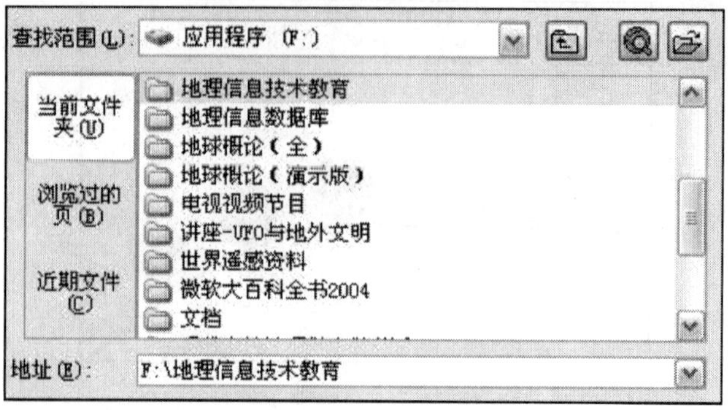

图 3.90　链接到文件或网页

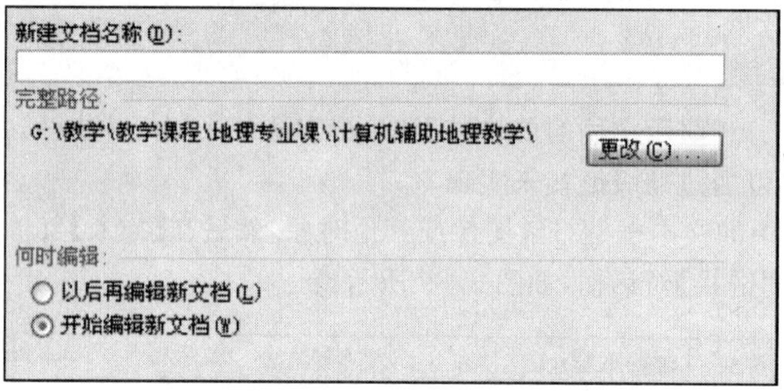

图 3.91　链接到新建文档

电子邮件软件,并通过它来编辑和发送电子邮件。要链接到【电子邮件地址】,只要在相应的对话框(如图 3.92 所示)中输入电子邮件地址即可。播放时单击超级链接对象,将打开 Outlook Express 电子邮件软件,在这里编辑电子邮件并发送。

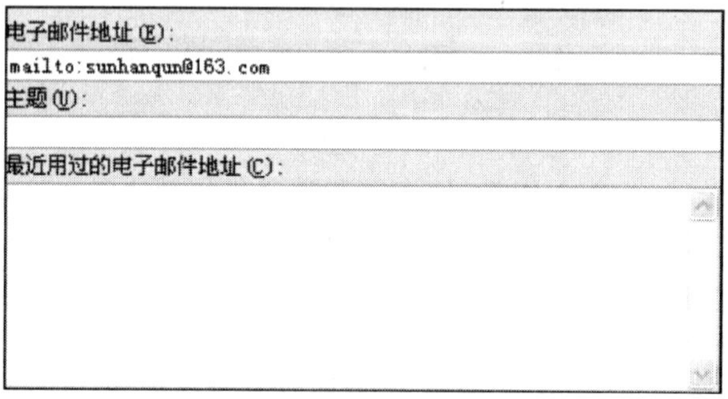

图 3.92　链接到电子邮件

(2) 设置动作按钮

PowerPoint 的【动作按钮】功能也可实现交互性操作。在【幻灯片放映】菜单中选择【动作按钮】,在按钮列表(如图 3.93 所示)中选择相应按钮。然后在幻灯片上拖放生成按钮,按钮生成后会自动弹出【动作设置】对话框(如图 3.94 所示)。在对话框的【单击鼠标】中的【超链接到】列表中默认的列表项与动作按钮的默认设置一致。在列表框中选择其他列表项,可改变动作按钮的超级链接。

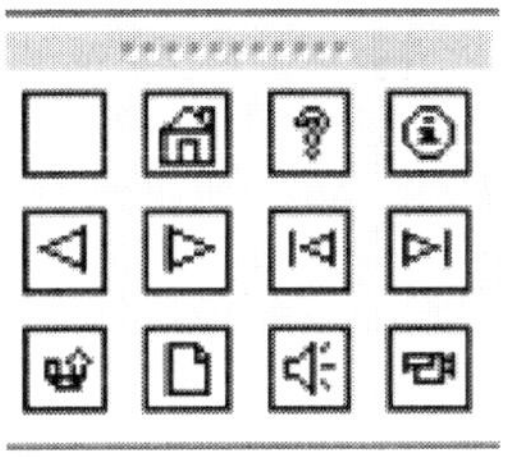

图 3.93　动作按钮

图 3.94　动作按钮动作设置对话框

在【动作设置】对话框的【单击鼠标】或【鼠标移过】选项卡中选择【播放声音】，然后再选择声音效果或声音文件，将在超级链接时播放相应的声音。选择幻灯片上的对象，在其上右击，在快捷菜单中选择【动作设置】菜单项，在弹出的对话框(如图 3.95)中，也可设置超级链接。可以选择【超链接到】|【下一张幻灯片】、【上一张幻灯片】等特定的幻灯片，也可以选择幻灯片序号来链接到具体指定的幻灯片。如果要设置【动作设置】的对象为有填充的闭合图形，可选择【鼠标移过】|【鼠标移过时突出显示】(如图 3.96 所示)。播放时，如果鼠标移过该图形，该闭合图形将以其填充色的补色突出显示。

图 3.95　直接动作设置的单击鼠标选项卡

图 3.96　直接动作设置的鼠标移过选项卡

4. 幻灯片课件的放映设计

(1) 在 PowerPoint 中启动幻灯片放映的方法

单击演示文稿窗口左下角的【幻灯片放映】按钮,该放映方式是从当前幻灯片向后放映。选择【幻灯片放映】|【观看放映】,或选择【视图】|【幻灯片放映】,或按 F5 键。这些放映方式是从演示文稿的开头播放。

(2) 设置幻灯片切换效果

为了增强 PowerPoint 幻灯片的放映效果,可以为每张幻灯片设置切换方式,以丰富其过渡效果。

选中需要设置切换方式的幻灯片。选择【幻灯片放映】|【幻灯片切换】命令,打开【幻灯片切换】任务窗格。选择一种切换方式(如【横向棋盘式】),并根据需要设置好【速度】、【声音】、【换片方式】等选项,完成设置。如果需要将此切换方式应用于整个演示文稿,只要在上述任务窗格中,单击【应用于所有幻灯片】按钮就可以了。

如果取消幻灯片切换中的所有选项,幻灯片将不能通过单击或设置时间间隔来切换。要切换幻灯片可通过超级链接、动作按钮、动作设置等进行。

(3) 设置幻灯片放映方式

选择【幻灯片放映】|【设置放映方式】,弹出【设置放映方式】对话框,如图 3.97 所示。在此可设置放映类型、放映选项、放映部分幻灯片、换片方式等。

演示文稿的放映方式有演讲者放映、观众自行浏览和在展台浏览三种。作为教学课件的演示文稿通常使用默认放映方式(演讲者放映),而【放映选项】通常设置为【循环放映,按 Esc 键终止】。在【放映幻灯片】选项中,可以设置播放演示文稿中的一部分幻灯片,而不是全部。但是如果需要根据不同的教学对象有选择地放映,可以通过【自定义放映】方式来达到。选择【幻灯片放映】|【自定义放映】,打开【自定义放映】对话框。单击其中的【新建】按钮,打开【定义

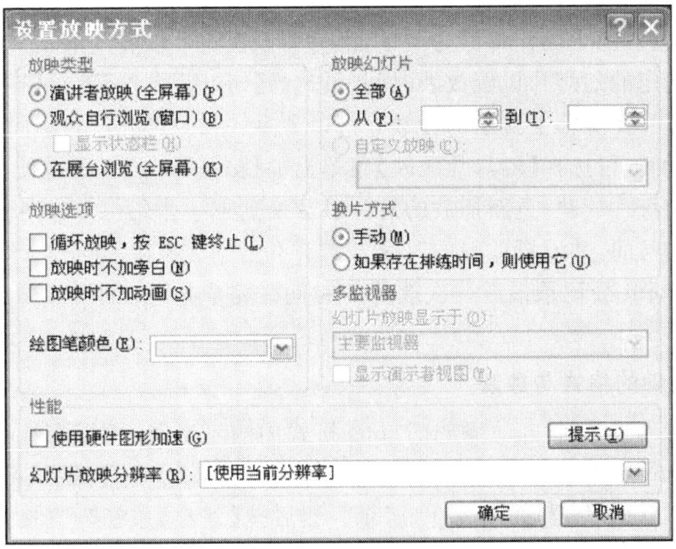

图 3.97　设置放映方式

自定义放映】对话框。输入一个放映方案名称，然后按住 Ctrl 键，选择需要放映的幻灯片，然后按【添加】按钮，再【确定】返回。以后需要放映某种方案时，再次打开【自定义放映】对话框，选择一种放映方案，按【放映】按钮就可以了。

(4) 在播放时画出重点

在播放过程中，可以在屏幕上画出相应的重点内容。在放映过程中右击，在弹出的快捷菜单中，选择【指针选项】，在菜单中选择箭头外的其他指针，如图 3.98 所示。此时，鼠标变成一支"笔"，可以在屏幕上随意绘画。右击，在随后弹出的快捷菜单中，选择【指针选项】|【墨迹颜色】，即可修改"笔"的颜色。在退出播放状态时，系统会提示是否保留墨迹，根据需要作出选择就可以了。

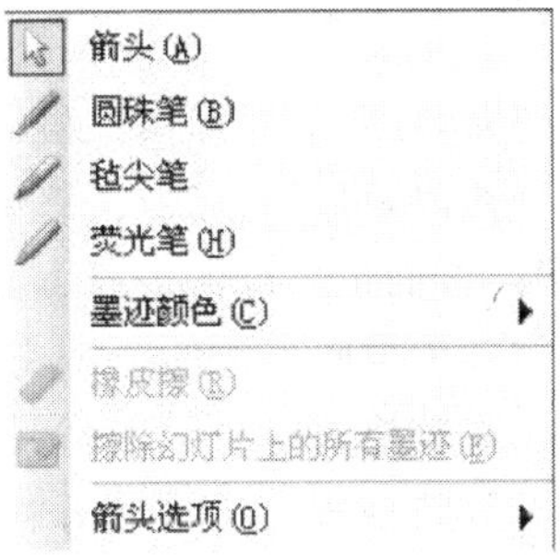

图 3.98　指针选项

(5) 放映时间设计

① 速度和排练

演示文稿的放映速度会影响观众的反应，如果速度过快，观众会跟不上；太慢，观众会不耐烦。可以在正式放映演示文稿之前，使用 PowerPoint 的一些特性进行排练，掌握最理想的放映速度。在排练时也可检查幻灯片的视觉效果。一张幻灯片中包含太多的文本或者图片会让观众分心；如果发现使用了太多的文本，可以将一张幻灯片分成两张或者三张，然后将字体加大。

② 设置时间

如果在幻灯片放映时不想人工移动每张幻灯片，可以通过下述两种方法设置幻灯片在屏幕上显示时间的长短。第一种方法是人工为每张幻灯片设置时间，然后运行幻灯片放映并查看所设置的时间；另一种方法是使用排练功能，在排练时自动记录时间。

③ 设置和排练幻灯片放映时间

可以在排练之前为幻灯片设置放映时间，或者在排练时自动设置。如果在排练之前设置时间，在幻灯片浏览视图中操作将最为简单，因为在该视图可以看到演示文稿中每张幻灯片的缩图。如果要为选定的幻灯片设置放映时间，可选择【幻灯片浏览】工具栏上的【幻灯片切换】，然后输入希望幻灯片在屏幕上显示的秒数。可以为每一张幻灯片设置不同的放映时间。

要排练放映时间，可选择【幻灯片放映】菜单上的【排练计时】。可以使用【预演】对话框中的不同按钮暂停幻灯片放映、重新播放幻灯片以及换到下一张幻灯片。PowerPoint 会记录每一张幻灯片出现的时间，并设置放映的时间。如果不止一次地显示同一张幻灯片，例如在自定义放映中，PowerPoint 会记录最后一次放映的时间。完成排练之后，可以接受该项时间或者重新试一次。

(6) 幻灯片文件的格式与放映

将演示文稿保存为一个自动播放的. pps 格式的演示文稿，可以直接启动演示文稿的播放，方法是：启动 PowerPoint，打开相应的演示文稿。选择【文件】|【另存为】|【保存类型】|【PowerPoint 放映(* . pps)】，如图 3. 99 所示。然后按【保存】按钮。直接双击上述保存的文件，即可快速进入放映状态。

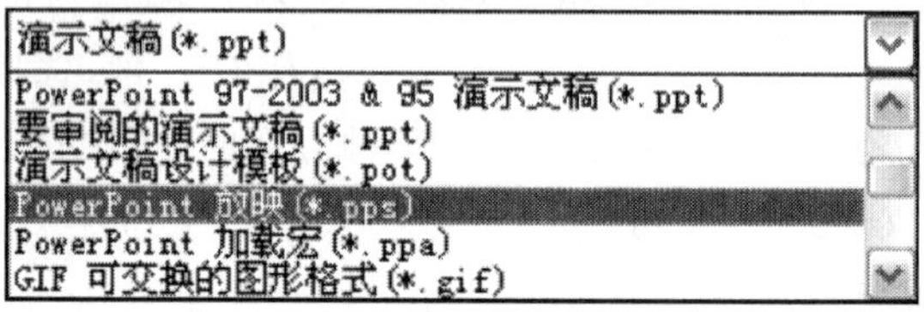

图 3.99　另存为放映格式的文件

通常，在幻灯片演示文稿制作全部完成后，可将幻灯片演示文稿保存为放映格式，这样，在正式使用时，可以直接双击该放映文件进行放映。这样做，一方面可以快速启动演示文稿的放映，另一方面也可以保护演示文稿避免被误操作。

保存为放映格式的演示文稿不能直接通过双击演示文稿调用 PowerPoint 来重新编辑。要编辑放映格式的演示文稿，可以先启动 PowerPoint，然后在文件菜单中通过打开文件的方式打开放映格式的演示文稿来编辑。

将幻灯片演示文稿保存为网页格式(* . html)的文件，可以让幻灯片文件在网络上播放。要将幻灯片演示文稿保存为网页格式(* . html)的文件，可以在文件菜单的【另存为】对话框中选择要保存的文件类型为【单个文件网页(* . mht， * . mhtml)】，或者【网页(* . htm， * . html)】。也可以在文件菜单的【另存为网页】对话框中直接保存为【单个文件网页(* . mht； * . mhtml)】，或者【网页(* . htm， * . html)】文件。

保存为单个文件网页文件的好处是，保存后的内容全部放在一个文件中，而保存为网页文件，则会形成一个网页文件和一个同名的文件夹，如果要复制转移，需要将这两个对象一起复制或移动，如果仅复制或转移网页文件，将不能正常播放，因为网页上的内容大多保存在相应文件名的文件夹中。

也可以将幻灯片演示文稿保存为图片文件，如 * . jpg、* . gif、* . png、* . bmp、* . wmf、* . emf 等格式的图片。在【发布为网页】对话框，可以设置网页中要播放的幻灯片是全部还是其中的一部分、浏览器的类型、网页的标题、文件的位置和名称等。如果选中【显示演讲者备

注】，则在显示时将显示备注幻灯片中的内容；如果选中【在浏览器中打开已发布的网页】，则保存结束后将自动在浏览器中打开。

需要注意的是，将幻灯片演示文稿另存为网页格式的文件，可能会丢失一些在 PowerPoint 2003 中特有的功能。如果单击【另存为】对话框中的【发布】按钮，将打开【发布为网页】对话框，如图 3.100 所示。

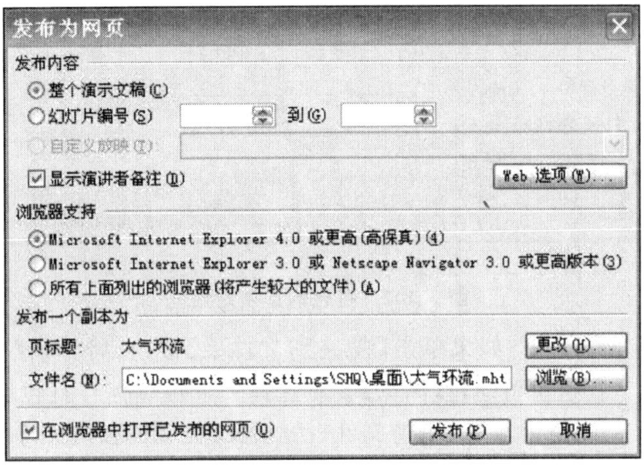

图 3.100　发布为网页对话框

(7) 打包与播放器

当幻灯片演示文稿包含了较多链接与嵌入的内容时，如果直接将幻灯片演示文稿文件复制移动到另一台计算机上放映，可能会出现找不到文件无法放映的问题。另一方面，将幻灯片演示文稿放在没有安装 PowerPoint 软件的计算机上也无法打开和放映。PowerPoint 提供的打包功能，则可以较好地解决这样的问题。PowerPoint 2003 提供了将幻灯片演示文稿打包成 CD 的功能。在【文件】菜单中选择【打包成 CD】菜单项，将弹出【打包成 CD】对话框，如图 3.101 所示。

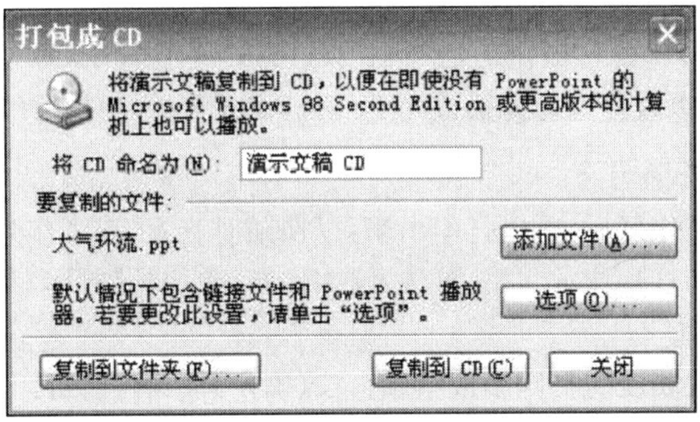

图 3.101　打包成 CD 对话框

单击【选项】按钮将打开【选项】对话框，如图 3.102 所示。在其中可设置打包后的文件中要包含的内容：PowerPoint 播放器、链接的文件、TrueType 字体文件。还可以设置文件的密码保护：打开文件的密码和修改文件的密码。

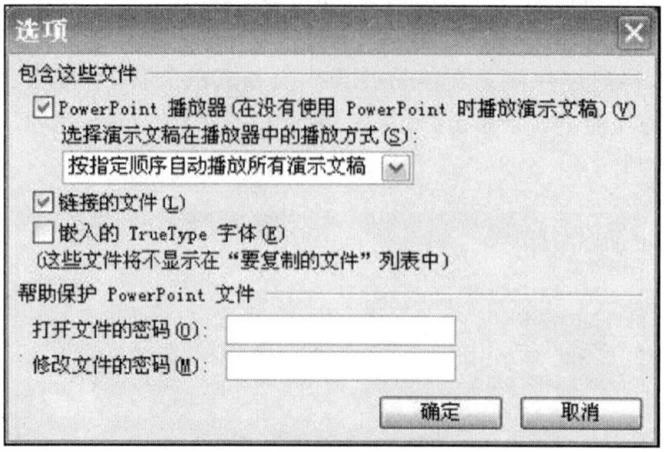

图 3.102　打包的选项对话框

在【打包成 CD】对话框中，如果单击【复制到文件夹】按钮，将弹出【复制到文件夹】对话框，如图 3.103 所示。在这里可通过【浏览】按钮选择一个位置保存打包后的文件夹。打包后的文件夹中将包括幻灯片演示文稿、支持文件、播放器文件和链接的文件等。

图 3.103　复制到文件夹对话框

如果单击【复制到 CD】按钮，打包程序将首先检查是否有刻录机和有效的 CD 光盘。如果有刻录机，打包程序将弹开刻录机光驱，放入空白刻录盘后，将打包后的内容刻录到光盘上。

在没有安装 PowerPoint 2003 的计算机上，要播放用 PowerPoint 2003 制作的幻灯片演示文稿，可以使用 Microsoft 公司提供的播放器 Microsoft Office PowerPoint Viewer 2003。安装并使用该播放器，可以直接选择并播放用 PowerPoint 2003 制作的幻灯片演示文稿。

(8) 打印幻灯片

幻灯片演示文稿制作好后，可以打印出来，以便随时查看，或者作为教案、教学文档供其他人阅读使用。要打印幻灯片演示文稿，可选择【文件】菜单中的【打印】菜单项，打开【打印】对话框，如图 3.104 所示。

在该对话框中设置相应的打印参数，然后，按【确定】按钮进行打印。如果要打印全部幻灯片，可直接按工具栏中的【打印】按钮。在【打印】对话框中，可在【打印机】选项中选择合适的打印机。如果要打印彩色的幻灯片，一般要选择喷墨打印机；如果打印黑白幻灯片或灰度幻灯片，可选择激光打印机。

在【打印范围】选项中，可根据需要，选择【全部】、【当前幻灯片】或者【幻灯片】。最后一个选项可在其后的文本框中输入指定的幻灯片序号，序号与序号之间用单字节逗号“,”隔开，形

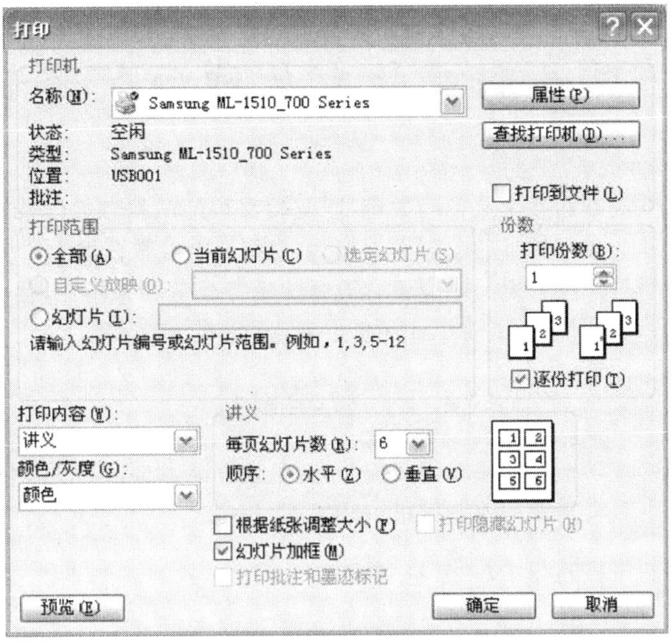

图3.104　打印幻灯片对话框

式可以是:1,3,5-12。

在【打印内容】中,可选择【幻灯片】、【讲义】、【备注页】和【大纲视图】。如果希望多张幻灯片打印在同一页面上,需选择【讲义】选项。在【讲义】选项中还可进一步设置【每页幻灯片数】、【顺序】是【水平】还是【垂直】方向排列。【颜色/灰度】选项中可设置【颜色】、【灰度】、【纯黑白】。选择【颜色】选项,表示打印彩色的幻灯片(还需要有彩色打印机)。

如果选择【根据纸张调整大小】和【幻灯片加框】,则在打印时调整每一张幻灯片的大小,并给整个页面加一个方框。

第4章　现代职业教育教师的教育教学能力

教师是职业教育改革和教学改革的关键，职业教育教师的教育教学能力是全面推进素质教育的基本保证。职业教育教师的教育教学能力，直接影响着教育教学效果，决定着学校的教育教学水平及教育质量。探索现代职业教育教师的教育教学能力构成，促进教师实施素质教育的能力和水平的提高，对职业教育事业的良好发展有着重要意义。

4.1　教学设计

教学设计是教师教学工作的重要组成部分，教学设计能力是教师专业化的重要体现，同时直接影响着现代职业教育新课程改革的推进和实施。

4.1.1　教学设计的含义及任务

教学设计是指在进行教学活动之前根据教学目标的要求，运用系统方法，对参与教学过程的诸要素所进行的一种系统分析和策划的过程。教学设计可以规范教师的备课行为，增强和提高教学活动的有效性和可控性，使教学达到最优化的设计方案。任何教师都应该具备一定的教学设计能力。

教学设计的根本任务是制定解决教学问题的方案，是围绕学习目标实现的，是设计教师活动和学生活动的过程。

具体地说，教学设计能力是指教师综合运用各种知识和技能，根据课程大纲的要求，针对学生的实际，设计体现一定理念的教学的能力。其中包括掌握和运用课程知识的能力，理解和选择设计理念的能力，分析和调整教材的能力，了解学生的能力，制定教学计划的能力，编写教案的能力等。教学设计能力是教师课堂教学所需的基本能力，其发展直接影响着教学的质量和水平，任何教育目标、教育理念、教材设计思想都要通过教师的课堂教学实现。

教学设计是人们主要依据教学理论、学习理论和传播理论，运用系统科学的方法，对教学系统各要素和教学环节进行分析、计划并作出具体安排的过程，它是各种科学理论在教学活动中的实践与应用。教学设计的方法对教师的日常备课有很大的指导作用，是教师科学设计教与学活动的重要途径。

4.1.2　教学设计的具体内容

1. 教学设计的前期分析能力

一是对学习需要的分析能力，学习需要是指学生学习的目前状况与所期望达到的状况之间的差距。这一差距就是学习需要，对学习需要的分析就是找出差距的过程。通过详细的分析，找出学生在知识、技能、能力、态度等方面的不足。二是对学习内容的分析能力，即对学生起点能力转化为终点能力所需要的从属知识、技能、态度等进行详细阐释的过程。三是对学生的分析能力，主要是了解学生的学习准备状态、一般特点和学习风格等方面的情况，重点是分析学生的起点能力。

2. 教学设计的教学过程设计能力

一是教学目标的设计能力。教学目标是目前达不到的事物，是努力争取的、向之前进的、将要产生的事物。教学目标的设计就是将学生通过学习后所要达到的最终行为状态，用明确的语言把可观察、可测量、可操作的项目表述出来，以克服教学目标的模糊性和不确定性。一般把教学目标划分为认知、动作技能和情感三个领域。

二是教学策略的设计能力。教学策略的设计主要完成教学顺序的确定、教学活动的安排、教学组织形式的选用、教学方法的选择等一些具体教学问题。

三是教学媒体的设计能力。是指在一定的教学要求和诸多条件下，选出一种或一组适宜可行的教学媒体。

四是课堂教学过程的设计能力。通过以上三个分析环节和三个设计阶段，用流程图的形式，简洁地反映分析和设计阶段的结果，直观地表达课堂教学过程，客观地描述课堂教学过程中教师、学生、学习内容、教学媒体等基本要素之间的关系，最后形成一个课堂教学设计实施方案（教案）。

4.1.3　教学设计的目的及具体实施方法

1. 教学设计的目的

教学设计即是设计合理的课型结构，对教师施教过程和学生学习过程的形态进行规范。教师不仅仅是教学过程的组织者，还应当是教学设计的研究者和创造者。教学的目的是使学生学习和掌握知识和技能、发展智力、提高能力，促进学生身心健康地发展，形成良好品质。为此，教师必须依据一定的教学思想，结合对教学过程的理解和认知，对师生双边活动进行周密思考和精心设计。

2. 教学设计的实施方法

教学过程是教师、学生、教学内容、教学媒体相互作用的动态过程。教学设计是为了帮助学习者达到预期目标而创设的教与学的系统，也是对学习者的问题解决方案进行策划的过程。教师在进行教学设计时，要研究学生的知识结构和学习意向，确定科学合理的教学内容、认知策略和学习步骤，以学生的学习为出发点，遵循学习的内在规律性，着重培养学生自主学习能力，围绕学生在学习过程中遇到的问题而展开，确定教学目标、选择教学策略、描述教学过程和应用教学媒体。最优化是教学设计的核心问题，是教学设计的指导思想，我们必须在教学设计中考虑主要的、本质的东西，分析确定教学的重点、难点，得出理想的教学方案。

教学活动涉及教学目的、内容、对象、方法等多种影响教学活动的因素。教学活动要取得令人满意的效果，达到预定目标，就需对其进行全面细致地安排和设计。应设计富有吸引力的教学活动，充分考虑学生的特点，灵活运用教学媒体和教学策略，采取有效的教学方法和教学形式，增强学生的学习兴趣。教学设计要从教学规律出发，在全面分析教学规律、特点的基础上，应用系统论和系统分析的方法来设计教学的程序和环节。要对学生的学习需要、学习内容进行客观的分析，从问题入手确定教学目标、建立解决问题的步骤、选择教学策略和方法，提高教学效率和教学效果。

3. 教学设计实施中存在的问题

前面说过，教学设计的根本任务是制定解决教学问题的方案，是围绕学习目标实现的设计教师活动和学生活动的过程。调查发现，许多教师凭经验设计教学过程。这种教学设计方式，缺乏科学教学理论的指导，在科技快速发展的信息社会中，这种教学设计的局限是不言而喻的。

调查表明，大部分高职教师能运用教学设计方法进行计划教学，而大部分新教师在教育实践过程中并没有用该方法指导自己的教学实践，只有在老教师的要求下，才仿照教学设计的方法编写教案，甚至部分教师不大清楚"教学设计的方法"是什么。具体表现在不会编写教案，而教案是教学设计的文字表达形式，直接体现着教师的教学设计能力。造成这种局面的主要原因可能是这些教师对教学设计重视不够，没有真正掌握教学设计方法的精髓，不具备用科学理论指导教学实践的意识。

学习方式是教学设计过程中的核心环节。教学设计效果的优劣，主要取决于教学设计者在这一环节所作出的一系列判断和决定。对各种学习方式的掌握程度，直接影响着教师的教学设计能力。所以，教师应了解多种多样的学习方式，知道在什么时候依据什么选择某一种学习方式，具有将学习任务与学习方式相匹配的能力。通过调查发现：部分教师没有掌握新型的学习方式；部分教师认为这些学习方式对达到教学目标没有帮助；有的教师有过尝试，但是缺乏及时的可行性实践指导；也有部分教师表示经常在教学实践中用到这些学习方式。

随着时代的发展，信息技术对教育领域的影响日益深远，教学媒体已成为教学系统的重要组成部分。具备正确的媒体观，能恰当运用教学媒体辅助教学，并能熟练操作现代媒体，是信息时代对每一位教师提出的迫切要求。通过调查发现，部分新教师已具备了正确的媒体观，认为在课堂上使用教学媒体，是为达到教学目标和提高学生的学习兴趣而服务的。有部分新教师表示自己对使用教学媒体有信心，并且操作熟练；有部分新教师能应付一般的操作；还有很少一部分新教师表示对使用教学媒体没有信心，不能熟练操作现代教学媒体。

教学设计是一门应用性很强的桥梁性学科，现代职业教育教师不但要掌握教学设计理论，而且还要具备将教学设计理论付诸实践的能力。所以，应该在教学实践中渗透教学设计的基本内容，使现代职业教育教师在实践中深入领会该理论的精髓，在工作中感悟和体会教学设计的原理与方法。这样，新教师在以后的教学实践中才能随机应变，灵活运用理论和技能解决问题。比如，教学中可以安排一定的操作练习，这样既可以使学生得到实践锻炼，又可以使学生立刻看到所学知识的效果，以提高学习兴趣。

另外，为了便于年轻教师所学知识与技能的迁移，教学中应尽可能创设真实的学习情境。比如通过案例分析法，给师范生提供观察、模拟和思考的机会，并通过相互讨论的方式找出案例的优点和缺点进行分析，给教师提供教学设计的正反案例，这样能激发师范生对实际问题进行思考，能提高师范生发现问题、分析问题和应用教学设计理论解决实际问题的能力。

4.2　课堂教学

4.2.1　课堂教学概述

课堂教学是一种最基本的教学模式，也是目前最为常见的一种教学模式。课堂教学是一个或众多班级的学生在规定的教室里，由一位教师进行教学，最终以笔试、口试或其他形式考核后结业的一种教学模式。课堂教学的优点是教学效率高，教学的计划性强，尤其适合于系统的理论课的教学。这种教学方法对教师的教学水平要求高，难以做到因材施教和个性化教学等。

课堂教学是一种群体性活动，这个群体活动表现为教师与学生的互动关系。要使学生提高感知效率、理解能力和具备应用技能，就必须遵循人的认知规律和教学规律，有效地组织教学活动，以发挥学生的主观能动性和积极性。组织教学活动和调动学生的积极性，实际上是一种管理行为，也就是说课堂教学活动自然渗透着管理因素。教师的管理措施是否得当，影响着课堂教学活动能否顺利进行和效果能否得到保证。

教师要进行课堂教学，应特别注意讲好第一堂课和最后一堂课。第一堂课是教师在学生面前的首次亮相。如果学生对第一堂课的印象好，则会对以后的教学打下良好的基础。第一堂课的教学目的是让学生对所讲课程产生兴趣，激发学生的求知欲望；使学生大致了解本课程的主要内容，并知道学完这门课以后他们将能做什么；介绍本门课程的一些学习方法和要求。最后一堂课为总结课，它对本课程的基本知识和技能进行总结，激励学生继续学习的积极性。最后一堂课的内容应与第一堂课的内容相呼应，要把课程的内容进行整理、概括、提炼和升华。如果说整个课程是画一条龙的话，那么最后一堂课就是“点睛”。

教师进行课堂教学时，应注意概念明确，重点突出，讲解深入，脉络清晰，多媒体屏幕显示及板书运用得当，引导学生积极思考，活跃课堂教学气氛，提高课堂教学效果。

此外，教师还应注意仪表仪态，即教师在课堂上要着装整齐清洁、庄重大方，行为举止自然、端庄适度，又有个性。情感态度上要热情、真挚、谦和、从容、幽默、活跃，力求给学生以严格要求又和蔼可亲的印象，使学生感到教师既是要求严格的师长，又是可亲近的朋友。

4.2.2　掌控课堂教学的能力

1. 教学表达能力

首先是教学语言表达能力。教师上课要使用普通话，发音准确，吐字清晰，说话要通俗易懂、准确简炼、生动形象、精炼严密，具有流畅性、启发性和感染力。其次是教学非语言表达能力，教师要借助一定的表情、手势、姿态等配合教学信息的传递。

2. 教学组织能力

整个一节课的进程、环节、步骤要有高度的计划性、严密性、科学性和合理性。内容的精讲与略讲，教学时间的分配等一系列问题，都要有高度的计划性和严密性。

3. 教学操作能力

教师要根据学科特点、教学内容和学生的实际需要，借助一定的教学仪器或其他教学用具，按照严格的操作规程，有步骤、熟练地向学生演示各种动作、实验、制作的全过程。教师的操作应体现出科学性、简便性、实用性的特点。

4. 教学管理能力

在课堂教学过程中，利用有效的教学管理手段，调动学生学习的积极性和主动性，营造和谐的教学气氛，引导学生主动学习，维持课堂教学秩序，以顺利完成教学任务。

管理艺术是一种管理技巧，它比管理方法更带策略性。在课堂教学活动中，难免会有教师与学生之间的矛盾、学生与学生之间的纠纷，以及其他一些处理起来难度较大的事件。要化解这些矛盾和纠纷，处理好各种事件，就必须提高教师的课堂教学管理艺术。课堂教学管理艺术通常包括相互沟通的艺术、化解矛盾的艺术、表扬的艺术、批评的艺术、提醒的艺术(眼神提醒、语言提醒、动作提醒)等。教师的一个眼神、手势和动作可将思想开小差学生的注意力集中到教师的讲课上来，教师的一个微笑、一句表扬的话语能让课堂充满活力。

5. 教学应变能力

首先是在教学过程中根据教学对象和条件的变化，适时调整教学内容，变更教学程序，改变教学方法，以抓住最佳的教学时机，顺利完成教学任务。其次是教师要沉着冷静，并迅速作出判断，在尊重学生的同时，因势利导、灵活巧妙地处理各种突发的意外情况，保证课堂教学的顺利进行。

4.3 现场教学

现场教学法是高职教师依据高职人才培养要求，在专业课程教学中所运用的行之有效的教学方法之一。所谓现场教学法，是指教师根据教学目的，组织学生到实际现场开展教学活动，从而使学生获取新知识或验证已学过知识的教学方法。所有现场教学都要根据教学大纲和教材内容的需要进行安排。

4.3.1 现场教学概述

具体来说，现场教学就是学生在校内或校外的生产现场进行现场察看，并由一位或几位教师或现场的工作人员通过现场介绍、现场答问、现场讨论、现场点评等方式，使学生直接感受与体验所研究对象而获得直接经验和知识，达到提高学生认识问题、分析问题和解决问题能力的教学模式，核心是利用现场教学资源为实现教学目的服务。现场教学按其形式和功能可分为参观、实习和实训教学。

1. 职业教育运用现场教学的必要性

在职业教育专业课程中，有些抽象的理论知识在课堂上讲授，学生不易理解，也难以认知。特别是操作运用性强的专业理论知识，由于学生对所学专业知识一知半解，更缺乏感性认知，难以运用它们去阐释和解决实际问题，此状况易导致学生失去专业学习的兴趣。因此，在专业教学中必须提供和创造机会，通过多种多样的途径和形式让学生从事实践活动，身临其境，激发起学生的学习潜能。

现场教学作为课堂教学的一种有效辅助形式，因其能弥补课堂教学中缺乏直观性感知的不足，使理论与实践紧密结合，发散学生思维，深化所学知识，培养专业技能，而深受学生欢迎。根据专业课程的教学要求和学习有关知识的顺序，现场教学可分为三种形式：准备性现场教学，即在学习专业知识之前进行；并行性现场教学，即在学习专业知识的过程中进行；总结性现场教学，即在学习专业知识之后进行。

2. 现场教学的类型

生产性的现场教学，即实训教学。这是结合专业的特点到对口单位、校办工厂以及生产基地等现场教学，既对生产劳动进行参观调研，又现场向师傅们学习，并参加一定的生产实际操作，以增长生产劳动知识，掌握一定的生产劳动技能。

见习性的现场教学，即实习教学。这是某些课程的理论与实际相结合的需要，到教学现场，在现场技术人员的帮助下，边参观边学习，有助于学生理解本课程的理论知识，了解其在生产实际中和社会生活中的应用，有助于开阔眼界，进行劳动技能培养。

参观性的现场教学，即参观教学。如参观实习厂、参观工厂、参观专业展览会、参观实验室、参观教育基地等。使学生增加对专业知识的认识，也可同时进行集体主义、爱国主义教育。

3. 现场教学的目的

通过现场教学活动，变原本抽象的理论为直观生动的现场运用，能增强学生的感性认识，便于学生理解。依据现场教学类型不同，其目的主要体现在三个方面。

(1) 学习新知识

在学一门新知识、新课程、新内容之前，教师组织学生到现场去参观或观察，让学生增加感性认识，便于在以后的课堂教学中，学生易于理解掌握新理论、新知识。如在数控机床课程的讲解之前，可以组织学生先去数控车间进行参观。

(2) 巩固和加深知识

在学习了新知识之后组织学生到现场去参观，学生通过亲身体会与所见，了解了知识的实际运用，便于巩固所学知识，加深对所学知识的理解。如讲完 CA6140 机床的主轴箱、进给箱之后可以组织学生到现场观看机床内部结构，以及结构变换后对机床运动的影响。

(3) 理解知识的综合运用与专业技能培养

学生经过必须的理论知识学习后，对所学知识有了较全面的了解和掌握。通过现场教学，理论与实践相结合，边学习边实践，有助于学生提高所学知识的综合运用能力，有助于学生开阔眼界，促进学生专业技能的培养，使学生掌握一定的生产劳动技能，甚至还可以通过考核取得相应的技术等级证书。

4.3.2　现场教学的三个阶段

1. 准备阶段

准备阶段包括教学内容的准备、教学地点的准备、教学时间的准备、教学现场的准备、教学方案的准备、安全知识的准备等，具体要求如下：

认真比较，选好现场。选择现场是现场教学的首要环节，必须在多处探访、深入调研、反复比较的基础上选择现场教学的场所。

确定主题，准备材料。主题选择不仅要让学生感兴趣，而且要与整个教学计划相衔接、相协调。现场教学材料的撰写必须是现场事实的描述，必须紧贴教学主题，必须具有一定容量，具有广阔的分析空间，事实必须具有一定存留时间，以便考察和研究。迅速变化的事件不宜作为现场教学的材料。

设计方案，周密筹划。教师在充分了解现场、熟悉详细情况的基础上，根据教学主题，设计现场教学实施方案或计划。教师必须认真准备教案，一方面要对事实材料的理论意义进行挖掘和概括，另一方面要对教学实施过程作出合理安排。各个方面各个环节的准备工作都要细致、严密。

做好动员，明确要求。现场教学实施前要对学生进行动员，以便统一认识、端正态度、明确要求。在动员中，教师必须把现场教学的概念、特点讲清楚，明确学员的任务，向学生提出应注意的事项与应遵守的纪律，并且提前发放有关材料。

2. 实施阶段

现场察看。组织学生进入现场用心看、细致看。教师应提示学生要以现场责任人的心态察看现场，引导学生仔细观察主要环节或内容。

现场介绍。由教师或有关人员介绍现场教学的情况，讲解内容应充实，条理清晰，要注意启发学生提出问题，并能耐心与学生进行交流。

现场答问。由教师或有关人员回答学生提问，进一步讲解学生尚不清楚的事情，让学生客观、真实、全面地掌握事实材料。教师还要注意指导学生收集材料并作必要的记录。

现场讨论。组织学生充分讨论，让他们自己总结经验、提炼规律。在组织讨论时，教师要注意调动学生热情、激活学生思维，使其打开思路、畅所欲言。

现场点评。教师对现场事实和学生观点进行分析评价，要善于从事实材料中归纳、提炼出理论观点，使现场教学得到升华。

3. 总结阶段

学生通过对现场察看、现场介绍、现场答问、现场讨论和现场点评各个环节进行回顾反思，整理思路，总结收获，形成学习报告或总结发言等书面材料。尤其是课堂讨论，一定要发挥教师的主导作用，引导学生进行讨论，才能取得良好的效果。教师也应对现场教学过程进行全面总结，既要总结其成功经验，又要总结过程中的失误与不足，并指导学生整理收集到的材料。

4.3.3 搞好现场教学及现场教学对教师的要求

1. 怎样搞好现场教学

(1) 要做到“两熟悉”

一是熟悉教材，二是熟悉学校所在地区的一些典型工厂。这样就能确定哪些内容上现场教学课的效果好，哪些内容不宜在现场教学；在哪家工厂上现场教学课好，哪家工厂不宜上现场教学课。

比如讲 CA6140 型车床的主要部件结构时，由于该机床结构复杂，在课堂上利用挂图讲解学生不易明白，利用实物讲解就容易多了。因此从教材的内容看，适宜于现场教学。另一方面，虽然许多机械厂都有这类机床，但在大多数机械厂学生只能看见车床的外形，而看不见内部结构。在生产和修理 CA6140 型车床的厂家上课，现场教学效果才会好。如本地区没有这类厂，那就购买部分典型零部件在课堂上或实验室展示。

(2) 要结合现场情况备课

教材上的内容与现场情况完全吻合，这种现场是最理想的现场教学课堂了。但现场往往不是这样的。因此上课前一定要先到现场调查研究，尽量做到教材与现场情况相吻合。有时应争取工厂和车间的大力支持，为搞好现场教学而特意准备一些条件。比如工厂有些零件已加工完，暂时不再生产，为了使学生能看到这些零件的加工过程，可请工厂临时加工几件，以满足教学的需要。如果只知该厂有条件上现场教学课，上课前不预先去调查、联系、做好准备，很容易造成落空的结果。

(3) 要维持好现场教学秩序，保证现场教学正常进行

由于现场一般都比较嘈杂，学生的注意力往往不集中，喜欢东摸西望。因此，维持好现场教学秩序是十分重要的。在现场教师不能只顾讲解，而应尽量少讲，有时只须指点一下，让学生结合书本自己去看，及时回答学生提出的问题，教学效果可能更好。

(4) 要注意向学生提问，调动学生的学习积极性和培养学生独立思考的能力

在现场老师不仅要讲解，而且要结合现场情况向学生提出恰当的问题，引起学生的兴趣，主动去寻找问题的答案，使学生能用理论知识解释生产中的实际问题。这些问题应是学生通过思考能回答的。当学生用所学知识解答实际问题正确时，要及时给予表扬鼓励，这样会大大提高学生的学习兴趣和学习积极性，有利于今后的学习。

(5) 要注意回答好学生提出的问题

在现场，学生会碰到许多书本上没有学过、生活中没有见过的东西，他们会向老师提出问题。老师可以只回答那些与教学内容有关的问题，其他问题可不回答或留到以后回答，以免冲淡了本次教学内容。

组织现场教学的老师一定要有较丰富的实践经验，否则很难上好现场教学课。当老师实践经验不丰富时，往往将现场教学课变成了一般性的参观，走马观花，看看热闹，接触皮毛，不能和教材紧密结合。当老师有丰富的实践经验时，在现场教学就会如鱼得水，能将书本内容和现场教学紧密结合，讲得生动，学生听得有味，回答学生问题流畅迅速，获得好的教学效果。

2. 现场教学需要的“双师”型师资

师资队伍的素质是实施现场教学的关键。建设一支既有较高专业知识水平，又有较强专业技能的“双师”型师资队伍，对提高教学质量将起到极为重要的作用。技能型人才的培养离不开“双师”型教师，职业院校的专业教师不仅是专业理论教学的行家，还应是专业实践的能手。由于职业技术院校的课程一般实践性都很强，如果由没有生产实践经验的专业课教师任教，只能纸上谈兵，现场教学模式也无法落到实处。职业院校应十分重视“双师”型教师队伍的建设，并应根据技能型人才培养的特点，支持专业课教师到合作企业见习和工作实践，鼓励教师参与实训基地建设、从事科研工作和在职学习深造等。此外，还可根据需要聘请一些生产一线专业技术人员担任兼职教师，努力建设一支能满足实际需要的、具有“双师”素质的师资队伍。

4.3.4 职教现场课应注意的问题

职教专业课程适时开展现场教学非常必要，它有利于教师钻研专业知识，获取专业实践经验，促进自身“双师”型素质提高；有利于拓展学生知识视野，提高专业学习兴趣，保证课程教学质量；有利于学生领悟专业知识，提高综合素质及专业技能；有利于丰富专业课程教学形式等。要开展现场教学，必须具备教师、学生、场地、真实的生产经营服务场景等基本要素，同时还应注意以下几个问题。

1. 现场选择要适合学生学习观摩

应选择教学内容丰富、现场教学条件好、生产经营管理规范的企业作为教学点。若选择教学内容单一、现场教学条件一般的企业现场实施，则不利于开拓学生思路，教学组织困难，效果不佳。若选择管理不规范的企业现场，则易于挫伤学生的参与热情，学生体会不到理论知识在实际中的运用效果，对自身技能学习的重要性也会产生质疑。

2. 现场教学设计要有针对性

教学内容要有针对性，教学问题设置和提出要有针对性，教学进程要有调控性。教学内容准备不宜过多，要相对集中，可根据课程大纲的教学要求，以及学生专业技能掌握与职业岗位需求，选择课程中理论较抽象且与实际联系较密切的重点、难点知识作为现场教学内容，以确保学生能通过此手段掌握理论知识与培养专业技能。教学问题设置、提出要针对本学科、本课程的相关内容，利用学生进入现场，对一切都好奇、新鲜，急于想知道的心态，借助真景实物，通过设问的形式，启发学生去发散思维，寻找求解思路。在现场，老师不仅要讲解，而且要结合现场情况向学生提出恰当的问题，引起学生的共鸣。现场教学要围绕教学内容核心展开，教师不仅要讲解，更要注意把握教学进程，否则可能会因为在某些问题上花费过多时间，导致教学目的难以实现，从而影响教学效果。

3. 现场教学管理要有序

由于现场教学的时间和空间有限，现场场景的新鲜感易引起学生注意力不集中，喜欢东摸西望，因趣分群，教学组织比较难，影响教学实施。因此，现场教学管理要有序，实施前要向学生提出现场教学管理要求，并由几名班干部分组负责管理。在现场教学中，教师不能只顾讲解，要掌握好教学节奏，调控好教学秩序，既不能影响干扰现场作业人员的工作，又要注意学生安全。要让学生认真听讲、注意观察、善于提问，避免现场教学走马观花、看看热闹、浅尝辄止，不能与专业理论知识结合。

4. 现场教学要注重教学效果

组织现场教学的教师一定要有较丰富的专业实践经验，熟悉作业现场的工作流程、原理、性能等，做到心中有数，这是保证现场教学效果的前提。另外，教学前各项准备工作要充分，包括现场场地、时间安排、教学内容等。教学中，要紧紧扣住理论联系实际、注重学生职业技能培养的教学目的，引导学生结合教材切问而近思，训练学生善于观察与思考，提高其分析解决问题的能力。要让学生亲身感受爱岗敬业、诚实守信、团结合作的职业道德规范在职业岗位中的作用，培养学生的职业素质。

5. 现场教学结束后要组织好课堂讨论

通过现场教学学生掌握了大量的感性材料，既体会了专业知识的运用效果，又存有一些问题和感想。此时，教师要发挥主导作用，趁热打铁，及时组织课堂讨论，帮助学生巩固所学知识、加深所见所闻印象，引导学生有所思、有所感，增强学生专业学习兴趣。如果仅仅作为一种教学手段，学生兴奋一阵后，对问题仍百思不解，渐渐也就失去了对疑惑的求知欲望，从而难于实现现场教学的目的，难于发挥其作用。因此，必须开展课堂讨论。为避免课堂讨论出现冷场或偏离主题，一方面可事先给学生布置讨论的主题、问题和参考思路；另一方面可事先指定几个学生作为中心发言人；再一方面教师也要对本次教学进行总结，评价得与失，并征求学生对现场教学的改进建议。

现场教学作为课堂教学的辅助形式，实际运用起来，一定要因地制宜，切忌生搬硬套。应从多维角度去思考、审视、运用该形式，不断总结，持续改进教学内容、方案，适时导入新方法、新思路和新理念，丰富现场教学内涵，把握好现场教学脉络，实现教学目的。

4.4　课外学科活动

职业教育主要为社会培养高素质的应用型、技能型人才，这种人才的基本特征是在掌握专门知识、技术(能)的基础上，能够在生产现场或实际生活中熟练地运用知识、技术(能)解决问题，使知识、技术(能)转化为产品或服务。这种技术应用能力主要依靠实践而不是理论学习来获得，因而，强调课外学科活动是职业教育人才培养的本质要求。现代职业教育教师应重视课外学科活动在职业教育中所起到的作用，应具有组织课外学科活动的教育教学能力。

职业教育院校的课外学科活动主要应以提高学生的能力和素质为主要目的，以需要学生动手动脑、亲自参与为主要特征。按其侧重点不同，可将课外学科活动分为两类，一类是服务于某单一课程的课外学科活动，主要指基础性课外学科活动，它与科目课程密切相关；另一类是多门课程融合才能完成的课外学科活动，主要指创新性课外学科活动，大多用来培养综合素质。介于二者之间的还有综合性和探究性课外学科活动，这类课外学科活动大多非一门课程知识可以完成，但对学生综合素质的要求并不很高。

以机械类学科为例，目前职业教育院校设置的课外学科活动一般都具有以下特征：

一是注重培养学生的实践能力。一般是指动手能力，强调实践性、能力性和职业性；也注重培养学生的动脑能力和自主学习能力，包括发现问题、分析问题和解决问题的能力；更注重培养学生理论联系实际的应用能力和创新能力。

二是设置更具灵活性和多样性。课外学科活动并无定式，可灵活多样地设置，这更有利于学生的个性发展，学生可根据自己的兴趣与基础能力选择不同的发展方向。

三是学时安排相对灵活，可以更多地利用业余时间或相对集中的某段时间进行。在教学进行过程中，教师与学生更易于面对面地进行沟通，有助于教师对学生全方位地开展教育活动，实施因材施教，培养学生的机械工程素养，使每一位学生均可有不同程度的收获。

四是教学情景更容易接近于生产实际。学生通过在课外学科活动中对科学过程的亲身体验，在学习过程中对实践过程的直接体验，能够真正理解学科内容，懂得学习的意义与价值，养成探索和追求真理的科学精神，并成为终身学习的有机组成部分。

因此，课外学科活动的教学是理论素养和实践能力与身心修养共同作用的过程，对学生各方面能力和综合素质的培养至关重要，在机械类专业培养目标中尤具特殊的地位与作用，课外学科活动环节的教学改革成果可直接为培养目标服务。

课外学科活动不同于技能训练环节，虽然同样强调实践性，但课外学科活动教学环节更注重培养学生理论联系实际的能力、创新能力和工程素养。因此，其适用的教学法明显有别于理论知识的教学法和技能训练的教学法，在教学目标、教学内容、课程资源、教学方法、教学手段、教学组织形式、教学情境、教学评价、教学过程和教学原则等各方面，课外学科活动都具有自身独特、鲜明的特点。

4.4.1 课外学科活动教学改革的指导思想

基于课外学科活动的性质和特征，如何在有限的时间内尽可能地培养并提高学生将理论知识与工程实践联系起来的能力，是课外学科活动教学改革的首要问题。

1. 实施基于课程的课外学科活动的指导思想

职业院校中，针对机械类课程的课外学科活动种类繁多，大多数技术基础课程和技术专业课程都包含基础性、综合性和探究性课外学科活动教学环节。基础性课外学科活动的主要作用是围绕课程的理论知识并且为理论教学服务，主要包括演示型实验、验证型实验等教学环节。综合性和探究性课外学科活动更重视理论知识的探究、综合运用和检验。这类课外学科活动的教学改革应遵循以下四个步骤：

第一步，研究培养目标，分析该课外学科活动所属理论课程的课程理念。职业院校机械专业的培养目标主要是培养机械类职业或技术岗位群，从事一线的高级技术或管理人才。不同的理论课程具有不同的课程理念，相应的课外学科活动也应具有不同的课程理念，但课外学科活动及其所依附相关的理论课程，都应强有力地支持培养目标并为培养目标服务。

第二步，分析该课外学科活动的性质与内容，找到课外学科活动对学科及理论课程的作用和关联。不同的课外学科活动，对学科及相关的理论课程的作用不尽相同，但都是为学科的发展服务的。教师必须关注机械学科和职业教育的发展动态，以便及时、有效地调整课外学科活动的内容和教学目标。

第三步，分析课外学科活动教学面临的具体实际情况，确定课外学科活动的教学目标。教学目标是指导、实施和评价教学的基本依据，是师生在双边的教学活动中预期达到的教学结果和标准，是以一定的课程内容为媒介的，并与具体的课程内容一起呈现给教师和学生，因此，不同的课外学科活动具有不同的教学目标。值得注意的是，为充分发挥、激励学生的作用，所确定的教学目标，难易程度必须适当，要符合“跳一跳”才能摘到“桃子”的要求，让学生最终取得认知、自我提高和获得赞许的喜悦。

第四步，归纳总结，理出线索，抓住实质。在上述分析的基础上，实施基于课程的课外学科活动时，一定要坚持：以工程能力的培养为核心，以综合素质的养成为目标，让课程知识活灵活现，使理论问题脚踏实地。

2. 实施创新性课外学科活动的指导思想

相比于针对课程的课外学科活动而言，创新性课外学科活动更注重培养和提高学生的各方面的综合能力与素养，尤以创新能力为重。

创新是一种社会活动，创新者只有具备一定的创新技能，才能实现创新价值。创新技能是创新者在创新活动中正确处理自己与社会之间关系的一种能力，主要包括以下方面：

一是把握机遇与充分利用现有条件。人的一生会遇到各种机遇，但问题是有了机遇能否马上认识到，能否在现有条件下借助机遇实现创新。树立机遇意识就是要求创新者要注意观察、善于思考、把握机遇、驾驭环境。要培养学生坚持创新思考，寻找新颖创意，不断超越自我。在把握机遇实施创新的过程中，首先要对实施创新所具有的客观条件做到心中有数，对于职业院校的学生，这一点尤为重要。这不仅是实施创新所应具有的素质，也是职业院校学生走向工作岗位后经常面对的情况。

二是自主学习与发现问题。新时代的新知识、新技术层出不穷，学生在校期间不可能学会所有知识，这就要求教育者要教会学生根据需求自主学习。自主学习的关键在于发现问题，这是以创新意识为前提的，发现了新的、好的方法，能做到不守旧、不惜旧，就要想方设法学习，关键是要带着问题学习，即学以致用。要教会学生或让学生体会出发现问题的主要途径，例如一个新的观察和实验结果与现有的已知理论相冲突时，新的问题可能就会产生；学习理论的过程中，要注意分析理论内部的逻辑关系，以此找到所学内容的内部特征，从内部发现问题、提出问题；从多个方面、多个角度展开讨论问题，从不同观点的辩论甚至争论过程中，往往就能引出新的问题或新的想法；关注不同知识领域的边缘地带，利用相关学科的新知识、新方法，可能会在学科的交叉领域有所发现。

三是信息的发现与利用。即在所有场合利用各种方法，利用各种机会搜集信息，并在精确理解信息的基础上将其梳理归类，经过综合分析从中找出问题作为创新立项，然后再围绕这个立项有针对性地继续收集信息利用信息。收集信息时应注意不能仅以个人兴趣为导向，一定要以工程需求或市场为导向，注意表面上不相关的信息的融合。

人人可创新，时时有创新，处处见创新。开发潜能、激励创新意识是培养创新能力的前提，创新思维是创新能力的核心，是形成创新方案的基础。创新思维的主要特点是求异性、灵活性、反常规性以及突发性和新颖性。创新思维的培养方式与手段必须与创新思维的特征相对应，才能收到良好的效果。培养学生的创新能力是各职业院校机械类创新性课外学科活动的主要目标之一。所谓的创新能力，是指在前人发现或发明的基础上，通过自身努力，创造性地提出新发现、发明或改进方案的能力，是人们应用发现或发明成果开展、发展变革活动的能力。创新能力是由探索问题的敏锐能力、统摄思维活动能力、转移经验能力、侧向思维能力、形象思维能力、灵活思维能力、联想能力、评价能力、“联结”与“反联结”能力、产生思维能力、预见能力、运动语言能力和完成能力构成的一种复合性的能力，具有以自身进行组合的功能。

机械类专业的创新活动，大致可分为发现问题、提出问题、构思解决方案、动手完成创新和宣传推广成果五个阶段。因此职业教育机械类专业实施创新性课外学科活动的指导思想应为：激励创新品质、传授创新原理、确定创新载体、训练创新技能、培养创新能力。

4.4.2 实施课外学科活动的选题原则

实施课外学科活动的选题原则要解决的是课外学科活动内容的选择问题，即怎样选择要教的东西。好的选题是课外学科活动教学成功的关键。设置机械类课外学科活动的主要目的是培养学生的操作能力和动手能力等实践能力，以及分析问题、解决问题的能力，尤其是培养学生将理论知识应用于实际的应用能力和创新能力，因此，对课外学科活动的内容的选择有一定的要求。由于三种课外学科活动的学时安排和侧重点不同，选题原则不尽相同。但总的来说，课外学科活动的选题应遵循以下原则：

1. 必须以相关的理论课程的教学目标为主要依据

不管课外学科活动在机械类课程设置中的地位多么重要，它始终应是围绕课程的理论知识并且为理论教学服务的，或是对相关理论课程知识的综合运用和检验，或是对多门课程的融会贯通。因此，课外学科活动的选题必须与相关的理论课程有着密切的关系，并以理论课程的教学目标和各职业院校的培养目标为主要依据。

2. 必须注重理论联系实际，注重现实意义

在课外学科活动的选题中，应充分注意到选题的实践价值和理论价值。一个好的课外学科活动的选题，应该既能够在培养学生的操作能力和动手能力等实践能力上有所贡献，又能够与一定的理论知识相联系，在培养学生分析问题和解决问题的能力以及创新能力方面有所体现。

3. 充分估计到学生的知识储备情况，难易适中，大小适度，条件具备

将理论知识应用于实际的能力是一个较长的积累过程，不可能靠一次课外学科活动就实现突飞猛进。因此，选题时要客观地分析和估计学生的能力以及学生的知识储备情况，题目的难易要适中，大小要适度。选题既要使学生有“知难而进”的勇气和信心，又要让学生“跳一跳摘桃子”。如果难度过大，超过了学生所能承担的范围，学生占用时间过多，而且会觉得无从下手，就容易挫伤学生的积极性使学生失去自信心。反之，若选题过于容易，就不能反映出学生真实的水平，而且也达不到训练学生能力和思维的目的。另外，选题应充分考虑学校自身的条件，只有条件具备，所选课题才有实践的可能。

4. 必须注重选题的科学性、基础性、重要性、实用性和正确性

为满足各职业院校机械学科职业性与机械性的需要，课外学科活动的选题需要追随机械学科的发展，与时俱进。同时，应注意选题的基础性和实用性，以适应各职业院校的培养目标。

5. 必须适应学生的特点，充分估计到学生的需要、兴趣与身心发展水平

课外学科活动的选题应该能够充分调动学生学习的兴趣和积极性，满足学生渴求知识的需要，这样才有可能取得教学的成功。

4.4.3　指导课外学科活动的方法

指导课外学科活动的方法要解决的是课外学科活动的组织问题以及与教学的关系问题，即怎样组织课外学科活动最有效，课外学科活动怎样实施，课外学科活动怎样设计。

例如，在职业教育院校机械类的课外学科活动教学中，机械思想和教学论思想是相互渗透的，因此，指导课外学科活动时，应将两者结合起来全面考虑。

1. 课外学科活动教学组织形式的选择

教学组织形式就是教学活动中教师与学生组合的结构形式，即教师与学生的共同活动在人员、程序、时空关系上的组合结构形式。显然，教学组织形式的选择要综合考虑课程本身的性质、教师和学习者的特征以及教学环境等因素。从学生的组合方式来看，教学组织形式有两种基本类型：一为个别教学；二为集体教学，集体教学的组织形式又可划分为班级教学、分组教学和合班教学等具体的组织形式。

对于课外学科活动教学而言，由于其设置的灵活性和多样性，在教学组织形式的选择与实施方面也应具有灵活性和多样性。

(1) 基础性课外学科活动组织形式的选择

传统意义下的基础性课外学科活动教学是由学生在一定的时间内，在真实的实验室中通过现场操作真实实验仪器来完成实验过程的。在实验过程中，学生可以充分利用丰富的实验教学资源，并在特定实验任务的驱动下，开展各种类型的实验，通过与实验仪器的不断交互，学生的实验操作技能得到逐步发展。

演示型课程实验主要是以配合讲解建立概念、总结规律为目的，以学生集体观察为特点，实验过程明显直观、简单可靠。因此，考虑到教学效率的问题，演示型实验适宜选用班级教学的组织形式，以讲授者的讲授和演示为主、以其他方法为辅向学生展示课程实验的内容和过程。此时，讲授者起着主导作用，学生学习的重要信息来源就是讲授者的讲授和演示内容。如果受实验仪器或机械设备的数量所限，演示型实验也可采用分组教学的形式。

验证型课程实验以帮助学生掌握知识、锻炼实验技能、培养实验素养为主要目的，以学生个别操作和定量研究为特点。因此，验证型实验适宜选用班级教学和分组教学相结合的组织形式，在实验之初，采用班级教学形式，由教师统一布置实验的相关事项；而后，采用分组教学的形式，学生参与实验操作，选择合理的实验方法、最佳的测量方法、合理的配套仪器、有利的测量条件，确定合理的测量次数和数据处理方法等。此类课程实验教学中，应注意：① 同时进行实验的组的个数不应超过教师能监控的数量；② 组的规模大小应视具体的实验情况而定；③ 组的划分不应以能力水平为依据，不同能力水平的学生在同一组进行实验有助于培养学生的合作精神和能力；④ 在学生进行实验操作的过程中，教师应随时巡视实验现场并进行指导，提醒学生控制实验误差范围、安全操作，甚至不排除针对个别问题或个别学生进行个别指导的情况。

基础性课外学科活动教学组织形式的选择还应考虑课程本身的性质。例如《金属工艺学》课程讲授铸造、焊接、压力加工、切削加工等加工工艺，只依靠实验室组织课外学科活动的教学是远远不够的，常常需要采用现场教学的组织形式，即教师组织学生到生产现场进行教学，将书本知识真实生动地展示给学生，使学生获得最为直接的感官认识，加深对加工工艺的理解和掌握。

应当指出，传统意义上的基础性课外学科活动教学借助于真实实验室的现场性优势，使学生在实验室现场有机会获得良好的互助体验，有助于培养学生的团队合作精神，有助于积极协调师生之间以及生生之间的互动关系。随着科学技术的迅猛发展，课外学科活动教学出现了一些新的形式。例如将计算机仿真技术应用于实验教学而形成的仿真实验模式，具有完全的时空开放性，更加顺应实验图像心理表征的教学需要，可以提供相对纯化的实验探索情境，易于满足合作学习的心理兴趣与教学需要，具有不可替代的独特实验教学优势。

(2) 综合性和探究性课外学科活动组织形式的选择

职业教育院校机械类综合性或探究性课外学科活动，以拓展知识面、发展创造力为主要目的，以学生自主进行或设计为特点。在以行动为导向达到目标的实践进程中，总会出现“书到用时方恨少”的情况，但不同的学生会在不同的时间遇到这种情况。因此，综合性或探究性课外学科活动适宜采用班内分组教学和个别教学相结合的组织形式，使学生在逐渐开放的实践过程面前，主动激活自己习得的操作程序和实践策略，有效组织相关的仪器、方法和技术，经历寻求达成实践任务要求的探索过程，以达到锻炼实践能力的目的。在课外学科活动之初，采用班级教学形式，由教师统一布置相关事项；而后，采用分组教学形式，学生分组进行，不论哪一阶段，学生都可以分工协作，并在组内互相讨论、互相借鉴。此时，教学中应注意的问题与验证型课程实验教学中应注意的问题大体类似，不再赘述。当然，学生在学习的过程中遇到的问题可能需要教师的个别指导。

在采用个别教学的形式时，应注意：① 教师的作用主要在于指导和帮助学生独立实践、独立钻研，因此，学生必须学会独立思考、独立解决问题；② 开始课外学科活动前，教师应要求学生做充足的准备工作，教师应考虑各种可能出现的情况并制定好应对的措施；③ 教师对学生的指导应以学生的课外学科活动前的准备为基础；④ 个别教学应因材施教、因人制宜；⑤ 实践过程中，学生需要阶段性地报告学习结果。

(3) 创新性课外学科活动组织形式的选择

创新性课外学科活动常以学科竞赛为载体，以培养创新能力为主要目的，以学生自主构思、设计、制作、参赛为特点。因此，创新性课外学科活动适宜采用分组教学、组队参赛的组织形式。由于创新性课外学科活动要依托于多门课程知识的融会贯通才能完成，分组教学、组队参赛时应以选题的需要为依据，同时兼顾学生的兴趣爱好和学生之间的默契合作程度。每一参赛队中的学生都应该默契地合作，共同完成从策略构思、方案设计、加工制造、艺术装潢到参加比赛全过程。在整个过程中，由于每个学生的擅长之处不同，不同的学生可能主要负责不同的方面，例如有的主要负责机械装置的方案设计和加工制作，而有的主要负责电气线路的设计和布线等，但整个参赛队的组成应以合作为基础，在实践进程的每一阶段，共同协商、探讨，一起完成课外学科活动任务，达到培养并提高创新能力和综合素质的目的。

显然，在创新性课外学科活动的教学过程中，指导教师首先要具有较高的专业知识水平和技能水平，具有较多的科研经历和较丰富的教学经验，特别要善于发现学生的心理、性格、品质特征并能恰如其分的加以引导。应该说，任何一名教师都有其出色之处，也都会有其不足，上述特质集于一身并均异常出色的教师十分难得。因此，创新性课外学科活动适宜采用教师指导组的形式进行教学，不同的教师各司其职、各负其责。比如由科研经验丰富的教师负责对学生进行方案构思方面的指导；由专业理论水平较高的教师负责对学生进行理论分析方面的指导；由专业技能水平较高的实验、实习教师负责对学生进行加工制作方面的指导；由教学经验丰富的老教师负责对学生进行心理品质方面的指导；由组织协调能力较强、并具有较高威望的教师负责安排并督促总体计划日程，协调教师组内部的意见分歧，联系各相关部门，寻找相关学科合作者，解决后勤及经费保障等事宜。

不论是哪一种课外学科活动，教学的组织形式的选择都不是一成不变的，任何组织形式所能适应的教学情境都是有限的，根据课外学科活动教学内容或教学情境的变化而变换组织形式是非常必要的。

2. 课外学科活动教学中教学情境和师生的关系

在选择教学方法时，教学情景和师生间谁起主导作用是非常重要的。不同的教学情境下，教师和学生所起的作用不同，使用的教学方法就应有所变化。

由课外学科活动的特征可知，课外学科活动的教学与理论课程的教学在教学情境方面有很大的不同。基础性课外学科活动一般在实验室由学生现场操作实验仪器和设备完成；现场教学直接在生产现场面向生产实际；综合性或探究性课外学科活动的选题通常是从生产实际中得来，需要在进行过程中模拟生产实际；创新性课外学科活动要求学生亲自参与到从构思到比赛的所有环节中。在各职业院校机械类课外学科活动的教学活动中，随着教学活动的展开进程，教学情境不同，教师和学生所起的作用也在动态变化着。

(1) 授课前创设教学情境

根据教学目标和教学内容创设真实的教学情境。从教师的角度来说，对于主要在实验室完成的基础性课外学科活动而言，授课前的创设教学情境主要是指实验备课，包括研究实验目的、实验原理、实验方法、实验步骤、数据处理，准备相关的实验仪器和机械设备，试做以掌握实验的注意事项和实验操作中易出现的问题等，也可包括研究教师的教法、学生的学法等。对于现场教学的课外学科活动而言，授课前的创设教学情境主要是指与生产现场联系和协调，研究现场教学的主要内容和步骤，安全防护的准备等。对于综合性和探究性课外学科活动而言，授课前的创设教学情境主要是指研究课外学科活动的内容，准备与选题相关的设备或教具等。

在这一环节中，教师发挥着主导作用，是教学情境的创设者。有些教学方法提倡在此环节就组织学生共同参与、共同研究，使学生在课外学科活动之前就对课外学科活动选题有一定的了解和兴趣，以保证学生积极参与并认真完成课外学科活动，从而学得主动，记得牢固。这些教学方法在帮助学生掌握技能技巧的同时能够有效地促进学生思维能力的发展，对学生各种能力的培养及综合素质的提高都大有益处。即使是师生共同参与的教学方法，仍应以教师的指导为主导，以保证后续的课外学科活动过程正确、顺利地进行。

从学生的角度而言，这一环节实际上就是学生的课前预习。有效的课前预习是提高教学有效性的开端，通过预习，学生可以在课外学科活动之前充分了解课程实验的环节，唤起和调动已有的经验和知识，以便在有限的教学时间内能够迅速地进入课外学科活动，与教师配合，完成课外学科活动任务。从这个方面来说，学生的主动学习性起着主要作用。即授课之前教师的作用更大些，师生都没有直接进入教学活动中，所起作用都未发生变化，维持常态。

(2) 授课开始呈现教学情境

在课外学科活动教学开始时将教学情境展现给学生，使学生对课外学科活动所用的仪器设备有初步的感官认识，引起学生对于要进行的课外学科活动的兴趣，初步调动起学生参与课外学科活动的积极性。

在此环节中，教师的主导地位相对于前一环节略有弱化，学生将会进一步参与到教学活动中。因此，可采用叙述、演示、图示、操作、问答等教学方法。教师应注意要讲解清楚，逻辑性强，重点突出并具有启发性，根据课外学科活动选题不同，讲解的详细程度和讲授时间适当掌握。

对于原理和操作比较简单的演示型课外学科活动，甚至可让已经精心预习和准备的学生代替教师来呈现教学情境，以充分锻炼学生的实验操作技能、实验演示技能、语言表达技巧以及组织管理课堂的能力，同时也能充分发挥学生的主体作用。教师的作用相对在逐渐弱化，而学生所起的作用相对在逐渐加强。

(3) 授课中研究教学情境

在将教学情境展现给学生后，引出问题或任务。或者由教师提供解决问题的线索，让学生自己去体验、感受，以引导学生主动学习，逐渐学会如何去发现问题。

在此环节中，教师的主导地位进一步弱化，学生的主导地位进一步提升，教师和学生基本处于相同的主导地位。通过师生间的互动，激发学生产生强烈的解决问题的欲望，以调动学生学习主动性，锻炼学生发现问题的能力。因此，可采用论证、质疑、讨论、分析、归纳、综合等教学方法。

(4) 实践过程培养学生能力

问题或任务提出后，由学生在一定的时间内，通过操作实验仪器或设备完成实验过程，以逐步发展实验操作技能；或通过师生互动及生生合作中不同观点的冲突、碰撞、补充、修正，完成实践任务，并获得“亲自得出研究结论”的创新机会，以加强工程思维的训练，使学生逐渐学会如何去解决问题。

在此环节中，学生处于主导地位，教师只需要教会学生学习的方法，在学生出现难以解决的问题时给出适当的提示或指导，并认真观察和检查每个学生的实践情况，让学生通过对材料和资料的分析，运用已有的解决问题的经验，自行完成课外学科活动，以培养学生自主学习、独立解决问题、理论联系实际和创新的能力。因此，适宜采用以引导探究为主的教学方法。教师的作用继续相对弱化直至最低点，而学生所起的作用继续相对加强直至最高点。

(5) 效果评价提升学生信心

采用与教学情境融为一体的评估方式，可以由教师根据观察学生的表现给出评定，也可以由学生根据对问题或任务的研究、解决和完成过程以及具体的思维训练过程给出评价，或者两者相结合给出综合评价。

在此环节中，根据评价方式的不同，教师和学生的主导地位也不相同。一般情况，为确保评价结果的真实有效，教师的主导作用可略大些。教师的作用有所提升，而学生所起的作用维持一定状态。

至此，针对本课外学科活动的教学目标已经实现，这一阶段，教师可以利用自身的丰富经验和知识帮助学生获得更进一步的知识和能力，帮助学生反思和成长，以进一步提升本课外学科活动对其他环节、乃至学科的支撑强度和辐射作用。

从以上步骤可看出，按照现代教学论的观点，在课外学科活动的教学活动中，教师不仅是知识的传播者，更是学生开展实践的组织者、帮助者与促进者。教师更像导演的角色，把学生引入机械学习情境，与学生共同探讨，共同发展，以促进学生思维能力的培养，进而提高学生的创造能力及学生的综合素质。

教师在课外学科活动的教学过程中应该做到：① 帮助学生审视和反思自我，明了自己想要学习什么和获得什么，确立能够达成的目标，并帮助学生寻找达到目标的最佳途径；② 帮助学生形成有效的学习方法；③ 帮助学生对实践过程和结果进行评价，并在评价中反思和成长；④ 在学生自主观察、实践或讨论时，随时掌握教学中的各种情况，设想下一步如何组织、指导学生实践；⑤ 创设良好的实践氛围，给学生心理上的支持和精神上的鼓励，使学生的思维更加活跃，探索热情更加高涨，在交往互动中共同发展；⑥ 注意培养学生的自觉、自律能力，注意指导学生遵守纪律，与他人友好相处，培养合作精神，保证教学“活而不乱”。

3. 教学方法

对职业教育院校机械类课外学科活动而言，不同的课外学科活动可以采取不同的教学方法，多种教学方法也可以互相渗透、互相补充，以达到最佳的教学效果。值得注意的是，在课外学科活动过程中，学生会提出许多意想不到的问题，课外学科活动所用的仪器设备也会有不可预料的情况发生，教师要时刻储备知识，增加经验，尽可能地考虑到课外学科活动可能出现的问题，并能够根据具体情况采用不同的教学方法，具有随机教学的能力。

(1) 基础性课外学科活动教学中适用的教学方法

基础性课外学科活动教学中使用的教学方法非常多，应根据具体的课外学科活动目标、内容、学生状态、教学条件等选用不同教学方法，在充分关注学生参与性的前提下，以启发式教学思想贯穿教学过程始终。

在各职业院校机械类基础性课外学科活动的教学过程中，情境化教学方法是最常使用的方法，基本环节包括创设情境、呈现情境、研究情境、自主实践和综合评价等环节。也常使用以问题为中心、以解决问题为主线的问题化教学方法，基本包括呈现问题、讨论研究、解决问题、评价总结等环节。以问题的探索和研究为实践，逐步激发学生的探索欲望和交流欲望，加强学生对某些主题、概念和知识的理解，从而培养学生的创新思维方法，并养成独立（或以团队形式）理解问题和解决问题的能力和技能。

(2) 综合性和探究性课外学科活动适用的教学方法——行动导向教学法

所谓行动导向，德国职教专家 T·特拉姆认为：“是一种指导思想，培养学习者具备自我判断能力、懂行和负责的行动。它可视为主体得以持续发展的过程，也就是说在这一过程中，他们所获得的知识和能力在实践活动中得以展现”。

行动导向教学法是一种能力本位的教学法，其目标是获得职业能力，更确切地说，是培养学习者具备自我判断能力并进行负责任的行动。行动导向教学法以学习理论为基础，寻求学习的最佳效果，强调培养学生的能力。行动导向教学法的倡导者认为：教学的结果是学生的学习，而不是教师的教导；学习的成效在于学生行动的改变，包括由内化而至外显的行动；每个单项学习的累积与各个部分的结合，可以成为整体。显然，行动导向教学法的基本含义在于强调学生是学习过程的中心，教师是学习过程的组织者与协调人；在教学中，教师与学生互动，让学生在自己动脑动手的实践中，建构属于自己的经验和知识体系。

因此，适合采用行动导向教学法的课程在教学内容、组织形式、教师作用等方面都有自己的特征，如表4.1所列。

表4.1　适合采用行动导向教学法的课程的特征

项　目	表现特征
教学内容	多为结构较复杂的综合性问题；与职业实践和日常生活有关；具有职业实践性和劳动过程系统性；有一定的实际应用价值；可促进跨学科的学习
学　生	照顾学生的兴趣与经验；通过迁移应用建立理论与实践的统一；强调合作与交流
组织形式	学生自行组织学习过程，学习多以小组进行，留给学生尝试新的行动方式的实践空间
教学方式	多种教学方式的交替使用
教　师	是学生学习过程的组织者和专业对话伙伴

职业教育院校机械类综合性和探究性课外学科活动在教学内容、组织形式、教师作用等方面都与表4.1的内容高度相符，因此，行动导向教学法是最适于各职业院校机械类专业综合性和探究性课外学科活动的教学方法。

① 行动导向教学法的几个问题

一是关于教和学的关系。以行动为导向的教学法认为学习是一个主动的过程，惟有学生能决定教学过程。将人看作积极的行动者，通过其行动首先激起环境影响。以行动为导向的教学法认为学习是一项高度复杂、非线性、生动活泼的过程，由学习者的活动决定；知识结构不能搭出来，而是通过学会形成；学习过程可从外部推动和激励，但不能强制或用技术手段控制。

二是在行动中学习。学习怎样在行动上发生？怎样才能更好地发生？比如某位学生要打开箱盖，必须用螺丝刀将紧固螺钉松下来。在松了四分之一螺钉时，松不动了；他尝试用更大的力量，但螺丝刀滑出螺钉槽，且螺钉头损坏了，不可能再用螺丝刀来松动，行动没有达到预期的成功。在这种情况下，他有多种选择，影响其选择的一个重要的因素就是目标的达到对行动者的意义。如果顶盖能否打开对这个学生无所谓，别人怎么评价他也无关紧要，他可能离开现场，不再费力气了；他也可能具有弱者的自我意识，没有自信把此行动继续下去，他放弃了；反之，如果他是一个有声望的专业人员，处在内外期待的压力下，他会尝试各种方法以解决问题，例如，用钳子钳住螺钉，或请教他人等。不管怎样做，他总是要千方百计地摆脱困境。如果他成功地找到既能拆下损坏的螺钉又不损坏箱顶盖的方法，他就通过这次行动获得了足够的知识和经验。他面对的困难正是他在行动中学习、“无计划”学习的起源。

从这个具体的例子可以看得出行动学习源于目标及针对目标的行动投入，动机来源于达到目标对行动者的意义。当行动者陷入困境，所使用的手段达不到预期的效果时，如行动者不中断工作，一直在现场全过程地经历每一个困难，并认真对待困难，试着从中有所发现，就会通过行动的继续，从遇到的相关活动中激活知识。这同时也是一个认知和情感的提升过程。

三是以行动为导向的教学过程针对产品。以行动为导向的教学过程使“无计划”学习和在实践中通过摆脱困难进行学习成为可能。因此行动导向教学法一开始不能针对学习目标进行精确描述，而应针对实践过程中发生的东西，即产品。产品可能是自然的物质，也可能是自然的精神，重要的是，产品有功能。从它能否或以怎样的方式实现功能，人们可以认识到行动是否成功。

四是行动导向教学法适应新的学习目标。职业教育院校的学生学习的知识应该对最新的职业工作有用。但所谓“最新的职业工作”近几年已发生了决定性的变化，专业工人用从老师那里学到的知识不再能适应工作重点、工作方式和手段的迅速变化。专业工人必须具有在变化的、不能预测的情况下独立工作的能力，而这种能力几乎不能通过知识的传授来解决，只能通过锻炼来提高。课外学科活动的教学目标之一即是培养并提高这样的能力，因此，课外学科活动非常适合用行动导向教学法来实施教学。

五是行动导向教学法更具开放性。行动导向教学使学生总处于必须选择的状态。上述打开箱盖的例子中，在开始松螺钉前，应该首先选择一把正确适用的螺丝刀。但新手不知道应该这样做，而马虎的人会拿触手可及的，两者都会因错误的决定而处于困境。有经验者会先目测螺钉头，再审视螺丝刀系列，然后拿起自认为正确的一把。如果第一个选择不正确，也许还会修正。将旋出的螺钉放在什么地方也是一个选择：马虎者扔掉螺钉，而新手放在不知什么地方，用的时候再找。新手与行家的区别在于，新手作每一个决定时，都可能会遇到不平坦的新领域，而行家能借助于专业知识使任务顺利完成。

行动导向教学过程中，常出现两种不同的困难：一种困难是因缺乏相应的知识而无能力决定，这需要高标准的、理智的感应力、思考能力及判断力，有些学生只停留在纯理论上，看不到问题；另一种困难则是由错误的决定导致的，其后果往往可以直接观察到，例如即使再粗心也不会没看到错误使用的螺丝刀把螺钉弄坏了。由错误决定的结果产生困难，通过这个困难再进行学习，是行动导向教学中的基本情形，因此，行动导向教学法更具开放性。怎样的决定，怎样的学生，在怎样的情况下遇到怎样的困难，原则上是不可预知的，只有在实践后才知道发生了什么、怎样发生的，这是一个完全出乎意料的过程。

行动导向教学法的开放性给教学带来了极大的困难，因此必须事先考虑好所有可能出现的情况，并制定好应对措施。

六是问题比答案重要。在行动导向教学中，面对各不相同的复杂情况，必须深入思考，并对一定条件下的复杂情况进行细致地分析，探明相关关系，获取答案。课外学科活动的教学目标之一是要培养和提高学生发现问题的能力，在以行动为导向的教学中，在未预见的环境中作出正确的决定就要求能提出正确的问题，答案的质量取决于问题的质量。

七是判断力和弄懂知识。判断力不能靠传授得到，只能在各种关系中努力争取。在行动导向教学中，试着克服困难，使自己在思想和感觉独立，问题的经历就开始了，通过新的知识解决了问题，这新的知识就深深地、持久地扎根于知识结构中，没有其他形式的经历有如此的学习成效。

八是走弯路。行动导向教学法的活力在于可走弯路，小心的摸索和怀疑都属于活泼思维。一条想好的路，只有走到那里，才能知道是正确的还是错误的。有时必须回到起点，再试其他的路；有时虽然通向目标，但很麻烦；有时走弯路是最好的解决办法。

② 职业教育院校机械类课外学科活动的行动导向课堂计划

在各职业院校机械类综合性和探究性课外学科活动中采用行动导向教学法时，应注意：要从机械设备、部件或者从问题领域出发，而不能从机械理论的基本概念或单个零件出发；由于机械类的职业资格主要针对机械设备的操控、维修能力和加工工艺的分析能力，对设计能力要求较低，因此，以应用为导向掌握机械技术，按单个专业来划分不合适；对机械技术工作来说，以所选定的学科内容为工具，统一于机械专业；机械设备的分析总是与经济、市场、生态、社会、伦理和政治问题相关联，只要与要处理的学习对象有直接关系，并从学生的经历中进入它们的视野，它们就必然在机械技术专业中反映出来。

主题独立的课堂单元。以减速器分析为例说明，其课堂计划包含以下主题：明确减速器建立了原动机和工作机之间的联系，了解减速器基本构造，探讨减速器的各个部件的功能；学生会把减速器拆成子系统，探讨这些子系统在总系统中的功能；深化学生使用机械工具和测量工具的能力，使学生掌握测绘方法，具备处理测量值和画手工草图的能力；从专业系统的角度看，计算传动比、扭矩、滚动轴承、齿轮和各类零件等。

课堂单元始终引入系统分析：具体的应用表达了外部对技术对象(减速器)的要求(系统环境)，不仅要考虑技术特性，还要考虑经济方面和使用者的技术条件。学生的任务是借助于尺寸及规格数据描述减速器的功能，该功能由组件的各个功能形成(子系统的相互关系)。学生很快就能发觉，对设备的功能描述而言，了解组件的功能比了解组件中的零件功能更重要。因此在独立工作时，他们不会专注于自己不熟悉的单个零件的功能。

课堂的构成单元。课堂由系统分析、实验室任务和系统化的深化三部分构成，减速器教学中这三部分的具体内容如表 4.2 所列。

表 4.2　课堂单元“减速器分析”的主题分配

机械制造专业		
主题分配计划：分析一级标准减速器		
构成单元	主要内容	周　数
系统分析	演示不同类型的减速器。应描述各类减速器的传动路线，讲解零件图和装配图，介绍各组件和主要零件的功能和结构，讨论这些设备的使用[illegible]	1
实验室任务	根据选定的图纸在实验室构建一台减速器。计算实际承载能力和传动比，根据设计好的零件图进行零件加工，使用获取的零件组件、标准件以及加工好的零件进行装配，根据所提出的任务评价减速器	2
系统化的深化	测量仪器的使用规范；规范绘制零件图和装配图，掌握计算机绘图技能；公差与测量技术；材料的特性与选用，热处理技术；各种齿轮、涡轮涡杆传动，啮合原理，润滑原理；相关机械原理、机械工艺、刀具、机床知识	4

第一部分——系统分析。教师以讲课形式开始减速器的系统分析。在此，从技术的历史发展、当前在社会生产中的重要性、生态观点和工艺的系统结构等方面解释教学对象。在所选的课堂单元中，结合减速器的承载能力和结构尺寸探讨不同类型减速器的适用范围和选用。教师在选定的减速器上联接电动机与负载进行演示，并演示单级与多级(不同传动比)的情况，使得学生借助于观察推断减速器所包含的各组件功能。教师借助实物、模型或图纸描述各种减速器的传动路线，讲解相关的零件图和装配图的阅读和画法。学生借助于专业书、图表学会不同减速器的运动简图，在教师指导下看懂零件图和装配图，弄清哪些减速器可从制造商或经销商目录中找到，讨论它们的应用场合。

第二部分——实验室任务。系统分析后由学生独立完成约二周的实验室任务，这里教师演示完成制造产品的一部分。任务的提出定向于职业活动的行动结构，其实施过程可分七个步骤，如表 4.3 所列。

实验室任务的核心是以实验室或者车间为基地，完成专业上实用的应实施的部分任务。

通过该任务，学生在分析工艺对象或者一个子系统、测绘技术、绘制相关图纸、零件加工、部件装配等方面都得到了锻炼。

表 4.3　独立处理行动导向课堂单元的行动结构的"七点计划"

机械制造专业	
七点计划	
独立处理行动导向课堂单元的行动结构	
实施步骤	主要内容
① 问题的提出	应探讨什么，任务的目标是什么
② 形成解决问题的想法	讨论解决的途径。信息收集：专业书籍、设计手册、原专业的课堂笔记、杂志，可能还需进行信息的检验和评价
③ 真正实践的计划	任务应分步解决还是通盘完全解决？设计实践用零件，计算实际承载能力和传动比，选择和绘制相关零件的图纸，查阅选取标准件规格尺寸，获取必要的零件组件和被加工材料
④ 实验建构和功能控制	根据设计好的零件图进行零件加工，检验测量
⑤ 装　配	对获取的零件组件、标准件以及加工好的零件进行装配。进行有意义的修配。对装配好的减速器进行功能测试
⑥ 知识和结果	关于所提出的任务可以从结果中获取哪些知识？记录开放式问题
⑦ 控制和批判性的评价	已经找到适合于任务的解决方法了吗？还有其他的更佳的方法吗？有什么问题吗？哪些原因导致了这些问题

第三部分——系统化的深化。实验室任务描述了更复杂的学习情境，系统化深化阶段要在实验室工作的基础上讲授专业知识。整个教学过程应给学生一个关于基本的职业处理方式和知识的概括。对于减速器的系统化深化，教师首先概括学生进行系统分析的经验，使学生掌握系统分析的基本规则，在此基础上进一步进行部分系统分析。接下来，逐步展开相关专业课程内容的介绍，由感性认知向理性认知转化，是逐步提高的过程。

职业院校机械类综合性和探究性课外学科活动所采用的行动导向法，以直观、具体的职业活动为导向引入案例，从案例引出实际的问题，教师再对问题进行讲解、演示。学生可以先模仿，教师对学生的引导不是理论推导，更多的是行动引导。进一步地，课外学科活动环节以职业岗位活动为依据，即保持了职业活动的完整性，又保持了知识体系的完整性。只有在任务完成之后，才将活动过程中的知识进行系统梳理，得到相对完整的系统知识和定量理论。最后，引用大量案例，进行实例功能的扩充。让学生在许多新的任务中，对能力进行反复训练。

③ 相关的教学技术

行动导向教学法没有一个完整、统一的教学过程的展开或教学环节的组成体系。在实际应用中，可根据选题、实践条件等具体情况有机地结合情境化教学、问题化教学、探究式教学以及项目教学等多种方法，以获得最好的实践教学效果。

(3) 创新性课外学科活动适用的教学方法

创新性课外学科活动的特点决定了在教学过程中适宜采用学导式教学方法。所谓的学导式教学方法，是指以学生自我学习实践为主，以培养和提高学生的自我实践和自我创新能力为主要目标，教师的指导贯穿学生自我学习实践始终。其基本程序为：自学→讨论→启发→自我实践和创新→总结。

学导式教学方法有利于学生积极开动脑筋，在探索中求得知识的掌握与内化。教学过程中，学生可以进行广泛的交流，相互提示，又可以大大提高学生的学习热情。在讨论研究并解决问题的过程中，学生可以锻炼动手操作的能力和技能；养成善于使用各门学科知识的“用脑习惯”；形成自主学习、终身学习的习惯；养成耐心、认真、仔细、精确、合作的品质。在采用学导式教学方法指导创新性课外学科活动的过程中，教师应注意以下几点：

① 坚持因材施教原则

任何一个创新个体在能力上一定会存在差异，主要表现在每个人都有自己特殊的智力类型、认知风格和学习方式，人们的智力水平原本就有高低之分，人们的智力发展速度也有快有慢。也就是说，对于创新个体，一是在创新能力的类型上各有不同；二是在创新能力的水平上各有千秋；三是在创新能力成长的速度上各有高低。因此教育者首先要了解培养对象在上述三个方面的差异，然后以此为根据决定其发展方向、发展速度、培养需求等，这正是因材施教原则所要求的。

② 培养发散思维

发散思维是一种不依常规、寻求变异、从多方面寻求答案的思维方式。这种思维方式的特点是大胆假设，不受现有知识的局限，不受传统观念的束缚。创造力研究大师吉尔福特说：“正是在发散思维中，我们看到了创造性思维的最明显的标志。”要培养学生的发散思维能力，应该注意培养学生思维的流畅性、变通性和独特性。抓住变通这个关键，着重思路启发，引导思维换向。

③ 保护直觉思维

直觉思维是对客观事物作出直接判断和决策的。它可以帮助人们从大量事实提供的各种信息中迅速作出抉择，把握方向，是创造发明的先导。为了培养直觉思维能力，教师应当鼓励学生大胆猜测、大胆假设，对他们提出的那些不合常规但含有合理因素的想法不要泼冷水。同时，要注意引导学生用推理判断等思维形式来论证或验证自己的直觉是否正确，以保证思维的正确方向。

④ 优化心理品质

真正的创造者，除了具有创造思维的能力之外，都具有许多良好的个性心理品质。良好的个性心理品质能促进创造力的发展，不良的个性心理品质会抑制创造力的发展。就实施创新活动而言，良好的个性心理品质应包括：科学创新精神；理论联系实际的精神；群策群力的团队协作精神；吃苦耐劳与坚韧不拔精神；快速收集与掌握信息能力；急中生智的快速反应能力；理解、归纳、分析、计算、制作的综合能力；设计与制造的实践能力；强化的工程意识与经验；良好的心理素质和身体协调能力。

4. 教学手段

教学手段是师生为实现预期的教学目的，开展教学活动、相互传递信息的工具、媒体或设备。在教学过程中，教学手段增强了教学的直观性和学生的感官认识，对所研究的现象或事物提供了更完整、更准确的信息，从而可以满足和最大限度发展学生的认识兴趣，使得教学内容更容易为学生所掌握。

在选择教学手段时，首先要建立和形成科学合理的教学手段功能观，不同的教学手段具有不同的特性和功能，孰优孰劣不能一概而论；其次，在发展和运用各种教学手段的过程中，应积极树立“教学效益第一”的观念，综合运用各种手段解决教学问题，努力让有限的投入产生最大的效益；再次，应关注教学手段的适用性，教学手段应适应特定的教学情境、适应学习者的特征、适应具体的学习任务。从现实角度讲，教学手段仅仅是达到目的的方法，教育效果不会因为教学手段的应用而直接加强，关键是看教学手段怎样被应用。使用之前，不妨问以下几个问题：为什么要使用？条件具备吗？使用哪类教学手段？只有在综合考虑了各方面的因素后，才有可能选用到合适的教学手段，达到增强教学效果的目的。

在职业教育院校机械类课外学科活动的教学活动中，可选择的教学手段有很多，在学校条件具备的情况下，可作如下考虑：

一是在课外学科活动的预习过程中，学生主要以教材、课外学科活动指导书、辅导资料、网络等作为主要学习手段。

二是在课外学科活动刚开始教师布置任务时，可采用图片、模型、幻灯片、教学电影、广播和电视、录像、CAI 课件等教学手段，以便清晰地表达课外学科活动的任务和要求。如《计算机绘图》课外学科活动中所用的减速器模型、《金属工艺学》课外学科活动中所用的录像等。

三是在课外学科活动进行中，一般采用实物、仪表器械、机器及其零部件等真实性的教学手段，如《液压与气压传动》课外学科活动中所用的控制元件和回路、《机械设计基础》课外学科活动中所用的机构和零部件等。根据课程性质不同，也有采用计算机、绘图仪器等作为教学手段的，如《计算机绘图》、《机械制造工艺》等课程的课外学科活动等。

四是课外学科活动结束后的总结阶段，学生一般采用图片、图表、标准、教材、辅导资料等作为撰写课外学科活动报告的手段。

显然，大量的传统教学手段与现代化教学手段有机结合，使教学效果的提高有了可靠的保证。值得说明的是，在职业教育院校机械类课外学科活动的教学活动中，应该最大限度地充分利用各种资源，例如在校内外联系生产现场以利于现场教学，利用废旧的机械装备或零部件给予学生直观认知等。大量教学手段的利用，使学生从接受灌输的被动地位转变为有机会参与教学、参与操作、发现知识、掌握知识的主动地位，因此，作为学生，应该提高认识，摆正自己的位置，提高运用现代教学手段进行学习的能力。

课外学科活动指导书的编写规范参见第 3 章。

4.5　技能竞赛

现代职业教育教师应重视技能竞赛在职业教育中所起到的作用，应具有指导高职学生参加技能竞赛的教育教学能力。

建立技能竞赛制度是我国职业教育工作的一个重要发展方向与创新。技能竞赛是培养高职学生能力的重要手段，是提高高职学生素质的重要组成部分，因此开展高职学生技能竞赛尤为重要。

4.5.1　技能竞赛的发展与作用

1. 技能教学是职业教育的灵魂与核心

开展职业学校学生技能竞赛无疑是展示一个职业学校办学成果和其学生技能风采、检验技能教学实践过程中的成绩与不足的一项有效措施。为了引导全社会重视技能人才的培养工作,加快各类实用职业技术人才的培养步伐,2004年,劳动和社会保障部、教育部、国防科工委等六部委联合举办了全国第一届数控技能大赛。随后,在全国各地许多不同专业纷纷组织了各种各样的职业技能大赛。这些大赛有力地推动了职业教育教学改革,对强化职业学校学生实践能力和职业技能培养发挥了重要作用,也正在成为各地职业教育管理部门和职业学校评价教育教学成果的重要手段。一个学校、一个教师的技能教学水平高低是能够通过参加技能竞赛学生的表现看出端倪的,而一个学校的学生整体技能水平是关乎一个职业学校生死存亡的头等大事,所以越来越多的职业院校领导与教师对派学生参加技能大赛这项工作给予高度重视。

那么,如何才能在技能大赛中获得良好的成绩呢?大致说有以下一些因素:一是要有领导的支持,即整个校领导班子要有一个正确的、统一的认识并给予大力支持;二是要有一支理论经验与实践经验极其丰富的教师队伍,也就是教师要具有指导学生参加大赛的知识;三是要有一支受过良好专业训练的学生队伍,这些参赛选手应该是学生里的优秀代表。当然只有这三个条件是不够的,还有一些其他的必备条件,如合理的训练方法等,就不一一列举了。本小节只就对教师能力的要求和对参赛学生的培训加以阐述。

2. 指导教师应该正确认识技能竞赛的作用

(1) 竞赛促进专业技能训练,提高学生的基本技能

学生所具备的基本能力包括专业能力、方法能力、社会能力等。专业能力是指学生从事职业活动所必需的技能及与此相关的知识。这是学生未来职业所必需的,是其基本的生存能力。方法能力是指学生从事职业活动所具备的工作方法与学习方法。这是学生在职业生涯中不断获取新知识、新技能、新方法的基本手段。社会能力则是指学生从事职业活动所需要的行为能力,包括与人交往、合作能力、创业设计策划能力、知法守法能力、基本礼仪、社会公德、职业道德遵守能力等。这是学生在未来职业活动中必备的基本素质。学生对知识的把握、技能的掌握、能力的形成是一个渐进的、发展的过程,而知识、技能与能力三者又是相辅相成、相互促进的。学生在校学习,先从简单的技能学起,逐渐过渡到较复杂的技能学习,最终为竞赛与更高级的技能形成作储备。竞赛前的一系列紧张、有目的、有步骤的集训,使学生的动作技能与心智技能得以锻炼与培养,并为创造性地尝试改进已掌握的技能做准备。实践证明,每次竞赛都有力地促进了专业技能训练。学校对每次竞赛都高度重视,成立专门的领导机构,制定详细并切实可行的训练计划,从目标、内容、步骤、措施到人员的落实及时间的保证等方面都作出周密的部署,使学生在备赛的过程中锻炼了基本能力,提高了技能成绩。

(2) 竞赛促进教学反思,加速教改步伐

任何一次技能竞赛,都有值得深刻反思与总结的地方,包括对参赛项目、参赛的训练要求、参赛指导教师的落实、参赛学生的挑选、训练的时间、场地的安排、训练材料的落实、训练后的考评、最终参赛人员的核定、参赛后的改进措施等方面。技能是智力物化为外在形式的活动方式,是学生个体为达到一定的目标而形成的行动方式。专业技能是根据不同的职业、学科及科技发展的态势,通过不同的方式与有意识的专业训练,而形成的比较稳固的活动方式。因此,学生专业技能的习得,必须经过科学的训练逐渐形成,并在不断的总结与探索中达成技巧。据

此，在具体的实习教学中，当学生掌握了某项专业技能的基本方法、操作要领后，实习教师须依据技能教学的特点逐渐训练学生技能操作的精确度与熟练程度，并根据各自的差异，如基础、能力的不同，调整教学内容，调节教学进度，挑选不同的训练方式，帮助学生逐渐形成协调、完整的动作，达到教学目标。

随着科技的进步、产业结构的调整、企业设备的更新，企业对人才的素质提出了更高的要求。为达到职业院校人才培养的目的，需要将竞赛规程具体化为技能教学目标，并按此目标筛选教学内容，采用多形式、多方法、多手段、时空统一协调的课程结构。以机械专业钳工操作为例，根据不同学期钳工实训的不同要求，编制实习教学计划。第一学期从最初的实习姿势、动作要领、最简单的锯锉等动作与工件加工开始，逐渐过渡到第二、第三学期较复杂的工件加工与表面精度要求等的技能训练，及第四学期的考级要求等。学校根据专业要求、竞赛规程，确定课程体系，调整课程结构。实习指导教师结合学生个体差异与认知规律，将确定的课程内容进行合理排序。同时，教师对参赛学生实施强化训练，增加训练时间，不断调整和优化训练结构、内容、方法，以最快的速度、最短的时间达到训练的目的与竞赛要求。

(3) 竞赛增强品牌意识，增加学校的内涵

技能竞赛从某种意义上讲已超出了单纯的竞赛，它实际上是一个学校教育质量、师资能力、管理水平等综合实力的一次检验。且竞赛内容都代表着专业（工种）发展的新知识、新技术、新要求、新工艺，即最具前沿性。学校工作的重点应放在专业技能的教学与学生综合素质的提高上，并努力适应当地产业结构调整及劳动力市场变化，及时调整专业设置，努力创建示范专业，树立“品牌”，为学校可持续发展打下基础。

同时，从竞赛中借鉴竞赛机制为学校管理服务。近年来，在各级技能竞赛的制度、规则、秩序、运作步骤上已形成规范、科学的竞争机制。所以，职业学校应把参加竞赛作为技能教学的延伸与拓展，充分重视竞赛活动的各项工作，树立“大课堂”概念，打破常规，全方位开展教学工作。

4.5.2　职教师资应具备指导学生参加技能竞赛的能力

指导教师应具备指导学生参加技能竞赛的能力。在这里，首先要说的是指导学生参加技能竞赛有时是一个教师，有时需要的是一个教师队伍。如果是一个指导老师，那需要教师负责很多方面，我们看看需要指导教师具有哪些能力。

1. 发现优秀选手的能力

指导教师应该具有“伯乐”的才能。在众多的学生当中选拔出优秀的选手加入训练队伍，强化基础训练，有针对性地进行专项指导，集中训练，择优参赛。选手的优劣直接影响竞赛的成绩，因此筛选参赛选手的工作是至关重要的一项工作，一般应该注意以下几点：积极的思想素质、进取的精神、坚实的专业知识、好胜的品德意志、健康协调的身体、过硬的心理素质、良好的思维习惯。这些特点，作为指导教师都应能够通过科学、合理的方法取得答案。一般的做法是通过多种形式的考核来选拔，如专业理论知识测试、操作技能测试、体能测试、身体协调性测试、心理素质测试等。

2. 指导实际操作的能力

这是最为重要的一个环节，技能竞赛主要是要在技能上分出高低的，而且这一部分历来是占比重最大的，一般占总成绩的60%～80%。教师的技能水平对学生的技能水平影响很大，所以首先应当选拔具有优秀操作技能的教师指导学生进行技能训练，这是取得好的竞赛成绩所必须具备的条件。同时还要注意掌握训练方法的科学性，要注意基本功的训练，基本功的好坏将在技能竞赛中起到关键的作用。

3. 指导理论训练的能力

虽然理论竞赛成绩只占总成绩的20%～40%，但是现在很多竞赛都规定在最初的理论竞赛中排名落后的选手将无缘决赛，也就是说，实际操作水平再高，理论考试不行也是无法取得好成绩的。所以在实际训练的时候一定要处理好实际操作和理论测试之间的关系，忽略理论知识训练肯定不会取得好成绩。所以，选拔理论知识丰富的教师是获得良好比赛战绩的重要条件之一。

4. 信息收集的能力

在训练过程中还要及时、准确地获得一定的相关信息，如竞赛采用何种技术标准、评分方式、竞赛规则，分析比赛题目的深层含义、比赛题目的赛点。还要设法了解对手比赛时的表现，如其他参赛选手的意志品质、个性特征、情绪状况及技能特点、操作步骤等。依此分析、研究对本队有利和不利的因素，然后根据自己队竞赛选手的技术程度、训练水平，制定参赛方案。这样，理论指导、实操指导才可以做到有的放矢，训练计划才能行之有效。比赛开始后，指导教师、参赛选手应及时了解比赛情况，观察其他选手的行动，以调整自己的计划，弥补在准备程度、操作方案及意志品质等方面的不足，力争达到计划要求。

5. 训练参赛选手心理素质的能力

为了实现参赛方案，参赛选手在赛前准备、尤其是比赛中要克服许多障碍，付出极大的努力。这就要求参赛选手形成一种心理定势，对高强度、高要求的大型技能竞赛的意志力和技术素质做好充分的心理准备。

赛前的心理训练十分重要，这需要做深入细致的工作才能实现。首先，要激发良好的比赛动机。参赛选手参加大型技能竞赛的动机可能是多种多样的，指导教师应根据他们各自特点因人制宜地进行思想工作，把他们争名次、拿奖牌、得奖金的直接动机引导到为学校争光、为学校添彩、为祖国争荣誉的社会动机上来。其次，指导教师要制定切实可行的比赛计划及完成任务的手段。计划中要充分估计比赛条件和竞争程度，尽可能创造条件模拟实战情况进行比赛前训练，如使用与比赛完全相同的机器设备、搭建实战场地、营造比赛氛围(灯光、声音等)。还应预先想好，在参赛对手技能水平好于自己的情况下，如何不慌手脚、沉着应战，在速度与质量方面发挥自己的最佳成绩。或在对手技能水平比自己差的情况下，怎样好中求优，不满足于小范围的胜利，以比出自己更好、更优的技能。最后，要保证赛前良好的心理状态和充足的休息时间。赛前不合理的心理活动会影响选手的休息，消耗过多能量，赛前过多地考虑比赛结果，会造成巨大的心理压力，引起情绪波动；领导、教师、同事、同学、家长过多的提问及言过其实的预测会给参赛选手造成不必要的兴奋；一些女选手因月经期与比赛期重叠而造成思想负担。因此，竞赛指导教师必须科学地运用兴奋转移法，组织选手参加一些与比赛无关的活动进行心理调节，巧妙地把参赛选手的兴奋点转移开，使他们能充分休息，以旺盛的精力，轻松、愉快地投入比赛。

6. 其他方面的能力

除了以上工作外，还有后勤保障工作能力、宣传工作能力、合理的奖励能力。指导教师应考虑比赛学生的后勤工作，保障有力的后勤应该在生活、材料、比赛用具、交通等各方面都得到体现，指导教师细致的后勤保障工作是使参赛选手在竞赛中取得好成绩的前提。宣传工作是指通过参加比赛让同学们都知道自己所学专业技能的重要性，通过表彰获奖选手激励低年级的同学，为今后的工作做好铺垫。合理的奖励工作也是良好的宣传，同样能取得广泛、良好的教育效果，其中重要的一项工作就是要关注竞赛选手的后期发展和就业问题。如何对竞赛选手进行后期进一步的培养是很重要的，周围的同学都在看着他，如果他的后期发展不好，工作就业不理想，那正面效应马上就会转变。后期培养做好了，我们可以将宣传效果做到极致，也可以给竞赛画一个圆满的句号。所以真正的竞赛结束并不是闭幕式、颁奖典礼，也不是总结会、庆功会，而应该是竞赛选手成功就业、为社会作出贡献的时候。

以上分析的指导教师的能力是一名指导教师很难全部具备的，因此我们认为一个团队能够做得更好。但是团队的人数有时会受到比赛规则、学校经费等因素的制约，因此作为一名参赛的指导教师应该不断提高自己的带队水平，向这个方向努力，指导好学生的参赛活动，取得优秀的比赛成绩。

第5章　现代职业教育教师的教育科学研究能力

苏霍姆林斯基说过："如果你想让教师的劳动能够给教师带来一些乐趣，使天天上课不至于变成一种单调乏味的义务，你就应当引导每一位教师走上从事研究这条幸福的道路上来。"现如今，"科研兴校"、"研究型教师"、"教育创新"等概念越来越受到职业院校教育工作者的关注，结合教育教学实践开展科学研究、努力提高教育科学研究能力和教育科学研究素质已成为现代职业教育教师必须要做的事。

教育科学研究，顾名思义，即以教育为研究对象的科学研究。现代职业教育教师所从事的科研，更多的应属于应用研究和开发研究范畴。具体而言，主要是以职业教育教师为主体，将教育教学实践和教育管理实践过程中易出现的或可能存在的问题作为课题，设计出解决方案并逐个实施，进而解决问题，为教育教学服务，从而提高教育教学质量，更好地促进学生的发展。作为整个科学研究的一个分支，教育科学研究是有目的、有计划地采用科学而系统的方法，对教育现象和教育实践进行研究，从而发现和认识教育现象的本质和客观规律的创造性的实践活动。

现代职业教育教师的教育科研能力主要是指现代职业教育教师承担和完成教育教学研究课题所必备的各种能力，包括选题能力、收集信息的能力、研究方法的选择与应用能力、研究设计的能力、研究的组织实施能力和总结写作的能力等。现代职业教育教师的教育科学研究素质主要是指针对职业教育教学中的现象和问题，在采用科学研究的方法和手段进行理论探讨与实践的过程中，现代职业教育教师(研究者)所需要的知识、技能和心理品质的总和。

现代职业教育教师参与教育科学研究具有重要意义。现代职业教育教师的教育科学研究是在职业教育教学活动中展开的，教育科研过程是教、学、研同期互动的过程。在教学过程中，职业教育教师不仅要考虑教什么和怎么教，还要考虑为什么教，那么，立足于职业教育实践的研究以及职业教育新课程的开发便可由此展开。职业教育教师在进行有效的教育科学研究的过程中，分析和解决职业教育理论与实践中出现的问题，不断地对自身进行反思，不断地对出现的问题进行探究，不断地对积累的经验进行总结和实践。现代职业教育教师参与教育科学研究不仅能够对自身的教学工作起着指导作用，能提高职业教育教学效率和质量，而且有助于形成科学的治学态度和探索精神，促使职业教育教师主动、自觉地学习，不断提高自身素质，促进职业教育教师专业化发展，促进职业教育教师的自主发展。同时，职业教育教师从事教育科研可影响学生素养。现代职业教育注重培养学生主动参与、乐于探究、勤于动手的学习习惯，培养收集和处理信息的能力、获取新知识的能力、分析和解决问题的能力以及交流与合作的能力，而职业教育教师的科研能力的养成与提高会潜移默化地促进学生创新精神与创新能力的培养，促进学生综合实践能力的形成，以及态度情感与价值观的养成。

现代职业教育科学研究大致可分为两类：一类是关于职业教育理论的思考与研究，涉及职业教育的基本原理，比如职业教育的目的、内容、方法和方式等；一类是关于职业教育实践的思考与研究，即日常教学中遇到并须解决的实际问题，包括职业教育新课程的开发。显然，职业教育科学研究具有研究性质的实践性、研究对象的复杂性、研究方法的多样性。

5.1　选择研究课题

良好的开端是成功的一半，选择并确定合适的研究课题，是职业教育教师参与教学科研的第一步，也是成功完成研究的关键一步。

5.1.1　选择研究课题的原则

1. 价值性原则

现代职业教育科研课题是在职业教育领域专门探讨学术问题、反映现代职业教育教学研究成果的。因此，选择现代职业教育科研课题时，无论是选择职业教育的某一环节还是选择教学过程的某一点，无论是探究职业教育教学规律还是归纳总结学生的学习方法，无论是研究职业教育的某学科理论还是探讨某课程的教学方法，无论是开发职业教育的新课程还是拓展原课程，都应该是有意义有价值的，都必须能促进学生的全面发展，有利于职业教育的发展。

首先，所选择的科研课题应当是当前的职业教育教学改革实践中最迫切、最亟待解决、最关键性的问题，课题的研究成果应能有助于问题的解决。例如，针对目前职业教育中课程结构不合理、课程内容相对落后而进行的新课程开发，围绕职业教育实践技能培养中存在的问题而开展的研究，或是以某课程（含理论课程和实践课程）为例实施的关于教学目标、教学方法、教学手段等的教学改革，都可以作为现代职业教育教学研究的课题。

其次，所选择的科研课题应能适当体现理论价值。如果所选择的课题具有一定的理论价值，那么，课题的研究成果不仅有利于解决职业教育中的实际问题，而且有利于推动职业教育实践的进步。例如，以马克思主义哲学为指导，对现代职业教育的性质和基本原理进行深入研究。

应当说明的是，现代职业教育教学科研课题的应用价值和理论价值是密切相关的。基于现代职业教育的特点，现代职业教育的教学科研既不同于大学里的专业科研工作者开展的理论研究，也不同于基础教育教师开展的应用研究，如教案设计、教材分析等。在某种程度上，基于现代职业教育的教学科研课题应是应用价值和理论价值并重的，例如开展应用性研究，从职业教育实践中找到现代职业教育的某些规律，为学校的办学特色、专业设置、教学管理等出谋划策，进一步地，寻求保障现代职业教育教学质量的理论依据和对策，从而获得一定的理论成果，以推动职业教育的大踏步前进。

2. 创新性原则

创新性原则是现代职业教育科学研究的灵魂所在。创新，应具有新颖性和独创性，也就是做他人不曾做过的、对自己有兴趣并认为是正确的事情，利用专业理论基础和超常的思维方式，百折不挠地坚持下去，不盲从于专家的结论，也不会因别人的反对而终止。

选择现代职业教育科研课题时，应先充分查阅文献资料，利用网络等信息渠道了解所选择课题的目前研究状况。如果能够另辟蹊径，开辟新的研究领域，毫无疑问，这满足创新性原则；如果已有人对同样课题进行研究或正在研究，要想创新，需要从新的角度或新的高度对原有的结论加以重新认识。

3. 实践性原则

基于现代职业教育的特点，现代职业教育科研课题的选择应具有实践性。一方面，课题应尽可能与职业教育教学改革相结合，尽可能与实训实践课程相结合；另一方面，选择课题应脚踏实地，选题的角度和范围应恰当，不要担心课题过小、过细，切忌好高骛远、贪大求全，应是将大题做小、将广题做细。

4. 可行性原则

所谓可行性原则，是指在选择现代职业教育科研课题时，必须充分考虑主客观条件，分析课题在实际研究过程中的切实可行性。从主观方面看，自己是否具备课题研究的知识水平和专业能力，自己的经验、精力以及兴趣等是否满足研究的需要；从客观方面看，是否有足够的资料、工具、设备、经费、时间，是否能得到领导的支持和各方面的配合等。

对于现代职业教育中的一线教师，尤其是入职不久的教师，在选择现代职业教育科研课题时，应从实际出发，紧密结合本岗本职工作以及自己的教育教学实际情况，着重开展职业教育实践的思考与研究，从当前的职业教育教学改革实践中最迫切的、最亟待解决的、最关键性的问题入手，注重课题的应用价值和实践性，选择有可利用的教学条件及成果、能直接用于自己实践的课题，选择那些范围较窄、内容较为具体、难度较低的课题，才是最可行的。即使暂时没能被各级部门立项，只要认准是对职业教育实践有利的、是自己感兴趣的、自己也有能力取得一定研究成果的，就应该坚持进行研究。长此以往，在积累足够的研究经验和研究成果后，随着科研能力的不断提高和视野的不断开阔，再选择一些难度较大或综合性较强的课题，或组织有关人员协同研究、集体攻关，才更有可能站在一定的理论高度上对现代职业教育的教学规律进行探讨和研究。也就是说，现代职业教育科研课题的选择应是一个由点到面、由浅入深、由小至大的渐进过程。

5.1.2 研究课题的来源

现代职业教育教师的科学研究应主要围绕自己实际工作中存在的问题展开，可从以下几个方面寻找和发掘科研课题。

1. 从如何提高本职工作质量上选取课题

每个现代职业教育教师都有自己的工作任务和职责，认真研究如何完成本职工作并提高工作质量，就能发掘出许多教育科研课题。例如，理论教师研究如何开发学生的潜能，实训教师研究如何提高学生的实训能力，学校教育管理人员研究如何科学规划与管理学校的发展等。从本职工作中寻找课题并加以研究，有利于提高现代职业教育的科学化程度。

2. 从工作的困难与缺点中挖掘课题

现代职业教育教师在实际工作中会遇到各种各样的困难，也会存在这样或那样的缺点，甚至有些还带有相当的普遍性，解决这些问题对提高现代职业教育的质量是非常有意义的。例如，如何建立民主、和谐的师生关系，如何引起学生对学习的兴趣，或怎样开展职业教育的班主任工作等，都是不错的职业教育科研课题。

3. 从职业教育实践活动的观察中提取课题

观察职业教育实践活动，再以科学及学术的敏感去进行理论思考，可以发现有研究价值的课题。例如，初步观察发现，职业教育学校的学生大多为十五、六岁，正处于青春期，进入职业教育学校学习，对这些学生的生活习惯和思维方式等会有较多的影响。通过进一步的观察与思考，可以提出一些问题进行研究：职业教育学校的学生青春期的生理发育和心理发展现状是怎样的？社会与学校文化环境对职校学生有什么影响？在现代物质社会的冲击下如何引导职校学生树立正确的世界观和人生观？如何对处于青春期的职校学生进行心理健康的指导？从这些问题出发，可以发现许多可供研究的课题。

4. 从各种信息交流中凝炼课题

在教师和学生、学生家长、同事、朋友的交谈或辩论中，在广播、电视、报纸、网络的报道中，会涉及许多教育问题。做一个有心人，留意记录并进行思考，就有可能凝炼成有价值的教育科研课题。

5. 从成功的职业教育、教学经验总结中提炼课题

许多职业教育教师在多年的教育实践中积累了丰富的、宝贵的成功经验，不要让这些经验不自觉地“自生自灭”，要用经验总结法或实验法进行科学的检验和总结，揭示在现代职业教育中教育措施与教育效果之间的关系，并加以理论概括与抽象，使其上升到一般规律，这就是一个好的职业教育科研课题。

6. 由对某教育现象进行调查而形成课题

现代职业教育教师在教学实践中，对某些教育现象悉心思考、深入调查，也可以发现并形成合适的科研课题。如职校学生的深造需求调查，职校学生的劳动观念与职业意识、职业前景的调查等。

7. 从职业教育改革与职业教育建设遇到的新情况中发掘课题

在职业教育改革与职业教育建设中遇到的新情况、新问题，可作为现代职业教育科研课题。例如，关于职业学校或学科发展的研究；关于职业教育新课程的开发研究；关于加强与改革职业学校德育工作的研究等。这此课题的研究成果不仅能解决微观教育问题，还能为上级领导或教育行政部门提供决策依据。

8. 从各种文献资料中发现课题

在各种职业教育理论文献和报刊杂志、职业教育会议论文集、职业教育论坛、职业教育专题资料集以及有关的课题指南中，都有职业教育科研的成果与动态，认真阅读并思考，可从中发现科研课题。

5.1.3 现代职业教育科研课题选题的一般步骤

1. 调查研究，提出问题

开展深入细致的调查研究，了解有关研究课题的研究现状和发展，摸清进行课题研究的主客观条件，从而提出新的问题。在此过程中，应有明确的、相对稳定的研究方向。

选题时开展调查研究的方法主要有三种：

(1) 查阅资料

为考证所选择的课题是否具有研究价值，了解相关研究领域内其他人的研究成果及研究动态，就必须查阅资料，以便在前人的研究基础上确定自己的主攻方向，使科研课题具体化、深入化。另外，查阅资料可以帮助我们了解新方法、新观点和新思路，帮助我们吸取别人的经验教训以少走弯路。

(2) 调　查

到职业教育实践的第一线去开展调查，要注意听取职业教育教师的意见和对教育问题的分析。在调查前要明确调查目的，拟好调查提纲，设计好调查表格，力求调查的情况全面、真实、系统、可靠。

(3) 专家咨询

征询职业教育专家或对职业教育研究有经验者的意见，从中受到启发，得到借鉴。

2. 分析与综合资料

归纳整理、分析综合调查所得到的资料时，首先应去伪存真，然后分析所保留的真实可靠的各种资料之间的关系，找出内在联系和问题所在，进而对收集到的问题进行筛选，从而提出课题。

在此过程中，应善于对问题进行分解，从而在问题具体化的基础上选题；要善于转换问题的提法，即不断地从新的角度提出问题，使问题形成系列。

3. 进行初步论证，提出课题的设想与设计

为避免选题的盲目性，应对课题进行初步论证，即依据翔实的资料，以齐全的参考文献和精细的分析对所选课题进行分析、预测和评价。课题论证对一些综合性的、重大的、研究因素较复杂的、探索性较强的职业教育研究实验课题尤为重要。通过课题论证，可以进一步完善课题方案，创设落实的条件。课题论证主要完成以下工作：确定课题的名称；明确课题的性质和类型，研究目的和意义；阐明课题要解决的问题和预期达到的目标、课题的研究状况和发展；提出研究拟采用的方法、路线、步骤以及所需的经费、设备、手段等；探讨课题研究策略、步骤、成果形式的妥当性。

4. 确立课题

向有关教育科研管理部门或教育行政部门提出“现代职业教育科研课题申报表”，申报表的内容一般包括：

(1) 课题名称、研究类别、研究起止时间；

(2) 课题研究的负责人、参加者、承担单位以及合作或协作单位及其分工；

(3) 研究的目的、意义及国内外研究水平及发展趋势；

(4) 研究的内容和采用的方法、路线、手段；

(5) 预期的效果，成果的形式与去向；

(6) 研究的基础和准备情况；

(7) 研究的步骤；

(8) 研究经费与来源；

(9) 课题负责人所在单位的意见；

(10) 审批单位的意见。

填写时一定要实事求是，条理清晰，文理通顺，简明扼要。

5.2　教育科学研究方法

教育科学研究方法是指研究教育现象及其规律所采用的方法。中国教育科学研究方法是以马克思主义为指导，采取多种方法，以探求教育内部各要素之间和其他事物之间的关系，以及教育的质与量之间的变化和规律。

随着教育事业的兴起，社会科学研究的调查研究法、文献研究法、历史研究法，以及自然科学研究的归纳法、实验研究法、统计法等，都先后进入教育科学研究领域。特别是马克思、恩格斯创立的辩证唯物主义和历史唯物主义，为教育科学研究奠定了科学的方法论基础，使教育科学研究方法的使用进入了一个新的阶段。

现代职业教育科学研究常用的研究方法如下。

5.2.1　观察法

观察法是教育科学研究广泛使用的一种方法，是指研究者为了全面而正确地掌握所要研究的情况，有目的、有计划地对处于自然状态下的研究对象进行系统的、连续的观察，并作出准确、具体和详尽的记录。观察研究法不限于肉眼观察、耳听手记，还可以利用辅助仪器，如录音机、摄像机等。

在使用观察法进行教育科学研究时，应遵循三个基本原则。一是观察的目的性。为使研究的主要对象和主要过程得到充分暴露，应按照研究课题的目的，撇开无关的内容和次要的过程，排除干扰因素。二是观察的客观性。为保持客观性，必须克服先入为主的偏见、无意过失、假象与错觉。三是观察的自觉性。要在科学理论的指导下，提高搜集事实材料的可靠性，提高从事实材料中概括、提炼的结论的可靠性。

1. 观察法的步骤

(1) 搜集并分析有关观察对象的文献资料，对所要求的观察条件有一定的认识，做好充分的准备。

(2) 根据研究的任务和研究对象的特点，明确观察的目的和意义，确定观察的对象、时间、地点、内容和方法。如果情况复杂或内容多，可采取小组分工观察。

(3) 制定观察计划，确定进行观察全过程所需的次数、时间、记录用纸、表格以及所采用的仪器等；并考虑如何保持被观察对象的常态等措施。

(4) 选择最适宜的观察位置，集中注意力，按计划进行实际观察。在进行过程中，必要时可根据实际情况随机应变；观察时要记下重点，不为无关现象扰乱；可借助仪器及时作记录，不要事后回忆。

(5) 整理和分析材料，得出结论。对大量分散材料利用统计技术进行汇总加工，删去错误材料，对典型材料进行分析；如有遗漏，及时纠正，对反映特殊情况的材料另作处理。

2. 观察法的记录方法

(1) 描述记录方法

日记描述法，即用日记的方法详尽描述。

轶事记录法，即随时记录感兴趣的问题，不受时间和条件限制，事先也无须做特别的编码分类。

连续记录法，即在较长的时间内做连续不断的记录。

(2) 取样记录方法

时间取样法，即以时间为选择标准，专门观察和记录在特定时间内发生的行为，包括行为出现与否以及出现的时间、频率等。

活动取样法，即以活动为选择标准。

事件取样法，即选取特定样本对象进行观察。

(3) 行为核对表

行为核对表用以核对重要行为是否呈现。观察者事先将规定观察的项目按一定的顺序列成表格，并标明一些具体要求。当出现某种行为时，在该项上画“√”即可。

值得说明的是，观察法只能说明“有什么”和“是什么”的问题，而不能回答“为什么”的问题；在被观察者多且分散的情况下，应用较为困难；资料琐碎，不易系统化。

5.2.2 文献法

文献法是通过阅读有关图书、资料和文件来全面、正确地掌握所要研究的情况。查阅的文献最好是第一手材料；如果是第二手材料，必须鉴别其真伪后才可选用。文献法的步骤是：

(1) 搜集与研究问题有关的文献，如图书、资料、文件和原始记录等；

(2) 选择重要的和确实可用的材料，按照适当顺序详细阅读，边读、边摘录、边立大纲；

(3) 根据大纲，将所摘录材料分条组织；

(4) 分析研究材料写成报告。

使用文献法时需注意：查阅文献之前，要有与研究问题有关的知识准备，否则难于从材料的分析中作出正确的结论。

5.2.3 调查法

调查法是在教育理论的指导下，研究者有计划地通过亲身接触和广泛了解(包括口头或书面的，直接或间接的)，搜集研究资料，并在大量掌握第一手材料的基础上，进行分析综合，从而对教育现状作出科学的分析和认识，并提出具体工作建议的一整套实践活动。调查法一般的是在自然的过程中进行的，通过列表、问卷、访谈、个案研究以及测验等科学方法搜集反映研究现象的材料，利用观察法作为调查和核对材料的手段。必要时，调查法可配合历史研究法、实验法等使用。

1. 调查法的一般步骤

(1) 准　备

根据课题的性质、目的、任务，选定调查对象、调查地点，确定调查范围，选择相应的调查类型和调查方式，了解调查对象的基本情况；研究有关理论和资料，拟定调查计划、表格、问卷、谈话提纲等，规划调查的程序，以及各种必要的安排。

(2) 实施调查

按计划进行调查活动，通过各种手段搜集材料。必要时可根据实际情况的变化，对计划作相应的调整，以保证调查工作的正常开展。

(3) 整理材料

对调查获得的材料进行分类、统计、分析、综合，写出调查研究报告。

2. 调查表与问卷调查法

(1) 调查表

调查表具有简明和易于统计的优点，适用的调查范围较广。调查表偏重于事实资料的搜集，一般由被调查人依据实际情况填写，具有一定的可靠性。

调查表有单一表和一览表两种。其基本格式包括总标题、横行与横标目、纵栏与纵标目、数字资料、表尾和附录。

编制调查表时，应根据研究课题拟定研究的具体问题，以便界定表格涉及的内容范围；应对每一具体内容有准确的把握，客观地反映事实的全貌及蕴含的特性，以便分析和比较。科学适用的调查表，应满足以下要求：① 调查表的标题简明醒目；② 调查表能容纳所有研究项目，便于携带保管；③ 调查表中各项目有系统地排列，简明清晰；④ 调查表末尾应注明调查单位、调查人或填表人姓名、填表日期等；⑤ 调查表中的数字上下位置对齐，暂时未获得的数字用删节号表示，不可能获得的数字用短线标明，推算得出的数字应注明。

(2) 问卷调查法

所谓问卷调查法，是指研究者将所要研究的问题编制成问题表格，以邮寄、当面作答或追踪访问等方式请被调查者填答，以便了解被调查者对某一现象或问题的看法和意见。问卷调查的调查范围较窄，偏重于意见、态度或看法，常以个人或一群人为调查对象。

编制调查问卷时，首先明确研究目的，根据研究目的和假设范围搜集所需资料，并确定调查对象；其次，列出问卷调查所需研究问题的纲要，确定所要搜集的信息和问卷类型；再次，围绕主题草拟问题，列出标题和各部分具体项目；然后，征求有关人员、专家的意见，修订项目；最后，经过试测、再修订，调查问卷编制完成。

设计调查问卷问题时，应满足以下要求：① 问题的范围明确；② 问题的内容符合课题研究的目的和假设的需要，所列项目具有较好的覆盖面，且不交叉重叠；③ 问题数量适度；④ 问题简明扼要、通俗易懂、易于回答，措辞礼貌，尽量避免生僻或专业性强的术语；⑤ 问题分类清楚、层次分明、合乎逻辑；⑥ 问题不应具有暗示倾向性，不应涉及个人隐私。

作为研究结论依据的问卷，有效问卷的回收率一般不应低于70%。为提高有效问卷的回收率，应使被调查者感到回答问卷所花费的时间和精力相对于报酬而言是很低的；应设计富有吸引力的、看上去专业化的问卷；应适时跟踪发送信函，敦促被调查人填答问题。

3. 访谈法

访谈是以口头形式，根据被访谈者的答复搜集客观的、不带偏见的事实资料，以准确地说明样本所代表的总体的一种方式。访谈方便易行，深入的访谈可获得可靠有效的资料。但需要较多的人力、物力和时间，应用上受到一定的限制。

成功的访谈是有一定的艺术和技巧的。如：访谈要遵循共同的标准程序，按照访谈计划进行，避免只凭主观印象或漫无目的、毫无边际地交谈；访谈前尽可能搜集有关被访谈者的资料，对其有所了解，分析被访谈者能否提供有价值的资料，并考虑如何获得其信任和合作；访谈的问题要简单明了，易于回答；访谈时要掌握好提问的技术，提问的方式、用词的选择和问题的范围要符合被访谈者的知识水平和习惯；访谈中要善于洞察被访谈者的心理变化，随机应变；要及时记录访谈内容。

4. 个案研究法

个案研究法是对单一的人或事进行深入具体的研究。研究的人或事可能是典型的，也可能不是典型的。通过若干个个案研究，进行比较，找出规律性的东西，以指导工作。个案研究一般常同其他典型调查法结合进行，其步骤一般为：进行了解，确定个案研究对象；进行观察、调查，收集资料；进行个案分析研究，写出分析报告。

5. 测验调查法

测验调查法是用一组测试题去测定某种教育现象的实际情景，从而搜集资料数据进行研究的一种方法。测验调查法可以单纯地作为搜集资料的工具，也可与其他方法尤其是实验法结合使用。

测验调查法的实施步骤包括：① 确定测验目标；② 制定测验计划；③ 编制测验题目；④ 检查并判断题目的质量；⑤ 进行正式测试；⑥ 分析、利用测验结果。其中，编制测验题目时，首先通过任务分析，选择测验材料，将目标转换为可操作性的语言；其次，确定题目类型；最后，按照先易后难的顺序或难度水平组合编排测验题目。

5.2.4 统计法

统计法是通过观察、测验、调查、实验，把得到的大量数据材料进行统计分类，以便对所研究的教育现象作出数量分析结果的方法。统计法可用于对教育行政效率的检验、对课程分量规定的测定、对学生的成绩的科学比较等。

在教育实际工作中，经常使用描述统计研究，如整理实验或调查得来的大量数据，找出这些数据分布的特征，计算集中趋势、离中趋势或相关系数等，将大量数据缩减，找出其中所传递的信息。还可以进一步使用推断统计法，即利用描述统计取得的信息，通过局部推断全局的情况。

统计法一般分为两步：

(1) 统计分类。整理数据，列成系统，分类统计，制作统计表或统计图。

(2) 数量分析。通过数据进行计算，找出集中趋势、离中趋势或相关系数等，从中找出改进工作的措施。

要想掌握统计法，必须学会科学的推理方法，必须掌握统计计算技能。

5.2.5　历史研究法

历史研究法是通过搜集某种教育现象发生、发展和演变的历史事实，加以系统客观的分析研究，从而揭示其发展规律的研究方法。使用历史研究法，可以对各历史时期教育发展情况进行研究，也可以对历史上教育家们的教育思想、理论观点进行研究；可以对一个时期的教育流派、教育思潮进行分析研究，也可以对不同教育流派的理论进行比较研究；可以对一定时期教育制度如法令、计划、政策进行评判，也可以对国内外教育发展状况进行比较。通过历史研究，可以达到认识现代教育实质、预测未来教育方展方向、开拓新的教育研究领域和研究课题的目的。

历史研究法包括以下步骤：

(1) 分析课题的性质、目标以及有关的资料条件，权衡使用历史研究法的必要性和可行性。

(2) 搜集和评价历史材料。研究过程中，要尽可能地搜集与研究问题有关的史料，如政府的教育法令、规章制度、决议、规划、条例等材料，还要搜集反映当时教育情况的论著、报告、小说等有关材料。历史研究的资料主要有两个来源：第一手资料和第二手资料。第一手资料是第一次关于要研究的事件或经历的描述，包括原始文件、真正参加者或直接观察者的报告、被研究的教育家本人的论著、演说稿和日记、会议记录、调查报告等；第二手资料是对事件或经历至少处理过一次的资料，包括各类参考书、他人传抄的记事、传闻、各类出版物等。研究者必须确定哪些是第一手资料，哪些是第二手资料，并尽量使用第一手资料。历史分析要占有大量文献资料，可能真伪难辨。研究者要善于用各种方式鉴别史料的真伪。确定史料来源的真实可信与可用性是十分必要的，如果材料来源不真实，不能用；即使内容真实，但与本研究问题无关，也不能用。

(3) 分析研究历史材料。史料鉴别后，研究者要用历史唯物主义的观点进行分析，对具体事物作具体分析，取其精华，去其糟粕，按照时间顺序或逻辑顺序，从中梳理出中心观点的连续性。

(4) 形成结论。深入考察教育演变的内在成因和机理，形成结论，发现和揭示教育演变的规律。

要注意，历史研究法需广泛地查阅文献，但不等同于文献研究法。文献研究法不一定研究某一现象的全部过程，历史研究法也不限于只查阅文献。

5.2.6　比较研究法

比较研究法是对某类教育现象在不同时期、不同社会制度、不同地点、不同情况下的不同表现，进行比较研究，以揭示教育的普遍规律及其特殊表现。

运用比较研究法时，应保证被比较对象之间具有可比性，即属于同一范畴、有一定内在联系、能用统一标准进行衡量和评价；应保证所搜集的资料具有准确性、真实可靠性和典型性；应坚持比较的全面性，克服主观片面性；应透过现象分析原因，从共性中揭示矛盾的普遍性，从差异中阐明矛盾的特殊性。

比较研究法的基本步骤：

(1) 明确比较目的，选定比较主题。

(2) 通过查阅文献、调查、实验等方法，广泛搜集与所研究教育现象有关的资料，要求准确、客观。

(3) 对所搜集到的材料进行整理，如作出统计材料，进行解释、分析、评价，设立比较的标准等。必要时，需研究某些材料在历史发展中的变化，以便深刻地理解所分析的教育对象的现状。

(4) 对资料进行比较和对照，找出异同和差距，通过理论与实践论证得出结论。

应注意，使用比较研究法时，需与其他方法配合；比较法本身还要求科学化和定量化。

5.2.7 分析法

分析法是对所搜集的材料进行分析研究的方法，包括分解、综合、比较、抽象、概括、归纳、演绎等具体方法。

分解，是将复杂的教育现象分成若干个简单的组成要素，分别找出各要素的特点，单独地观察并剖析各要素的性质和特征。根据分解的结果，把教育现象的各要素联成一个整体来认识，即为综合。分解与综合在认识过程中总是相互联系的。不论是对数据资料，还是对文字资料，在对其整理之后，都是一项一项地进行分解，然后再进行综合并导出最后的研究结论。比如调查研究的结果分析要根据研究变量的指标体系分项进行，然后综合后得出最后结果；再如实验研究的结果分析也是按照事先设计好的效果指标分别进行检验，最后经综合后得出实验结论。

比较是根据一定的标准，确定教育现象在不同情况下或不同类别之间异同的思维过程。比较以分析和综合为前提。不论是对文字资料，还是对数据资料，都需要通过比较发现教育现象的特点和规律。没有比较就没有鉴别，只有通过比较，才能把握研究问题的相同点和相异点，才能从孤立的、零碎的研究结论中抽象概括出全面的、系统的、普遍的规律来。比较必须是在某一或某些方向上进行的，确定了比较的方向或标准，才能进行比较。常用的比较方式有：将现有的文献资料按类别对事物的特征加以横向比较；按时间先后对事物发展进行纵向比较；对事物的各种关系进行比较，从而认识事物间的因果、隶属等关系；将教育理论与自己的实践体会进行比较。具体来看，比较又可分为求同比较、求异比较和同异综合比较三种类型。

抽象是把事物的本质属性、特征抽取出来，并把这些本质属性、特征与其他属性特征分离开来的思维过程。概括是将抽象出来的本质属性、特征推广到同类事物中去的思维过程。

归纳是从个别到一般的推理方法，是从具体的、个别的事实材料出发，上升到概括的、一般的理性认识的过程。演绎是从一般到个别的推理方法，是从对事物一般属性、关系的认识出发，推断出关于特殊和个别现象的属性、特征或关系的认识过程。经验总结的过程，就是归纳的过程；学习教育教学理论，查阅教育文献资料，进行教学研究，把已知的理论知识与实际经验联系起来的过程，就是演绎过程。

分析法对研究成果的影响很大，分析工作必须慎重进行，特别要注意运用正确的方法论作为指导。

5.2.8　实验研究法

实验研究法是研究者按照研究目的，合理地控制或创设一定的条件，有计划地人为影响研究对象，从而验证假设，探讨教育现象因果关系的研究方法。

实验研究法可分为实验室实验法和自然实验法。前者基本上是在人工设置的条件下进行，可采用各种复杂的仪器和现代技术；后者则在日常教育工作的正常条件下进行。不论采用哪种实验法，都要保证受试者处在正常的状态中。

实验研究法一般有三种。一是单组法。选取一个组进行实验，施加某一实验因子与不施加实验因子或在不同时期施加另一实验因子，比较在效果上有何不同。二是等组法。对各方面情况相等的两个组，分别施以不同的实验因子，再比较效果。三是循环法。把几个不同的实验因子，按照预定的排列次序，分别施加在几个不同的组，再把每个因子的几次效果加在一起，进行比较。

实验研究法的一般步骤是：

(1) 选定实验问题，形成实验假设；决定实验目的，构建实验的理论框架；选择受试者并形成被试组；确定实验方法、组织形式；拟定实验计划。

(2) 创造实验条件，准备实验用具。实验进行前，根据实验目的，拟定测验测验题目，准备教具、仪器、记录表格、统一标准等；拟定记录方法、符号等；设法控制实验因素，使重要因素不变或少变。

(3) 进行实验。在实验过程中要作精确而详尽的记录，在各阶段中要作准确的测验。为排除偶然性，可反复实验多次。

(4) 分析资料数据，处理实验结果。考虑各种因素的作用，慎重核对结论，力求排除偶然因素作用。

(5) 形成结论并撰写实验报告。

实验研究法是特殊的实验活动，适于研究自变量数目较少且清晰、可分解并可操作的问题。

5.2.9　行动研究法

行动研究法是在自然、真实的教育环境中，教育实际工作者按照一定的操作程序，综合运用多种研究方法与技术，以解决教育实际问题为首要目标的一种教育科学研究方法。

1. 行动研究的主要类型

行动研究的主要类型包括独立进行的行动研究和联合进行的行动研究。可分为三个层次：单个教师的行动研究；协作性的行动研究（理论工作者与教师合作）；学校范围内的联合行动研究。单个教师的行动研究规模小，研究问题范围窄、具体，易于实施，但力量单薄，很难从事深入的、细致的、说服力强的研究；协作性行动研究可以发挥多个教师的集体智慧和力量，但可能在理论的指导方面较欠缺；学校范围内的联合行动研究是专业研究人员、教师、政府部门、学校行政领导等组成的较为成熟的研究队伍从事研究，是较为理想的行动研究，由于有专业人员参与，有较强的理论指导，研究力量大，所以能充分地发挥领导、教师、研究人员的作用。

2. 行动研究法的特征

(1) 以解决问题，改进实践为目的；
(2) 研究与行动相结合；
(3) 以“共同合作”的方式进行，扬长避短；
(4) 行动研究具有一个不断展开的螺旋过程。

3. 行动研究的四环节(四阶段)模式

(1) “计划”是行动研究的第一个环节，应以所发现的大量事实和调查研究为前提。“计划”包括总体计划和每一个具体行动步骤的设计方案。

(2) “行动”即实施行动计划。随着研究者对问题的认识逐渐明确，不断吸取参与者的评价和建议，以及行动过程中各种信息及时地反馈，可在实施中修改和调整已制定的计划。

(3) “考察”是第三个环节，主要包括：行动背景因素以及影响行动的因素；行动过程，包括什么人以什么方式参与了计划实施，使用了什么材料，安排了什么活动，有无意外的变化，如何排除干扰；行动的结果。

(4) “反思”是第四个环节，行动研究第一个循环周期的结束，又是过渡到另一个循环周期的中介。“反思”主要包括整理描述、评价解释、写出研究报告。

4. 行动研究的六步骤模式

(1) 预诊。主要任务是发现问题。对学校工作中的问题进行反思，发现问题并根据实际情况进行诊断，得出行动改变的最初设想。

(2) 搜集资料，进行初步研究。成立由教研人员、教师和教育行政人员组成的研究小组，对问题进行初步讨论和研究，查找解决问题的有关理论、文献，充分占有资料，参与研究的人员共同讨论，听取各方意见，以便为总体计划的拟定做好诊断性评价。

(3) 拟定总体计划。系统化计划最初设想。注意总体计划是可以修订更改的。

(4) 制定具体计划。是实现总体计划的具体措施，以解决实际问题的需要为前提。

(5) 行动。是整个研究工作成败的关键。应边执行、边评价、边修改，在实施计划的行动中，注意收集每一步行动的反馈信息，可行则进入下一步计划和行动；反之，则可能需要调整或修改总体计划甚至基本设想。

(6) 总结评价。对整个研究工作的总结和评价。对研究中获得的数据、资料进行科学处理，得到研究所需要的结论，对产生课题的实际问题作出解释和评价。

显然，行动研究法具有动态性、较强的联合性与参与性，并且，在整个研究过程中，诊断性评价、形成性评价、总结性评价贯穿于工作流程的始终。

行动研究法主要是适用于教育实际问题而不是理论问题的研究，以及中小规模而不是宏观的实际研究。针对教育的实际情境而进行，从实际中来又回到实际中去。具体表现为：课堂教学研究将改革措施实施于教学过程；对课程进行中小规模的改革研究；教师职业技能训练，提供新的技术和方法；学校管理评价；对已确诊的问题所施行的改革措施，如困难学生的教育措施，不良心理行为的矫正，环境因素的变革等。

5.3　研究资料的统计与分析

5.3.1　课题研究资料的积累

1. 总体序列积累法

根据课题研究运行的轨迹来积累和搜集与课题有关的资料。通常包括研究方案、方案的论证材料、研究全过程的情况实录、研究对象变化的观察记录(个体变化及群体变化资料)、检测资料(试题、答卷、测试成绩、学生作业、有价值的学生作品获奖证书)、各阶段的自我评价资料、反映成果的报告、成果的鉴定、各阶段成果以及教育科研成果获奖证书或在报刊上发表的与本课题有关的文章。

2. 专项序列积累法

从课题研究实际需要出发,对所需资料进行分类、搜集、整理。专项序列主要有六类:

(1) 理论类。指其他人对自己所选定的研究课题相关内容的论述以及该课题提出的理论依据,可以是一本书、一篇文章,也可以是某篇文章的章节段落或几句话。

(2) 方法类。指研究采用的各种方法、依据以及如何使用。

(3) 事例类。指能说明研究内容的典型事例,如思想转变的典型事例,学生思维得到发展的课内外事例,促使学生在其他方面明显发展的事例,学生在各种情况下所表现的创造性思维,教师优秀教案,课堂实录及课堂上的精彩片断,板书或课堂提问的效果,学生、家长、社会有说服力的反映,学生优秀作业或有创见的解题思路等。当然,也包括由于某种作法不当而引起的不良后果的实例。

(4) 数据类。主要包括研究前及研究过程中的测试,实验班与对比班各种成绩的统计、对比、分析,师生参加各类竞赛人数、获奖名次或成绩统计,学生回答问题的正确率与错误率,学生发表作品名称数量的调查统计和学生各级获奖的调查统计等。

(5) 表格类。研究过程中所设计的各种检测量表、图表。

(6) 实物类。即研究过程中有关的实物,如开展研究活动的照片、上公开课的照片、录音带、录像带、光盘、制作的课件与教具、师生获奖的作品、有关的文字材料、奖状、奖品、期刊、报纸等。

5.3.2　课题研究资料的整理

在进行课题研究的过程中,通过观察、调查、问卷、文献查阅、实验等方法可获取大量的资料,但这些资料可能是彼此孤立的、零散的,不一定能直接反映事物的本质属性。因此,为揭示事物的规律,给分析、总结和得出科学结论提供依据,需要对积累的资料进行去粗取精、去伪存真、由此及彼、由表及里的加工。对原始资料按一定的规律和特点,进行科学分类,做必要的处理,使之系统化、条理化,以供分析,就是对科研资料的整理。科研资料整理的核心工作是资料分类。

1. 对研究资料进行分类

分类整理就是按照研究对象的特征,把收集到的大量资料按照系统性和专题性原则,进行合乎逻辑的科学划分。对科研资料进行分类是整理科研资料的第一步,通过对科研资料的分类,可以在分析时更科学地发现相关因素和类别特征,更好地发现教育现象的本质和规律,避免笼统分析可能造成的假象。对研究资料进行分类是进行定性与定量分析的基础。

对科研资料分类应根据研究课题的目的,选择能反映研究事物本质的特征作为分类标志。例如,进行职业学校学生技能情况的研究,可以按年级、年龄、成绩、性别等标志进行分类,研究者根据自己的研究目的去确定选取其中哪一个或哪几个分类标志。分类时一般应遵循两个基本原则:一是周延原则,即按照分类标志所分的各类能包括要进行分类的所有科研资料,没有遗漏;二是相斥原则,即按照分类标志所分的各类之间相互不混淆,凡是能归入某一类的科研资料,只能归入该类,绝不能再归入其他类,各类资料界限清晰,互不相容。

经过核查选取的资料主要是数量资料和非数量资料。数量资料,即各种数据资料,可以按数据是否具有连续性分为计量数据和计数数据两种类型。借助于测量或一定的测量标准所得到的数据,一般是连续变化的量,如身高、体重、学习成绩等,称为计量数据。计数数据是按个体的某一特质的不同进行计数统计所得到的数据,一般取整数形式,数据之间彼此独立而间断,如男生数、女生数、学校数等。不同类型的数据采用的统计处理方法也不同。非数量资料是对与研究问题有关的定性描述资料,如各种理论阐述、观点、研究对象的形态或感受等,一般是用语言形式表达的。

资料分类时,要注意把反映人们主观意见、感受的资料和反映客观事实的资料分开,把反映特殊情况的资料和具有总体特征的资料区分开。

2. 对数量资料的整理

整理数量资料,一般采用汇总登记的方法。具体做法是设计原始资料综合登记表,将每一个研究对象的全部数量资料按设计好的类别、指标填入其中。设计资料登记表时应注意:

(1) 原始资料综合登记表中一般应包括研究对象的姓名或序号、性别等预先设计好的一些分类标志,以及预先设计好的指标,包括问卷中的每一道题等诸项内容;

(2) 在汇总登记中,分类标志一项,可以用符号或数字表示,如可以把姓别中的“男”设计为“A”或“1”,将“女”设计为“B”或“0”;

(3) 资料如果是计量数据,可直接将其填入表中,以便分析时计算总分、平均分、标准差等;

(4) 如果需要最后分析时统计人数,可以将类别用符号或数字表示;

(5) 如果题目内容较多,可以只写出题号。

以上方法适宜样本较小的课题研究。如果取样较大,涉及的因素较复杂,需使用特定的软件进行数据处理。

3. 对非数量资料的整理

对于文献资料和教育经验总结、访谈、调查、观察中的文字资料以及问卷中开放型问题的回答等非数量科研材料进行整理时,需要将其中内容丰富、生动具体、典型的事例或观点等先做摘要记录,再进行分类,以便分析时查找,为定性分析提供丰富的论据。内容摘要可以与定量科研资料的汇总登记同时进行。

在资料形成、积累、整理、加工的过程中,可采用核对考据(考察材料来源及材料搜集人的条件，对材料比较、分析以鉴别真伪）、挑选淘汰、汇总统计加工等办法，使所整理的的资料具有真实性、准确性、完整性、系统性、科学性和适用性。

5.3.3　课题研究资料的分析

研究者运用必要的认识工具与分析手段，对搜集并经过初步整理的研究资料，进行仔细的分解和深入的剖析的过程就是对研究资料的分析，以达到论证假说、说明事理、创新知识的目的。目前，分析研究资料主要采用数学分析和逻辑分析两种方式。

1. 数学分析

数学分析也称定量分析、统计分析，以数学为工具，采用统计分析方法，对经过整理的数据资料进行描述和推断，用数据图表的方式表现结果。采用数学分析法，可以使资料得到简化，了解研究对象量的特征和变化趋势，便于同类事物的比较研究，从而揭示事物的内在规律。

在进行数学分析时会应用到大量的教育统计学知识，研究人员必须遵从统计学的原理，认真阅读学习教育统计学方面的专著。为了保证数学分析的科学性和正确性，应注意：定量分析必须建立在所搜集的数据真实可靠的基础上；在进行统计分析之前，要认清所用数据的类型，不同种类的数据有不同的统计方法，不能盲目乱用；应在设计研究方案时根据研究的目的和研究假设确定好所用的统计方法。

数学分析一般有描述统计和推断统计两种类型。

(1) 描述统计

描述统计是依据统计方法对所获得的数据资料进行加工整理，通过图示、列表、求典型量数等手段对数据资料进行分析和描述。描述统计常用的方法有：

① 统计表

统计表有单项表、双项表、复合表等。单项表又称简单表，表格中只有一项统计指标；双项表有两项统计指标作为分类标志；多于两项统计指标的统计表是复合表。如表 5.1 为单项表，表 5.2 为双项表。

表 5.1　某职业学校数控专业学生人数统计表

年　级	一年级	二年级	三年级
人数/人	160	148	135

表 5.2　某职业学校数控班学习成绩和人数统计表

成　绩 性　别	优	良	中	差	合计/人
男生/人	8	11	8	3	30
女生/人	3	6	4	2	15
合计/人	11	17	12	5	45

② 统计图

统计图用点、线、面、体、颜色等展现研究数据的特征，一般由标题、图号、图目、图形、图注和图例等项组成。统计图主要有条形图、圆形图、线形图、直方图等。如图 5.1 为条形图，图 5.2 为圆形图，图 5.3 为线形图，图 5.4 为直方图。

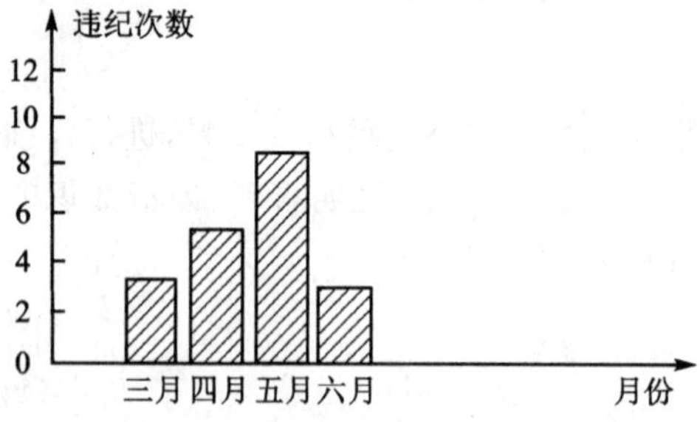

图 5.1　某职业学校某班的违纪次数条形图

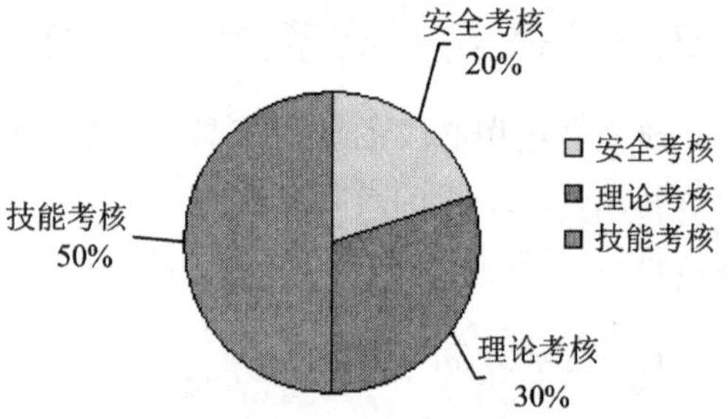

图 5.2　某专业不及格人数统计圆形图

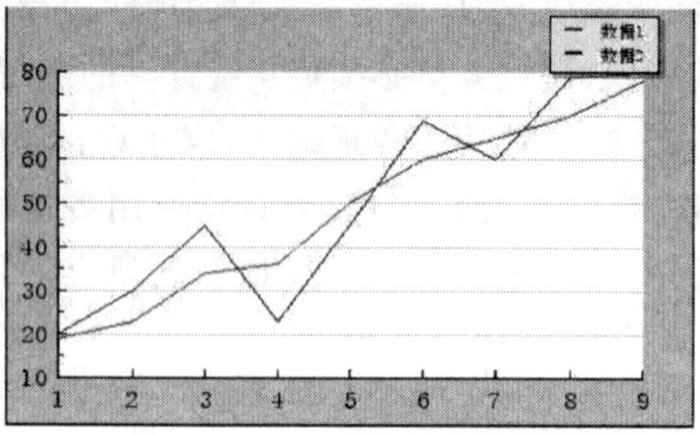

图 5.3　线形图

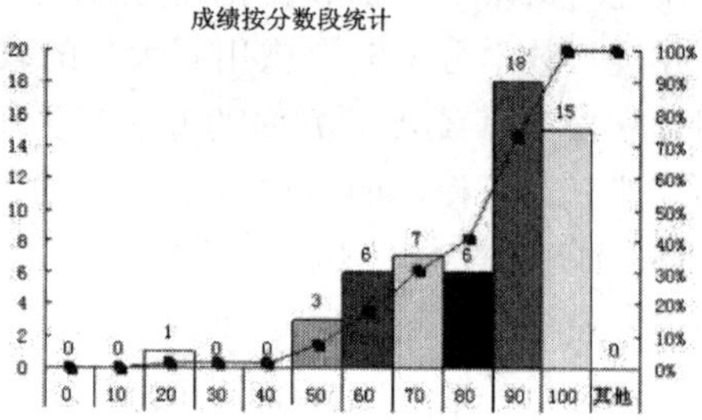

图 5.4　直方图

③ 特征值

除了编制原始数据的统计表和统计图以了解数据分布的概貌外，还可能需要使用数据的特征量来表现其分布状况。下面详细介绍集中量数、差异量数、地位量数和相关系数。

集中量数。集中量数是描述集中趋势的统计量，可以用来描述和代表研究对象的一般水平，为进一步统计分析打下基础；也可以用于与同质的另一研究对象做比较。常用的集中量数有平均数(算术平均数、几何平均数、加权平均数)、中数和众数。算术平均数是最常用的集中量数，等于所有数据之和除以数据总个数，计算公式为：

$$\overline{X} = \frac{\sum X}{n} = \frac{X_1 + X_2 + \cdots + X_n}{n} = \frac{1}{n}\sum_{i=1}^{n} X_i \tag{5.1}$$

例如：某校参加技能竞赛的 8 名同学的成绩分别为 85，83，80，72，76，78，60，40。则成绩的算术平均数为(85＋83＋80＋72＋76＋78＋60＋40)分/8＝71.75 分。

几何平均数是 n 个数据的连乘积的 n 次方根，计算公式为：

$$G = \sqrt[n]{X_1 X_2 \cdots X_n} \tag{5.2}$$

加权平均数的计算公式为：

$$X' = a_1 X_1 + a_2 X_2 + \cdots + a_n X_n$$

$$\left(\text{其中 } 0 \leqslant a_i < 1\text{，且}\sum_{i=1}^{n} a_1 = 1\right) \tag{5.3}$$

例如：某学生数学平时成绩为 80 分，期中考试成绩为 90 分，期末考试成绩为 88 分，依照平时成绩∶期中成绩∶期末成绩为2∶3∶5的比例，其平均成绩为(80×0.2＋90×0.3＋88×0.5)分＝87 分。

中数是依照一定顺序(如从大到小)排列的一组数据居中间位置的一个点的数值。

众数是一组数据中出现次数最多的那个数值。

差异量数。差异量数是描述一组数据的差异情况或离散程度的量数,反映数据分布的离中趋势。一组数据,若离中趋势小,集中量数的代表性就大;反之亦然。最常用的差异量数有全距、平均差和标准差。

全距指一组数据中最大量数到最小量数的距离。全距小,则数据的离散程度小。

平均差是指一组数据中的各数与平均数的差的绝对值的算术平均数,计算公式为:

$$\text{A. D.} = \frac{\sum_{i=1}^{n} |X_i - \overline{X}|}{n} \tag{5.4}$$

标准差指一组数据中各数据偏离平均数的距离的平均数,计算公式为:

$$\sigma = \sqrt{\frac{1}{n}\sum_{i=1}^{n}(X_i - \overline{X})} \tag{5.5}$$

地位量数。平均值和标准差常用于分析同质的统计数据,而对于不同质的数据,就需要计算地位量数。地位量数描述单个数据在样本或总体中的位置,也叫相对位置量数。位置量数有百分等级和标准分数两种。其中较为常用的标准分数,以平均数为参照点,以标准差为单位,表示一个分数在团体中所处的位置。其计算公式为:

$$Z = \frac{X - \overline{X}}{\sigma} \tag{5.6}$$

式中,X 为原始数据。

相关系数。在教育科研中,常涉及到两个事物(变量)之间的相互关系问题,例如学习成绩与非智力因素的关系等。变量之间的关系主要有三种:第一,正相关,即一个变量增加或减少时,另一个变量也随之增加或减少,如智力与学习成绩之间的关系;第二,负相关,一个变量增加或减少时,另一个变量却减少或增加,如解题能力与解题时间的关系;第三,无相关,即两个变量相对独立,由一个变量无法预测另一个变量。统计学中用相关系数来描述变量之间的相关程度。相关系数的计算公式为:

$$r = \frac{\sum(X - \overline{X})(Y - \overline{Y})}{N\sigma_X\sigma_Y} \tag{5.7}$$

式中,N 为成对数据的数目,σ_X、σ_Y 分别为 X 变量和 Y 变量的标准差,$\overline{X}$、$\overline{Y}$ 分别为 X 变量和 Y 变量的算术平均数。

相关系数的取值范围为 $-1 \leqslant r \leqslant 1$。一般,$0 < r \leqslant 0.3$ 表示相关程度低,$0.3 < r \leqslant 0.5$ 表示相关程度一般,$0.5 < r \leqslant 0.7$ 表示相关程度显著,$0.7 < r \leqslant 0.9$ 表示相关程度高,$0.9 < r \leqslant 1$ 表示相关程度极高。

(2) 推断统计

推断统计是通过样本特征的研究推论出总体特征的统计分析手段,包括总体参数估计和假设检验两部分。实际生产和科学实验中,大量的问题是在获得一批数据后,要对总体的某一参数进行估计和检验。例如,在对 45 钢的断裂韧性测定后取得了一批数据,那么,要求 45 钢断裂韧性的平均值,或要求 45 钢断裂韧性的单侧下限值,或要求 45 钢断裂韧性的分散度,就是参数估计的问题。而经过长期的积累,知道了 45 钢断裂韧性的平均值和标准差,经改进热处理后，又测得一批数据，问新工艺与老工艺相比是否有显著差异，就是假设检验的问题。

假设检验的具体作法是：第一步，根据问题的需要对所研究的总体作某种假设，记作 H_0；第二步，选取合适的统计量，使假设 H_0 成立时，其分布为已知；第三步，由实测样本计算出统计量的值，并根据预先给定的显著性水平进行检验，作出拒绝或接受假设 H_0 的判断。常用的假设检验方法有 Z 检验法、t 检验法、χ^2 检验法等。

① Z 检验

Z 检验是用标准正态分布的理论来推断差异发生的概率，从而比较两个平均数的差异是否显著，一般用于大样本（即样本容量大于 30）平均值差异性检验。计算公式为：

$$z=\frac{\overline{X}_1-\overline{X}_2}{\sqrt{\frac{\sigma_1^2}{N_1}+\frac{\sigma_2^2}{N_2}}} \tag{5.8}$$

式中，$\overline{X}_1$、$\overline{X}_2$ 分别为两个样本的平均数，N_1、N_2 分别为两个样本的容量，σ_1、σ_2 分别为两个样本的标准差。

例如：在一个实验中，有 50 个学生的实验班采用新的教法，有 48 个学生的对照班采用传统教法。实验结束后，实验班和对照班均接受测量，测量结果是实验班平均成绩 $\overline{X}_1=79.5$，标准差 $\sigma_1=8.7$；对照班平均成绩 $\overline{X}_2=76.8$，标准差 $\sigma_2=11.4$。问实验班的教学效果是否优于对照班的教学效果？

检验步骤如下：

第一步，提出假设 H_0。假设实验班的教学效果与对照班的教学效果没有显著差异。

第二步，计算统计量。代入式(5.8)，得到式(5.9)。

$$z=\frac{\overline{X}_1-\overline{X}_2}{\sqrt{\frac{\sigma_1^2}{N_1}+\frac{\sigma_2^2}{N_2}}}=\frac{79.5-76.8}{\sqrt{\frac{8.7^2}{50}+\frac{11.4^2}{48}}}=1.314 \tag{5.9}$$

第三步，进行对照。实验班与对照班教学效果比较情况如表 5.3 所列。

表 5.3　实验班与对照班教学效果比较

项目 / 班别	人数 N	平均成绩 $\overline{X}$	标准差 σ	Z 值		概率 P	差异情况
				实际值	理论值		
实验班	50	79.5	8.7	1.314	1.96	>0.05	无显著差异
对照班	48	76.8	11.4				

第四步，得出结论。概率 $P>0.05$，接受假设 H_0，即实验班的教学效果与对照班的教学效果没有显著差异。

② 独立样本 t 检验

t 检验是用 t-分布理论来推断差异发生的概率，从而比较两个平均数的差异是否显著，一般用于小样本（即样本容量小于 30）平均值差异性检验。计算公式为：

$$t=\frac{\overline{X}_1-\overline{X}_2}{\sqrt{\frac{(N_1-1)\sigma_1^2+(N_2-1)\sigma_2^2}{N_1+N_2-2}\left(\frac{1}{N_1}+\frac{1}{N_2}\right)}} \tag{5.10}$$

式中，$\overline{X}_1$、$\overline{X}_2$ 分别为两个样本的平均数，N_1、N_2 分别为两个样本的容量，σ_1、σ_2 分别为两个样

本的标准差。

例如：在一个教育实验中，有 41 名学生的实验班平均成绩为 $\overline{X}_1=76.63$，标准差为 $\sigma_1=8.57$，有 37 名学生的对照班平均成绩为 $\overline{X}_2=72.10$，标准差为 $\sigma_2=9.20$。问实验班与对照班的成绩是否有显著性差异？

检验步骤如下：

第一步，提出假设 H_0。假设实验班的教学效果与对照班的教学效果没有显著差异。

第二步，计算统计量。代入式(5.10)得到式(5.11)。

$$t=\frac{\overline{X}_1-\overline{X}_2}{\sqrt{\frac{(N_1-1)\sigma_1^2+(N_2-1)\sigma_2^2}{N_1+N_2-2}\left(\frac{1}{N_1}+\frac{1}{N_2}\right)}}=2.252 \tag{5.11}$$

第三步，进行对照。实验班与对照班的成绩比较情况如表 5.4 所列。

表 5.4　实验班与对照班的成绩比较

项目 班别	人数 N	平均成绩 $\overline{X}$	标准差 σ	Z 值		概率 P	差异情况
				实际值	理论值		
实验班	41	76.63	8.57	2.252	1.902	<0.05	显著差异
对照班	37	72.10	9.2				

第四步，得出结论。概率 $P<0.05$，拒绝假设 H_0，即实验班的教学效果与对照班的教学效果有显著差异。

③ 样本相关 t 检验

样本相关 t 检验的计算公式为：

$$t=\frac{D}{\sigma_D/\sqrt{N-1}} \tag{5.12}$$

例如：在某个教育实验中，实验研究者在两个班级中，各抽取 10 名学业成绩、智力情况和学习积极性相仿的学生配成 $N=10$ 个对子，分别组成实验组和对照组。实验结束后，进行效果测验，测验结果如表 5.5 所列。问实验组和对照组测验平均成绩的差异是否显著？

表 5.5　实验组和对照组测验成绩和效果比较

对子编号	实验组 X_1	对照组 X_2	$D=X_1-X_2$
1	70	63	7
2	68	70	−2
3	90	85	5
4	88	86	2
5	86	79	7
6	75	68	7
7	79	76	3
8	72	74	−2
9	74	70	4
10	85	81	4
总　计	787	752	35
平均数	78.7	75.2	3.5

检验步骤如下：

第一步，提出假设 H_0。假设实验组与对照组没有显著差异。

第二步，计算统计量。代入式(5.12)，得到式(5.13)。

$$t=\frac{D}{\sigma_D/\sqrt{N-1}}=\frac{3.5}{3.201/\sqrt{10-1}}=3.281 \tag{5.13}$$

第三步，进行对照。$\alpha=0.05$，$df=N-1=9$，$t=3.281$，$t_{(9)0.05}=2.821$，$P<0.05$。

第四步，得出结论。概率 $P<0.05$，拒绝假设 H_0，即实验组与对照组有显著差异。

④ χ^2 检验

Z 检验与 t 检验常用于分析计量资料，而对教育科研中常用到的计数资料，如按品质分类的资料等，需要使用 χ^2 检验法。χ^2 检验是通过所得的计数资料与依据某种假设而确定的理论次数两者之间的差异来进行检验。实验次数与理论次数相差越大，χ^2 值就越大；反之，则越小；如果两者完全相同，则 χ^2 等于零。χ^2 永远是非负数。

例如，在一个教育实验中，效果测验的等级分配如表 5.6 所列，问实验班和对照班在优、良、中、差的等级分配上是否存在差异？

表 5.6 实验班和对照班效果测验等级分配

成绩 班别	优	良	中	差	合计 N
实验班	16	20	12	2	$N'_1=50$
对照班	8	11	23	8	$N'_2=50$
合计 N	$N_1=24$	$N_2=31$	$N_3=35$	$N_4=10$	$N=100$

检验步骤如下：

第一步，提出假设 H_0。假设实验班的教学效果与对照班的效果没有显著差异。

第二步，确定自由度。列数(成绩分类)为 $i=1,2,3,4$；行数为(班级分类)为 $j=1,2$。则自由度为 $df=(j-1)\times(i-1)=(2-1)\times(4-1)=3$。

第三步，计算理论次数。

$$f'_{ij}=\frac{N_i N'_j}{N} \tag{5.14}$$

将各数值代入(5.14)，有

$$f'_{11}=\frac{N_1N'_1}{N}=\frac{24\times50}{100}=12.0 \qquad f'_{12}=\frac{N_1N'_2}{N}=\frac{24\times50}{100}=12.0$$

$$f'_{21}=\frac{N_2N'_1}{N}=\frac{31\times50}{100}=15.5 \qquad f'_{22}=\frac{N_2N'_2}{N}=\frac{31\times50}{100}=15.5$$

$$f'_{31}=\frac{N_3N'_1}{N}=\frac{35\times50}{100}=17.5 \qquad f'_{32}=\frac{N_3N'_2}{N}=\frac{35\times50}{100}=17.5$$

$$f'_{41}=\frac{N_4N'_1}{N}=\frac{10\times50}{100}=5.0 \qquad f'_{42}=\frac{N_4N'_2}{N}=\frac{10\times50}{100}=5.0$$

将计算出的理论次数填入表格中相应的实际次数旁边的括号内，如表 5.7 所列。

表 5.7　实验班和对照班成绩比较

班别＼成绩	优	良	中	差	合计 N
实验班	16(12.0)	20(15.5)	12(17.5)	2(5.0)	$N_1'=50$
对照班	8(12.0)	11(15.5)	23(17.5)	8(5.0)	$N_2'=50$
合计 N	$N_1=24$	$N_2=31$	$N_3=35$	$N_4=10$	$N=100$

第四步，计算 χ^2 值。计算公式为

$$\chi^2=\sum_{j=1}^{2}\sum_{i=1}^{4}\frac{(f_{ij}-f'_{ij})^2}{f'_{ij}} \tag{5.15}$$

代入各数值，有

$$\chi^2=\sum_{j=1}^{2}\sum_{i=1}^{4}\frac{(f_{ij}-f'_{ij})^2}{f'_{ij}}=\frac{(16-12)^2}{12}+\frac{(20-15.5)^2}{15.5}+\frac{(12-17.5)^2}{17.5}+$$
$$\frac{(2-5)^2}{5}+\frac{(8-12)^2}{12}+\frac{(11-15.5)^2}{15.5}+\frac{(23-17.5)^2}{17.5}+\frac{(8-5)^2}{5}=12.365$$

第五步，作出判断。

由表 5.8 查得 $\chi^2_{(3)0.05}=7.815$。因此 $\chi^2>\chi^2_{(3)0.05}$。根据表 5.9 得出结论：$P\leqslant0.05$，差异显著，因此拒绝假设 H_0，即实验班与对照班有显著差异。

表 5.8　χ^2 表节选

df	0.05	0.01	0.005
1	3.814	6.635	7.88
2	5.995	9.210	10.60
3	7.815	11.345	12.84
4	9.488	12.299	14.86
5	11.070	15.067	16.76

表 5.9　χ^2 值与 P 值及差异显著性的关系表

χ^2	P	差异显著性
$\chi^2>\chi^2_{(df)0.01}$	$P<0.1$	差异非常显著
$\chi^2\geqslant\chi^2_{(df)0.05}$	$P\leqslant0.05$	差异显著
$\chi^2<\chi^2_{(df)0.05}$	$P\geqslant0.05$	差异不显著

2. 逻辑分析

逻辑分析也称理性分析、定性分析，是在搜集大量资料的基础上，以事实为根据，进行理性思考，揭示事物内在的本质联系，找出事物的规律性，得出科学的结论。逻辑分析主要包括分析与综合、比较、抽象与概括、归纳与演绎等，采用何种逻辑分析方法要根据课题研究的目的和掌握的文献资料的特点灵活选择。以下只详细介绍常用的分解分析、综合分析、分类比较分析方法。

(1) 分解分析

分解分析是指在所收集到的资料中，把复杂的研究对象(事物或现象)分解成若干个简单因素，分别加以研究，从而找出其中的主要因素及其关系。

① 层次分析。将事物的多层次展开，抓住各层次的主要矛盾和次要矛盾双方的相互转化，接近事物的本质。

② 发展分析。根据事物(或问题)的发展历程,在演进的过程中分析内在因素的关系,抓住其中特殊的和主要的矛盾关系,获得结论与建议。

③ 区域分析。从不同地区关于同一问题的资料对比中,抓住差距明显的问题进行分析,进而抓住主要矛盾。

④ 因果分析。可分为内因因果分析、条件因果分析和典型因果分析。内因因果分析是指在总结经验教训时,对于发展历史短、无类似情况可比的新问题,可从对象、条件、人员、理论等内因着手。条件因果分析是指对影响发展的各种条件进行分析,掌握各种条件的影响作用和相互关系来进行分析。典型因果分析是指从反映同一事件,但时间、空间和性质上有差异的众多素材中,选择一种或几种具有参考价值的事例,深入分析其中的核心问题,对问题发生的地点、时间、过程和后果影响进行剖析,从中获得结论或建议。

(2) 综合分析

综合分析是指把与研究对象有关的、分散的、无序的资料进行整理,把各个部分、各个方面和各种因素联系起来考虑,分析因素间的相互联系,从整体的角度形成结论。

① 简单综合分析。对研究对象的相同或相异之处,进行综合归纳的方法。一种是由部分到整体的综合,使分散的知识集中和系统起来;另一种是由整体到部分再到整体。

② 提炼综合分析。把属于个别的、分散的、局部的资料综合在一起,然后依据产生同一现象的共性或特性提炼出产生的原因,获得结论。

③ 分类比较分析。对同类资料进行对照、比较,以确定相似点和差异点,从而进行判断。

综合分析的表达方式有:表格分析,即把比较对象列成表格,可一目了然地看出差距;图表分析,即把比较对象绘制成图表,比表格更为直观、形象;文字描述分析。

唯物辩证法告诉我们,任何事物都有质和量两个方面,都是一定质和量的统一体,教育现象同样如此。一般教育科研课题的研究,常常是既有数量资料,又有非数量资料,因此数学分析与逻辑分析应综合使用,二者缺一不可。

5.3.4 课题研究资料档案的建立

科研档案是课题研究活动中形成的分类保存以备查找的文字、图表、图像、软盘、声像等各种形式的文献资料,是开展科研活动真实的历史记录,是科研储备的一种形式和重要的信息资源。

教育科研档案具有较高的文献分析研究价值,不仅为组织和发动教师开展科研活动提供了帮助,而且能够为宣传普及和推广科研成果准备条件,还可以为考评课题研究的成果提供依据。依据档案记载,研究者可以总结经验,汲取教训,使课题管理工作更具科学化和规范化,不断提高课题管理的水平。

科研档案资料应具有系统性、完整性、规范性、安全性、时效性和真实性,这就要求文档的储存、积累、整理、查阅、审批,直至销毁,都应有其严格的管理制度。

对一项科研课题研究的整个过程而言,与研究对象、研究内容、研究过程相关的所有信息资料都应尽可能收集保留。

1. 基础性资料

基础性资料是反映课题研究基本情况的资料,主要包括:

(1) 课题申报表和评审议定书；

(2) 课题立项通知书；

(3) 研究人员登记表，如学历、教龄、教学水平等；

(4) 研究对象登记表及名册，包括实验对象的基本情况，如个人兴趣、爱好、性格、家庭成员、父母职业、文化程度等；

(5) 教育科研各项规章制度；

(6) 课题开题论证报告和课题研究的方案(包括方案的修改稿)；

(7) 各年度课题研究计划和总结；

(8) 各种调研问卷、实验记录资料；

(9) 研究对象和参照对象研究前、研究中、研究后的智力、能力、知识等方面的检测或调查资料；

(10) 专家的论证材料和鉴定意见(开题、中期、结题三阶段)；

(11) 课题研究各阶段查阅和学习的文献资料目录。

2. 计划性资料

计划性资料是课题研究各阶段所形成的计划方案，涉及课题研究的整体设计与部署，是整个课题实施的蓝图。可以分类存放以下内容：

(1) 课题总体的研究设计与实施方案；

(2) 子课题的研究方案；

(3) 课题组个人的研究计划；

(4) 研究过程中各个阶段的工作计划；

(5) 各年度课题研究计划。

3. 过程性资料

过程性资料是课题研究过程中所产生的各类资料。过程性资料比较繁杂，重在随时随地搜集、积累与整理，特别要注意研究过程中的原始数据与资料。大致包括以下内容：

(1) 各学年课题研究进展报告；

(2) 每一阶段重要的活动记录材料或阶段成果记录(包括研讨、交流、展示发表或社会反响方面的内容)；

(3) 中期总结报告或检查材料(对研究过程进行阶段回顾和总结的各种情况记录)；

(4) 有关领导、专家及上级教育科研人员的咨询活动记录、听课记录等；

(5) 研究过程中对研究对象的全部观察记录，调查材料、测验统计等；

(6) 研究全程中各阶段的教学设计、研究方法设计、检测评价试卷、问卷及检测所得的一些数据资料；

(7) 研究中异常情况、遇到的问题及解决办法的记录；

(8) 典型实验课纪实、教案、课后分析研究记录；

(9) 参与课题研究人员的记录、随笔；

(10) 研究过程中自制和引进的文字教材、音像教材、电教软件及其他教学材料；

(11) 与课题研究有关的活动的文字、照片、录像、光碟、录音等记录资料；

(12) 研究过程的大事记。

4. 专题性资料

专题性资料是课题研究过程中,围绕一些事关整个课题动作而进行深入系统的研究所形成的资料,对课题的延伸、拓展与深化具有重要的意义。可存放其中的内容有:

(1) 专题学习材料,包括学习资料的原件、研究人员的读书笔记和文献综述等;

(2) 专题讲座材料,包括主讲人的讲稿或录音、讲座中互动式交流的谈话记录等;

(3) 专题研讨会材料,包括研讨会会议议程、讲话人的发言稿、研讨课的教案、研讨交流的记录、研讨会会议纪要等。

5. 效果性资料

效果性资料主要是对课题实施的阶段性、终结性评估时得到相应的资料,是形成最终成果的主要资料。主要包括:

(1) 研究对象个体或群体变化的资料,如成绩考核、心理测试、有关素质和态度的检测统计分析;

(2) 有价值的学生作品、奖状等文字材料的原本或复本,音像制品或实物制作;

(3) 社会各界(包括专家、教师、教育行政领导、家长、学生、新闻界)对课题研究的直接或间接的评价。

6. 成果性资料

(1) 课题研究报告;

(2) 课题研究工作报告;

(3) 课题研究各阶段形成的阶段研究成果,包括调查报告、论文、经验总结、专著等;

(4) 其他物化成果,包括教案、文集、课件、音像制品等;

(5) 研究阶段或最终研究成果获奖材料、证书、作品等;

(6) 研究者发表、交流、获奖的文章;

(7) 在报刊上发表过的有关研究内容的论文、简讯(包括他人对本课题的有关评价)。

5.4 现代职业教育科研论文的写作

为了将现代职业教育科研成果总结、记录及表达,进而进行推广交流,就需要撰写职业教育科研论文。职业教育科研论文是用来进行职业教育科学研究、描述职业教育科学研究成果的文章。撰写职业教育科研论文,既能反映现代职业教育工作者的教育理念,又能反映其业务能力和创造能力;既可以提高职业教育工作者的学术水平,又可以提高其科研能力。

5.4.1 现代职业教育科研论文的特点

现代职业教育科研论文应较系统和专门地讨论与研究现代职业教育领域中的某种现象和问题,应具有以下特点:

1. 学术性

教育科研论文是学术成果的载体，是学术研究的结晶。虽然取材于某一教育教学活动，但教育科研论文不应叙述职业教育教学活动的细节，而应经过提炼，并上升到理论，对职业教育现象进行抽象、概括地叙述或论证。教育科研论文应具有深思熟虑的学术见解，用系统性、专门化的内容，致力于表现职业教育的本质，揭示职业教育的规律性。

2. 科学性

撰写教育科研论文时应采取“一分为二”的科学分析态度，尊重客观事实，不带有个人偏见。立论时，应从实际出发引出切合实际的结论，必须以切实、准确、真实的科学依据为前提提出论点，在周密的观察、调查、实验的基础上，尽可能多地占有材料，以充分、典型、新颖、确实有力的理论材料和事实材料作为立论的依据；论证时，应经过周密思考，系统、完整地进行严谨而富有逻辑效果的论证，使其内容上充实、成熟、先进、可行，表述上准确、明白、无懈可击。

3. 创造性

教育科研论文要求作者有自己的独到见解，要么是发现不曾有人发现或涉及的问题，要么是用新的角度和方法对别人研究过的问题提出新观点或新结论，或是在综合前人研究成果的基础上挖掘新意，或是在别人出现分歧的问题上进行比较分析并得出不同的结论，或是用新鲜的材料证明已被证明过的问题，或是利用职业教育领域的最新信息资料和研究成果，以提出新思想、新观念、新设想，探索新体系、新方法。

4. 理论性

教育科研论文应符合职业教育规律、职业教育原则的新要求，应将感性认识上升到一定的理论高度，应运用现代职业教育学、职业教育心理学等职业教育科学理论来分析和研究现代职业教育现象和问题。

5. 探索性

在撰写职业教育科研论文时，应对职业教育科研中涉及的比较复杂的现象和问题进行多方面的思考、多层次的比较、认真的分析和反复的研究，探索现代职业教育领域的未知的教育教学规律。

6. 实用性

教育科研论文应面对现代职业教育现实，针对现代职业教育事业发展过程中出现的新事物、新情况、新问题及时进行学术上的探讨，并力求给予科学的解释和回答，以指导职业教育的新的实践活动。

5.4.2　现代职业教育科研论文的类型

从教育科研的角度来分，职业教育科研论文主要有四种类型。

1. 经验型论文

经验型论文是教师在职业教育教学实践中直接获得的丰富的感性材料基础上总结出来的理性认识，是经验总结的理论升华。

撰写经验型论文时，可能在认真实践、探索、实验中获得的体会、感受、认识或成绩、效果等比较多，这就需要找到收获最大、认识最深、做法最见成效的一点，在总结、选择、分析、论证经验的基础上，抓住其本质，进行思考和挖掘，提出真知灼见，形成论点，并在论证后，将原有“经验”转化为总结性、独创性、理论性的论文。

2. 研讨型论文

研讨型论文着重针对当前职业教育教学工作中存在的、或亟待解决的主要问题，或现实中出现的新情况或突出问题，进行分析、探讨，从理论和实际的结合上提出解决问题的意见、办法、方案或措施。

撰写研讨型论文时，应从客观实际出发，以确凿可靠的材料为立论依据，以事论理，研讨结果要符合客观实际，有独到见解和实用价值。

3. 评述型论文

评述型论文主要针对职业教育教学领域内在一定时间段内的活动、情况、现象、争论、做法、特点、教派、问题等进行专项综述和评析。

撰写评述型论文时，要考虑评述对象的影响作用以及作者的能力，要加深对评述对象的理解、提高对评述对象的认识。并以教育方针、政策、法规以及职业教育规律和教学原则为准绳，在现代职业教育科学理论的指导下，采用先综述后评析或述评结合的方式，提出自己的新见解、新发现或新构想。

4. 学术型论文

学术型论文专门系统地研究职业教育教学领域的理论问题，并表达科研成果，阐述学术观点。

撰写学术型论文时，需严格选题、创新立论，选材应必要、充分、确实、新颖、协调，强调新事实、新理论、新数字、新动态，富有理论性、创造性、论证性。其结构可参照一般学术论文。

5.4.3 现代职业教育科研论文撰写的一般步骤

现代职业教育科研论文的撰写过程包括四步。

(1) 确定题目

论文题目可以和课题研究题目一致，也可以不一致。尤其是那些周期较长、内容较广的职业教育科研课题，往往需要数篇教育科研论文才能展示其研究成果。一个好的教育科研论文题目应新颖、准确、简短。

(2) 拟定提纲

拟定写作提纲，就是根据题意，对论文的基本框架和总体布局进行设计、安排。初次写作职业教育科研论文的，应尽可能将写作提纲拟定得详尽些。要想拟出好的论文写作提纲，应将以下三个方面安排好：

① 全文的布局。应安排好主要论点与次要论点排列、论证的逻辑顺序，使论文结构严密，条理清楚，推论合乎逻辑。

② 材料的使用。应安排好基本材料和辅助材料的排列及各部分、各论点所需材料等，使所用材料组成层次清楚、有机结合的整体，以提供具有足够说服力的论据。

③ 论文的篇幅。为了使写作时有计划，应先安排好论文的篇幅，如全文的字数、各部分所占比例等。值得说明的是，论文水平的优劣和质量的高低并不取决于论文的篇幅，而是根据论文内容的科学性、学术性、理论性与应用价值等来判定。论文的篇幅应根据课题的大小和掌握材料的多少来确定，一般，现代职业教育科研论文的篇幅以 4 000～8 000 字为宜。

(3) 写作论文

写作现代职业教育科研论文时，应按照拟定好的提纲进行。写作过程中，应注意立论、推论和表述的科学性；注意论点、论据和论述的逻辑性；注意数据和文字表述的有机统一；注意典型分析和一般分析的有机结合。

(4) 推敲修改

论文写完后，应进行反复的推敲修改。高质量的论文都需经过认真推敲文章的理论、结构，仔细斟酌文中的遣词用句甚至是标点，没有哪一篇好文章是不经修改而写成发表的。修改时，应毫不可惜地将多余的和可有可无的字、句、段删去，使论点更为突出，论证更为有力，文字更为精炼。

修改过程中，一般采用冷处理的方法，即先将论文放置一段时间，冷静下来后，再用第三者甚至是“论敌”的眼光客观地阅读，以便发现问题。当然，也可以虚心、诚恳地请周围的老师或同行审阅，以征求更多的修改意见。

经过反复的修改，一篇高质量的现代职业教育科研论文才算完成。

现代职业教育科研论文的书写结构参见教材第 3 章。

5.5　现代职业教育科研课题的成果鉴定

现代职业教育科研课题的成果鉴定是实现对职业教育科研宏观控制的一种重要手段，也是职业教育科研管理中的重要环节。鉴定的科学性和客观性集中体现了对研究者及其成果的态度，直接影响到职业教育科研的发展和职业教育科学研究功能的发挥以及对研究人员的培养。

现代职业教育科学研究是研究者对现代职业教育课题进行的观察、调查、实验、设计、试制和辩证思维等一系列研究活动。职业教育科研成果是研究者通过科学研究方法和上述一系列活动，利用已知的知识，经过脑力劳动，所取得的具有一定学术价值、社会价值或经济效益的，并经过同行专家认定的创造性结果。职业教育科学研究成果的鉴定就是通过一定的形式、程序对与职业教育有关的研究成果进行严格审查，并对其科学价值、技术水平、成熟程度、应用范围、推广前景及社会效益等作出恰当评价的活动，由相应的教育科研管理机构组织专家进行。

职业教育科研成果必须是职业教育科学知识的创新。发现新问题、提出新观点、提供新的事实依据，或发现新方法、形成新理论，是鉴定是否属于教育科研成果的根本依据。职业教育科学的创新，必须有可靠的事实基础，必须在严密的逻辑指导下形成，必须经过实践的检验，是否具备这些条件，是鉴定职业教育科研成果的基础条件。科学性、创新性和实践性是职业教育科研成果鉴定的主要标准。

5.5.1 职业教育科研成果鉴定的指标内容

由于鉴定目标总是带有某种程度的原则性、抽象性和笼统性，所以较难直接作为鉴定指标的依据。一般，鉴定专家会把鉴定指标分解成若干具体、可测量、便于操作的指标。这些指标组成的系统可以反映目标的全部特性，而每一个指标仅反映目标的某一方面的特性。

1. 基础研究成果的鉴定指标

基础研究成果以其研究的理论意义作为鉴定的主要标准。

(1) 创造性

创新内容，提出新思想，是职业教育科学研究的根本目的。有无创造性，创造性大小，是理论性成果鉴定的首要条件。创造性有全新创造和创新之分，各有不同的标志，如表 5.10 所列。

表 5.10 基础研究成果创造性的标志

创造性	有全新的内容或创见	部分创造性 （有某些新内容或新意）
表现形式	① 提出新的理论、观点、概念，论证成理 ② 对已有理论作出新的解释、论证，使原有理论深化 ③ 探索出事物的新规律或变未知为已知，深化了认识 ④ 对学术界争鸣的问题发现了新的资料，提出了新的见解，使问题有所突破，并得到学术界的认可 ⑤ 纠正了原有理论、概念原理的错误 ⑥ 在本学科边缘学科开辟了新的研究方向或提出了有研究价值的新问题，并进行了首次科学论证 ⑦ 填补了某项科学空白，具有国内、国际意义	① 对已有知识进行了充实和条理化、系统化 ② 对已知原理观点进行了某种合理的改变或补充 ③ 对事物之间的关系进行了较深入的分析，初步说明了事物的本质，得出某些新的结论 ④ 资料观点不新，但论述角度不同，新的论证方法给人以新意

(2) 学术价值

① 对学科建设或学科分支建设有一定的贡献；

② 对学科、学科分支的发展产生一定影响；

③ 对应用研究有重要指导推动作用；

④ 理论紧密联系实际，指导实际。

(3) 社会反映

社会反映主要是反映成果的创造性，理论或学术价值对国家宏观决策和管理产生了一定影响和一定经济效益或社会效益。

① 对国家或地区、部门决策和管理产生了较大作用和影响；

② 对人们的思想文化、伦理观念、价值观念、行为方式的改变具有一定的价值，产生一定的影响；

③ 本单位人员实事求是的评论；

④ 省内、国内学术界同行反映强烈；
⑤ 专家具体肯定的意见；
⑥ 报刊、转载、评论、争鸣、引用等。

(4) 逻辑性

① 文字通顺、准确、精炼；
② 方法科学先进，论证充分；
③ 结构严谨，逻辑性强，推理清楚；
④ 资料较系统全面，方案科学，适用性强。

2. 应用研究成果的鉴定指标

应用研究成果以研究成果的应用价值作为鉴定的主要指标，如表 5.11 所列。

表 5.11　应用研究成果的鉴定指标

鉴定指标	成果的实用价值	成果对教育过程和教学的影响	成果的现实意义
表现形式	① 成果对国家、部门和地区决策产生重大积极影响 ② 成果对国家、部门和地区决策产生一定的影响 ③ 成果所提政策建议方案符合实际情况	① 研究成果对当前教育改革的现实矛盾有无针对性，是否为教育工作所急需 ② 研究成果是否从教育实践中总结和提炼出来，是否经过科学的验证，获得稳定成效 ③ 研究成果有无推广与应用的可能性，是否形成一套可操作方法	① 理论上的新颖性，有否新观点、新假说等 ② 实践方面的新颖性，有否新规划、新方法、新建议等 ③ 革新的水平如何，在已有的理论和实践中是否提出了新观点

3. 开发研究的鉴定指标

开发研究以研究成果的社会价值作为鉴定的主要指标。

① 成果对国家、地区或学校宏观决策和管理产生重大作用和影响，并直接或间接产生经济效益或社会效益；
② 提出的方案、计划和程序被国家、地区或学校采用并实施；
③ 提出的方案、计划、程序等被部分使用或实施；
④ 所提出政策建议方案不符合实际情况。

5.5.2　职业教育科研成果鉴定的主要方面

如何正确合理地参照鉴定指标，对职业教育科研成果的水平和效应进行全面、准确的评价呢？主要从以下几个方面进行考察。

1. 研究选题的价值评价

研究课题自身的价值，决定了其研究结果是否能够具备科研成果的资格。因为只有具有理论意义和实践价值的研究课题，才能对教育理论发展有所贡献，或者在教育实践中得到广泛的推广与应用。研究选题的价值考量包括：

（1）选题的意义。主要从理论意义或实践意义两方面考量。

（2）选题的新颖性。是否是新理论或新问题。

（3）选题论证的充分性。选题的理论与实践依据、研究的视角与重点、条件分析是否充分。

2. 研究过程的规范

研究过程的规范性方面的评价就是对研究设计的科学性和可行性，以及研究过程的规范性进行分析、评价。

（1）研究设计的评价。包括：① 问题课题化的恰当性；② 假设的逻辑性与陈述的准确性；③ 变量及其关系假定的自恰性；④ 研究思路清晰性和周密性；⑤ 研究方式（类型、方法）与课题性质的适恰性。

（2）研究资料的评价。包括：① 资料搜集的充分性；② 资料的真实性（从何处来的）；③ 资料的可靠性（怎么来的）；④ 资料使用的恰当性（分类整理合理、统计分析准确）。

（3）研究结论的评价。包括：① 结论有没有充分的研究依据；② 结论推理的逻辑性（推理模式的有效性、推理方法的正确性、推理的逻辑性）；③ 结论的解释性（概括性）；④ 结论的价值（结论的创新性、理论的或实践的结论、理论与实践的结合）。

3. 研究成果的水平

（1）成果的内在品质。应具有较强的科学性、创新性、实践性。

（2）成果的呈现形式。体例规范、结构完整、逻辑严密、语言准确。

4. 研究的效应

（1）建立在教师广泛参与基础上，教师介入的广度与深度及由此获得的收益大小。

（2）研究所带来的学校实际工作改进的程度，与研究相关的手段或策略所带来的学校、教师、学生的发展变化。

（3）课题研究与学校实际工作的联系，研究成果与实际效果的一致性。

5.5.3 教育科研成果鉴定的一般程序

研究者在对课题研究过程的人、事、信息、时间、财物等要素进行总结、回顾，完成结题报告后，课题负责人应及时填写“成果鉴定书”，连同研究报告及相关研究成果材料一并报送项目管理部门，并附送经课题负责人所在单位签署意见的有关课题鉴定工作安排的商函（包括课题鉴定的组织方式、时间等）。科研成果具有学术性，涉及多学科的理论、原理和方法，成果鉴定和评价由相应的教育科研管理机构组织专家进行。因此，课题组的研究报告及其他形式的成果等要根据课题来源、级别、内容等因素，向有关方面申请鉴定。

（1）准备科研材料，包括结题报告、研究报告（或实验报告），以及与课题研究有关的其他材料，在预定鉴定时间一个月前送交有关部门或有关人员。

（2）写好简明扼要的申请报告，领取、填好申请书。

（3）校级课题向本校提出申请，学校要根据科研成果评价标准和方法，组织校内具有高级职称的行家或校内外专家结合，进行评议。

(4) 省、市、区县级相应科研管理机构或委托机构提出申请，根据研究成果及经费等条件，分别提出验收或评审的形式、时间、方法。

(5) 鉴定的组织形式可依课题的性质采取不同形式，不同的鉴定方式有不同的程序要求。

(6) 教育科研管理部门在收到申请后，将会作出明确答复。

(7) 鉴定工作由省、市、区县科研管理部门组织和主持，省级、市级及以上的重点课题，必须组织专家评审。鉴定工作完成后，课题组应及时将专家的鉴定意见报送项目管理部门，项目管理部门在审读专家鉴定意见和研究报告后决定是否同意结题。课题没通过验收者须补充研究方能结题。

(8) 课题鉴定验收后，课题组应针对专家评议和建议作必要的修改、补充，使研究更完善；并将研究成果材料、研究工作报告、验收或评审材料交省、市、区科研管理部门、本单位各五套，研究中的原始材料交本单位，存入科研档案或业务档案。有关的课题经费也应分别同相关部门结算。

5.5.4 教育科研成果鉴定的基本形式

目前的教育科研成果鉴定多采取专家评议方式。根据成果的重要性和经费等具体情况，有会议鉴定和通讯鉴定两种形式可供选择。鉴定组成员一般由 7～9 人组成。人选由课题负责人所在单位和组织鉴定的单位共同协商聘请。鉴定委员会或鉴定小组应以专家为主体。鉴定专家应精通本学科业务，具有高级职称和荣誉称号，属于同行中的权威人士。除专家外，还应有相关的学科规划成员和业务水平相当高的教育行政领导参与。

1. 会议鉴定

以会议的方式对成果进行鉴定与评估。在会议鉴定一个月前，课题组应向主管部门提出口头或书面鉴定申请，并同时或随后呈递成果主件、附件及研究工作总结报告(其中应包含对成果的自我评价及经费使用情况)等材料。召开鉴定会议半个月之前，负责组织鉴定的部门就要将鉴定材料分别呈送给参加鉴定的专家，并敦促鉴定专家提前审读材料，做会议鉴定准备。会议鉴定的一般程序是：① 有关领导和鉴定委员会主任或鉴定组长讲话，指明鉴定意义，提出鉴定要求；② 课题负责人汇报研究工作过程和研究成果；③ 课题组解答鉴定组成员质疑；④ 考察现场或进行现场调查或查阅有关资料；⑤ 鉴定成员参照鉴定标准和评估指标体系评分或准备意见；⑥ 全体鉴定成员即席讨论评议，或付诸表决通过鉴定意见；⑦ 课题组负责人认可鉴定意见并表态；⑧ 填写鉴定表格，鉴定委员会主任或鉴定组长签字生效。

2. 通讯鉴定

通讯鉴定和会议鉴定要求相同。鉴定成员以通信的方式先鉴定评估意见并寄给主任或组长，主任或组长汇总后再征求各成员意见或付诸表决。

5.5.5 全国教育科学规划课题成果鉴定结题细则

为提高全国教育科学规划课题研究成果的质量，引导多出“看得见、摸得着、用得上、见效好”的成果，健全教育科学成果评价机制，规范全国教育科学规划课题管理，引导教育科学事业的健康发展，增强中国教育科学的持续创新能力，根据《国家社会科学基金项目管理办法》和《全国教育科学规划课题管理办法》的有关规定，制定本细则。

1. 工作原则

列入全国教育科学规划的所有课题按期完成后，原则上最终成果均须进行鉴定，通过鉴定后予以验收结题。凡涉及政治、民族、宗教敏感问题的研究成果，须先鉴定后出版或发表。最终成果为书稿的，在通过鉴定之后出版的，须先报送样书，再领取结题证书。

全国教育科学规划领导小组办公室负责全国教育科学规划重点课题（国家重点、国家一般、国家青年基金和教育部重点、教育部青年专项课题）和教育部规划课题最终成果的鉴定。

根据需要，全国教育科学规划领导小组办公室委托省（自治区、直辖市）教育科学规划领导小组办公室和教育部直属高校社科（科研处）负责所在地区和学校承担的部分教育部规划课题最终成果的鉴定工作。

2. 成果要求

国家重大（重点）课题应在国家级出版社出版 30 万字以上学术专著 1 部、在 SSCI 或 CSSCI 期刊上发表 3 篇以上系列论文。国家一般课题应在国家级出版社出版专著 1 部、在 CSSCI 上发表 3 篇系列论文。国家青年基金课题应在国家级出版社出版专著 1 部、在 CSSCI 期刊上发表 2 篇系列论文。教育部重点课题应出版专著 1 部或在核心期刊（北京大学图书馆版）上发表 3 篇系列论文。教育部青年专项课题应出版专著 1 部或在核心期刊（北京大学图书馆版）上发表 2 篇系列论文。教育部规划课题应出版专著 1 部或在核心期刊（北京大学图书馆版）上发表 1 篇系列论文。

所有课题申请结题均须填写《全国教育科学规划课题成果鉴定申请-审批书》，提交的研究总报告不少于 3 万字，成果公报 6 000～8 000 字。

3. 免于鉴定的条件

为鼓励优秀研究成果，减少重复工作，不同类别课题的最终成果具备以下相关条件的，可申请免于鉴定：

（1）列入国家社科基金的课题（国家重大和重点课题除外）同国家社会科学基金项目管理办法的具体规定，即获得省部级评奖二等以上奖励；提出的理论观点、政策建议等被省部级以上党政领导机关完整采纳吸收，并附有基本材料和相关证明。

这里的奖项包括：国家社科基金优秀成果奖、国家教学成果奖、全国教育科学研究优秀成果奖、中国高校人文社科研究优秀成果奖、国家科学技术奖，以及省级哲学社会科学研究优秀成果奖、省级教学成果奖和省级科学技术奖。

国家重大和重点课题不得申请免予鉴定。

（2）教育部重点课题和教育部青年专项课题最终成果的主体部分被省级以上教育行政部门完整采纳吸收，并附有基本材料和证明；或最终成果的主体内容在《中国社会科学》、《新华文摘》发表或转载，并有明确标识。

（3）教育部规划课题最终成果的主体内容在《教育研究》、《心理学报》杂志发表，并有明确标识。

教育部重点课题和教育部青年专项课题达到列入国家社会科学基金课题免于鉴定的条件，教育部规划课题达到列入国家社会科学基金课题、教育部重点课题和教育部青年专项课题免于鉴定的条件，均可申请免于鉴定。

申请免于鉴定的，在填写《全国教育科学规划课题成果鉴定申请-审批书》时，要说明理由，并随寄相关证明材料、发表或转载原件。

4. 鉴定方式

国家重大、重点课题成果鉴定采用会议鉴定方式。其他课题成果鉴定一般采用聘请同行专家进行通讯隐名鉴定或会议集中鉴定的方式。教育部规划课题委托省级教育科学规划领导小组办公室负责鉴定。

根据研究性质和质量，少数确需进行会议鉴定的课题，须经全国教育科学规划领导小组办公室或其委托机构同意。

5. 鉴定标准

分科学性、创新性、规范性、难易程度、应用价值等五个方面进行等级分类评价，定性（从五个方面进行模糊评价）和定量（分 A 级优秀、B 级良好、C 级合格、D 级不合格）相结合，作为专家评价的参考标准。

鉴定组织者根据 5 位专家的鉴定意见和鉴定分数，综合确定成果的鉴定等级。四个等级的量化标准具体内容如下。优秀：平均分在 85 分（含）以上；不少于 4 位专家打分在 85 分以上；不少于 4 位专家划等级为优秀。以上条件必须同时具备（下同）。良好：未达到优秀等级；平均分在 75 分（含）以上；不少于 4 位专家打分在 75 分以上；不少于 4 位专家划等级为良好（含）以上。合格：未达到良好等级；平均分在 65 分（含）以上；不少于 3 位专家打分在 65 分以上；不少于 3 位专家划等级为合格（含）以上。不合格的标准是指低于合格等级的标准。

6. 专家选定

鉴定组织单位分别建立相应的鉴定专家资源库，组织鉴定时，鉴定专家由全国教育科学规划领导小组办公室或其委托机构从鉴定专家资源库中遴选确定。鉴定专家须具有高级专业技术职务或相应的行政职务、学历，思想作风正派，有较高学术水平。鉴定专家的职责是公正、公平、客观、准确地评价课题成果，鉴定工作接受相关法律法规及其信誉制度的制约，接受社会、鉴定组织单位的监督与管理。鉴定组织单位对鉴定专家的人选、鉴定过程的具体内容严格保密。

7. 工作形式

鉴定专家在认真审读研究成果的基础上，对照课题申请书预期达到的目标，参照《全国教育科学规划课题成果鉴定等级评定参照指标》，实事求是地对成果提出客观、公正、全面的鉴定意见。

采取通讯鉴定方式的，鉴定专家分别提出个人书面鉴定意见、分项评定成果等级，提出能否通过课题鉴定的明确意见。鉴定组织单位根据 4/5 鉴定专家的意见确定课题是否通过鉴定。

采取会议鉴定方式的，由鉴定专家个人分项评定成果等级，并由鉴定组集体评议，形成综合性鉴定意见和能否通过课题鉴定的明确意见报鉴定组织单位，经鉴定组织单位确认后确定成果是否通过鉴定。

每个课题的鉴定专家一般为 5 人，最多不超过 9 人。课题组成员(顾问)以及上级单位的人员不能担任本课题鉴定专家，课题负责人所在省区参与鉴定的专家不超过 2 人，课题负责人可以提出 2 位以下建议回避的鉴定专家。

8. 经费保障

成果鉴定所需经费从课题研究经费中支出。每项课题通讯鉴定费 3 000 元。课题负责人在报送鉴定材料的同时向鉴定组织单位垫付鉴定费用，再由鉴定组织单位向专家支付。有直接经费资助的课题通过专家鉴定后，全国教育科学规划领导小组办公室将其预留的课题研究经费拨付课题负责人。

9. 时　间

鉴定组织单位在收到鉴定申请后的 15 天内对鉴定材料进行审查，审查通过后即组织鉴定，鉴定工作原则上在鉴定组织单位收到申请人寄送的鉴定材料后 2 个月内完成。

10. 公　示

课题鉴定坚持公平、公正、公开的原则，鉴定组织单位将公布课题研究鉴定结果和鉴定等级，公示鉴定专家的鉴定意见，接受社会监督。任何单位或者个人对课题成果、专家鉴定意见持有异议的，可在鉴定结果公布之日起 30 日内向鉴定组织单位提出。

鉴定等级为优秀的，通报表扬，载入信誉榜，评奖时给予推荐；第一次鉴定未通过的，承担者须暂缓 1 年申报全国教育科学规划课题；第二次鉴定仍未通过的，按撤项处理，承担者 3 年内不得申报全国教育科学规划课题，并载入不良信誉榜。

成果若出现抄袭剽窃等其他违规行为，除通报外，课题按撤项处理，并追回全部资助经费，承担者 3 年内不得申报全国教育科学规划课题。

不结题者，冻结其申报课题权利。

11. 重新鉴定的规定

第一次鉴定未通过的，鉴定组织单位将鉴定的结果反馈给课题负责人，课题组根据专家意见改进研究工作，须在半年内重新申请鉴定，并再次支付鉴定费用。

12. 鉴定程序

(1) 课题研究工作完成后，课题负责人填写《全国教育科学规划课题成果鉴定申请-审批书》(以下简称《成果鉴定申请-审批书》，可从全国教育科学规划领导小组办公室网站下载)，经所在单位科研管理部门审核合格后，将《成果鉴定申请-审批书》、课题最终研究成果(成果主件及必要的附件)、《课题申请-评审书》复印件共 7 套鉴定材料(5 套提交鉴定专家、2 套存档)一并报送全国教育科学规划办公室相应学科主管人员。申请免于鉴定的，报送鉴定材料 2 套，免于鉴定申请未获批准的，需再次报送鉴定材料 5 套。

(2) 鉴定组织单位将鉴定材料及《全国教育科学规划课题成果专家(个人)鉴定意见表》(以下简称《专家(个人)鉴定意见表》)、《全国教育科学规划课题成果鉴定等级评估参照指标》寄送鉴定专家(采取会议鉴定方式的,鉴定材料须在鉴定会议前一个月寄送鉴定专家)。

(3) 鉴定专家在审读最终成果后,分项评定成果等级,填写《专家(个人)鉴定意见表》,并提出成果能否通过鉴定的明确意见(采取会议鉴定方式的,鉴定会由鉴定组织单位主持,鉴定组长负责,鉴定专家独自分项评定成果等级,并通过讨论形成专家组鉴定意见,提出成果能否通过鉴定及鉴定等级的明确意见)。

(4) 鉴定组织单位根据 4/5 通讯鉴定专家的意见(或专家组鉴定意见)确定成果是否通过鉴定。

(5) 公示课题成果、专家鉴定意见及鉴定结果,接受社会监督,接受单位或个人的书面异议材料。

(6) 鉴定组织单位对鉴定程序进行审核,在《成果鉴定申请-审批书》上填写审批意见。

(7) 最终成果鉴定通过后,由全国教育科学规划领导小组办公室进行课题研究资料审核工作。

履行立项申请承诺、通过课题鉴定、资料完备的,全国教育科学规划领导小组办公室发给《全国教育科学规划课题结题证书》。

13. 其他事宜

(1) 课题通讯鉴定费一律邮寄至全国教育科学规划领导小组办公室,并要写明课题负责人的姓名和课题批准号,以便查对。

(2) 课题结题材料统一装订成册,邮寄至全国教育科学规划领导小组办公室,同时把电子版发至全国教育科学规划领导小组办公室和学科主管的邮箱。

第6章 现代职业教育教师的人际交往与班主任工作能力

6.1 教师的人际交往能力与班主任工作的总体要求

6.1.1 教师的人际交往能力

1. 人际交往能力的内涵和意义

教师人际交往能力是指教师在教育教学活动中所必需的，保证其卓有成效地履行教书育人职责的与他人在行为和思想上沟通、协调的能力。教师从事的是以人为对象的工作，开放的个性和较强的人际交往能力，是教师职业的又一必备素质。在开放的学校教育系统中，教师的人际交往能力的强弱直接影响学校的教育质量。优秀教师都具备了很强的亲和力和凝聚力，能营造利于工作开展和学生成长的良好人际关系氛围。

初为人师的新教师，缺乏教学经验，教学效能感低，是否具有较强的人际交往能力往往成为教学成败的关键。我们常常看到与学生关系和谐的新教师即使是教学能力不够强，仍然受到学生欢迎，教学效果比一些老教师还要好。

人际交往既需要科学性，又需要艺术性，在交往中须将两者有机地结合在一起，以提高交往效果，改善人际关系。善于交往的人，不但能使起初不相识的人产生良好的第一印象，而且能广结人缘，到处受人欢迎。而不善于交往的人，即便学有所成，亦不能使人对他产生深刻的印象。曾有一位心理学家说过："在造就一个有教养的人的教育中，有一种训练是必不可少的，那就是优美而文雅的谈吐。"谈话的精粗、优劣，很能反映出一个人的文化修养和道德水平，并对他人可产生不同的心理效应。

2. 职业院校教师的人际交往

人际关系是一个被广泛使用的概念。不同的学科领域对人际关系的解释有不同的角度。心理学所研究的人际关系指的是人与人之间通过交往建立起来的某种比较稳定的心理联系，它反映着人与人之间的心理距离，也标志着人与人之间的亲近性、融洽性、协调性的发展水平和现实状况。

人际关系是普遍存在的一种社会现象，在学校这个特定的环境中有其特殊性。教师的人际关系主要包括教师同领导之间的上下级关系，教师同教师之间的同事关系，教师同学生之间的师生关系，以及教师同家长的关系等，这些关系是通过人际交往形成和维持的。它不但对个体心理及个性的形成和发展具有重大影响，而且对学校的管理也至关重要。

(1) 师生关系

师生关系是教师最主要的人际关系。教师的工作对象是学生，教师主要是通过学校的教育和教学活动对学生实施影响，教师对学生的教育是否有效，在很大程度上取决于师生关系是否和谐、融洽。根据美国人类教育协会(National Consortium For Humanizing Education)的调查研究发现，教师的交往能力影响学生的成绩。此外，良好的师生关系还会影响学生的道德和学习。

教师与学生的交往从根本上说是精神上的沟通、情感上的交流和教师人格的影响力。教师与学生的交往中，教师起着主导作用，教师对学生精神的影响是巨大的。当然，师生关系对教师的心理也有重要的影响，良好的师生关系能够增强教师的教育效能感、心理稳定感，进而增强教师对教育事业的热爱感。良好的师生关系是教育大厦得以建立的基石。

心理学家罗杰斯提出，建立良好的师生关系有三个必备的条件，或者说是教师必备的三种品质——真诚、接受和理解。基于以上理论，要建立良好的师生关系教师应注意以下几点：热爱学生；尊重学生；了解学生、理解学生、关怀学生、帮助学生；真诚的欣赏和善意的批评。

良好的师生关系不但能促进学生更好地成长，实际上也是向学生提供了一种人际关系的榜样，成为学生今后建立人际关系的一种潜在的模式。从某种意义上说，师生关系在这方面的影响作用比对学生学习的直接影响作用更为重要。事实上，师生关系就是一部最生动最直观的道德教科书。师生关系好的教师从学生的尊敬和爱戴中体验到自己的价值，在与学生的交往中享受到快乐，从而使他们对自己的生命有积极的体验。

(2) 同事合作关系

学校是一个群体，教师是教师群体中的一员。虽然每个教师都有自己独立的工作职责和任务，但教育工作不是孤立进行的，他(或她)必须与其他教师合作才能完成教书育人的任务。此外，通过教师之间的相互交往与合作也能达到相互学习、相互促进的作用。现代教育要求教师不仅要精通自己的专业，还要有广博的知识。教师可以通过与同事之间的相互交流学习他人的长处，这里包括向其他教师学习相关的知识，拓展知识领域，也包括向其他教师学习教学经验、班级管理经验。在相互的交流过程中，教师自身的业务水平得到了提高。良好的同事关系是教师成长的重要环境，同时有助于教师消除孤独感，有利于心理健康。

(3) 与家长的交流合作

家庭是学生成长的主要环境，家长的鼓励、对教育的重视、为学生提供的支持条件及家长对子女的指导与监督，对学生的学习有很大的影响。因此，教师的教育活动就不能仅仅局限在学校范围内，还必须与家长取得联系，使家长参与学校的教育活动。教师与家长的沟通与交流主要可通过设立家长开放日、家访、家长会、创办家长通讯等几种形式实现。学生来自不同的家庭，家长的文化素质、个人修养、性格品质等都有所区别，这就要求教师有很强的人际交往能力，与不同类型的家长进行沟通与交流。

要建立良好的教师与学生家长的关系，应该做到以下几点：

① 教师和家长双方都要正确认识他们之间关系的性质。教师与家长的关系是建立在教育孩子、使孩子健康成长的基础上的合作关系。双方是平等的，既不是家长花了钱就可以要求教师完全服从自己的意志，也不是家长有求于教师，教师支配家长。教师尤其要明确，自己没有领导、管理或教育家长的权力和任务，与家长就是协商合作的关系。

② 教师和家长要互相信任、互相尊重，遇到问题共同商讨，有不同意见相互交流，不在孩子面前指摘对方、贬低双方。

③ 面对学生成长中的各种问题，应该认真研究问题，共同商讨解决办法，分工协作，各负其责，而不是互相指责，互相推委。家长该做的事不应该推给教师，而教师该做的事也不能推给家长。

除了上面提到的交往对象，职业教育教师还要与社会其他各界人士打交道，要利用学校周围的社区、企事业单位、农村、部队等教育资源为学校服务。如为学生提供社会实践和生产实习基地、爱国主义教育基地等。这些工作的开展，都需要教师具备良好的社会交往能力。

3. 人际交往的原则与技巧

人生活在社会中就不得不与人交往，就不得不注重人际关系，而人际关系技巧正是与人交往的润滑剂。但人际关系技巧可以说千变万化，会因人、因时、因地而异。因此，在人际交往过程中，我们必须注意一定的交往原则和技巧。

(1) 人际交往的原则

① 交互原则。心理学家阿伦森等经过大量的实验研究发现，人际关系的基础是人与人之间的相互接纳、相互支持。任何人都不会无缘无故地接纳我们、喜欢我们，别人对我们的喜欢是有前提的，那就是我们也要喜欢、接纳他们，即别人对我们的态度很大程度上受我们对别人态度的影响。人与人之间的喜欢与厌恶、接纳和疏远是相互的。因此，我们与他人交往时应心态宽容，悦纳别人、尊重别人，对别人的成绩要表达真诚的赞美。美国著名的人本主义心理学家马斯洛将人的基本需要分为五大类：生理需要；安全需要；归属和爱的需要；尊重的需要；自我实现的需要。根据马斯洛的需要层次理论，尊重的需要是每个人较高层次的心理需要。获得别人的肯定和赞美是每个人心灵深处最基本的需求，只有我们先真诚地“投之以桃”，别人才会友好地“报之以李”，“己所不欲，勿施于人”是有其心理学依据的。

② 功利原则。心理学家指出，人与人之间的交往本质上是一个社会交换过程，发生在人际交往当中的交换与发生在市场上的交换所遵循的原则一样。人们都希望交换(包括物质、情感、信息、服务)对自己来说是值得的，不值得的交换没有理由去实施和维持，否则，我们就无法保持自己的心里平衡。因此，我们在同别人交往时，应怀有一颗感恩的心，不要视别人对自己的帮助为理所当然的“应该”。平等的交往，平衡的交换是最长久的。无论怎样亲密的关系，如果一味只利用而不“投资”，只索取而不奉献，值得亲密的关系也会转化为不值得、疏远的关系。

③ 自我价值保护原则。自我价值保护，是指人们为了保护自我价值的确立，心理活动的各个方面都有一种防止自我价值遭到否定的自我支持倾向。因此，我们要想在人际交往当中获得成功，首先应不贬低、不轻视别人的价值，不伤害别人的自尊心。如果总是盛气凌人，以己之长比人之短，或当众揭别人的伤疤，让别人总有一种焦虑感、自卑感、无能感，那么这种交往很快就会停止，别人也会很容易启动自己的心理防御机制，或冷淡疏远你，或轻视排斥你，或抵触攻击你。

(2) 人际交往的技巧

① 了解人和人性，把握人际交往的底线。提高人际交往和掌握成功的人际关系技巧的第一步是正确地了解人和人的本性。了解人和人性可简单概括为：“按照人们的本质去认同他们”，“设身处地认同人们”，而不要用自己的眼光去看待别人，更不要把自己的意志强加于别人。当你向对方表达善意、施与关爱的同时，千万别误伤了对方的自尊，哪怕他是你最亲近的

人。富兰克林说：彼此的自尊，是人际交往的底线。

② 巧妙地与别人交谈。当与他人交谈时选择其最感兴趣的话题。他们最感兴趣的话题是什么呢？是他们自己。把这几个词从你的词典中剔除出去——“我，我自己，我的”。用另一个词——“您”或“你”来代替。你是否对谈话感兴趣并不重要，重要的是你的听众是否对谈话感兴趣。因此，当与人谈话时尽量谈论对方，并且引导对方谈论他们自己。这样你就可以成为一名最受欢迎的谈话伙伴。

③ 让别人觉得自己重要。人类一个最普遍的特性便是渴望被承认、渴望被了解。你愿意在人际关系中如鱼得水吗？那么，请尽量使别人意识到自身的重要性。请记住，你越使人觉得自己重要，别人对你的回报就越多。

④ 巧妙地赞同别人。先找到一些值得赞扬的事，然后赞扬他们。赞扬要真诚，并且注意是赞扬行为本身，而不是赞扬人。赞同艺术的根源在于：人们喜欢赞同他们的人；人们不喜欢反对他们的人；人们不喜欢被反对。“赞同艺术”可概括为以下几点：学会赞同和认可；当你赞同别人时，请说出来；当你不赞同时可以不要告诉他们，除非万不得已；当你犯错时，要勇于承认；避免与人争论；正确处理冲突。

⑤ 巧妙地聆听别人。一个时时带着耳朵的人远比一个只长着嘴巴的人讨人喜欢。与人沟通时，如果只顾自己喋喋不休，根本不管对方是否有兴趣听，这是很不礼貌的事情，也极易让人产生反感。聆听越多，你就会变得越聪明，就会被更多的人喜爱，就会成为更好的谈话伙伴。做到以下几点就会成为一名好的听众：注视说话人；靠近说话者；专心致志地听；虚心提问；不要打断说话者的话题；使用说话者的人称——“您”和“您的”。

⑥ 巧妙地调动别人的情绪。交往最初的一瞬间往往决定了整个交往过程的基调。因此，在最开始，你双眼接触对方的瞬间，在你开口说话之前，在你打破沉默之前，请露出你亲切的笑容。微笑具有很强的情绪感染力。尼尔森是一位优秀的美国飞行员，在一次战争中他不幸被俘入狱。一天，他摸出一支香烟，但是没有找到火柴。没办法，他鼓足勇气向看守借火。看守气势汹汹、冷漠地拿出火柴走过来给他点火，两人目光无意中接触了，尼尔森下意识冲看守微笑一下。然而，就在这一刹那，像受到微笑的感染，看守脸上也露出了一丝不易察觉的微笑。点完火后看守并没有立刻离开，眼睛和善地看着尼尔森，眼睛少了凶气，脸上仍带着微笑，“你有小孩吗？”“有，你看。”尼尔森拿出全家福照片，看守也掏出照片。他们开始讲述各自家人的故事。尼尔森眼中充满泪水，看守也流下了两行热泪。突然，看守打开牢门，悄悄带尼尔森从后面小路逃离监狱，示意他赶快离去，自己转身走了，不曾留下一句话。若干年后，尼尔森回忆说，微笑竟然救了他一命。

⑦ 给别人留下良好印象。如果想美丽，就自己先要美丽起来。如果你想让别人赞赏你、钦佩你、敬重你，你就必须让人感到，你是值得获此荣誉的。为你自己而骄傲（但不要自负），为你自身，为你的职业，为你的工作环境而骄傲；不要为你现在的处境和不足之处而自卑。你就是你自己——要尊重自己，要为自己感到骄傲。要真诚、热情，不必过分急躁，不要通过贬低别人抬高自己，不要打击任何人、任何事。

6.1.2　班主任工作的整体要求

班主任是指学校中全面负责班级学生的思想、学习、健康和生活等工作的教师。他是学生班集体的组织者、教育者和指导者，也是学校教育工作、同时又是学校思想品德教育工作的骨干和得力助手。正是在班主任的管理之下，使得班级由松散型、合作型向紧密型阶段发展，成为一个成熟的班集体。

1. 班主任的作用

班主任在职业院校中的作用非常重要，职业院校中的常见问题是学习动力不足，常常出现旷课现象，甚至有些学生聚众斗殴。这就需要班主任具备较高的素质和较强的责任心，这样才能管理好班级，达到育人的目的。班主任的作用，大致体现在以下几个方面：

（1）是学生健康和谐发展的直接责任者；

（2）是学校工作展开的纽带和具体实施者；

（3）是联系学校、社会和家庭的桥梁；

（4）是社会精神文明建设的促进力量。

2. 班主任的任务

班主任是负有特殊使命的教师，主要是从他的任务来认识。班主任的任务主要体现在以下方面：

（1）思想教育；

（2）管理班级；

（3）辅导服务；

（4）协调同事；

（5）沟通家长。

6.2 思想教育

苏霍姆林斯基曾说："没有培养不好的儿童，没有哪个儿童天生不可教；只有不能教的老师，没有不能教的学生。"在班主任工作中，班主任如果善于做学生的思想教育，那么，学生就会有良好的道德品质，也会具有正确的人生观、价值观、世界观。因此，作为一位负有重托的班主任在进行教学的同时，应当具备有对学生进行思想教育的能力。

教育部在《中等职业学校学生思想道德教育意见》中提出加强和改进职业院校学生思想道德教育的主要任务是：(1) 进行民族精神和时代精神教育。以爱国主义和改革创新教育为重点，开展中华民族优良传统和中国革命传统教育、民族团结教育、形势政策教育，引导中职学生树立民族自尊心、自信心和自豪感，培养改革精神和创新能力。(2) 进行理想信念教育。以马克思主义基本观点、中国特色社会主义理论体系为重点，开展中国革命、建设和改革开放的历史教育与国情教育，开展哲学与人生教育、经济政治与社会教育，引导中职学生树立中国特色社会主义共同理想，逐步确立正确的世界观、人生观和价值观。(3) 进行道德和法制教育。以职业道德教育为重点，开展公民道德教育、民主法制教育，开展集体主义精神和社会主义人道主义精神教育，引导中职学生树立社会主义荣辱观，养成良好道德品质和文明行为，提高职业道德素质和法律素质。(4) 进行热爱劳动、崇尚实践、奉献社会的教育。以就业创业教育为重点，开展职业生涯规划教育和职业指导，引导中职学生树立正确的职业观和职业理想，提高综合职业素质和能力。(5) 进行心理健康教育。以培养良好的心理品质为重点，开展心理健康基本知识和方法教育，开展职业心理素质教育，指导中职学生正确认识和处理遇到的心理行为问题，引导中职学生养成自尊、自信、自强、乐群的心理品质，提高心理健康水平和职业心理素质。(6)以珍爱生命、健全人格教育为重点，开展安全教育、预防艾滋病教育、毒品预防教育、环境教育、廉洁教育等专题教育，引导中职学生树立安全意识、环境意识、效率意识、廉洁意识。这就要求班主任要围绕以上方面对学生积极开展思想政治教育。

6.2.1　思想教育原则

1. 坚持以人为本的原则

以人为本，促进人的全面发展是科学发展观的本质和核心，更是班主任工作追求的崇高目标，同时也是班主任工作必须遵循的首要原则。

第一，必须树立正确的学生观，即学生是人，是和教师和成年人平等的人。在有的班主任心目中，一个个有生命力、有感情需要、有理想、有发展、有潜能的学生，却成了一部部冷冰冰的机械产品，从不考虑其身心健康成长的客观需要。他们要求学生的是俯首贴耳，唯命是从；评价学生的标准是分数；追求的目标是班级竞赛考核中创优获奖。于是体罚和变相体罚的现象时有发生。由于学生人格尊严受到侮辱，逃学、出走，甚至自杀的现象也偶有出现。树立正确的学生观，必须认识学生个个有人格尊严，有生理的和心理的、物质的和精神的需求，在这点上他们和教师和所有成年人是相同的。因此，班主任必须热爱、尊重、关心、相信学生。班主任的一切工作、班级的一切活动都应当体现对学生的尊重和关爱。同时，应把维护学生的权益放在首位。

第二，学生是有别于成年人的特殊人群。学生是未成年人，是不完美的人，是发展中的人。这就要求教师特别是班主任，要用适合他们实际的标准去评价和要求学生，用适合他们特点的教育内容、教育方法去教育塑造学生。也就是说，教师、班主任不能用成年人的标准去要求学生，用教育成年人的内容、方式、方法去教育学生。同时，还要正视学生的不完美性和可塑性，高度重视学生的思想道德建设，正确看待有这样那样问题的“差生”，不把学生看“死”。要通过教育和引导，帮助学生发扬优点，克服缺点，培养良好习惯，塑造健康人格，促进学生在德、智、体、美诸方面得到全面发展。

第三，每个学生都是有独立人格，独立发展的人。也就是说，学生在生理方面和心理方面以及社会方面都是存在着差异的。这就要求教师特别是班主任要高度重视对学生个体差异的尊重，克服教育方式方法上的千篇一律、对学生要求上的“一视同仁”，而应该因人制宜、因材施教。

2. 贴近实际、贴近生活、贴近未成年人的原则

德育形式必须真正确立青少年的主体地位，给予足够的理解和尊重。不能仅仅把青少年作为教育和塑造的客体，强调以服从为主，强调以课堂教学的“灌输”知识点为主，而忽视青少年之间、青少年与教育者之间的互动，从而导致有些活动形式化：场面壮观，轰轰烈烈，结果却收效其微。既要遵循思想道德教育的普遍规律，又要适应职业院校学生身心成长的特点，从他们的思想实际和生活实际出发，开展富有成效的教育和引导活动，增强针对性和吸引力。

这就要求教育者应当根据不同学校、不同班级、不同年龄的青少年成长阶段普遍存在的现象，有目的地、有针对性地确立主题，选择素材或设计情境，让他们在相互尊重的教育环境中去

实践、去体验、去感悟。此外，网络已成为青少年学习知识、交流信息、休闲娱乐的重要工具。要善于发挥网络的功能。网络作为一种新兴的媒体工具，它的开放性、隐蔽性对传统德育提出挑战的同时，也带来了机遇。学校要加强网络建设与管理，把网络用于学校管理，普及网络道德知识，引导学生文明上网；创建校园网吧，就学生关心的问题、喜爱的影视明星、出现的新思想潮流、着装打扮等展开讨论，让学生充分发表自己的意见和反映自己的思想情绪，更多地将学生从不良网吧中吸引和争取过来。

3. 教育与管理相结合的原则

既要进行深入细致的思想教育，又要落实科学严格的管理，实现自律与他律、激励与约束的有机结合。班主任对学生的挚爱与严格要求是一致的，爱是教育的出发点，也是教育的力量，严格要求学生，正是对学生挚爱的表现。如果对学生缺乏严格要求，马马虎虎，就会误人子弟，就会影响学生的进步和健康成长。教不严，师之惰；严是爱，松是害。

“严”并不等于把学生管得死死的，这样的严只会把学生变成死气沉沉的木头人，“严”也不是对学生任何一个过失都加以严厉的指责。“严格”和“严厉”虽只有一字之差，但含义是不同的：严格是在遵守制度或掌握标准的时候认真而不放松；而严厉是严肃而厉害，说白了就是一个“凶”字，只能引起学生的反感，它是教育的无能与失败的表现。严与爱相互一致，真正体现了严为爱而严，在严中表现爱，严而有格。这个“格”有两个含义：一是规格的意思，也就是规律、规范，即教育要求符合教育规律、教育目标，而不是随心所欲地想出种种清规戒律来；二是限度的意思，严格要求心须是切合实际、有限度、有分寸的，超过限度不讲分寸的“严”就叫“出格”。“出格”只能引起学生的逆反心理，甚至会摧残学生身心健康。严而有理，严格要求应该讲理，严在原则上，不是以势压人、以力服人，而是以理服人，严格要求要晓之以理、动之以情，做到通情达理，学生才会心悦诚服。严格体现在恰当的方法上，而不是简单化地表现为局部表情的严厉和“凶”，应通过恰当的方法来实现，对不同年龄层次的学生，要采取不同的引导方法，经过引导达到预期的目标。总之爱和严应该是“统一”的，产生于爱，爱寓于严，爱而不纵，严而不凶，做到学者为师，健育为范。“严过则凶暴，爱过则溺纵，弛过则放纵，细过则代庖。”一个个活生生的人，一个个不同的世界，班主任在教育学生过程中，要从实际出发，灵活机智地因材施教，唯有如此，才能让学生在宽松的怀抱里绽开幸福的微笑，才能让学生在班主任不同的心语中成长为适应社会、发展社会的人才。

4. 管理和自我教育相结合原则

叶圣陶说“教是为了不教”，魏书生认为“管是为了不管”，其思想从根本上说，是要充分发挥学生在教育管理中的主体作用，做到“管放结合”。具体而言，班主任要管的方面主要包括：制定班级的长期目标，把握班级工作的整体思路；培养一支强而得力的干部队伍，并加以指导监督；做好个别学生及全体学生的思想工作，增强班级凝聚力与向心力；协调多方面关系，形成教育合力。在做好以上工作的同时，班主任要大胆放手，把一些具体事务派下去，建立层次分明的立体型管理体系。班主任要充分调动学生的积极主动性，分工授权，引导学生参与管理，逐步锻炼和培养学生的自我教育和自我管理能力。班主任要做到管大放小、管主放次、授权负责、分层管理，这样才有利于班级的建设与发展，有利于学生个性完善和能力的提高。

面对被喻为祖国未来的学生们，班主任的工作任重而道远。班主任要热爱自己的学生，对学生悉心教育；班主任要勤于了解学生情况，要寻找比较好的教育契机和方法、措施来教育学生；班主任要经常表扬先进，指出问题，以正确的人生观教育学生；要经常找学生谈话，个别疏导；对学生晓之以理，动之以情，导之以行。这样既能调动学生自我教育的积极性，同时又能增进师生之间的信任和感情。班主任不是统帅千军万马的大将军，而只是几十个孩子的“孩子王”，这就决定了当班主任不能运筹于帷幄之中而决胜于千里之外，班主任必须走进学生的心灵世界，接触学生的真实思想。

6.2.2　思想教育途径与方法

科学的教育观必须通过适当的方法才能得以实现。在开展德育工作之前，必须全方位、多层次地深入了解学生个体和集体的有关情况。通过学生档案，掌握每个学生的基本情况，包括德、智、体、美、劳等方面的发展情况；充分掌握班集体的情况，包括班级的思想状况、精神风貌、学习情况，为开展德育工作提供充分准备。在此基础上，可以选择以下几种具体的方法路径开展德育工作。

1. 沟通交流法

沟通交流法是开展德育工作最直接的方式，在和学生沟通交流之前，班主任应当明确谈话目的、对象和内容，选择好谈话的方式、时机和场合。班主任应当以平等的身份和学生交朋友，做到真诚友善，使学生能摆脱拘束、畅所欲言，这样才能真正了解学生的真实情况。在开展沟通交流时，突出学生主体，根据学生的不同特点，采用不同的沟通交流方式方法。如对内向的学生，可以采用委婉含蓄的方式；对外向的学生，可以采用开门见山的方式。同时，又要把握说话的分寸，既让学生对你产生亲近，又要在学生中树立威信。此外，很多学生尤其是那些平时比较内向的学生与班主任面对面沟通会存在一定的障碍或者交流不够深入，这时可以充分运用现代电脑网络技术，如 QQ、MSN、电子邮件等平台和学生沟通交流，使德育工作渗透到日常生活之中。开学之初，除了给学生提供自己的电话号码外，还给学生提供自己的电子邮箱账号，因为有些学生不愿当面与老师特别是班主任反映自身或者班级问题，而愿意通过文字传达，这是班主任工作思路很好的信息来源。

2. 自主管理法

苏霍姆林斯基说：“没有自我教育就没有真正的教育”。在班级工作中要探索建立开放、民主、双向的班级管理体制，给学生以选举权、决策权、监督权和评定权，让每个学生都参与到班级管理中来，增强学生的主人翁意识和认同感、信任感、归属感，使学生不知不觉地进入了自我教育、自我管理的角色。学生在班级管理的生动实践中要正确处理好与其他学生的人际关系，就必须不断纠正自己的价值观念和行为模式，这就潜在地起到了自我教育的作用，使德育工作能够在日常班级生活中开展。作为班主任，对任何一届学生都强调班级是一个“家”，让每个学生都有班级主人翁的思想，让学生在日常的学习生活中自我管理、自我教育。

3. 社会教育法

德育工作是一项社会性的系统工程，要靠学校、家庭、社会来共同完成。因此，必须建立多系统、多渠道、多层次、多载体的立体交叉式的德育网络，班主任要主动与各方面密切配合，使学校、家庭、社会三方面的教育互为补充,形成合力。一方面,要加强与家长沟通,如定期与家长联系或访谈,帮助家长了解学生品德的发展情况,并根据学校教学目标确定家庭教育任务;同时通过与家长沟通交流,使他们树立正确的教育思想,采用恰当的教育方法教育孩子,实现德育工作的家庭化。另一方面,社会实践环节是面向社会现实,锻炼学生能力,提高学生道德素质的重要方式。班主任要注重让学生深入社会实际,进行社会调查研究,开展社会实践活动,有组织地使学生从学校课堂走向社会课堂,经受社会大熔炉的锤炼,使学生在广阔的社会活动中接受道德教育,提高道德素养。同时,通过社会实践活动中同学之间更多的情感沟通和交流,可以弥补学生平时在情感、心理交流的不足,从而培养学生健康的心理和完整的人格。特别是在一些集体活动中,学生比较容易意识到个人的努力与集体荣辱之间的关系,从而促使学生尊重和服从集体的意向,逐步形成集体主义的道德情操。班主任可以定期组织学生参观德育基地、瞻仰革命圣地、祭扫烈士墓、参观名胜古迹,组织学生参加公益活动、志愿服务等社会实践活动,以提高中高职学生的自我教育能力和社会实践能力。

此外,班主任还可以结合学生实际,在实际工作中开展思想教育。如在开展职业指导工作时,把思想道德教育全面融入职业指导工作,加强职业意识、职业理想、职业道德和创业教育,引导学生树立正确的职业观,养成良好的职业道德行为习惯,提高就业创业能力 ,帮助学生认清就业形势,促进学生顺利就业;在落实国家助学金、学费减免、勤工助学、校内奖助学金和特殊困难补助等政策时,让学生感受到党和国家的温暖,感受到社会的关爱,增强爱党爱国的情感,立志报国,服务社会。

德育工作肩负着塑造人格、培养道德情操的重要使命。班主任要切实做好学生的思想品德教育工作,指导学生学会做人,使学生树立正确的人生观、世界观、价值观。而在德育工作中,要使学生真正提高道德水平,就必须以学生为主体,以文化为载体,以情感为纽带,创新方法策略,加强引导帮助,始终给予学生最大的期待,最终达到提高学生整体道德水平的效果。

6.3 班级管理

随着社会需求的变化,传统的职业学校教育教学模式也随之有了较大的变革,这同时意味着职业教育班级管理也必须作出相应的调整。班级管理工作的好坏不仅是提高职业学校教育教学质量的关键,而且影响着职业学校自身发展的前景。怎样做好新时期职业学校的班级管理工作,是摆在我们每位职业学校教育工作者面前的一道课题。

班级管理是一门系统性的学科,它涉及班级同学的思想、学习、生活等方面的管理,是每一位班主任都应该也必须认真思考的一个问题。而在职业教育班级管理中,为提高职业学校学生的基本素质、专业技能,更应该重视班级管理。

6.3.1 班级管理的含义

班级管理是一个动态的过程,它是教师根据一定的目的要求,采用一定的手段措施,带领全班学生,对班级中的各种资源进行计划、组织、协调、控制,以实现教育目标的组织活动过程。班级活动状况直接关系到学生的生活、学习和教学质量,任何一个好的学校都会把班级管理放在极其重要的位置。班级管理是一种有目的、有计划、有步骤的社会活动,这一活动的根本目的是实现教育目标,使学生得到充分、全面的发展。

班级是学校管理的重要载体,班级管理工作是为教育教学服务的,两者紧密相连。班级教育与班级管理的最终目标是一致的，班级教育过程同时也是相应的班级管理过程，两者共同推动学生在班级教育管理过程中朝着预定的目标前进。

6.3.2　做好班级管理的几点要求

1. 完善有效的班级管理体系

俗话说“无规矩不成方圆”，抓班级常规管理、完善有效的常规管理体系，是建设积极向上的班集体的有效途径。班主任接手新的班级后，要根据班级生源的实际情况，在较短的时间内指导学生确立班级的最基本组织结构，基本理顺班级的管理关系，建立起较为完善的管理系统。班级管理可以划分为三个层次：领导层是班主任，是班级各项工作的领导者；管理层由班委会、团支部组成，负责班级的各项具体事务性工作，在班级管理中起桥梁作用；参与层是班级的全体学生，由他们共同参与管理班级事务。这样，班级的形态基本形成，管理系统才能具备操作性。

2. 捉亮点，调动学生的积极性与自觉性

目前，在职业学校中，学生存在着较严重的讲吃比穿的享乐主义现象，表现在课堂上不注意听讲，作业不做或马虎应付，学习成绩一塌糊涂。不少学生沉迷于网吧，动不动就打架斗殴。这些不良倾向不但严重影响了学生的身心健康及本人学业的顺利完成，而且也带坏了周围同学，影响了整个班集体。要解决这些问题，除了要加大对学生思想教育的力度、严肃校纪班规、和家长积极配合以及进行正面引导和治理外，还有一点就是要全面地看待这部分同学。不能仅看到他们的阴暗面，讨厌他们、耻笑他们、嫌弃他们，而是要认真去捕捉他们的闪光点，加以赞扬褒奖，引导激励他们去克服自己身上的缺点。发扬优点，去争取更大的胜利和成功。要满足他们追求自尊和自我实现的心理需要，这比光批评、训斥效果要好。所以班主任应该在各种活动中积极发现和探寻学生身上的闪光点，并且积极制造条件，激发学生的积极性和自觉性，将更多的精力投入到紧张的学习当中。

3. 营造和谐的班级管理氛围

和谐的班级管理氛围，在形成和谐的人际关系、集体意识和班级特色中起着积极的作用。树立正确的舆论导向，能促进良好氛围的形成。正确的思想舆论是班级工作顺利实施的保障，只有树立正确的舆论导向，才能形成良好的班风和学风，从而培养学生的集体荣誉感，增强学生的爱国主义凝聚力，促进班级工作的健康发展和学生素质的全面提高。作为班主任，在班级管理中，要多方面、多渠道地树立正确的舆论导向。要利用班会对学生进行时事教育；结合重要节日和活动对学生开展品德教育；借助板报、橱窗等宣传阵地对学生实施养成教育；通过班级美化劳动、校园美化劳动加强学生劳动观念的培养。还要注重建设丰富多彩的班级文化，如主题班会、课外活动、寝室环境、墙报板报等，这些都是班级成员共有的信念、价值和生活学习态度的复合体，它们既是影响管理氛围的因素，又是班级管理成果的标志。

4. 确定班级管理目标

班级管理目标的确定，是班主任进行班级管理的出发点和落脚点。有了目标，就有了方

向；有了目标，就有了动力和立足点。作为职业学校的班主任，在管理过程中必须以就业和创业的目标来引导学生树立正确的人生观、世界观和价值观，培养学生良好的道德品质，促进学生身心的健康成长。对于正值青春期的职业学校学生而言，他们渴求独立、渴求就业的愿望很强烈，我们要抓住这一心理需求，根据就业和创业的目标制定出具体的实施目标，让学生明确自己在校期间要做什么、怎样去做、最终达到一个什么样的目标，然后再去做什么。这样，使学生在目标管理中不断提高、不断进步。

6.3.3 班级的组织建设与管理

1. 班级的组织建设

建立健全班级团支部和班委会组织，发挥班级组织的积极作用，是班级管理的重要方面。要充分认识加强班级组织建设是形成班级凝聚力和战斗力的组织保证，是发挥学生自我管理和监督作用的重要方面。班级团支部是班级的“先进性”组织，班委会则是班级学生的管理组织，其职能特征是协助班主任对班级进行日常管理和监督。当然，也要形成明确的班级管理制度，班级的规章制度分为两种：成文的制度和非成文的制度。成文的制度包括学校的各项规章制度和班级自己制定的管理制度等。这些规章制度一方面调节团体和个人的行为，保证共同活动目标的实现，另一方面也维护个人在团体中的权益，从而使个体获得发展。班级中非成文的制度主要指班级的传统、舆论、风气、习惯等，是班级中约定俗成的规范。

班主任应该尽快加强和完善班级团支部和班委会这两个组织的领导和建设。团支部工作要在校团委统一领导下，在围绕和服务团的中心工作前提下，切实使团支部在班级中发挥先进性作用。要选好选准团支部书记，积极引导好班级学生的思想，提升全班学生的思想道德素质。班委会应该在学院党总支和行政部门的领导下，在辅导员、团总支、院系学生会的指导下，尽职尽责地开展好班级各项工作，带领全班同学开展优良班风建设，争创先进班集体。先进班集体，应有明确的奋斗目标，健全的组织系统、严格的规章制度与纪律、强有力的领导核心、正确的舆论、优良的作风和传统。班委会定期召开工作例会，总结工作经验，制定工作计划，及时研究和解决班级同学在学习、工作、生活等方面出现的困难和问题，经常向辅导员老师和院系领导汇报学生的思想情况和学习、工作情况，并提出合理化的工作建议。

2. 班级教学管理

(1) 管“学”为主。班主任的管理对象是本班的几十名学生，他的主要任务是调动本班全体学生的学习积极性，配合各任课教师共同完成学习任务。如果说学校教务部门侧重于“教”的管理，班主任则应侧重于“学”的指导和管理。

(2) 保“质”为先。班主任抓学生的“学”的管理，应突出指导学生全面学好教学计划规定所开设的各门学科，努力达到各门学科的教学目标中有关知识、技能和能力及思想品德等方面的要求。为此，班主任不仅要对学生进行学业辅导，更重要的是进行学习目的和学习态度、方法的教育；不仅要对学生的学习作个别指导，更重要的是要形成班级的优良学风，保证群体学习质量的提高。

(3) 多管齐下。班主任抓班级教学管理独具优势，除了通过课堂教学主渠道外，还可利用班集体的组织优势，开展诸如各种互帮互学活动，以及各种课外活动，帮助学生提高学习兴趣，扩大知识视野，发展各种能力，而且还通过与任课教师及学生家长的联系沟通，齐抓共管，共同教育学生，实现教育目标。

3. 班级活动管理

在班级活动中，班主任常常扮演组织者和领导者，学生则常常扮演参与者和服从者。久而久之，学生就会缺乏创造热情，而机械地或被动地成为听话和服从的“好学生”。这样，就把学生的创新意识和创造热情压抑了，不能充分发挥他们的创造性和主动性。班主任在班级活动方案实施前应与学生进行讨论，鼓励学生敢想敢说敢做，学生始终处于主体地位，这就形成了一个浓厚、宽松的交流氛围。班主任肯定尊重学生的每一个建议和见解，久之，会促使学生标新立异，具有向一切人和事挑战的勇气。

因此，班主任在班级活动的管理中，可以是“参与型”的，绝对不能选择“包办型”。班主任要适时、适度发挥引导作用，提高班级活动的管理水平。

4. 班级日常制度管理

推行制度化建设，实施制度化管理，不仅是集体建设水平的标志，还是班集体得以形成并向优秀班集体发展的有力保障。管理制度为同学提供了行为标准和行为调控的依据，使学生从他律走向自律。在制度“管”学生的环节中，应注意以下方面：一是制度跟着学生走。学生到哪，制度跟到哪，置班级于制度控制下，做到有章可循、有约可依，借助于规章制度的约束力，使班级目标管理工作规范化、制度化和程序化。二是制度有操作性。班级制度要在形式上精确，具体可行，便于操作。班级制度要在广泛征求全班意见、反复论证、权衡利弊的基础上并结合年级的量化管理条例来制定，在执行过程中还应不断搜集资料，进行比较，不断修改和补充，使之更加完善。三是班级制度的制定应符合下列的基本要求。首先，符合国家的法律、法规，符合学校要求。其次，科学性。要从班级出发，遵循教育规律，符合大学生身心发展的特点，符合学校管理特点。再次，教育性。要从管理需要出发，考虑教育目标，发挥教育功能。最后，有相对稳定性。在执行中要不断完善，不能半途而废，更不能朝令夕改。

6.3.4　强化职业院校班级管理

1. 重视思想道德教育

思想是一切问题的原动力，思想问题解决了，任何问题都会迎刃而解。思想道德主题教育会潜移默化地影响学生的行为、发展。建议班会要进行一些法制法规、校规校纪、班风班纪、劳动、安全、爱心、感恩励志、心理健康、职业道德、职业规划等主题的教育，形式可多种多样。如刚进职校的学生在这方面教育大多数还是空白，如果学生知道了行为后果的轻重，自然能自律。从带班的效果看，哪些方面强调得多一点，那些地方问题就出得少一些。在爱心教育方面，要有针对性地引导，要将传统美德教育、爱国教育、爱的分享等思想教育结合起来，让学生多付出一份真心、多收获一份乐趣。

2. 常规管理紧抓不懈

对于学生，不迟到、不早退、不旷课、上课认真听、及时完成老师布置的各项任务是基本义务，而职校学生恰恰在这方面有欠缺。也许学生的一次迟到、早退不算太大的错误，但如果班主任不管不问，学生一定会放松对自己的要求，并让学生感到班主任在管理中的无责任感和不认真。因此班主任要注重小节、细节的管理。在三区（教室、宿合、包干区）卫生管理方面，最普遍的现象是评比时各方面都能做到位，可平常的维持就成了问题。有什么好方法让他们对这方面的事情做到思想重视、行动落实且坚持不变呢？其实很简单，就是常抓不懈。"抓常规"反映出我们注重从身边、从小事做起的一种态度，也逐步培养了学生严谨的做事风格。

3. 合理确定班集体的发展目标

目标是集体发展的方向和动力，一个班集体只有具有共同的目标，才能使班级成员在认识和行动上保持一致，才能推动班集体的发展。总体目标重要，阶段目标也很重要。为防止原本就不太爱钻研书本的这些学生因课业不紧无所事事而导致无事生非，班主任应精心、恰当地制定阶段目标，如结合学校各项活动，要求学生在相关活动中争创优秀，例如争创"五星宿合"称号等。有了奋斗目标，班主任有压力，班干部有动力，对整个集体有约束力，在落实阶段目标过程中班级各小组再开展一些交流活动，整个班级努力向上的氛围就带动起来了，学生有所思有所想，生活充实了就避免出去上网、游荡等现象。

4. 提高班级凝聚力

根据学生好动的特点，从学生容易接受的活动开始，例如唱歌，通过组织这类活动拉近班主任和同学之间的距离，增强大家的集体荣誉感；然后引导他们看书，看一些能培养学生高尚情操的书。开展一项文艺活动就要尽可能开发学生的潜能。在职校班级搞艺术活动，艺术性可能高不到哪里去，但要通过训练增强他们吃苦耐劳的精神，增强他们工作学习的信心。严格的要求会让学生终有所获，一旦有了一次获奖，班级的文艺活动就很容易开展了，慢慢的，经过多次活动的开展，整个班级也就凝聚起来了。班级活动不是班级少数同学的事，就任何一个活动来说，班级要分工，有做策划的，有搞服务的，有做宣传的，等等。只有人人都参与了才能有集体的荣誉感，才能共同感知班级氛围，提高班级的凝聚力。

5. 努力保持班级活力

职校 3 至 5 年的学习阶段是学生青春期、心理成熟期和个性发展的关键时期，班主任应调节好班级气氛，将班级建设成为一个充满情趣、充满活力、充满魅力、充满吸引力的地方，让同学们身心得以舒展、个性得以发展，让他们以后有美好的回忆。班主任与学生的关系应当是亦师亦友的关系，不能只会用职位的威严逼迫、吓唬学生，而应有一个平等交流的空间。班主任有空时可与学生多谈心，拉近距离，直至学生有想与班主任谈一谈、说一说的程度，只有学生亲近尊重班主任，班主任的讲话才有分量，学生才能真心听从引导。另外，班主任应尊重学生的个性、感情、感受，有时班上出现集体询问或欢呼的小吵闹时，不要把它当成坏事而厉声喝止，相反这是一种活力和激情的表现，班主任应当默许。班级"松而不乱，严而不死"、学生"富有个性，充满活力"是我们管理班级的目标和追求。

职校班级管理由于学生素质和个性的特殊性，有一定的难度，但只要班主任能不断提高自身素质，用热心、爱心真诚对待每一个学生，工作中以人为本，循序渐进，采取适当的方式方法加以引导，就一定能够将他们培养成为出色的职业院校学生。

6.4　辅导咨询

关于辅导咨询，在学术界有许多不同的定义，其中数罗杰斯(1942)的界定最有影响力。他认为，辅导是一个过程，期间辅导者与当事人的关系能给予后者一种安全感，使其可以从容地开放自己，甚至可以正视自己过去曾经否定的经验，然后把那些经验融合于已经转变的自己，做出统合。从定义可以看出，罗杰斯所说的辅导咨询主要是心理层面上的辅导，而本节所涉及的辅导咨询，从层次上讲没有那么深，但是从内容上讲要更丰富，指的是班主任与学生以个别或者团体的形式，通过会谈、班会、主题活动等方式，由班主任提供帮助，使学生能够更有效地在智力、兴趣、能力等方面获得发展的过程。辅导咨询分为学习辅导、生活辅导和生涯辅导三大类。

6.4.1　学习辅导

学习辅导是指学校相关人员对学生在学习活动中发生的各种问题进行辅导。从广义上讲，学习辅导包括一切对学生进行的辅导活动，如：指导选课、补课、答疑、学习方法指导、学习兴趣培养、克服厌学心理、管理逃课现象、形成良好的学风等。狭义的学习辅导则是指学习心理辅导，它属于学校心理辅导工作的重要组成部分，是学校心理辅导工作的一项中心内容，也是班主任工作需要做的一部分。

班主任主要在学习方法的介绍、学生学习习惯的养成、良好的班级学习氛围形成等方面具有重要的作用。学习方法和学习习惯本应当是中学就已经学会和形成的，但由于学生良莠不齐，班主任应当着重对后进生进行这方面的辅导；部分学生学习态度不端正，作为班主任应当承担起教育的职责；通过班级活动和氛围营造形成良好的班级学习氛围，也属于班主任的职责范围。

1. 帮助学生改进学习方法和策略

(1) 帮助学生认识和形成适合自己的学习风格

每一个学生在以往的学习中都已经形成了一定的学习风格，有的学生喜欢通过不断地做题目促进学习，有的学生喜欢通过阅读和记忆改善对知识点的把握，有的学生能够不知疲倦地持续学习，有的学生则需要通过经常性的休息来调整自己的学习状态。进入大学后，有的学生喜欢一直呆在图书馆，有的学生更喜欢实验室，有的学生喜欢通过小组讨论学习，也有的学生则更喜欢学生组织和学生社团中的实践。这些都与学生的学习风格相关，班主任可以通过班会对学生进行这方面的启发，帮助学生认识自己过去的学习风格，努力形成契合自身的学习风格。

(2) 帮助学生改善时间管理

不少学生都习惯用一个本子记录和安排自己一天的日程，备忘当天发生的事情，这就属于时间管理。不过大部分学生并没有掌握时间管理方面的科学方法和技巧。因此班主任可以通过主题班会和小组分享等方式，向学生系统介绍时间管理方面的知识。教会学生如何制作并使用学期课程表，如何制定每周计划和每日计划，如何摸索一天中自己效率最高的时间段，如何制定目标和计划，如何有效地采取行动，如何避免延期和耽搁，以及如何根据个人的性格个性化地管理时间。

(3) 批判性思维的培养

职业教育老师往往期望学生用区别于中学时候的全新思维思考问题,其中批判性的思维方式非常重要。如果学生完全相信老师或同学所提供的信息,那就很难取得突破性的进步;如果学生阅读过程中丝毫不对作者提出质疑,读书就很难取得好的效果。班主任可以组织学生开展一次寻找经典名著中的错误观点的活动,鼓励学生向任课教师提问,通过这些方式提高学生这方面的能力。

(4) 充分利用图书馆

图书馆是大学生学习的最重要场所,如何充分开发图书馆对学生学习的效用非常重要。很多大学生不了解图书检索的方法,不熟悉大学图书馆的网站系统,不了解图书的馆藏情况,这些都会妨碍学生利用图书馆的效率。班主任可以邀请图书馆工作人员前来介绍学校图书馆的情况,也可以鼓励学生选修文献检索课程,或者邀请其他文献检索能力强的老师或者学长为学生介绍文献检索方法。

2. 发现学习有问题的学生

(1) 学习上有问题的学生的分类

由于不同学生个体所面临的学习问题具有很大的差异性,因此有必要将学习上有问题的学生进行类别上的划分,这样就可以通过类别的划分更好地找出问题学生,并进行适当的帮助。需要说明的是,这里的分类并非严格意义上的学术性分类,而是结合班主任的工作需要进行的粗略划分:

① 学习态度有问题;

② 学习能力问题;

③ 学习方法问题;

④ 学习阻力问题。

(2) 如何发现学习有问题的学生

通过以上的分类,可以看出学习有问题的学生有时候相当隐蔽,很难发现。班主任需要通过各种方法掌握学生的情况,除了要给向自己提出辅导要求的学生提供很好的学习辅导服务,还需要主动出击,尽量为更多的问题学生做好辅导工作。

① 对学生学习资料的收集

学生资料的收集是发现问题学生的前提条件,一般情况下,需要掌握学生三方面的资料:历史资料、现状资料和背景资料。

历史资料主要是指学生的成长史,从幼儿园到目前就读阶段的相关材料,主要包括身体健康情况、学习情况和思想道德情况。身体健康情况包括有没有得过疾病,有没有发生过意外事故损伤,有没有现行性的身体缺陷或者障碍等。学习情况主要指从小到大学习成绩的变化情况,落后还是先进,及其原因。思想道德状况主要指学生的品德评定情况,有没有优秀表现或者重大的违纪情况,过去的奖惩状况如何,政治面貌等情况。

现状资料包括学生目前的学习成绩、学习能力、学习态度、精神状态、掌握的技能技巧状况以及兴趣特长情况等内容。

背景资料包括家庭教育背景、学校教育背景、居住环境状况、班级和寝室风气情况、同学关系、亲子关系、师生关系以及重大事件的影响。

② 发现问题学生的一般策略

班主任在掌握了同学的基本资料前提下，可以着手开展发现问题学生的工作。发现问题学生的一般策略是：整理学生材料—课堂表现分析—课后学习状态的考察—作业与考试结果分析—任课老师、导师的反映—同学的反映。通过对这些环节的掌握和分析，能够列出班级中学习上有问题的学生名单。

3. 对学习有问题学生的辅导

(1) 有效的诊断

诊断是一个医学上的词语，用在这里主要是为了更好地提醒班主任判断问题性质。在发现问题学生的过程中，基本上就能对问题学生的问题进行一定的把握，在诊断的过程中，班主任要注意区分学生的问题到底是在学习态度、学习方法、学习能力和学习阻力的哪个方面，才能够对症下药。

(2) 做好学习辅导

学习辅导应当是一个由学校内部多个教育和服务主体开展的教育性活动，班主任只是众多主体当中的一个。因此，班主任要做好学生的学习辅导必须注意两个方面：一是力所能及地做好一定程度的辅导工作；二是适时地与恰当的主体进行合作，开展有针对性的辅导工作。

(3) 及时建议有学习心理问题的学生进行专业的学习心理辅导

随着学习心理辅导领域的快速发展，应用咨询心理学的成果对学生进行心理干预，达到学习辅导的目的越来越常见。学生的学习辅导在更多情况下被归为学习心理辅导，属于心理学的范畴。班主任并非心理辅导方面的专业人士，在必要的情况下要及时建议学生通过专业的学习心理辅导机构进行心理辅导。

6.4.2　生活辅导

生活辅导是为了帮助学生形成健康的生活习惯，促进学生个人生活健康所实施的辅导，一般情况下包括身体健康、心理健康、人际关系等方面的辅导。

职业院校的学生工作管理，主要采取班主任对一个班级负责的形式，强化班级这一学校基层组织的建设，保证所在班级稳定。此外，也会通过设立班委会和团支部为所在班级的同学提供相对来说比较周到的服务。班级中有同学生病或面临其他的困难，班级会组织起来对其进行帮助；班委会和团支部也会组织一些娱乐性的活动，为同学提供娱乐方面的服务。同学们健康生活状况的形式则主要依靠学校的校规和班规的约束，而并非服务性的工作的开展。另外，当某些同学在生活习惯或者作风方面被同学们认为有问题的时候，班主任、团支书会以个别谈话或者组织开会的形式，对同学开展思想政治工作。这种思想政治工作也可以理解为是一种生活辅导，只是它具有很强的政治和灌输色彩。

1. 身体健康辅导

对学生进行身体健康辅导在国内学校还没有引起足够的重视，在具体的方法方面也还没有形成比较成熟的做法。学生身体健康辅导，应当形成一套工作体系。学校餐厅可以从学生的健康饮食开始做起，雇用营养师专门为学生的饮食提供咨询；学校医院可以定期通过学校的报纸、电台等媒体对学生进行身体保健方面的宣传；体育教学部可以制定学生运动激励计划，并科学指导学生开展体育运动；班主任则应当掌握一定的健康知识，对学生的日常健康提供最为基本的咨询辅导服务，并在适当的时候建议学生就诊。

(1) 目前班主任所承担的学生身体健康辅导责任

班主任作为对班级全面负责的辅导老师，在对学生的身体健康辅导方面具有明确的责任。在学生的日常生活方面，班主任会给予热情、周到的关怀，并形成一些工作惯例。从新生入学开始，班主任就会告知学生形成良好的生活习惯。注意保持身体健康，建议同学规律饮食，多参加体育运动。班主任会随时关注天气，一旦冷暖发生变化，班主任会在第一时间告知学生，防止因天气原因导致学生生病。随着学生学习压力的变化，班主任也会进行一些提醒，如在复习迎考等紧张阶段，班主任会提醒学生注意休息，规律作息。在学期结束、快要放假的时候，班主任会告知学生返乡的时候注意天气变化，不要在假期期间暴饮暴食，以及珍惜生命，不要从事危险性太强的活动。班主任还会利用班级内部的信息传输机制，随时掌握学生个体的身体健康状况，对身体欠健康的同学给予关心。在很多时候，班主任甚至必须对学生的身体健康负责。当班级内有同学生病的时候，班主任必须迅速作出反应，对学生进行相应的关心和照顾。当学生病情比较严重的时候，班主任是决定是否送医院、是否告知家长、如何筹措经费的负责人。为了给学生比较周到的照顾，班主任会同班级干部，决定产生一个临时的照顾小组，并迅速排好值班表、做好照顾的工作。同时，班主任也通过与医生、护士、家长或者其他班主任商量，与同学在恢复健康问题上进行交谈，并进行鼓励，给出建议。

(2) 班主任在学生身体健康辅导工作方面的改变和突破

长期以来，班主任在学生身体健康辅导方面形成了一些工作惯例，并积累了大量的实践经验。但是，班主任们在到底应当对学生提供怎么样的身体健康辅导方面存在着许多不同的意见。随着社会的发展，对学生身体健康进行辅导应当属于班主任的责任，同时班主任在学生身体健康辅导方面应当发生一些改变，进行一些突破。

① 班主任要注意多掌握一些保健方面的知识

班主任与学生长期生活在一起，学生在校期间往往将班主任当作自己的顾问，班主任应当多掌握一些基本的保健知识，以便在学生生病的时候能够给出恰当的建议，甚至能够进行一些基本的处理。

② 班主任应当通过引导学生实现学生身体健康自我辅导

学校应鼓励学生通过楼委会、团支部等学生自制性组织，实现自我管理、自我教育和自我服务。班主任可以引导学生组织提醒天气变化、学习压力变化、参加体育运动等时候注意身体的健康。并在学生生病的时候，形成自我服务性的援助体系，在班主任不在的情况下，也能有条不紊地帮助同学就医和对其进行照顾。

③ 班主任应当协调多方，形成班级学生身体健康辅导体系

班主任一个人根本无法完成学生的身体健康辅导工作，班主任可以依靠学校医院、学校餐厅、学校体育教学部、健康类学生社团以及班团组织等多个主体，但一个良好的班级学生身体健康辅导体系的形成，必须依靠班主任的推动。班主任可以组织班长、团支书和生活委员共同

商量如何开展这项工作，并以班级制度或者惯例的形式确定下来。

2. 心理健康辅导

九十年代以来，学校心理辅导作为一门新兴的应用心理学科，被国内的教育界人士所认识和应用，很多学校成立了心理咨询中心或者心理健康辅导中心。班主任作为“学生健康成长的指导者和引路人”，理应参与到学生的心理健康辅导工作中来。

(1) 班主任的心理健康辅导

职业院校学生虽然已近成年，但是还是存在许多适应性的问题，如果提前做好辅导工作，给他们传达相关的信息，传授相关的知识和技巧，使他们从心理上有所准备，就可以有效地使一些问题得到回避。班主任通过班会和个别谈话辅导等形式，使学生充分认识入学后的角色转变，以及这种变化中需要注意的问题，可以减少学生自主适应所带来的问题。当学生由于某种挫折无法解脱的时候会自卑，甚至有可能通过自杀等过激行为来消极面对问题，班主任可以通过正面鼓励、引导班级同学对其关心、帮助其注意力转移等方法对其进行辅导。这种辅导的目的，主要是使学生能够具备需要的知识和技巧，掌握全面的信息，理清事情的原因。

(2) 班主任参与学校心理咨询和问题学生的心理治疗工作

学校的心理咨询工作主要由心理咨询中心来承担，但目前咨询中心在全国职业院校范围内还没有达到全覆盖，许多心理咨询中心老师由原来的学生班主任、共青团干部等角色转变而来，缺乏必要的培训，专业性不够，人员配备也远远不够。

班主任对一个班级负责，这种体制在做好学校心理咨询工作方面也具有很大的优势。一般情况下，班主任在学生入学后会建立一个动态的学生信息档案，这是班主任工作的基础，它和部分心理咨询中心为学生建立的心理档案是两套系统，但是该信息档案在必要情况下，可以成为心理咨询中心老师对学生进行咨询时的必要补充。班主任与学生长期生活在一起，对部分问题学生的情况更是了如指掌，班主任可以为心理咨询中心老师提供更多鲜活的一手材料，协助其做好咨询工作。

更为重要的是，班主任应当作为心理健康辅导“辅导—咨询—治疗”环节转换的重要建议者。班主任在对学生进行心理辅导时，一旦发现“辅导”已经无法解决问题，应当及时建议学生和学生家长去学校心理咨询中心进行咨询，而不能一直将问题扛在自己肩上，这样既有利于避免延迟治疗时间，也可以避免自己被这一件事情牵扯太多的精力。班主任也应当跟踪了解心理咨询的结果，提醒学生和家长在必要的情况下到医院进行临床治疗。

3. 行为辅导

行为有个体行为和群体行为之分，这里所说的班主任对学生的行为辅导既包括对个体的行为辅导，也包括对班级这个群体的行为辅导。行为也有广义和狭义之分，广义的个体行为既包括外显的活动，也包括内在的心理活动。狭义的个体行为是指个体表现出来的可观察、可测量的一切外观动作和活动，即外显行为。现代心理学对人的行为关注是广义的，专业的心理工作者，对行为的咨询和治疗是对人的整体性的治疗，既包括外显的行为，也包括内在的心理。班主任缺乏专业的心理咨询和治疗经验，因此主要关注学生的外显行为。班主任的行为辅导任务，主要是指出不当，并加以说服教育，一旦发现学生的行为问题已经无法通过说服教育来解决，就需要建议学生和家长开展专业的心理学意义上的行为辅导和行为治疗。

(1) 班主任行为辅导的范围

班主任对学生的行为辅导，主要包括缺陷行为、不适当行为、不道德行为、违纪行为、违法行为五个方面的辅导。缺陷行为是指学生在某一方面的行为上的不足，比如说内向或者多动等；不适当行为是指学生的某种行为在不恰当的情境下产生，或者在特定的情境下不产生正当的行为，比如说学生在集体劳动的时候偷懒或者在愉快的气氛中突然破坏气氛等；不道德行为是指学生的某一方面的行为违背了公共道德，如学生卧谈不考虑室友休息；违纪行为是指学生某一方面的行为违反了校纪、班规等规定，如学生考试作弊；违法行为是指学生某一方面的行为违反了我国宪法和法律的规定，如蓄意伤害其他学生等。

(2) 班主任行为辅导的方法和策略

行为辅导主要是心理学上的辅导和治疗，班主任所承担的行为辅导工作相对而言是比较初级的对外显行为的辅导，针对不同类型的行为，应当采取不同的方法和策略。

① 缺陷行为辅导

缺陷行为一般是学生在较长时期内形成的，并且主要的原因应当是心理问题。如一个学生内向性格的形成可能有很多种原因，其中的主要原因是心理因素。班主任对这种行为的辅导，主要是鼓励其改变，并在为学生的改变营造良好的群体氛围上下功夫。但是鉴于这种问题辅导难度一般非常大，必要时，还是应当建议学生早日通过专业咨询和治疗使自己得到改变。

② 不适当行为辅导

不适当行为一般是学生某些情节较轻的不良习惯，形成原因有可能是认识不够、缺少提醒，因此班主任作为长期跟学生生活在一起的德育老师，可以通过委婉提醒、促膝长谈等方式帮助学生改变。

③ 不道德行为辅导

不道德行为已经上升到道德层面，意味着学生行为已经违反了社会所公认的道德标准，其原因有可能是家教不到位、学校忽视德育、个人放松对自己的要求等。作为德育老师，对此类行为的辅导，是其最为本职的工作。对于这种问题班主任应当掌握充分的信息，可以仔细考察学生的信息档案，并通过与家长、朋友、过去的老师进行沟通，全面了解其原因；其次，应当通过进一步的谈心，表达希望其改变的期望；再次，可以通过持续关注和与其家长、朋友的合作对其进行继续引导。

④ 违纪行为和违法行为辅导

对违纪行为和违法行为的辅导，班主任应首先做好告知工作，即通过班会或者一些其他班级活动告知学生如何遵守校规和国法，并对常见的大学生违纪和违法行为进行案例分析，告知学生处分结果和法律后果，使学生充分认识到违纪和违法行为的严重性；其次，班主任应当通过良好班级风气的营造，降低学生违纪和违法的可能性；再次，在学生违纪和违法后班主任应当做好教育工作。

当然，很多不适当行为、不道德行为、违纪行为、违法行为的根源在于学生的心理问题甚至心理疾病，要注意在动态的工作中对问题的本质进行把握，并在需要咨询和治疗时给出适当的建议。

4. 人际关系辅导

人际关系是学生社会化的重要媒介，也是职业院校学生逐渐形成个人社会支持系统的重要媒介，如何指导学生认识人际关系，提高处理人际关系的技能，对其全面发展来说显得非常重要。良好的人际关系可以为个人提供强有力的社会支持系统。

职业院校学生的人际关系主要包括：寝室关系、朋友关系、亲子关系、师生关系。

(1) 寝室关系辅导

职业院校学生一般以寝室为单位居住，寝室也是学校最小的单元、最多的组织。由于当代学生的主体意识强、喜欢以自我为中心等原因，寝室内部的人际关系问题常常令班主任头疼。寝室人际关系问题产生的原因主要有：生活习惯不同，个人观点冲突，公共事务分配不公，学习成绩、家庭生活条件差距所导致的轻视与对抗等。

班主任可以引导学生形成寝室公约，就很多细节的问题进行规定，并鼓励严格执行，鼓励学生多通过制度的方法解决问题。针对生活习惯或者个人品质所导致的寝室关系冲突，班主任可以鼓励寝室长、单元长的居中协调，在学生内部解决，鼓励学生主动通过内部协调解决人际关系问题。当问题比较严重的时候班主任需要首先充当仲裁者，判断是非，而后再对有错误的同学指出其行为的不恰当，并鼓励双方大度和好。

(2) 朋友关系辅导

班主任应提倡学生的人际关系围绕个人成长而展开，既要重视朋友关系，也不能将个人精力和个人时间过多地牵涉在处理朋友关系上。倡导学生在校期间不要过多地接待外地来访的朋友，也不要过多地去外地访友，适当地转变与老朋友之间的相处方式。鼓励学生在新的环境中拓展新的朋友关系，但也不能过分重视如何在众多朋友当中游刃有余，将处朋友作为自己生活的全部。提倡学生之间平等友爱相处，发生利益冲突的时候应遵循游戏规则，对同学的缺陷和痛苦要多关心。

(3) 亲子关系辅导

亲子关系是指学生与家长之间的关系。在职业院校学习阶段，常见的亲子关系问题有：追求自立，希望挣脱父母的束缚；学校教育形成的世界观、人生观和价值观与父母的“三观”形成冲突；恋爱问题；在家中居留时间问题；对学习方面的督导等。

班主任面对几十人，无法关心所有的同学与父母之间的关系，应当通过班会课，提倡孝道，鼓励对父母的理解，尽量不要与父母形成冲突。由于不少问题学生的学习困境、心理困境是由亲子关系处理不好而导致的，班主任应当重点关心问题学生的亲子关系，必要的时候需要与家长和学生分别面谈，当发现问题严重的时候，建议通过专业心理咨询机构解决。

(4) 师生关系辅导

由于学生对老师怀有敬畏之心，师生冲突一般不会太多。对于部分不尊敬老师的学生，班主任可以采取提醒和教育的策略。对于因老师的不公正、专横、教学质量差等问题导致的师生冲突，班主任则要充分做好心理准备。如果处理不恰当，不仅无法帮助学生，自己都有可能受到这些素质较差的老师的伤害。必要的时候，可以寻求学院分管领导的建议和帮助。

5. 学生心理危机干预问题

心理危机干预是一种在短期心理治疗的基础发展起来的，对处于危机情境中的个体给予短暂帮助和关心的过程。心理危机干预包括专业性干预和一般性干预。专业性干预一般由医生和心理学专业人员进行，遵循一定的原则和科学的方法进行。一般性的干预是指当个体发生心理危机的时候，身边的人通过提供各种帮助来对其进行关心，是指一般性社会人员都可以进行的干预。职业院校学生在发生心理危机事件以后，班主任、任课老师、家长、亲戚、同学等一般都会主动提供帮助，从而达到舒缓当事人心理危机的作用。

(1) 一般性危机干预所采取的方法和措施

① 倾听当事人的倾诉

在学生发生心理危机事件后，班主任应当亲自或者委派合适的人选与当事人进行沟通，最好选择善于倾听的同学。一般情况下，倾诉是舒缓情绪的一种很好的手段，当事人在倾诉后一般会有所好转。因此善于倾听是一种班主任应当养成的重要素养，安排人选倾听当事人倾诉也是学生心理危机事件发生后安排的第一件事。

② 从感情上给予安慰和支持

当事人在倾诉以后，往往从心理上期待自己能够得到一定的安慰和支持。班主任应当通过与学生的沟通把握学生的心理，安排好适当的人选和人数通过聊天、购物、照顾生活、一起娱乐等方式，从感情上给当事人安慰和支持，进一步舒缓同学的情绪。要注意，千万不能在不了解情况的前提下，安排不恰当的人选。如果当事人不愿事情被太多同学知道，班主任要尽量控制好参与干预的人数。

③ 提醒当事人看到有利的一面

学生发生心理危机事件，往往是因为对某些事情失去希望，只看到事情的消极方面。班主任应当在组织倾听、安慰和支持的时候，站在学生的角度考虑问题，指出事情当中的一些有利因素，或者对当事人其他事情能产生积极影响的方面。

④ 鼓励当事人作出有效的应对

一般情况下，导致学生心理危机发生的原因实际上并不复杂，有可能是由当事人被动所导致。班主任在了解了基本的情况后，应当和当事人最亲近的朋友一起，鼓励当事人就面临的问题作出一些有效的应对，并且适当地提供一些行动方案的参考。学生在看到事情还有可以努力的余地后，往往会放弃过激行为。

⑤ 对当事人周围的环境进行影响和操纵

在面对学生心理危机的时候，班主任要十分重视周围环境对学生的影响。要注意当事人所处的环境中有没有危险品；要避免当事人独处，安排恰当的人陪同；要通过对当事人的了解，将一些不适宜当事人见到的人或物品，不适宜当事人听到的音乐、话语与当事人隔绝开来。尽量为当事人营造轻松、愉快的氛围，为干预的进一步进行创造良好的环境条件。

(2) 班主任参与专业性干预

当学生问题非常严重的时候，比如面临学生自残、自杀等问题，班主任要在第一时间将情况汇报给分管领导，由领导来决策下一步的工作如何开展。与此同时，还要将情况告知家长，争取尽早由专业机构和专业人员对当事人开展专业性的干预。

① 了解一定的专业知识

班主任要了解学生可能自杀的一些警告信号，如较长时间处于绝望状态；长期失眠；优秀学生逃课率陡然增加；活泼学生突然彻底自我封闭；曾经有过自杀行为；从来不喝酒的学生突然酗酒。一些语言性的暗示，如表明自己将自杀等情况。

班主任也应当了解自杀群体的特征。从性格上来说，偏执、过分内向、完美主义者、缺乏兴趣爱好、情绪不稳定、容易焦虑和绝望、悲观孤僻的人比较容易产生自杀的想法。从年龄上来说，20 岁左右是青少年自杀率最高的年龄阶段。从家庭特征来说，家庭破裂、经济状况差、父母粗暴的学生较容易有自杀倾向。

同时，班主任还应当熟悉身边有哪些专业的心理危机专业机构，应当采取什么样的流程来开展工作。

② 向专家提供详细的当事人信息

当问题学生已经进入专业的干预过程，班主任作为对学生情况最熟悉的人之一，要把自己所掌握的学生所有相关信息提供给专业人员，并且随时准备接受专业人员的垂询。班主任还应当做好相关的家长和学生的思想工作，规劝他们尽早将所有的信息告知专业人员，而不要有所隐瞒，以免对干预的顺利进行造成人为的影响。

6.4.3 生涯辅导

生涯辅导是指依据一套系统的辅导计划，通过辅导人员的协调，引导个人探究、评判并整合运用与下列有关的知识、经验而开展的活动。这些经验和知识包括：

- 对自我的了解；
- 对职业世界以及其他有关的影响因素（如工作者的态度、训练等）的了解；
- 对休闲生活对个人生活的影响与重要性的了解；
- 对生涯规划和生涯决定中必须考虑的各种因素的了解；
- 对在工作与休闲中达到成功或自我实现所必须具备的各种条件的了解。

由此可见，生涯辅导的目标是协助辅导对象达到理想的生涯发展阶段。生涯辅导在范围上比就业指导和职业指导要广。就业指导和职业指导以辅助个人选择职业、准备就业、工作安置以及就业后的适应为主要目标，它是 种短期的行为，注重解决当事人就职方面的问题，一般由专门的职业辅导人员负责。生涯规划则以协助个人不断认识自我、实现自我为目标，着眼点在于个体的整个生涯而不是某一个阶段或某个点。

班主任并非专业的生涯辅导员或者职业辅导员，很难用非常专业的生涯心理辅导理论和工具为学生进行辅导。班主任是整个生涯辅导体系的一个环节，通过为学生提供基本的服务，解决一定的实际问题，从而达到更好地对学生进行思想政治教育的目的。班主任可以将理想信念教育与生涯辅导相结合，将对学生世界观、人生观和价值观的教育与生涯目标、生涯态度等内容结合起来。为学生提供各种生涯发展所需的信息，帮助学生认识自我，帮助学生认识工作世界，并建议学生有针对性地参与一些生涯辅导活动。在必要的情况下，建议职业发展或生涯认识存在困难的学生去寻求专业机构人员的帮助。班主任在生涯辅导体系中起到以下作用：

1. 引导学生进行在校期间的职业规划

班主任与职业的生涯规划人员有一个区别，就是生涯辅导主要针对学生在校期间而展开。下面以在校时间三年为例。

(1) 第一学年：发现自己的特点和优势

在入学以前，职业院校的学生在选择专业的时候大多没有经过认真考虑和分析。因此在一年级的时候需要对这个问题进行重新思考，在转专业条件允许的情况下，可以经过自己的努力，重新选择自己真正感兴趣的专业来进行学习。在这个时间段，班主任应当鼓励学生尽可能多地积累知识和能力，以便将来更好地定位自己。

具体而言，可以对学生提出如下建议：尝试树立自己的社会理想、职业理想和家庭理想；努力学习，取得良好的学习成绩；在课程、学校事务、社团、文体活动等方面发展自己的兴趣和能力；争取在英文、计算机、写作、演讲等技巧方面获得进步；学会通过书籍、网络等途径了解社会上不同的职业和职位；利用课余和假期跟朋友、父母、学长、老师等人讨论自己对于职业的兴趣；参加职业发展中心组织的一些活动，或者在网上做一些职业测试题，了解自己的兴趣、能力和优势所在。

(2) 第二年：扩展自己的职业视野，相对清晰定位

在学生第一年努力的基础上，班主任第二年可以继续给学生如下建议：继续努力学习，争取保持自己的学习状态；对自己听起来比较感兴趣的职业进行了解；开始了解人才市场的存在状况，可以查看招聘报纸、网址，也可以参加一两次招聘会；与自己感兴趣的行业从业人员进行一些交流，除了解职业信息外，也了解一些从业人员的感受；多参加双休日实践、寒暑期社会实践、小型社会科学项目、科技创业项目、志愿者活动或者暑期实习，在做事情的过程中考察自己的职业偏好。

在此基础上，班主任可以对学生的学习和生活提出建议：维持或改造自己的学习状态，争取获得良好的总成绩；对自己所感兴趣的一些职业进行分析，并缩小自己的职业选择范围，与班主任、家长、朋友进行讨论；对缩小范围后的职业进行更为详尽的了解，考察职位状况、工作环境状况、提升空间等内容；试着寻找一个有针对性的实习机会，为将来的求职做准备；继续与相关从业人员交往、沟通，积累一些工作的感性经验；部分人可以选择继续深造并积极准备。

(3) 第三年：选择自己的职业

在前三年持续的努力下，学生将迎来自己的求职期间，班主任要在这个关键时刻提醒学生注意以下事项：访谈师兄师姐的求职经验或者与职业发展中心老师谈心，积累一定的求职技巧；与一些已经工作的朋友聊天，为即将到来的工作做好准备；查找自己的通讯录，寻找可能为自己求职提供信息甚至实质性帮助的人，毫不犹豫地请求帮助；制作一份令人满意的简历；不辞辛苦地参加招聘会，密切关注校园 BBS、求职网站和求职报纸上的各类招聘信息。

2. 通过个体谈心和团体共享等方式对学生进行激励

班级里面，总有一些同学无法完成班主任每年提出来的建议，班主任应当通过个体谈心对其进行提醒，帮助同学解决面临的困难。部分同学表现则比较优异，班主任可以通过组织班会或者小型团体共享的形式，促进这些经验在全班范围内的传播。这种方式可以让优秀的同学

之间形成追求卓越的气氛，还可以对后进的同学形成一种激励。

3. 建议部分同学寻求专业辅导机构的帮助

有少部分同学无法很好地对自己进行生涯规划，有可能是贪玩、内向、学习能力偏弱、学习和生活习惯有问题等原因，也有可能自己的生涯规划与家庭的期望不相吻合。班主任在提供信息、提供方法以及劝解无效的情况下，应当及时建议这些学生向专业辅导机构寻求帮助。这些机构包括：学校的职业发展中心、心理咨询中心，或者社会上的职业辅导机构和心理咨询机构。

班主任在具体的生涯辅导工作中还可以运用专业的生涯心理辅导的一些原理和方法，如心理测试。非专业人员的班主任可能很难对心理测试的结果作出专业的解读，但是，仍然可以将一些最为常见的测试作为自己工作的辅助手段。这些测试包括能力倾向测试、职业兴趣测试、人格测试、价值问卷等。班主任也可以通过经常阅读求职报纸，浏览求职网站、出国网站，与各种各样的专业人士交往等方式丰富自己的生涯辅导信息，以便为学生提供更专业的服务。

6.5 处理突发事件

近年来，突发事件在学生工作中屡见不鲜，甚至经常有一些后果严重的事件发生。从行为分类而言，班主任遇到的突发事件主要包括：意外伤害；违法违纪违规事件；心理偏差与行为偏差；等等。而从诱因上分类，可以分为以下几类：思想上的不成熟；人际交往障碍产生焦虑；恋爱等感情问题；前途困扰和就业压力；经济压力；心理障碍和疾病；等等。

6.5.1 班主任处理突发事件的基本步骤和程序

1. 第一时间赶到现场，果断采取措施

一旦发生紧急事件，班主任应当力争在第一时间内赶到现场，了解事件的情况，果断采取措施，控制事态，并进行适当处理。

2. 了解情况，掌握信息，向分管领导汇报状况，与家长联系

当发生突发事件时，班主任首先要保持镇静，不能慌张。要尽快去了解事件的情况，通过询问调查，了解事件的来龙去脉和前因后果。及时向院系分管学生工作的老师汇报情况，如有必要，尽早和学生家长取得联系，尽可能争取到家长的配合与帮助。

3. 做好善后处理工作

首先，是对当事学生的处理。一方面，班主任应当以相关校纪校规作为处理紧急事务的依据；另一方面，班主任也要注意保护学生的利益，以治病救人作为工作的方针。其次，对于当事学生，无论是本身受到伤害，或者是将受到处分，班主任都需要和学校、院系以及家长共同努力，帮助学生重新开始正常的学习生活。最后，班主任要对事件进行总结，吸取经验教训。

6.5.2 班主任在应对紧急事务中的注意事项

1. 注意自我保护

在一些紧急事务的处理过程中，例如处理涉及人身伤害或者违纪违规的事件时，班主任也要适当注意个人的自我保护。一方面，在处理时最好有院系的其他学生工作老师或者班级主要干部陪同；另一方面，班主任也应该及时记录下事件的经过，并将其写成报告，在第一时间发送给院系学生工作负责人以备档。

2. 突发事件预防为先

对于学生工作来说，不仅要做到在遇到突发事件时能够妥善处理好事件，对学生负责，也对学校、对社会、对国家负责，还应该努力做好预案措施，做到预防为先，能够在构建信息平台的基础上，完善班级管理，从而将损失降低到最小。

首先，要尽可能多地了解学生，掌握信息。很多班主任都很重视平时通过各种方式了解学生信息，建立多级信息监察体系。例如，定时走访学生宿舍，与学生谈心，注意观察学生平时的言行等。

其次，要依托班级干部和党员骨干，建立一支富有战斗力、能及时有效开展工作的队伍。一个优秀的班主任，一定是与一个高效、能力出众的团队联系在一起的。在处理突发事件时，班主任要注意发挥学生干部的作用。鉴于校园突发事件有特殊性，同时还涉及信息控制，因此，班主任应当选择有工作能力、同时也可靠的学生干部。

第三，要在日常对学生抓紧思想教育，加强法制教育，利用班会课等课程载体，讲解校园紧急事件的个案，与学生一起分析，共同探讨，对学生进行教育的同时也提防高他们的危机应变能力。

3. 遇到自己不能处理的问题怎么办

班主任在日常工作中会遇到各种各样的问题，尤其是发生突发事件的时候，往往会出现很多意想不到的情况，出现很多难以处理的问题。这些问题中班主任有的通过努力可以想办法解决，但也有一些由于客观或者主观方面的原因导致无法解决。从客观上来讲，突发事件发生时大多情况复杂，难以在短时间内作出判读，并且影响事态发展的因素应该也很多，仅凭班主任个人的力量很难控制住事态的发展。从主观上来讲，班主任在个人知识面、能力水平、危机事件处理经验等方面有可能也存在欠缺，因此，班主任在紧急事件的处理过程中遇到自己不能解决的问题也是可以理解的。

一些班主任在自己所管理的班级中发生突发事件后，选择亲自处理，控制事态，这是正确的，也反映了这位班主任非常重视突发事件的处理。但是我们说，要求班主任尽可能在第一时间赶到现场，并尽量处理突发事件，并不等于要求班主任必须自行将所有问题都解决。

那么，为什么有些班主任明明是碰到了自己处理不了的事情，却仍然没有上报相应的分管学生工作的领导呢？第一，这是因为“报喜不报忧”的传统思想在作祟；第二，是因为害怕自己失去在领导眼中的“印象分”，落个“工作不利”的评价；第三，对自己能力的盲目自信。事实上，无论出于以上哪种原因，其后果都可能是严重的，没有能够及时有效地处理好事情，有可能把事情变得更糟。正确的方法是，班主任应该克服“报喜不报忧”的错误思想，正确认识事件，只要有必要，就应该及时向院系汇报情况，听取指示。因为院系的学生工作主管老师会更有经验，同时也可以和学校各部门取得联系和协作，更好地解决突发事件。

4. 如何与家长打交道

一般来讲，一旦学生在学校遇到突发事件，班主任应当及时与家长取得联系，保持与家长的信息沟通，为解决问题和帮助学生而共同努力。学生独自出门在外，家长的担心不可避免，因此一旦出现意外事件，班主任应当从家长的角度出发考虑问题，及时充分地与家长进行交流，以免贻误解决问题的时机。在学生出现意外事件时，有的家长能够理解学校，但也有家长认为自己孩子之所以出现意外完全是学校的责任，班主任在与这样的家长进行沟通时往往很难成功，甚至有的时候家长还会把所有的责任都推到班主任的身上。此外，在与家长进行沟通中如何表述事情的状况、学生的情况以及学校的态度等，这些都会影响到班主任能否顺畅地与家长打交道。

在突发事件处理过程中，与家长打交道也同样是一门学问。一般来说，班主任在这方面的工作方式是：要及时与家长取得联系，解释情况，沟通信息，尽可能地争取家长的支持和配合。

与家长联络，一要诚恳，二要耐心。将心比心，站在家长的角度，没有哪个家长愿意自己的孩子遭遇突发事件，因此家长也常常会不愿意相信与承认事实，甚至情绪变得激动。这时，班主任的态度一定要诚恳，工作方式一定要耐心，要对家长做好解释工作，晓之以理，同时要尽可能地争取家长的支持与配合。应该说，绝大多数家长都是通情达理的。而很多时候，家长的配合在提供信息与线索、安抚学生情绪、事后处理等方面，对于解决紧急事务都是非常有帮助的。

但也必须看到，有些家长，也会反而对处理突发事件的工作起到阻碍作用。正如一些研究所指出的：“学生心理素质和承受能力的培养不是一朝一夕的事，它不仅需要从小开始，而且更需要家庭的大力支持和密切配合。其实，学生的心理素质在小学、中学阶段就已经有所形成。而在这个阶段，学生与家庭的联系最为直接也最为密切。不恰当、不科学甚至是糟糕透顶的家庭教育给学生造成了难以估量的不良后果。”

在这种情况下，班主任工作，就可以坚持“有理、有礼、有节”的原则。与家长沟通，应该采取循序渐进的方式，有时候一下子把所有情况和托盘托出，也并不是明智的方法。同时也要注意观察和了解家长的反应，针对不同的情况，有效地开展工作。而对于求情、游说等情况，班主任应该坚持原则，特别是在处理违法乱纪事件时，更应如此。但同时，班主任也应该通过与家长沟通，告知家长，学生工作的出发点是和家长一致的，都是为了治病救人，是为了帮助学生回归到正常轨道上来。

5. 如何正确应对自己的困惑

班主任不是百科全书，也是普通人，因而在工作中也避免不了出现困惑的时候。突发事件的发生一般都难以预料，并且时间非常仓促，情况也复杂。面对纷繁复杂的状况和模糊不清的事态，班主任有的时候会觉得一头雾水，难以辨明事态，心中压力的陡增会使班主任感觉到困惑和迷茫。有的时候，一个平常热爱学习性格开朗的学生突然离奇出走，或是一个成绩优异的学生被发现考试作弊，这样一些常理上说不过去的事情会让班主任非常迷茫，感到自己对与学生了解得太少，产生很强的工作挫败感，进而影响班主任的工作状态和情绪。

班主任目前普遍年轻化，往往缺乏经验，不仅在应对突发事件的行为能力上有所欠缺，这种欠缺还体现在应对突发事件的心理能力上。有的班主任因为自己所带的班级里出现了突发事件，处理过程劳心费力，而最后的结果却不尽如人意，这时候就容易产生挫折感，其结果或者是失去了对学生工作的热情，或者是对自己的工作能力失去信心，导致此后工作无精打采，得过且过，甚至放弃了学生班主任应履行的基本责任。这些一方面说明班主任工作经验上的欠缺，另一方面也体现出了班主任心理上的不成熟。

要妥善处理好各种紧急事务，需要班主任随时留心身边的人和事，认真总结学生工作中的各种经验教训，从中总结出一定的心理学常识和心理学方法，必要时应该与同事、院系学生工作负责人交流，或者求助心理咨询，正确面对，调节情绪，保持自己在危机事态面前临危不乱，果断准确地作出判断。

突发事件的处理，已经引起了社会各方面的重视，而各学校也正努力完善处理体系，优化工作方案。可以说，突发事件的处理这项工作任重而道远。

第7章　现代职业教育教师的心理调节

教师素质是一个综合的整体概念，它具体包括政治素质、专业素质、身体素质、心理素质、科研素质等方面，一般情况下教师都具有较高的政治素养和专业素质，但教师的身心素质却往往被人们所忽视。据统计，百分之八十以上的教师处于身心的亚健康状态，咽喉炎、视力衰退、肠胃病等更是平常事，有些教师由于工作压力大而产生了一定的心理障碍或精神压抑，且发病率越来越高，越来越年轻化。

教师是青少年生活中不可替代的“重要他人”，学校里教师与学生有长时间面对面的接触，教师的言谈举止和情绪是构成整个教育环境的组成部分。教师的人生观、人格修养和心理素质会对学生的心灵和人格发展产生深远而有决定意义的影响，在生活、学习、思想等各方面，教师的心理素质直接影响学生的心理健康。特别是教师的不良言行，会给学生造成“师源性”心理伤害和“师因性”心理问题，所以在教师中开展心理健康教育，是教师育人工作的客观要求，也是提高教师自身心理素质的迫切需要。可以说，教师的心理健康关系到自身专业化的发展，关系到教书育人的实效，更关系到和谐校园的构建。因此，学校要广泛开展教师心理健康教育，使教师学会调节自我，舒缓压力，祛除心理问题，改进自己的工作方式和生活方式，保持身心处于良好的健康状态。

7.1　教师心理素质概述

现代教育中，人们在重视学生心理素质培养的过程中，逐渐认识到教师心理素质直接影响着学生心理的发展，同时，教师心理素质对教师专业发展和个体生活质量的提高也会产生重要影响。教师心理素质在素质层面中处于中心位置，作为教师素质赖以形成和发展的基础与动力，以其广泛的内容深刻影响和制约着教师其他素质的发展水平。

7.1.1　教师心理素质

素质指的是个体在先天赋予的基础上，通过环境和教育的影响所形成和发展起来的内在的、相对稳定的身心组织的要素、结构及其质量水平。一般认为素质包括三大类：自然素质、心理素质、社会素质。教师的心理素质是构成教师素质的关键部分，是教师在教育活动中表现出来的决定教育教学效果、对学生身心发展有直接而显著影响的心理品质的总和。

我国对教师心理素质的研究始于20世纪90年代中后期。林崇德将教师心理素质定义为：“教师在教育活动中表现出来的，决定教育教学效果对学生身心发展有直接而显著影响的心理品质的总和。”

唐迅等将教师心理素质定义为教师在从事教育实践中生成和积淀的社会文化素养、教育专业才能和人格心理品质。汪波在教师素质结构主要因素的研究中，使用问卷法，通过因素分析提出了五因素三层次的教师素质结构。张旭使用自编问卷对中小学教师心理素质状况调查并研究相关的影响条件。张大均等在理论上对教师心理素质的内涵及结构给予了界定和论述。

刘万里认为教师的心理素质涵盖了多方面的内容，是一个多维度、多层面的结构系统。它包括：正确的学生观——教师的认知结构；师爱——教师的情感结构；教学监控、教学认知与教学操作能力——教师的能力结构；教师的自我意识——教师的个性结构。

申继亮认为教师素质在结构上至少包括五种成分：职业理想、知识水平、教育观念、教学监控能力和教学行为。并且认为，职业理想是教师献身于教育工作的根本动力，知识水平是教师从事教育工作的前提条件，教育观念是从事教育工作的心理背景，教学监控能力是从事教育教学活动的核心因素，教学行为是教师素质的外化形式。五种成分相互作用，共同构成了教师素质复杂且不断发展变化的动态结构系统。

近来国内有关教师素质的理论研究，多从社会经济发展对人才培养规格等教育领域的广泛影响入手，从不同的角度探讨对教师素质及教师心理素质的预期或要求，对教师素质的整体研究较多，思辨色彩较重，而实证研究和结构分析较少。另外，几乎所有对教师素质的探讨和研究，都必然涉及教师的心理素质，都将教师心理素质作为教师素质体系中的重要部分，并且都把教师心理素质看作是教师在从事教育职业的实践中历史形成的。

7.1.2 现代职业教育教师的心理素质

职业教育是一种特殊类型的教育，它既不同于普通教育的知识技能培养，也不同于普通高校的专业教育，它是一种更加定向于实际操作、更加体现各类职业特殊性的教育。因此，基于职业教育教师的角色要求，教师不仅是单纯的传道、授业、解惑者，还是集知识传授、技能培养、品格塑造为一体的教育过程的参与者。不单单要具备一般教师的心理素养，还要具备职业教育对教师心理素养的特殊性要求。为此，根据职业教育的特点，从职业教育的培养目标、教学方法、学生要求和教师发展四个主要方面，概括出职业教育教师应具备的特殊心理素质。

从培养目标上看，职业教育是以技术应用型人才培养为目标，实质要求知识、技能和品质三位一体的素质结构。这个素质结构主要由四个要素构成，即：完成职业任务所必需的基本知识和动手操作能力；完成职业任务应具备的基本素质；适应岗位变化的应变能力；在面对工作的复杂性应具有的创新精神、开拓意识和创造能力。

从教学方法上看，职业教育的技能性培养目标要求教学方法的实践性，注重学生职业素质的培养，要求职业教育教师要具有教学监控、教学认知和教学操作能力。

从学生要求来看，职业教育培养的是高级技术应用型人才，这就要求教师必须是“双师型”人才，要求职业教师是集知识传授、技能培养、品质塑造为一体的教育过程的参与者和示范者。

从教师自身发展看，职业教育是一个时代性很强的事业，随着现代技术对职业教育知识和技能不断更新的要求，职业教育教师要不断更新教育理念，树立终身学习的理念，满足学生的时代性发展需求，适应专业建设的发展。

7.2 教师心理健康标准及意义

所谓健康，泛指个体生理、心理与社会行为的健全状态。联合国世界卫生组织（The World Health Organization，简称 WHO）所下的定义是：“健康不仅是指没有疾病或不正常的现象存在，进而还指每个人在生理方面、心理方面以及社会行为方面能保持最佳、最高的状况。”从广义上讲，心理健康是一种持续高效而满意的心理状态；从狭义上讲，心理健康是知、情、意、行的统一，是人格完善协调，社会适应良好。

7.2.1　心理健康的标准

迄今为止，关于心理健康还没有一个统一的概念，国内外学者一般认同心理健康标准的复杂性，既有文化差异，也有个体差异。

1. 国外学者关于心理健康的标准

美国学者坎布斯认为，一个心理健康、人格健全的人应有 4 种特质：① 积极的自我观；② 恰当地认同他人；③ 面对和接受现实；④ 主观经验丰富，可供取用。

马斯洛和心理学家密特尔曼提出心理健康的 10 条标准：① 是否有充分的安全感；② 是否对自己有较充分的了解，并能恰当地评价自己的能力；③ 自己的生活和理想是否切合实际；④ 能否与周围环境保持良好的接触；⑤ 能否保持自身人格的完整与和谐；⑥ 是否具备从经验中学习的能力；⑦ 能否保持适当和良好的人际关系；⑧ 能否适度地表达与控制自己的情绪；⑨ 能否在集体允许的前提下，有限度地发挥自己的个性；⑩ 能否在社会规范的范围内，适度地满足个人的基本需求。

美国人格心理学家奥尔波特认为心理健康包括 7 个方面：① 自我意识广延；② 良好的人际关系；③ 情绪上的安全性；④ 知觉客观；⑤ 具有各种技能，并专注于工作；⑥ 现实的自我形象；⑦ 内在统一的人生观。

Havingurst 综合许多心理学家的意见，认为个体具有以下 9 个有价值的心理特质即为心理健康：① 幸福感，这是最有价值的特质；② 和谐，包括内在和谐及与环境的和谐；③ 自尊感；④ 个人的成长，即潜能的发挥；⑤ 个人的成熟；⑥ 人格的统整；⑦ 与环境保持良好接触；⑧ 在环境中保持有效的适应；⑨ 在环境中保持相对独立。

Scott 提出多达 10 类共 75 条心理健康标准：① 一般的适应能力；② 自我满足的能力；③ 人际间各种角色的扮演；④ 智慧能力；⑤ 对他人的积极态度；⑥ 创造性；⑦ 自主性；⑧ 完全成熟；⑨ 对自己有利的态度；⑩ 情绪与动机的控制。

2. 国内许多学者也提出了心理健康的标准

严和锓提出 6 条心理健康的标准：① 有积极向上、面对现实和环境的能力；② 能避免由于过度紧张或焦虑而产生病态症状；③ 与人相处时，能保持发展融洽互助的能力；④ 能将其精力转化为创造性和建设性活动的能力；⑤ 有能力进行工作；⑥ 能正常进行恋爱。

王效道提出正常心理应具备下列 8 项标准：① 智力水平在正常范围以内，并能正确反映事物；② 心理行为特点与生理年龄基本相符；③ 情绪稳定，积极与情境适应；④ 心理与行为协调一致；⑤ 社会适应，主要是人际关系的心理适应协调；⑥ 行为反应适度，不过敏，不迟钝，与刺激情景相应；⑦ 不背离社会规范，在一定程度上能实现个人动机，并结合生理要求得到满足；⑧ 自我要求与自我实际基本相符。

樊富珉提出大学生心理健康的 7 个标准：① 能保持对学习较浓厚的兴趣和求知欲望；② 能保持正确的自我意识，接纳自我；③ 能协调与控制情绪，保持良好的心境；④ 能保持和谐的人际关系，乐于交往；⑤ 能保持完整统一的人格品质；⑥ 能保持良好的环境适应能力；⑦ 心理行为符合年龄特征。

王希永等将心理健康的标准概括为：① 智力正常，思维方式正确，能唯物辩证地看待社会,看待自己,看待一切事物;② 具有高尚的情感体验,能控制自己的情绪;③ 正确对待困难和挫折,不苛求环境,不推卸责任,有战胜困难的信心、勇气、毅力,有创新意识和开拓精神,顺利时不骄傲自满;④ 需要是合理的,动机是可行的,有理想、有追求、有社会责任感,精神生活充实;⑤ 具有自觉的社会公德,具有社会所赞许的道德品质,能恰当地处理好人际关系;⑥ 经常处于内心平衡的满足状态,出现心理不平衡时,自己可以及时、成功地进行调整。

李百珍提出7条标准:① 心理健康者了解自我、接纳自我,能体验自我存在的价值;② 心理健康者正视现实、接纳他人;③ 心理健康者能协调、控制情绪,心境良好;④ 心理健康者有积极向上的、现实的人生目标;⑤ 心理健康者对社会有责任心;⑥ 心理健康者心地善良,对他人有爱心;⑦ 心理健康者有独立、自主的意识。

黄珉珉认为心理健康的标准有:① 能进行正常的学习、生活和工作;② 能与他人和睦相处,保持良好的人际关系;③ 具有健全的人格;④ 具有良好的情绪体验;⑤ 具有正常的行为;⑥ 有正常的心理意向;⑦ 有良好的适应能力及对紧急事件的适应能力;⑧ 有一定的安全感,有信心和自立性。

郑日昌认为心理健康包括:① 正视现实;② 了解自己;③ 善与人处;④ 情绪乐观;⑤ 自尊自制;⑥ 乐于工作。

综上所述,判断个体心理健康与否,一般主要源于以下四个方面:

一是社会适应标准。以社会中大多数人的常态为参照标准,观察当事人是否适应常态而对其心理是否健康进行判断。例如:根据生理、心理与社会发展,当事人应当具有独立生活与处理生活中面临事务的能力,而如果生活能力低下,不能打理自己的日常生活,这便需要引起重视。

二是经验标准。重在关注当事人的主观心理感受,即当事人按照自己的主观感受来判断自己的健康,研究者凭借自己的经验对当事人的心理健康进行判定。由于个体先天的遗传及后天的环境不同,同样的生活事件,当事双方由于自我认知不同,自我体验不同,自我评价也不尽相同,因此,经验标准更强调其个别差异。

三是统计学标准。依据对大量正常心理特征的测量取得一个常模,把当事人的心理与常模进行比较。这个标准更多地应用于心理学研究之中,一般而言,要将个体的心理测验结果与常模对照,以判断其心理健康状况。

四是自身行为标准。每个人在以往生活中形成的稳定的行为模式,即正常标准。事实上,心理健康与否的界限是相对的,企图找到绝对标准是不现实的。如何把握标准?一般应掌握三个标准,即相对性、整体协调性和发展性。在研究整体心理健康时,应将目光投向发展的心理健康观,即教师在发展中面临的许多人生课题、心理危机与心理困难也都是在发展的大背景下产生的,有的心理困惑属于某一群体所特有的,比如由于人生期望、专业发展所引发的情感压力、生活压力、职业压力等,都是基于发展所引发的心理困惑和心理问题。

人的心理健康是指一种持续的、积极的心理状态。个体在这种状态下,能够与环境有良好的适应,其生命具有活力,能充分发挥其身心潜能,就可被视为心理健康。据此,人的心理健康水平大体可分为三个等级:一是一般常态心理,表现为心情经常愉快,适应能力强,善于与别人相处,能较好地完成与同龄人发展水平相适应的活动,具有调节情绪的能力;二是轻度失调心理,表现出不具有同龄人所应有的愉快,与他人相处略感困难,生活自理能力较差,经主动调节或通过专业人员帮助后可恢复常态;三是严重病态心理,表现为严重的适应失调,不能维持正常的生活和工作，如不及时治疗可能恶化成为精神病患者。

7.2.2 教师心理健康的标准

教师心理健康的标准是衡量教师的心理健康状况和水平的依据，也是培养教师具有良好心理素养的前提。为此，概括学者们提出的教师心理健康标准如下：

赵文华关于教师心理健康的标准是：① 有较高的职业满意感，敬业乐教，热爱教育事业，教学中有强烈的探索精神并能取得良好的教学效果；② 情绪安定，没有不必要的压迫感和不安感，热爱生活，面对偶发事件不失态并能表现出一定的教育机智；③ 意志坚强，对困难和挫折表现出坚强的毅力；④ 具有和谐的人际关系和集体生活的能力，乐于与学生和同事交往并建立良好的合作关系；⑤ 有较强的适应能力和组织能力，能妥善地处理班级生活中出现的问题；⑥ 有正确的自我意识，较客观准确地认识自己，对自己的能力及不足作一分为二的估价，积极主动地进行自我教育和自我完善；⑦ 知足常乐，当个人需要与客观现实不协调一致时，能克制和缓释个人欲望；⑧ 具有完整的人格，即动机高尚纯正，性格开朗豁达，深思慎独，诚实公正，有稳定的人生观和信念。

林崇德认为，教师心理健康是指教师在对自身角色的深刻理解和认识的基础上，依照社会的期望和自身的实际状况不断对自己的行为及心理进行调整，使其能够适应角色的要求，并不断促进角色向积极方向发展的状态。而教师心理健康作为教师心理素质的重要反映，应包括教师的心理过程、个性特征以及与其职业特征有关的心理要素。

刘红对青年教师心理健康的界定是：① 广泛的活动兴趣；② 融洽的人际关系；③ 健康的情绪体验；④ 积极的进取精神；⑤ 稳定的工作热情。并认为心理健康教育就是要使青年教师对外部世界有良好的适应，能通过自己的创造性活动实现教育目标，通过自己的努力，促进教育对象的发展。

申继亮、王凯荣将教师心理健康的核心标准强调为个性与社会性两个方面；也有学者认为在突出个性与社会性的同时，还应将其认知（职业认知与身份认知）、工作能力、人际关系能力、对情绪的把控能力、良好的意志品质、有效的自我学习能力等纳入心理健康考核体系。

边玉芳、腾春燕的研究则发现，心理健康的教师应该具有道德品质、人际关系、责任感、自我效能和情绪、创造力、工作态度和素质六方面的特征。与教师心理健康研究相关的变量因素包括压力与职业倦怠、学校气氛、社会支持、生活质量、成就动机等。

在此基础上，俞国良把教师心理健康素质看作是一个由知、情、意、行构成的统一整体，并且从工作、人际、自我、独创性和情绪控制五个方面提出了教师心理健康的具体标准。余国良站在教师职业发展的立场上，提出的教师心理健康标准是：① 认同教师的职业角色；② 建立良好的人际关系；③ 能正确地了解自我、体验自我和控制自我；④ 具有教育独创性；⑤ 在教育活动和日常生活中均能真实地感受和体验情绪，并恰如其分地控制情绪。

总之，心理健康标准不是固定不变的，会随着时代变迁、文化背景的变化而变化，正确理解教师心理健康的标准，既要参照一般的心理健康标准，又要考虑职业教育教师工作特殊性对教师心理健康的影响。心理健康的标准是一种理想尺度。它一方面为人们提供了衡量心理是否健康的标准，同时也为人们指出了提高心理健康水平的努力方向。如果每个人在自己现有基础上能够做不同程度的努力，都可追求自身心理发展的更高层次，从而不断发挥自身的潜能。教师心理健康的基本标准是他们能够进行有效的学习和生活，如果正常的学习和生活难以维持，就应该及时予以调整。“心理健康的教师，往往具有正确的自我认识、良好的心境、适度的情感反应、和谐的人际关系、健全的意志品质、统一完整的人格和良好的社会适应等特点”。这说明教师良好心理素质建立的过程也是个体自我修养的过程。

7.3 教师职业压力和心理问题

教师的职业决定了教师工作的繁重、复杂和艰辛程度，决定了教师比其他许多行业的人员面对更为繁多和沉重的压力。教师职业压力是指“由教师意识到他们的工作状况对其自尊和健康构成威胁这一知觉过程而引起的消极情感体验”。而由职业压力产生的这种消极情绪体验会直接威胁教师的身心健康。研究人员指出，教师职业压力常常导致心脏病、心理障碍、身体疲劳以及其他各种疾病产生，而这些疾病又会导致消极行为的产生和心理方面的种种不适。由此可见，职业压力和心理健康有着密切的关联。职业压力会影响人的认知、情绪、行为和生理过程，所有的压力因素都会对教师的心理健康有显著影响，使教师产生相应的心理问题。

7.3.1 教师的职业压力

对于教师职业压力的研究源自于20世纪的美国。已有的成果表明，教师职业所带来的压力明显高于医生、护士等其他职业，并且教师职业压力正呈不断增加趋势。

戈麦池、卢维奇和米尔克(Gmelch，Lovrich & Milke)是较早对高校教师工作压力问题进行研究的学者，他们将高校教师反映的许多方面的工作压力都归结为从事教学这项工作的原因。哈瑞森(Harrison)对高校教师在工作上面临的心理问题做了概括和归纳，包括压力、冲突、需求以及较少的回报、成就与成功。当人们追求不切实际的目标，或没有实际投入保障的期望，挫折感便由此而生。

张艳玲、李淑瑶对高职教师的调查显示，有90%的教师感觉工作和思想压力大，影响因素从大到小排序依次为：工作问题、人际关系、职称问题、学历问题、家庭问题、经济及其他问题等。其中，76%的教师不清楚高职教育的特点，58%的教师不太关注教学改革问题；39%的教师认为高职教师评定职称的条件太高；33%的教师感到付出的劳动与物质和精神的回报不相符，半数教师没有从事教育工作的乐趣，还有部分教师对工作环境不满意等。可见，职业教育教师不仅存在各种各样的心理问题，同时，职业教育教师的工作压力日益增大，倦怠情绪不断增强。黄琼、黄红英对高职教师职业压力的量化研究结果显示，54.1%的教师认为教师这个职业压力很大，8.5%的教师认为压力太大，均值大于5级计分的中值3。这说明职业教育教师也认为教师职业是一个压力较大的职业。勇健、李义安对山东省9所有代表性的高职院校教师的调查发现，高职学校教师的职业压力在年龄、教龄、平均周课时、学历、任教科目、是否担任实训课、是否担任班主任等方面存在显著差异。

7.3.2 教师职业压力的主要来源

压力有积极价值的一面，适当的压力可提高工作效率，提升工作满意度等。在组织行为学上，通常认为压力与工作绩效呈倒U型关系，即随着压力增加，工作绩效会逐步提高，但到一定程度便会出现一个拐点，这个时候工作绩效最高；若再施压就会导致员工工作绩效迅速降低，出现旷工、怠工等现象。即适度的压力能引起我们的积极反应，而压力过度则可能引起我们心理、生理以及行为上的消极反应及情感体验，甚至产生种种身心失调现象。这些身心失调反过来又“加强”了心理压力，造成恶性循环，最后可能导致心理问题和危机。为此，了解教师的职业压力的主要来源，对于缓解和消除教师的职业压力，促进教师的心理健康具有重要意义和价值。

1. 教师的职业要求给教师带来的压力

国外有学者称“教学本质上就是一种压力型工作”。在知识爆炸和网络传输发达的当今时代，教师面对的是具有相当知识储备且思维活跃的青年学子，教师不仅要有丰富的知识积淀，而且还要不断地吸收新知识，甚至还要随时关注当下的热点事件、网络热点等。总之，教师职业要求教师要成为终身学习者。马晓燕在对山东省 400 名高校教师进行的职业压力测量中发现，几乎所有的被试教师都有不同程度的知识危机感。其中，认为处于中度压力状态的人数比例为 44.68%，处于严重压力状态的人数比例为 22.34%，二者约占总人数比例的 67.02%。与此同时，伴随着高校扩招以及接受高等教育和专业教育人材的日渐增多，高等学校对教师的学历要求也在逐步提高，使得许多学历相对较低的中青年教师产生焦虑情绪。上述调查还显示，在学历提升上具有中度压力和严重压力的教师占被调查教师总数的 52.45%，已超过调查教师半数的比例，说明学历提升使教师产生了较重的压力。

在科研方面，随着近年来职业院校在社会经济发展中作用的不断提升，职业院校的科研工作日益受到重视。对于教师来说，由于其社会和历史原因，职业院校的教师在学历和科研能力方面要逊于本科院校的教师，由于办学时间短、教师科研素质缺乏以及科研项目申报难等原因，职业院校教师在开展科研工作方面存在着较大的心理压力。

总体上，由于现有知识技能老化与新知识新技能不断提高的要求之间的矛盾，也引起了职业教育教师的焦虑心理。目前，高职教育改革不断深入，教育领域的矛盾日渐明显。一方面是培训渠道不畅通，教师教育理念还没有改变，长期延用中专阶段的许多教育方法，技能教育迟迟不能在真正意义上推行。教师普遍缺乏现代职业实践技能，学校的设备投入也远达不到要求，造成教师理论教学与实际操作之间的矛盾。另一方面，随着社会经济文化的日趋现代化，职业教育对教师的“双师型”要求越来越高，而教师现代专业教学技能的欠缺和教师综合素质发展的滞后性，也导致部分职业教师表现出适应不良，产生力不从心的焦虑感。

2. 学校的管理也是教师的压力源之一

高校教师工作环境相对封闭，工作方式呈现个体性特点；在高等教育跨越式发展的过程中，教师教学科研工作量不断增加，学校对教师提出越来越高的职称和学历以及科研硬指标的要求；学生选择老师，实施教师待遇与学生评价挂钩的教学管理措施；学校存在或明或暗的等级性等，这些都影响了教师的心态，促使压力产生。

随着高校的扩招，各类职业院校生源质量严重下降，教师教育教学的工作难度越来越大。为适应社会对人才的要求，职业学校的课程开设变化很大，教师每学期都有新授课任务，致使他们整天忙于备课上课，许多教师周课时严重饱和，处于满负荷工作状态。加之名目繁多的检查、评比和验收，也容易造成教师之间相互嫉妒、攀比，致使人际关系紧张。工作与生活的多重压力使一些教师出现心理障碍，自卑心态严重，嫉妒情绪突出，焦虑水平偏高，抑郁症和失眠头痛等时有发生。

3. 教师角色期望与自我价值观的冲突

随着社会的变迁，教师只有了解自己所处的角色情景、具备良好的心理素质和职业适应能力，才能成为一名合格的教师。教师角色期待就是教师依据一定的社会规范对自己角色行为的看法和期待。社会心理学认为，人在社会化的进程中要扮演许多社会角色，这些角色会在人的身上形成角色丛，如果人在扮演的过程中不能达到和谐统一，就会形成社会角色冲突。教师是多角色的职业，社会、学校、家长和学生赋予教师多种多样的职责、功能，要求教师根据社会不同方面的期望和要求，扮演不同的角色。事实上，教师在教育教学中多方面的职责主要包括：知识传授者、行为规范者、班级领导者、心理保健医和教育研究者等。而在社会中，人们对教师应做什么和怎样做都有自己的看法，教师受到各种相互冲突角色期望的冲击，同时这些角色期望也与教师自我价值观产生对立和冲突。另一方面，教师作为知识和道德的化身，常常把工作上的尽善尽美当作追求的目标，并渴望他人肯定自己的成绩。这种追求完美之心态容易忽略个性、能力、机遇等自身条件的限制，一旦过高的自我期望不能实现，就会有很强的挫败感，对自己自责，对他人怀有对立甚至敌视情绪。

4. 教师评价体系有待完善

怎样评价教师，教师能否接受评价的方式，对教师心理都有很大的影响。教师工作若得到积极的评价，便会以饱满的情绪、更大的精力投入工作。反之，教师若对评价结果不满，担心自己在评价中受到误解、不信任，则会产生心理负担，增加工作压力。

目前，我国教师评价主要采取终结性评价方式，评价结果与奖励结合，实行末位淘汰制，有的还成为解聘不合格教师的依据。职业技术教育在其培养目标、课程设置和服务社会经济发展等方面有其特殊性，但是，职业院校教师的职称评定基本上复制了本科院校教师的职称评定，对教师的科研、教学和论文成果有硬性指标；而职业院校教师限于多方面原因，在科研成果、论文发表等方面落后于本科院校教师，现实的职称评定却又忽视职业教师工作的独特性，因而职业院校教师在职称评定上面临巨大压力。因此，需要建立符合职业院校教师专业特点的发展性职称评定制度，不仅有利于缓解教师的职业压力，也有助于通过合理的教师评审制度促进教师专业的发展。

7.4 养成职业教育教师良好心理素质的途径与方法

良好的心理素质是现代人从事各项工作，享受美好生活的重要条件。心理素质是教师素质的重要组成部分，提高职业教育教师素质必须重视其心理素质的培养。职业教育教师的心理健康状况影响教师的工作效率和质量，影响教师的工作积极性、主动性和创新精神，因此，维护并增进职业教育教师的心理素质具有十分重要的意义。

7.4.1 养成教师良好心理素质的意义

1. 有助于促进学生的心理健康

心理学家把尊重学生独立人格看作是学生各阶段都不可缺少和无可替代的基本心理需要，尊重学生的人格也是教育教学对教师的基本规范要求。有的教师不懂或忽视学生身心发展的特点和规律，不懂得尊重学生，随意支配学生，学生就容易认为自己无能无用，形成畏缩、胆怯、怕事的自卑心理，在未来的生活和工作中往往缺乏主见、孤僻、不肯与人交往，导致创造能力低下；而对于个性较强的学生，则易导致他们的逆反行为，甚至形成反社会的不良人格。所有这些都需要教师学习了解心理学，了解人格形成发展的规律，自觉养成良好的心理素质，促进学生心理健康和良好个性的形成。

著名教育家索罗门教授说过："在人格方面，教师的影响仅次于父母。一个孩子如果拥有甜蜜的家庭，享有父母的爱，又得到一个身心健康的教师的教育，那是无比幸福的。相反，如果他既不能从父母那边得到足够的关怀与爱护，又受到情绪不稳定的教师的无端困扰，必将造成许多身心发展的问题。" 可以说，教师的心理素质状况是影响学生心理健康的一个极为重要的因素，教师良好的心理素质有助于促进学生的心理健康。

2. 有助于保障教师的身体健康

心理学认为，人的身体一旦发生某种病变，就会影响人的心理活动，使人的心理活动及行为出现异常反应；同样地，心理状态也影响人的身体健康。教师的心理问题会直接使教师表现出抑郁、焦虑等消极情绪，呈现出失眠、食欲不振、咽喉肿痛、头疼等生理症状。如果不及时疏导或渲泄不良情绪，或问题归因不当产生偏执固执情绪，长期下去就会引发一些身心疾病，如原发性高血压、偏头疼、心绞痛、消化性溃疡等。而心理健康水平较高的教师，其重要特点是具有积极的进取精神，他们把工作当作乐事而不是负担，在工作中尽可能发挥自己的个性和聪明才智，在工作中寻找到自我及自我的价值，从工作成果中得到满足和自我激励，教师在工作中养成的良好心态又保障了教师的身体健康。

3. 有助于教育教学质量的提升

教师良好的心理素质，使教师拥有恰当的理智、积极的情感和坚强的忍耐与包容。而这些对于促进学生愉快地学习，建立与协调良好的师生关系，营造良好课堂气氛都有密切关系。心理不健康的教师在课堂上缺乏冷静，讲课思路不清晰，或动辄发火，当众训斥或惩罚学生，极易使学生形成逆反心理，产生抵触情绪。对学生的缺点或失误缺乏包容，甚至对学生提出的一些问题，不加分析地讽刺挖苦，从而挫伤大多数学生的积极性，造成学生成绩下降，上进心淡薄，情绪低落。这些"师源性"心理危害严重影响了教育教学效果。

4. 良好的心理素质是教师职业最基本的素质要求

教师的人格和心理健康比教师的专业学科知识、教学方法和管理工作更为重要。教师职业同其他职业不同是，其他职业的工作人员如果存在心理健康问题，其所造成的损失往往是局部的、个人的，而教师的不健康心理和由此导致的行为，其影响是全面的、社会的。一个有着良好心理素质的教师会用自己的行为、言语和情绪，创设一种民主、平等、和谐的教学环境，使学生产生积极的心理状态和强烈的求知欲望，主动地参与教学活动，愉快地接受教师的引导，是关系教育教学成效的关键因素。因此，教师良好的心理素质是教师职业最基本的素质要求。

7.4.2　养成教师良好心理素质的途径

教师职业是一个压力来源较多、强度较大的高压力职业。许多研究表明，职业压力正严重侵袭着教师群体，对他们的工作、生活和身心健康造成极大的影响。这些长期持续的职业压力若得不到有效的管理或应对，对其心理损害的危险度可达43.3%，为普通人群的2倍，并逐步从生理、心理和行为三个方面对教师本身产生消极的影响。国内外关于压力应对的研究表明，维护和增进职业教师心理素质是一个系统工程，需要社会、学校和个人的多方努力。

1. 社会层面

加强社会宣传、增进理解。社会各界应大力宣传教师工作的特殊价值和复杂性，给予教师更多的理解和接纳。教育行政部门应充分认识到教师心理健康的重要意义，遵循心理健康规律，为教师身心健康的发展创造条件，提供对教师进行心理健康教育知识普及的政策支持。

教育主管部门要成立教师心理健康咨询和诊断机构，开辟教师心理健康教育专栏。通过建立教师心理状况定期检查和心理素质测查制度，举办心理健康教育讲座，普及教师心理健康的知识和保健措施，让教师掌握一些心理健康知识，能够有效地进行自我调适。

发挥社会支持系统应对压力的作用。社会支持系统对个体身心有普遍的增益作用。在压力情境下，社会支持系统能起到屏蔽或者缓冲的作用，防止或减缓压力事件对个体直接的消极影响。教师群体是一个比较孤立封闭的群体，是一个缺乏社会支持的群体。国外的教师中心为教师提供一个可以与同行讨论教学问题、获得新的教学技巧和心理支持的场所，类似于国内院校的科研小组、学科组、教研组等形式，是同事之间提供社会支持的主要形式。除此以外，家庭成员的支持理解对缓解教师职业压力有重要作用，学校领导的帮助和支持是教师社会支持系统中很重要的部分，学校管理者尤其是校长的支持与关心能有效地减轻教师的心理压力。

2. 学校层面

(1) 改善学校环境，重视对教师的人文关怀

学校应当在科学管理上下功夫，通过人性化的管理最大限度地减少并力争避免非正常压力的产生。要鼓励教师参与学校的民主管理和科学决策，营建宽松民主的组织环境，努力改善教师的工作环境，增强教师的学校归属感。实践证明，教师的人格、心理健康水平甚至比他的专业知识水平更重要。只有善待教师，教师才会全身心地善待学生。如果把教师单纯当成“教学机器”，忽略了教师对价值多元化的需要，必然会加剧他们各种心理问题的产生。因此，上级行政管理部门以及学校要给予教师更多的人文关怀，重视教师的专业发展。研究开展职业教育教学工作的再设计，通过扩大工作范围和丰富工作内容，提高职业教师的工作满意度、个人成就感，尽可能满足教师个人发展的需要。

(2) 为教师创造知识技能更新和提高的机会，满足教师职业专业化发展的需求

教师专业化包括教师职业专业化和教师个体专业化两个方面。《培格曼最新国际教师百科全书》指出“教师专业化是职业专业化的一种类型，是指教师个人成为教学专业的成员并且在教学中具有越来越成熟的作用这样一个转变过程”。从这一概念还看出，教师专业化还强调教师作为专业人员的成长和发展历程。近年来的教师专业化研究越来越倾向于“教师专业化本质上是个体成长的历程，教师不断接受新知识、增长专业能力的过程。”

职业教育强调实践动手能力，许多职业教师从学校到学校，缺乏社会实践经验。而社会不断信息化，知识的新陈代谢加速，技能的更新速度也在加快，职业教师忙于应付备课、上课，缺

乏知识的更新和实践能力的培养及提高。因此，学校应给教师创造进修和学术交流的机会，以便教师更新知识结构、获取新的信息，满足教师精神文化的需要。一方面为职业教育教师进行身心调节提供了时机，更重要的是能帮助职业教育教师更新观念、丰富经验，为教师提升科研教改水平奠定基础。目前，职业教育教师的学历层次、专业知识和技能与职业教育教育的发展要求还存在着一定的差距，职业教育教师渴望能得到较多的进修、教育培训机会，以提高自己的专业能力和教师素质，增强职业胜任力。同时，良好的业务素质也会给职业教育教师创造更多的成功机会，从而增加个人成就感和职业胜任感，形成良性循环。

教师工作是创造性很强的工作，学校管理应充分考虑教师的工作特点，给教师工作环境和心理空间以一定的自由度，给教师更多的独立思考与钻研的时间。正如著名教育家苏霍姆林斯基所说："教师的自由时间是根，它滋养着教育艺术的枝和叶。教师能自由支配的时间越少，他没有什么东西可教的时刻就来得越快。这对于学校是真正的威胁。"因此，建立人文化的学校制度，改善教师工作环境，实施弹性管理，对于缓解教师压力具有重要作用。

(3) 促进良好人际关系的形成，增进教师对教师职业的认同感

随着高校教育体制改革的深化，职业教育教师也竞争上岗，并实施了评聘分开、学生网上评教、教师业绩量化评估、年度考核等制度。由于竞争上岗，职称评定，教学竞赛，评优评先，造成了人际关系紧张以及领导与同事之间的隔阂、猜疑与嫉妒。学院制度改革的诸多冲突对教师人际关系的影响是难以避免的。为此，学校要创造条件使教师获得工作成功的机会，通过联欢会、假日旅游、教代会等多种形式，疏通教师间人际交流的沟通平台，增进教师之间的认同和理解。另一方面，要培养良好的教师集体，健全培训机制。正像苏霍姆林斯基所说，要想使教师不至于在日复一日单调重复的生活中感到疲倦，最好是引导教师走上研究的幸福道路上来。因此，在教师专业发展中，要淡化评比，强化教师研究职能，在日常多采用教师集体业务技能培训、经验交流、教学研讨等形式，达到共同提高、互相激励的效果。

(4) 转变评价标准，科学评价教师的工作

尽快建立适合我国职业院校特点的科学评价机制，完善教师的评价机制，避免各种急功近利式的考核、评奖，以便真正把广大教师的负担和压力转化为工作的动力。主要包括教师的职称评聘和教育教学评价。评价对学校管理而言，是不可替代的管理手段，对教师而言是一种外在的压力。就教师职称评聘而言，需要建立符合职业教育教师工作特点的职业技术院校教师评聘制度，以缓解职业教师的压力。就日常教学评价而言，需要变以往终结性评价为发展性评价，即强调以学生为主的包括教师个人、同行和领导参与的全员评价，通过多层次和多类型的交流、沟通，获取全面、真实的教学信息，通过合理的反馈方式促进教师改进和提高教育教学质量。而以往以奖惩为目的的教师评价，人为地恶化了学校管理人员和教师之间的关系。对于发展性评价，由于教师参与了评价过程，对评价的结果是认同和接受的，不会产生抵触情绪。而且，发展性评价是教学过程中的动态评价，教师根据前后评价的对比，可以知道经过自己的努力所取得的进步，这些进步又会激发教师的信心，能够有效地将教师的职业压力变成教师专业发展和提高的动力。

3. 教师自身

教师的职业压力是外部潜在的压力源和教师个体因素相互作用的结果。外部潜在的压力源并不一定导致职业压力,只有当其成为现实的压力源时才会对教师产生影响。而这种潜在的压力源是否会成为现实的压力源又取决于教师对情境的评估和认知,受教师的人格特质、信念系统、健康状况、行为方式等多种因素的影响。因此,对教师个人而言,在外部压力客观存在的情况下,学会正视和接受压力,学会调整工作观念、改变思维方式,发展应对技能减缓压力,是养成教师心理素质的重要途径。

当潜在的压力源变成现实的压力源时,教师的应付机制就显得尤为重要。申继亮的研究表明,教师压力应对策略与教师的人格特征有关,不同性格特征的人对压力的感受不同。戴维德和瑞德使用艾森克人格问卷研究教师压力水平与人格之间的关系,发现人格特征是引起教师压力的一个重要因素。内向的人对压力刺激的感受性和反应性更高,具有明显神经过敏倾向的人更易受到压力影响,产生消极反应,而且恢复很慢。另外,自我效能感也是影响教师应对压力的人格特征之一。在面对困难时,低自我效能感的教师将其视为威胁,从而产生心理压力;而高自我效能感的教师可能将其视为挑战,反而变得更富有激情。即使这两类教师都将在工作中的困难视为威胁,低自我效能感的教师倾向于认为自己的能力不足,倾向采取消极的应对方式,如逃避或退缩。高自我效能感的教师相信自己有能力战胜工作中的压力,从而采取积极的应对方式,主动寻求解决的方案。除此以外,自尊、控制感、能力素质等教师自身特点,都会使教师产生不同的应对压力的方式。

7.4.3 养成教师良好心理素质的方法

1. 学会正视压力

(1) 正视压力

压力是工作生活中不可避免的现象,心理学的研究表明:高压力的工作会降低工作效率,影响身心健康,影响个人的发展,而无压力的工作使人觉得单调乏味、兴趣索然,同样会降低工作效率,适度的焦虑对于提高工作效率有着良好的推动作用,这也正是压力的两极性的表现。然而压力究竟是利或弊,取决于压力的大小,也取决于个体对压力的认知和对压力的心理承受能力。压力既可以是积极的,也可能是消极的。从压力对教师身心健康的影响来看,适度的压力有利于个体的身心健康,促使个体产生一系列积极的生理变化,用较多的能量来应付当前的问题,反应敏捷,情绪饱满,处于最佳的精神和精力状态。因此,教师要能够以建设性的积极举措去利用压力,变压力为动力,乐观地接受压力事实,压力就成为教师发展和成长的动力。

在应付压力之前,首先要对压力有明确的认识和接受的态度,认识到压力及其反应是人人都会体验到的正常心理现象,而不是个性弱点和能力不足的表现。当压力来临时,相信压力既是危机但也蕴含着机会,进而主动地适应压力,用自己的实际行动积极寻求问题的解决。

(2) 调整对压力的认知

在采取改善环境、控制压力源以缓解压力之余,还要着眼于调整教师对压力的认知,缩小个人期望和社会现实的反差,以提高适应压力的能力。不同的期望值会导致不同的压力体验。"较高地估计自己的能力,对事物结果有较高的自我期望值是压力最主要的来源之一",英国学者克拉克等人发现这是压力最主要的来源之一。因此,正确估计自己的能力,有恰当的期望值的人能有效利用各种社会条件获得支持,往往获得良好的适应。

丁凤琴、马会梅的研究发现，如果个体长期处于一种高应激（压力）状态会造成身心的损害，教师心理问题的检出率较高，应对方式是应激与心理健康的中介。也就是说，压力对教师心理健康的影响情况是受应激方式所决定的。教师如果能够积极应对压力，对压力源进行积极的认知和评价，可减轻教师的心理压力。

2. 认识自我，面对现实

职业教育教师要了解职业教育的特点和特殊性要求，努力使自己成为既有扎实的基础理论知识，又有丰富的实际工作经验的“双师型”教师，以适应职业教育改革的需要。因此，教师对自己要有一个清醒的认识，正确地评价自己，辩证地看待自己的优势和不足，为自己设置合适的目标。只有对自己的认识越深刻，才越能帮助自己有效地调适工作压力，理性地面对生活挫折及内心冲突所带来的困扰。认识自我，包括了解自己的个性、兴趣、优缺点、工作能力及所负担的角色。不少教师的压力是来自于对自己缺乏了解，教学工作不能从实际需要出发，目标定得太高或者过于理想化，最终导致付出与成功不相符，心理失去平衡。

3. 促进人际关系健康发展

人际关系不但影响着人们的生活质量以及工作和学习的绩效，还是衡量个体心理健康水平的主要标准之一。心理学所研究的人际关系是指人与人之间通过交往建立起来的某种比较稳定的心理联系，它反映着人与人之间的心理距离，也标志着人与人之间亲近性、融洽性、协调性的发展水平和现实状况。和谐的人际关系是教师发挥角色作用、取得成就的重要保证之一，反之，人际关系恶化很容易导致心理障碍，使人陷入纠纷而不能自拔。为此，首先要了解和尊重他人，建立良好的人际关系基础；其次，在日趋紧张、竞争激烈的环境中，面对更大的生存压力，教师必须正视并接受来自于内部和外部对自尊心有威胁的各种因素，如领导、同事、学生等对自己教育教学效果的评价，荣誉的得失以及自身行为的后果。

4. 提供疏泄途径和心理辅导

人们往往只想到学生的心理健康问题，却很少想到教师也会出现心理健康问题。特别是人们常常只重视教师的教育教学质量，强调教师的奉献精神与责任感，而忽视对教师心理健康的维护，导致教师心理服务机构较少，教师心理健康的防护被忽视；而教师自己也因缺乏心理健康知识而忽视了自己的心理健康。教师的心理问题得不到及时的调整与治疗，导致部分教师失去职业热情，甚至厌恶恐惧教育工作，不愿与学生进行心灵的沟通，甚至对学生施以体罚与谩骂，自负而盛气凌人，导致在教育教学行为上出现一些不应有的偏差。为此，对于教师普遍存在的心理问题，可以采取团体辅导或个别咨询的方式来解决。

(1) 改变压力认知，舒缓压力。心理咨询和辅导通过促使咨询对象在认识、情感、态度等方面发生变化，较好地解决其学习、生活、人际关系发展等心理问题。研究表明，有 18%的教师不了解心理自我调节的措施；近半数教师不顺心时不愿意找家人、同事、朋友倾诉；33%的教师很少有知心朋友；有 46%的教师不乐意与学生交谈。可见，教师对自我心理调节的措施掌握不多。

(2) 引导教师学会善待自己、善待别人，形成融洽的人际关系。教师要不断完善自己的人格，对自己不苛求、对别人不妄想；在融洽的师生关系中减少对学生产生的烦躁情绪，增强自信心;多学习一些心理保健和预防方面的知识,保健、锻炼及健康的业余爱好既能促进教师生理健康,又能让教师在遇到压力时转移兴奋点,使心理活动平稳。

(3) 学会调整情绪、平衡心态。当教师产生不良情绪时,可以采用情绪调节法,以保持心理平衡。如选择自己心理愉快的角度去思考和处理问题,还可以通过体育锻炼、听音乐、爬山、找人交谈等办法进行合理渲泄和缓解。

附　录

附表1　普通话技能训练考核表

<table>
<tr><td>姓　名</td><td colspan="2"></td><td>学　号</td><td colspan="2"></td><td>专业
班级</td><td></td></tr>
<tr><td>训练内容、要求及其建议</td><td colspan="7">普通话技能训练内容包括：了解发音器官、发音部位和发音方法；掌握《汉语拼音方案》；掌握普通话的声母、韵母、声调，掌握变调、轻声、儿化音等；熟练掌握现代汉语3500个常用字的标准读音；学习《汉语拼音正词法基本规则》，准确发音，正确拼写汉语词语；用普通话朗读、对话；了解本地方言语音与普通话语音的主要差别和对应规律，能进行方音辨正；了解本地方言的词汇、语法与普通话的主要区别，能进行本地方言词汇、语法辨正。
训练要求是：在朗读、讲演、讲课和交谈中能使用比较标准的普通话。
训练建议：未达到普通话二级的学生应选修学校开设的普通话课程或参加学校举办的“普通话二级达标班”。为方便学生自学，普通话教师应向学生推荐学习普通话的材料（包括音像资料）。为普通提高学生的普通话水平，学生在教室和宿舍要积极营造讲普通话的良好氛围；学生本人也要自觉培养讲普通话的意识和习惯。学生班级还可聘请普通话水平测试成绩高的同学担任本班普通话义务辅导员，帮助讲普通话有困难的学生提高水平。</td></tr>
<tr><td>技能水平考核</td><td colspan="7">在国家主管部门认定的普通话水平测试中心进行考核，按国家主管部门制定的《普通话水平测试标准》进行测试。</td></tr>
<tr><td rowspan="3">技能达标评定</td><td colspan="7">北方方言区达到一级，南方方言区达到二级中等；其他专业学生达到二级。</td></tr>
<tr><td colspan="2">测试等级</td><td colspan="2">是否达标</td><td colspan="2">教师签字</td><td>日　期</td></tr>
<tr><td colspan="2"></td><td colspan="2"></td><td colspan="2"></td><td></td></tr>
<tr><td>备　注</td><td colspan="7"></td></tr>
</table>

附表 2　口语表达技能训练考核表

<table>
<tr><td>姓　名</td><td></td><td>学　号</td><td></td><td>专业
班级</td><td colspan="2"></td></tr>
<tr><td rowspan="2">训练过程及其考核</td><td colspan="6">口语表达技能训练的内容包括：朗读、讲演、交谈、教学口语和教育口语。其训练方法是：
1. 由任课教师向学生推荐有关朗读、讲演、交谈、教学口语和教育口语的优秀读物（包括书籍、文章）和音像资料，供学生阅读、思考、观摩；
2. 任课教师组织学生对以下问题进行研讨：(1) 朗读有哪些技能？朗读与朗诵在技能上有什么区别与联系？对教师来说，朗读的要求与标准是什么？为了取得良好的朗读效果，朗读之前要做哪些准备？(2) 讲演有哪些技能？讲演的特点和作用是什么？对教师来说，讲演的要求与标准是什么？为了取得良好的讲演效果，讲演之前要做哪些准备？(3) 交谈的特点是什么？交谈种类及其要求有哪些？交谈中，人们常犯的错误有哪些？(4) 教学口语的特点是什么？教学口语的种类及其技能和要求有哪些？教师教学口语中常见的错误或毛病有哪些？(5) 教育口语的特点是什么？教育口语的种类及其技能和要求有哪些？教师教育口语中常见的错误或毛病有哪些？
3. 利用“第二课堂”开展“十分钟朗读”和“十分钟讲演”活动：活动以班级为单位组织，举办活动的次数要保证每个学生在一学期内有三次朗读、三次讲演的机会；由朗读、讲演水平高的 3 名学生干部担任每次活动的评委，按照朗读和讲演的要求标准对同学的朗读和讲演进行点评、打分；朗读的内容由班委、团支部指定，讲演的内容由学生本人撰写。打分标准：朗读——准备充分（10 分），技能运用正确熟练（20 分），语言清楚流畅（10 分），思想感情的表达恰当、充分（10 分）；讲演——内容选择恰当（10 分）；观点明确，材料丰富，逻辑严密，语言准确生动（20 分）；技能运用正确、自然（10 分）；思想感情的表达恰当、充分（10 分）。任课教师对活动及其组织随机进行检查指导。
学期末，任课教师根据学生参加班级朗读和讲演的次数及其得分情况给出学生平时成绩：平时成绩＝朗读的平均得分＋讲演的平均得分。</td></tr>
<tr><td>平时成绩</td><td></td><td>教师签名</td><td></td><td>日　期</td><td></td></tr>
<tr><td rowspan="3">训练成绩评定</td><td colspan="6">本项技能训练的成绩评定分为优秀、良好、及格、不及格四等；平时成绩在 90 分以上者为优秀，81～90 分者为良好，60～80 分者为及格，60 分以下者为不及格。</td></tr>
<tr><td colspan="2">等　级</td><td colspan="2">教师签字</td><td colspan="2">日　期</td></tr>
<tr><td colspan="2"></td><td colspan="2"></td><td colspan="2"></td></tr>
<tr><td>备
注</td><td colspan="6"></td></tr>
</table>

附表3 钢笔字训练考核表

<table>
<tr><td>姓 名</td><td colspan="2"></td><td>学 号</td><td colspan="2"></td><td>专业
班级</td><td colspan="2"></td></tr>
<tr><td rowspan="5">训练过程及其考核</td><td colspan="8">钢笔字训练以3 500个常用字的楷体书写为其对象，内容包括笔法结构训练和章法训练。训练按两学期进行，第一学期以笔法结构训练为主，第二学期以章法训练为主。要求学生每天（周六、周日除外）练习15分钟，认真完成一页（150字以上）的书写作业（标明周次、日期），并交给所在小组组长；组长每周挑选一份能反映该同学训练水平的作业予以保存，并在学期末将该生的18份作业交给学习委员。任课教师和学习委员平时随机对学生的书写训练及其小组管理情况进行检查。训练要求是：态度认真，完成规定作业量、书写水平不断提高。
学期末，由任课教师、学习委员、小组长组成训练过程考核组，根据训练要求和学生的训练情况对学生的训练过程给出平时成绩：平时成绩＝100－扣分；学生训练态度不认真扣5～20分；每缺一次作业扣1分。</td></tr>
<tr><td colspan="2"></td><td colspan="2">得 分</td><td colspan="2">教师签字</td><td colspan="2">日 期</td></tr>
<tr><td colspan="2">笔法结构训练</td><td colspan="2"></td><td colspan="2"></td><td colspan="2"></td></tr>
<tr><td colspan="2">章法训练</td><td colspan="2"></td><td colspan="2"></td><td colspan="2"></td></tr>
<tr><td colspan="2">平均分</td><td colspan="2"></td><td colspan="2"></td><td colspan="2"></td></tr>
<tr><td rowspan="4">技能水平考核</td><td colspan="8">钢笔字技能水平考核在教学计划的实践教学周进行。考核方式是统一地点、时间（15分钟）、书写纸、书写体（楷体）和书写内容（200字以上的诗词或短文）。考核标准是：字体规范、笔画正确、结构合理、章法自然，书写流利，整齐美观。</td></tr>
<tr><td>字体规范
（10分）</td><td>笔画正确
（20分）</td><td>结构合理
（20分）</td><td>章法自然
（20分）</td><td>书写流利
（20分）</td><td>整齐美观
（10分）</td><td colspan="2">总 分</td></tr>
<tr><td></td><td></td><td></td><td></td><td></td><td></td><td colspan="2"></td></tr>
<tr><td>教师签字</td><td colspan="2"></td><td>日期</td><td colspan="4"></td></tr>
<tr><td rowspan="3">训练成绩评定</td><td colspan="8">本项训练总成绩＝平时成绩×40%＋技能水平考核成绩×60%；总成绩在60分以下为不及格，60～80分为及格，81～90分为良好，91～100分为优秀。</td></tr>
<tr><td>得 分</td><td colspan="2">等 级</td><td colspan="2">学 分</td><td>教师签字</td><td colspan="2">日 期</td></tr>
<tr><td></td><td colspan="2"></td><td colspan="2"></td><td></td><td colspan="2"></td></tr>
<tr><td>备 注</td><td colspan="8"></td></tr>
</table>

附表4　粉笔字训练考核表

<table>
<tr><td>姓　名</td><td colspan="2"></td><td>学　号</td><td colspan="2"></td><td>专业
班级</td><td></td></tr>
<tr><td rowspan="5">训练过程及其考核</td><td colspan="7">粉笔字的训练与考核以3500个常用字的楷体书写为其对象，内容包括笔法结构训练和章法训练。训练按两学期进行，第一学期以笔法结构训练为主，第二学期以章法训练为主。要求学生每天在黑板上(周六、周日除外)练习15分钟，认真完成60个字的书写任务；学习委员根据班级人数及空课时间合理安排练习人次，任课教师平时随机对学生的书写训练及其管理情况进行检查。训练要求是：态度认真，完成规定作业量、书写水平不断提高。
学期末，由任课教师、学习委员、小组长组成训练过程考核组，根据训练要求和学生的训练情况对学生的训练过程对平时成绩打分：平时成绩＝100－扣分；学生训练态度不认真扣5～20分；每缺一次作业扣1分。</td></tr>
<tr><td colspan="2"></td><td colspan="2">得　分</td><td colspan="2">教师签字</td><td>日　期</td></tr>
<tr><td colspan="2">笔法结构训练</td><td colspan="2"></td><td colspan="2"></td><td></td></tr>
<tr><td colspan="2">章法训练</td><td colspan="2"></td><td colspan="2"></td><td></td></tr>
<tr><td colspan="2">平均分</td><td colspan="2"></td><td colspan="2"></td><td></td></tr>
<tr><td rowspan="4">技能水平考核</td><td colspan="7">粉笔字技能水平考核在教学计划的实践教学周进行。考核方式是统一地点、时间(15分钟)、黑板、书写体(楷体)和书写内容(60字以上的诗词或短文)。考核标准是：字体规范、笔画正确、结构合理、章法自然，书写流利，工整美观。</td></tr>
<tr><td>字体规范
(10分)</td><td>笔画正确
(20分)</td><td>结构合理
(20分)</td><td>章法自然
(20分)</td><td>书写流利
(20分)</td><td>工整美观
(10分)</td><td>总　分</td></tr>
<tr><td></td><td></td><td></td><td></td><td></td><td></td><td></td></tr>
<tr><td>教师签字</td><td colspan="2"></td><td>日　期</td><td colspan="3"></td></tr>
<tr><td rowspan="3">训练成绩评定</td><td colspan="7">本项训练总成绩＝平时成绩×40％＋技能水平考核成绩×60％；总成绩在60分以下为不及格，60～80分为及格，81～90分为良好，91～100分为优秀。</td></tr>
<tr><td>得　分</td><td colspan="2">等　级</td><td colspan="2">学　分</td><td>教师签字</td><td>日　期</td></tr>
<tr><td></td><td colspan="2"></td><td colspan="2"></td><td></td><td></td></tr>
<tr><td>备　注</td><td colspan="7"></td></tr>
</table>

附表 5　常用文体写作技能训练考核表

姓　名		学　号		专业班级	

训练过程及其考核

本项训练以“信函、工作总结、工作计划、申请报告、调查报告”五种文体写作技能为对象，在第一、二学年进行，其间学生须认真完成并提交十份作业：三封信函（给学院、教师、同学各一份）；二份总结（活动或工作总结、学期个人总结）；二份计划（个人学业与专业发展计划、职业技能训练计划）；二份申请报告（关于个人生活、学习各一份）；一份调查报告（本专业毕业生就业情况调查报告）。每份作业必须是钢笔楷体书写文稿，内容符合实际和文体要求，行款格式正确，语言得体，语句通顺，标点符号正确，没有错别字。

由任课教师、学习委员、课代表组成技能训练过程考核组，根据训练要求和学生所交作业对学生的训练过程给出平时成绩：平时成绩＝100－扣分；学生每缺一份作业扣 10 分；每份作业中，内容不符合实际和文体要求扣 2 分，行款格式不正确扣 2 分，语言不得体扣 2 分，语句不通顺扣 2 分，标点符号不正确扣 1 分，有错别字扣 1 分。

平时成绩		教师签名		日　期	

技能水平考核

根据学生本人建议，在其所交的五种文体作业中各选一份作为写作技能水平考核的材料。考核标准是：文章内容符合文体要求，行款格式正确，语言得体，语句通顺，标点符号正确。

	内容符合文体（20 分）	行款格式正确（25 分）	语句通顺（25 分）	语言得体（10 分）	标点符号正确（20 分）	总分	教师签字	日期
封　函								
工作总结								
工作计划								
申请报告								
调查报告								
平均分								

训练成绩评定

本项训练总成绩＝平时成绩×40%＋技能水平考核成绩×60%；总成绩在 60 分以下为不及格，60～80 分为及格，81～90 分为良好，91～100 分为优秀。

总得分	等　级	学　分	教师签字	日　期

备注	

附表 6 教学设计技能训练考核表

<table>
<tr><td>姓 名</td><td colspan="2"></td><td colspan="2">学 号</td><td colspan="2"></td><td>专业
班级</td><td></td></tr>
<tr><td rowspan="3">训练过程及其考核</td><td colspan="8">教学设计是教学工作技能之一，具体内容包括：① 制定教学目标，② 分析和处理教材，③ 了解学生，④ 制定教学策略，⑤ 制定教学计划和编写教案，⑥ 作业设计，⑦ 学习评价；其中，①、②、④、⑤、⑥是训练的重点。训练利用“第二课堂”进行，为期两周；训练方法是：学生在教学法老师的指导下，选择职教学校教材的某部分教学内容，根据教学的设计和相关知识进行“同课异构”（编写教案），在此基础上开展小组形式的“说课活动”，根据教学设计要求集体讨论，互相评价，肯定优点，发现不足，分享智慧。训练要求是：态度认真，训练积极；准备充分，知识全面；设计详实，科学合理；说课严谨，言之有据。
由任课教师、小组长和 1 名学生代表组成技能训练过程考核组，根据训练要求、学生编写教案及参加说课活动的情况对本组同学的训练过程给出平时成绩。</td></tr>
<tr><td>态度认真
训练积极
（10 分）</td><td>准备充分
知识全面
（30 分）</td><td>设计详实
科学合理
（30 分）</td><td>说课严谨
言之有据
（30 分）</td><td>总 分</td><td>教师签字</td><td colspan="2">日 期</td></tr>
<tr><td></td><td></td><td></td><td></td><td></td><td></td><td colspan="2"></td></tr>
<tr><td rowspan="4">技能水平考核</td><td colspan="8">本项技能水平考核在教学计划的实践教学周进行。学生根据任课教师指定的教材内容进行教学设计，编写教案并向任课教师“说课”，教师根据考核标准对其技能水平进行评价。考核标准是：教学目标分类正确全面，表述规范；教材分析深入细致、知识逻辑关系清晰，重难点处理合理；讲课有针对性；教学媒体选择和教学活动设计科学合理；教案结构规范，要素完整，内容详略得当；作业设计切合教学目标，类型合适，数量合理，表述规范；有学习评价意识。</td></tr>
<tr><td>制定教
学目标
（20 分）</td><td>分析处
理教材
（20 分）</td><td>了解
学生
（5 分）</td><td>制定教
学策略
（20 分）</td><td>编写
教案
（20 分）</td><td>作业
设计
（10 分）</td><td>学习
评价
（5 分）</td><td>总 分</td></tr>
<tr><td></td><td></td><td></td><td></td><td></td><td></td><td></td><td></td></tr>
<tr><td colspan="2">教师签字</td><td colspan="3"></td><td colspan="2">日 期</td><td></td></tr>
<tr><td rowspan="3">训练成绩评定</td><td colspan="8">本项训练总成绩＝平时成绩×40%＋技能水平考核成绩×60%；总成绩在 60 分以下为不及格，60～80 分为及格，81～90 分为良好，91～100 分为优秀。</td></tr>
<tr><td>总得分</td><td>等 级</td><td>学 分</td><td>教师签字</td><td colspan="4">日 期</td></tr>
<tr><td></td><td></td><td></td><td></td><td colspan="4"></td></tr>
<tr><td>备 注</td><td colspan="8"></td></tr>
</table>

附表 7 使用教学媒体技能训练考核表

姓 名		学 号		专业班级	

训练过程及其考核

本项技能训练的内容是专业教学常用的教学媒体的选择和使用方法以及教学软件(课件)制作方法,要求学生必须掌握两种最常用的专业教学媒体(常规的和现代的各一种)的使用方法和一种最常用的教学软件(课件)制作方法。

常规教学媒体技能训练利用“第二课堂”进行,为期两周。训练方法是:学生在教学法老师的指导下,选择并分析职教学校教材某章节的教学内容、特点以及授课对象的特点,选择并使用合适的常规媒体进行“模拟媒体教学”,在此基础上进行集体讨论、评价,互相肯定优点,发现不足,分享智慧。训练要求是:态度认真,训练积极,选择和使用媒体正确、熟练。由任课教师、学习委员、课代表组成常规教学媒体技能训练过程考核组,根据训练要求对学生的训练过程打平时成绩:平时成绩=100-扣分;学生训练态度不认真扣5~20分;未按规定完成“模拟媒体教学”一次扣10~20分。

现代教学媒体及其软件(课件)制作技能训练在现代教学媒体实验室进行,为期一周。训练中,要求学生首先听教师讲解,看教师演示,领悟媒体的教学特点,然后分析“教学内容和授课对象”(由教师事先拟定)的特点,制作相应的软件(课件),进行“模拟媒体教学”,教师对其课件以及使用媒体的情况进行点评。训练要求是:态度认真,训练积极,使用媒体和制作软件(课件)正确、熟练。由任课教师根据训练要求对学生的训练过程给出平时成绩:平时成绩=100-扣分;学生训练态度不认真扣5~20分;未按规定完成“模拟媒体教学”一次扣10~20分。

	平时成绩	教师签字	日期
常规教学媒体技能训练			
现代教学媒体及其软件(课件)制作技能训练			
平均分			

技能水平考核

本项技能水平考核在教学计划的实践教学周进行,考核重点是现代教学媒体的使用技能及其课件制作技能。考核办法是:学生根据教师指定的教材内容,制作相应课件,在规定时间内进行模拟媒体教学。教师根据考核标准对其技能水平进行成绩评定。考核标准是:对教学内容及学生的特点分析全面准确,教学目标明确;课件符合教学内容和学生的特点,使用效果好;媒体使用规范、熟练。

对教学内容和学生特点分析全面准确(20分)	教学目标明确(10分)	课件质量高使用效果好(40分)	媒体使用规范熟练(30分)	总 分

教师签字		日 期	

训练成绩评定

本项训练总成绩=平时成绩×40%+技能水平考核成绩×60%;总成绩在60分以下为不及格,60~80分为及格,81~90分为良好,91~100分为优秀。

总得分	等 级	学 分	教师签字	日 期

备 注	

附表 8　课堂教学技能训练考核表

<table>
<tr><td>姓　名</td><td colspan="2"></td><td>学　号</td><td></td><td>专业
班级</td><td></td></tr>
<tr><td rowspan="2">训练过程及其考核</td><td colspan="6">本项技能训练的内容包括：导入技能、板书板画技能、演示技能、讲解技能、提问技能、反馈和强化技能、结束技能、组织教学技能、变化技能。
课堂教学技能的单项训练在微格教室进行，为期四周，每周侧重训练 2～3 项技能。具体训练方法是：先由教学法教师向学生讲解技能运用的程序与要求，并对学生进行教学技能运用示范；然后学生五人一组，就相同的教学内容（职教学校教材）采用规定的教学技能进行模拟教学，与此同时，教师对学生的模拟教学过程进行声像信息采集；最后，学生根据技能运用的程序和要求以及模拟教学声像信息反馈，集体讨论，互相评价，肯定优点，指出不足，提出改进意见。课堂教学技能的综合训练采用“模拟职教课堂教学”方法，利用“第二课堂”进行，每人至少一次。训练要求是：态度认真积极，圆满完成训练任务，有学习、探究、反思、改进意识。
由任课教师、学习委员和课代表组成技能训练过程考核组，根据训练要求和学生的训练情况对学生的训练过程给出平时成绩：平时成绩＝100－扣分；学生训练态度不认真扣 5～20 分；未按规定进行“模拟教学”一次扣 5～10 分。</td></tr>
<tr><td>平时成绩</td><td></td><td>教师签名</td><td></td><td>日　期</td><td></td></tr>
<tr><td rowspan="4">技能水平考核</td><td colspan="6">本项技能水平考核在教学计划的实践教学周进行。考核办法是：学生按规定的教学内容（选自职教学校教材）和教学技能（3～5 项）在规定时间（20～30 分钟）内进行模拟教学，教师根据考核标准对其技能水平进行成绩评定。考核标准是：执行技能程序规范，执行技能符合相关要求，技能运用熟练，施教效果好。</td></tr>
<tr><td>执行技能
程序规范
（40 分）</td><td>执行技能符合
相关要求
（40 分）</td><td>技能运用熟练
（10 分）</td><td>施教效果好
（10 分）</td><td colspan="2">总　分</td></tr>
<tr><td></td><td></td><td></td><td></td><td colspan="2"></td></tr>
<tr><td>教师签字</td><td colspan="2"></td><td>日　期</td><td colspan="2"></td></tr>
<tr><td rowspan="3">训练成绩评定</td><td colspan="6">本项训练总成绩＝平时成绩×40%＋技能水平考核成绩×60%；总成绩在 60 分以下为不及格，60～80 分为及格，81～90 分为良好，91～100 分为优秀。</td></tr>
<tr><td>总得分</td><td>等　级</td><td>学　分</td><td>教师签字</td><td colspan="2">日　期</td></tr>
<tr><td></td><td></td><td></td><td></td><td colspan="2"></td></tr>
<tr><td>备　注</td><td colspan="6"></td></tr>
</table>

附表9　组织和指导学科课外活动技能训练考核表

<table>
<tr><td>姓　名</td><td colspan="2"></td><td colspan="2">学　号</td><td></td><td>专业
班级</td><td colspan="2"></td></tr>
<tr><td rowspan="2">训练过程及其考核</td><td colspan="8">本项技能训练的内容包括：学科课外活动的分类、学科课外活动内容的选择、学科课外活动方案的设计、学科课外活动相关方法的运用、学科课外活动的组织与实施。
本项技能训练首先要求学生在低年级能积极参加校院系组织的相关活动，了解活动的特点和方法；在高年级，学生可以结成兴趣小组（不超过五人），以合作方式设计活动方案，执行活动方案；开展的学科课外活动项目应不少于三项。训练要求是：态度认真，合作主动；活动学科特点突出；活动过程合理完整高效；活动富有教育性，学生收获大。
由任课教师、学习委员和小组长组成技能训练过程考核组，根据训练要求和小组活动情况对学生打平时成绩：平时成绩＝100－扣分；学生开展三项学科课外活动，若每缺一项扣30分，活动中学科特点不突出的扣10～15分；活动过程不完整的扣10～15分。</td></tr>
<tr><td>平时成绩</td><td></td><td colspan="2">教师签名</td><td colspan="2"></td><td>日　期</td><td></td></tr>
<tr><td rowspan="4">技能水平考核</td><td colspan="8">本项技能水平考核的办法是：由学生提供活动方案、活动过程图片资料、活动相关成果（作品）、个人活动总结与反思，教师根据考核标准对其技能水平进行成绩评定。考核标准是：活动类型及内容正确，学科特点突出；方案设计科学合理；活动过程合理、完整、高效，相关方法运用科学规范；活动的教育效果好。</td></tr>
<tr><td>活动类型及内容正确，学科特点突出（30分）</td><td colspan="2">活动方案设计科学合理（20分）</td><td colspan="2">活动过程合理、完整、高效，相关方法运用科学规范（30分）</td><td colspan="2">活动时教育效果好（20分）</td><td>总　分</td></tr>
<tr><td></td><td colspan="2"></td><td colspan="2"></td><td colspan="2"></td><td></td></tr>
<tr><td>教师签字</td><td colspan="4"></td><td>日　期</td><td colspan="2"></td></tr>
<tr><td rowspan="3">训练成绩评定</td><td colspan="8">本项训练总成绩＝平时成绩×40%＋技能水平考核成绩×60%；总成绩在60分以下为不及格，60～80分为及格，81～90分为良好，91～100分为优秀。</td></tr>
<tr><td>总得分</td><td colspan="2">等　级</td><td colspan="2">学　分</td><td colspan="2">教师签字</td><td>日　期</td></tr>
<tr><td></td><td colspan="2"></td><td colspan="2"></td><td colspan="2"></td><td></td></tr>
<tr><td>备　注</td><td colspan="8"></td></tr>
</table>

附表 10　教学研究技能训练考核表

<table>
<tr><td>姓　名</td><td colspan="6"></td><td colspan="6">学　号</td><td colspan="6"></td><td colspan="6">专业
班级</td><td colspan="6"></td></tr>
<tr><td rowspan="2">训练过程及其考核</td><td colspan="30">本项技能训练的内容包括：教学研究的选题方法，教学研究范式与方法的选择，教学研究方案的撰写，教学研究过程与方法，研究资料与信息的收集、整理与分析，教学研究报告（论文）的撰写方法。
训练办法是：由教育研究方法课程的教师和学科教学法的教师根据专业教学中常见问题编制“教学研究选题指南”（题目均为可采用实证研究或行动研究的“小问题”），学生根据选题指南及研究兴趣选择课题并组成研究小组，集体设计研究方案、执行研究方案、撰写研究报告，在此基础上，由研究小组进行课题汇报，任课教师给予点评。
训练要求是：有学习探究精神与合作意识；分工明确，按时完成规定的研究任务；研究过程与方法科学规范；研究方案和研究报告撰写规范。
由任课教师、研究小组组长组成技能训练过程考核组，根据训练要求和课题研究情况对学生打平时成绩：平时成绩＝100－扣分；学习探究精神不足扣5～10分，合作意识不足扣5～10分，不按时完成规定任务扣10～15分，研究过程不规范、方法不科学扣10～15分，相关表述不规范扣10～15分。</td></tr>
<tr><td colspan="5">平时成绩</td><td colspan="5"></td><td colspan="5">教师签名</td><td colspan="5"></td><td colspan="5">日　期</td><td colspan="5"></td></tr>
<tr><td rowspan="4">技能水平考核</td><td colspan="30">本项技能水平考核的办法是：由学生提供研究方案和研究报告，教师根据考核标准对其技能水平进行成绩评定。考核标准是：研究范式与方法选择正确；研究方案设计合理，撰写规范；研究过程及方法科学规范；研究报告撰写规范。</td></tr>
<tr><td colspan="6">研究范式与方法选择正确（30分）</td><td colspan="6">研究方案设计合理、撰写规范（20分）</td><td colspan="6">研究过程与方法科学规范（30分）</td><td colspan="6">研究报告撰写规范（20分）</td><td colspan="6">总　分</td></tr>
<tr><td colspan="6"></td><td colspan="6"></td><td colspan="6"></td><td colspan="6"></td><td colspan="6"></td></tr>
<tr><td colspan="6">教师签字</td><td colspan="6"></td><td colspan="6">日　期</td><td colspan="6"></td><td colspan="6"></td></tr>
<tr><td rowspan="3">训练成绩评定</td><td colspan="30">本项训练总成绩＝平时成绩×40％＋技能水平考核成绩×60％；总成绩在60分以下为不及格，60～80分为及格，81～90分为良好，91～100分为优秀。</td></tr>
<tr><td colspan="6">总得分</td><td colspan="6">等　级</td><td colspan="6">学　分</td><td colspan="6">教师签字</td><td colspan="6">日　期</td></tr>
<tr><td colspan="6"></td><td colspan="6"></td><td colspan="6"></td><td colspan="6"></td><td colspan="6"></td></tr>
<tr><td>备　注</td><td colspan="30"></td></tr>
</table>

附表 11　集体教育技能训练考核表

<table>
<tr><td>姓　名</td><td></td><td>学　号</td><td></td><td>专业
班级</td><td colspan="2"></td></tr>
<tr><td rowspan="5">训练过程及其考核</td><td colspan="6">集体教育技能是班主任工作技能之一，训练内容包括：组建班集体的技能、组织各种活动的技能、对学生进行日常行为规范训练的技能。
本项技能训练分两阶段进行，第一阶段训练放在教育实习之前的学期进行，办法是：围绕中、高职班级管理与教育工作，向学生推荐读物(包括书籍、文章)，供学生阅读、思考；邀请中、高职学生干部、班主任介绍班级管理与教育的情况及其常见问题，由学生对中、高职班级管理与教育问题进行专题研究，在此基础上利用“第二课堂”时间举办“中、高职班级管理与教育专题研讨会”，学生发言，教师点评。研讨的内容包括：(1) 中、高职班集体建设与发展有哪些规律？(2) 怎样确立中、高职班级奋斗目标？(3) 中、高职班级组织结构及其内部关系是怎样的？怎样设计与协调？(4) 怎样选拔、使用和培养学生干部？(5) 怎样培养良好的班风？(6) 怎样加强中、高职学生的日常行为规范训练？(7) 怎样制定班级规章制度？怎样制定班级工作计划？(8) 怎样指导团支部工作？(9) 怎样组织班会？(10) 怎样组织或指导学生的课外活动和社会实践活动？学生根据研讨内容及兴趣组成专题研讨小组，在教师指导下集体设计研讨提纲，分工撰写研讨报告并作汇报发言。该阶段训练为期 8 周，每周进行 1～2 个专题研讨。每次研讨，要求学生做研讨笔记，并在研讨后撰写研讨心得。每次研讨，要求学生做研讨笔记，并在研讨后写研讨心得。学生每参加一次专题研讨并提交相应的研讨笔记与心得记平时成绩 10 分。
第二阶段训练在教育实习中进行，训练的重点是：在实习指导教师的指导下，由实习生设计并组织课外活动、主题班会，针对班级问题制定并实施教育方案，在此基础上，撰写相关的反思性总结。教育实习结束，实习生要向任课教师提交该反思性总结。每交一份反思性总结记平时成绩 15 分。</td></tr>
<tr><td colspan="3"></td><td>平时成绩</td><td>教师签字</td><td>日　期</td></tr>
<tr><td colspan="3">第一阶段训练</td><td></td><td></td><td></td></tr>
<tr><td colspan="3">第二阶段训练</td><td></td><td></td><td></td></tr>
<tr><td colspan="3">总　分</td><td></td><td></td><td></td></tr>
<tr><td rowspan="4">训练成绩评定</td><td colspan="6">本项技能训练的成绩评定分为优秀、良好、及格、不及格四等；平时成绩在 90 分以上者为优秀，81～90 分者为良好，60～80 分者为及格，60 分以下者为不及格。</td></tr>
<tr><td colspan="2">等　级</td><td colspan="2">教师签字</td><td colspan="2">日　期</td></tr>
<tr><td colspan="2"></td><td colspan="2"></td><td colspan="2"></td></tr>
<tr><td colspan="6"></td></tr>
<tr><td>备　注</td><td colspan="6"></td></tr>
</table>

附表 12 个体教育技能训练考核表

<table>
<tr><td>姓 名</td><td></td><td>学 号</td><td></td><td>专业
班级</td><td></td></tr>
<tr><td rowspan="5">训练过程及其考核</td><td colspan="5">个体教育技能是班主任工作技能之一，训练内容包括：了解学生的技能（观察法、谈话法、书面材料分析法、访谈法、问卷调查法）、心理咨询与辅导技能、操行评定的技能、处理偶发事件的技能。
本项技能训练分两阶段进行，第一阶段训练放在教育实习之前的学期进行，办法是：围绕中、高职学生心理与教育问题，向学生推荐读物（包括书籍、文章），供学生阅读、思考；邀请中、高职学生干部和班主任介绍中、高职学生的心理变化特点、常见的心理问题及其咨询辅导方法、偶发事件及其处理案例，由学生对中、高职学生的心理教育问题进行专题研究，在此基础上利用“第二课堂”时间举办“中、高职学生心理与教育专题研讨会”，学生发言，教师点评。研讨的内容包括：(1) 中、高职学生身心发展有什么特点？(2) 了解学生的主要内容、方法及其注意事项有哪些？(3) 怎样引导中、高职学生进行学业、职业和人生发展规划？(4) 中、高职学生心理咨询与辅导有哪些主要方法和技术？(5) 怎样预防和应对中、高职学生的偶发事件？(6) 怎样对中、高职学生进行操行评定？(7) 怎样处理个体教育与集体教育的关系？学生根据研讨内容及兴趣组成专题研讨小组，在教师指导下集体设计研讨提纲，分工撰写研讨报告并汇报发言。该阶段训练为期 6 周，每周进行 1～2 个专题研讨。每次研讨，要求学生做研讨笔记，并在研讨后写研讨心得。学生每参加一次专题研讨并提交相应的研讨笔记与心得记平时成绩 10 分。
第二阶段训练在教育实习中进行，训练的重点是：(1) 实习生结合实际工作需要，与学生谈话，注意实施谈话的准备、谈话的过程和谈话后的工作等环节，并撰写相关的反思性总结；(2) 针对实习中所发现的学生较为普遍的问题采用访谈和问卷相结合的方法进行一次调查，将收集到的信息进行分析，并写出分析报告；(3) 教育实习结束之前，对学生进行一次操行评定，将操行评定反馈给学生，并撰写相关的反思性总结。教育实习结束，实习生要向任课教师提交该反思性总结（或调查报告）。每交一份该反思性总结记平时成绩 15 分。</td></tr>
<tr><td colspan="2"></td><td>平时成绩</td><td>教师签字</td><td>日期</td></tr>
<tr><td colspan="2">第一阶段训练</td><td></td><td></td><td></td></tr>
<tr><td colspan="2">第二阶段训练</td><td></td><td></td><td></td></tr>
<tr><td colspan="2">总分</td><td></td><td></td><td></td></tr>
<tr><td rowspan="3">训练成绩评定</td><td colspan="5">本项技能训练的成绩评定分为优秀、良好、及格、不及格四等；平时成绩在 90 分以上者为优秀，81～90 分者为良好，60～80 分者为及格，60 分以下者为不及格。</td></tr>
<tr><td colspan="2">等 级</td><td colspan="2">教师签字</td><td>日 期</td></tr>
<tr><td colspan="2"></td><td colspan="2"></td><td></td></tr>
<tr><td>备 注</td><td colspan="5"></td></tr>
</table>

附表 13　与任课教师及学生家长沟通技能训练考核表

<table>
<tr><td>姓　名</td><td></td><td>学　号</td><td></td><td>专业
班级</td><td></td></tr>
<tr><td rowspan="5">训练过程及其考核</td><td colspan="5">与任课教师及学生家长沟通的技能是班主任工作技能之一，训练内容包括：与任课教师沟通的技能、与学生家长沟通的技能。
本项技能训练分两阶段进行，第一阶段训练放在教育实习之前的学期进行，办法是：围绕中、高职班主任与任课教师、学生家长沟通交往产生的问题，向学生推荐读物（包括书籍、文章），供学生阅读、思考；邀请中、高职优秀班主任介绍与任课教师及学生家长沟通中常见的问题及其经验体会，由学生对班主任与任课教师及学生家长沟通交往的问题进行专题研究，在此基础上利用“第二课堂”时间举办“中、高职班主任与任课教师、学生家长沟通交往专题研讨会”，学生发言，教师点评。研讨的内容包括：(1) 班主任与任课教师、学生家长关系的基本特点是什么？(2) 班主任与任课教师、学生家长相互配合的意义有哪些？(3) 班主任与任课教师、学生家长沟通的主要内容、方式及其注意事项有哪些？(4) 班主任该怎样对待任课教师、学生家长与自己的意见分歧？(5) 班主任该怎样对待学生与任课教师的矛盾冲突？(6) 班主任该怎样对待学生与其家长的矛盾冲突？学生根据研讨内容及兴趣组成专题研讨小组，在教师指导下集体设计研讨提纲，分工撰写研讨报告并作汇报发言。该阶段训练为期 4 周，每周进行 2 个专题研讨。每次研讨，要求学生做研讨笔记，写研讨心得。学生每参加一次专题研讨并提交相应的研讨笔记与心得记平时成绩 20 分。
第二阶段训练在教育实习中进行，训练的重点是与任课教师的沟通，如有条件，可参加家访，取得实际经验，并撰写相关的反思性总结。教育实习结束，实习生要向任课教师提交该反思性总结。每交一份记平时成绩 20 分。</td></tr>
<tr><td></td><td>平时成绩</td><td colspan="2">教师签字</td><td>日期</td></tr>
<tr><td>第一阶段训练</td><td></td><td colspan="2"></td><td></td></tr>
<tr><td>第二阶段训练</td><td></td><td colspan="2"></td><td></td></tr>
<tr><td>总　分</td><td></td><td colspan="2"></td><td></td></tr>
<tr><td rowspan="3">训练成绩评定</td><td colspan="5">本项技能训练的成绩评定分为优秀、良好、及格、不及格四等；平时成绩在 90 分以上者为优秀，81～90 分者为良好，60～80 分者为及格，60 分以下者为不及格。</td></tr>
<tr><td>等　级</td><td colspan="2">教师签字</td><td colspan="2">日　期</td></tr>
<tr><td></td><td colspan="2"></td><td colspan="2"></td></tr>
<tr><td>备
注</td><td colspan="5"></td></tr>
</table>

参考文献

[1] 钱焕琦.教师职业道德[M].上海:华东师范大学出版社,2008.
[2] 朱平.高等学校教师职业大的修养[M].合肥:合肥工业大学出版社,2005.
[3] 陈元魁.当代高校教师素质建设的理论探索[M].北京:高等教育出版社,2009.
[4] 王荣德.教师道德教育论[M].北京:科学出版社,2004.
[5] 陈静.教师道德建设[M].武汉:华中师范大学出版社,2006.
[6] 杨贤金.师德新论[M].南京:江苏教育出版社,2004.
[7] 朱小蔓.教育职场:教师的道德成长[M].北京:教育科学出版社,2004.
[8] 张汉民.教师口语基本技能训练[M].杭州:杭州大学出版社,1995.
[9] 赵林森.教师口语(修订版)[M].开封:河南大学出版社,1996.
[10] 程培元.教师口语教程[M].北京:高等教育出版社,2004.
[11] 王海天.教师口语艺术[M].海口:南海出版公司,2004.
[12] 刘英陶.教师职业技能[M].北京:教育科学出版社,1996.
[13] 陈传万.教师口语[M].合肥:合肥工业大学出版社,2008.
[14] 曹长远,郑祖玉.规范汉字书法教程[M].济南:山东大学出版社,2007.
[15] 魏饴,张天晓.教师职业技能训练[M].北京:高等教育出版社,2008.
[16] 朱利.新编书法教程[M].沈阳:东北大学出版社,2005.
[17] 王桂波,王国君.教师职业技能训练教程[M].北京:清华大学出版社,2008.
[18] 胡昌华.教师书写技能[M].长沙:湖南师范大学出版社,1996.
[19] 饶伟.实用书法教程[M].北京:北京工业大学出版社,2008.
[20] 赵维俊.大学硬笔书法[M].大连:大连理工大学出版社,1998.
[21] 田英章.钢笔行书实用技法字帖[M].北京:中国经济出版社,1992.
[22] 沈鸿根.钢笔行书的特征[M].中国硬笔书法在线 http://www.yingbishufa.com
[23] 霍唤民.应用写作[M].北京:中央广播电视大学出版社,2002.
[24] 方守金,郝长海.当代实用写作[M].北京:科学出版社,2007.
[25] 刘利华.学校常用工作文书写作规范与范例[M].南宁:广西人民出版社,2008.
[26] 孙汉群,高荣国,魏玉梅.多媒体计算机辅助教学与课件制作[M].南京:河海大学出版社,2008.
[27] [美]费奥斯坦(Lynda Fielstein),费尔普斯(Patricia Phcips)著.王建平,等译.教师新概念——教师教育理念与实践[M].北京:中国轻工业出版社,2002.
[28] 傅道春.教师的成长-9 发展[M].北京:教育科学出版社,2001.
[29] 贾晓波.心理健康教育-9 教师心理素质[M].北京:中国和平出版社,2000.
[30] 中国语文报刊学会规范汉字书写专业委员会官方网站 http://www.gfhz.org.
[31] 中国语言文字网 http://www.china-language.gov.cn.
[32] 孙爽.现代职业教育机械类专业教学法[M].北京:北京师范大学出版社,2009.